DIEDERICHS
GELBE REIHE

China im Umbruch

herausgegeben von Wolfgang Bauer

JACK CHEN

Das Jahr im Dorf Glückseligkeit

Bericht eines chinesischen Intellektuellen nach der Kulturrevolution

EUGEN DIEDERICHS VERLAG

Originaltitel: A Year in Upper Felicity
Aus dem Englischen übersetzt von Horst Kube
Redaktion: Ulf Diederichs

Erste Auflage

Erschienen 1974 im Eugen Diederichs Verlag,
Düsseldorf · Köln

Umschlaggestaltung: Eberhart May
Gesamtherstellung: Ebner, Ulm
Printed in Germany
ISBN 3-424-00504-5

EINLEITUNG

Fast ein Jahr habe ich in dem nordchinesischen Dorf Glückseligkeit (Upper Felicity) zugebracht. Ich habe dort bei den Bauern gelebt und auch mit ihnen zusammengearbeitet, soweit mir dies möglich war. Nichts Außergewöhnliches hat sich dabei zugetragen, nichts, was Schlagzeilen gemacht hätte. Wir alle führten das normale, alltägliche Arbeitsleben, so wie alle siebenhundert Millionen Bauern, die das chinesische Land bevölkern. Eines Tages aber kam mir ein Gedanke, und ich sagte zu meiner Frau: »Yüan, fast ein Fünftel der Menschheit lebt so wie die Menschen im Dorf Glückseligkeit, und der Rest der Welt weiß kaum etwas darüber. Ich glaube, wir sollten es den Menschen erzählen.« Sie sagte ja, und so kam es dazu, daß dieses Buch geschrieben wurde.

Ich weiß nicht, ob man das Dorf Glückseligkeit als ein »typisches« chinesisches Dorf bezeichnen kann – was soll man hier auch typisch nennen? So unterschiedlich sind Gebirgs- und Fischerdörfer, Oasensiedlungen inmitten der Wüsten und Jurtenlager der Hochlandnomaden. Das Dorf Glückseligkeit liegt im Norden der Provinz Honan in der Ebene des Gelben Flußes. Vor der Befreiung war dieses Gebiet unendlich verarmt, und leider muß man sagen, daß auch die Fortschritte, die in den dreiundzwanzig Jahren seit der Gründung der Volksrepublik erzielt wurden, nicht als überdurchschnittlich anzusehen sind. Man könnte also das Dorf Glückseligkeit als eine eher unterdurchschnittliche Kommune in flacher ländlicher Umgebung betrachten.

Ich habe viele andere ländliche Kommunen kennengelernt, deren politischer, ökonomischer und sozialer Entwicklungsstand und somit auch deren Lebensstandard bedeutend höher liegen. Erst vor kurzem besuchte ich eine Kommune in der Nähe von Peking, deren Bauern über 1000 Pfund (Chin) Getreide je Mu (oder 7500 kg je Hektar) erzeugen: Die Erzeugung liegt noch viel höher in der Provinz Kwangtung, wo die Bauern dreimal im Jahr ernten. Im Dorf Glückseligkeit bemüht man sich jetzt, eine Durchschnittsernte von 400 Pfund je Mu, das heißt etwa 2000 kg je Hektar, zu erzielen. Die berühmte Tachai-Brigade im dürren nördlichen Schansi hatte ihre Erzeugung von 630 kg aus der Zeit vor der Befreiung (1949) jetzt bis auf 6600 kg je Hektar gesteigert.

Vieles ist geschrieben worden über Musterkommunen und landwirtschaftliche Brigaden: Orte wie Tachai oder Yangtan in der Provinz Schansi, die Betriebe rings um Schanghai oder die berühmte Roter Stern-Kommune in der Turfan-Oase in Sinkiang. Tausende besichtigen diese Betriebe, um zu lernen, wie sich sozialistische Methoden zur Erzielung von Rekorderträgen einsetzen lassen. Dagegen liest man wenig über durchschnittliche oder unterdurchschnittliche Landwirtschaften, die in der Mehrzahl sind. Das Dorf Glückseligkeit gehört zu ihnen. In meinem Buch will ich etwas über seine unmittelbare Vergangenheit, seine Gegenwart und Zukunftspläne erzählen, und ich bin sicher, daß sich ihre Pläne verwirklichen. Die Dorfbewohner sind einfache Leute, aber ich lernte durch mein Zusammenleben mit ihnen, daß sie bei all ihrer Bescheidenheit zielstrebig und überaus tüchtig sein können, wenn sie sich etwas in den Kopf gesetzt haben. Die meisten meiner Leser werden jetzt fragen: Sind die Leute auch Sozialisten? Meine knappe Antwort ist, daß die sozialistischen Zielsetzungen, die dem ganzen Lebensablauf in China zugrundeliegen, auch für diese Dorfbewohner – so gut sie sie begreifen – gültig sind, und sozusagen ihren tagtäglichen Leitfaden darstellen. Manche können diesen praktischen Sozialismus vielleicht in Worte kleiden; sicher kann es der Parteisekretär. Andere, wie Ta Sao, die »Ältere Schwester«, bei der wir wohnten, »wissen« nicht viel davon, aber leben danach. Wenn man sich an das alte China vor der Befreiung erinnert, wenn man auf die Kriegszeit und die Herrschaft der Kuomintang zurückblickt, dann erfährt man hier, daß die sozialistischen Ideen und die neuen Arbeitsmethoden das Leben dieser siebenhundert Millionen Dorfbewohner schon jetzt in einem Maße umgeformt haben, wie kein Ereignis in den letzten zweitausend Jahren. Manches hat sich von Grund auf verändert. Dort, wo noch vor einem Jahrzehnt die Bauern sich schwitzend mit Tretpumpen abmühten, um das kostbare Grundwasser an die Oberfläche zu bringen, sind jetzt elektrische Tiefbrunnen installiert. Aber auch die Formen des menschlichen Zusammenlebens entwickeln sich weiter, und alte Gebräuche werden allmählich von neuen abgelöst, wie bei den Heiratssitten. Wo man auch hinsieht, zeigt sich diese Veränderung und Weiterentwicklung unter sozialistischem Vorzeichen.

Wie kam gerade ich, ein Auslandschinese aus Trinidad, dazu, in das Dorf Glückseligkeit zu reisen und dort weitaus länger zuzubringen als jeder andere Auslandsjournalist oder Schriftsteller, der je eine chinesische Kommune besucht hat? Es war eine Mischung aus Zufall und eigenem Wunsch, die mich dorthin geführt hat, und die Stationen meines Weges waren London, Moskau, Paris und New York. Ich geriet mitten hinein in die Wirren der Kulturrevolution, und die allgemeine Erregung der Massen irritierte mich. Darum griff ich schnell zu, als mir das Angebot gemacht wurde, im Dorf Glückseligkeit einen Studienaufenthalt einzulegen. Schon längere Zeit vor dem Ausbruch der Kulturrevolution hatte ich bei den zuständigen Behörden darum nachgesucht, weitere Kommunen kennenlernen zu können. In den Jahren 1956/57 hatte ich eine Studie mit dem Titel »Neue Erde« über die Genossenschaftsfarmen in der chinesischen Provinz Tschekiang geschrieben, und es interessierte mich sehr zu erfahren, wie sich diese Genossenschaftsbetriebe zu Kommunen weiterentwickelt hatten und wie sie jetzt wirtschafteten. Ich hatte schon einmal zwei Wochen lang bei der rühmlich bekannten landwirtschaftlichen Brigade in der Kommune Yangtan in der Provinz Schansi zugebracht und einen Artikel über meine Eindrücke veröffentlicht; doch mein Wunsch, genauere Kenntnisse über das Leben in einer Kommune zu gewinnen, bestand weiterhin. Jetzt endlich fand sich die Gelegenheit dazu.

Dieses kleine Gemeinwesen, das den Namen »Glückseligkeit«

trägt, existiert wirklich. Ich habe jedoch für die Bezeichnung der gleichnamigen Kommune den Namen »Große« vorangestellt, um Verwechslungen zwischen dem Kommunezentrum und dem kleineren Dorf zu vermeiden. Auch die Namen, die in diesem Buch genannt werden, habe ich abgeändert. Falls einmal falsch zitiert worden ist, übernehme ich dafür die Verantwortung. Denn diese Darstellung der Ereignisse in China und im Dorf Glückseligkeit sind meine Auslegung der Dinge; andere Chinareisende mögen zu anderen Eindrücken und Schlußfolgerungen gelangt sein.

Winter 1973 Jack Chen

Anmerkung des deutschen Herausgebers

Die Umschrift der chinesischen Namen und Begriffe folgt, außer bei den in Deutschland eingeführten Personennamen, der vom Autor verwendeten und international auch gebräuchlichsten Umschrift nach Wade-Giles unter Auslassung der Aspirations-(»Auslassungs-«)Zeichen. Zum besseren Verständnis der chinesischen Währungeinheiten, der Maße und Gewichte dient die folgende Umrechnungstabelle:

1 Yüan, 10 Mao, 100 Fen	ca. 1,40 DM
1 Li	ca. 0,5 km
1 Mu	0,0666 Hektar
15 Mu	1 Hektar
1 Chin: chinesisches Pfund	ca. 1 deutsches Pfund

WINTER

EINE ZEIT DER VORBEREITUNG

ANKUNFT

Nach Norden, Osten und Süden hin erstreckte sich die riesige nordchinesische Ebene, eine kahle Fläche gelbbrauner Lößerde. Die Bäume hatten ihr Laub abgeworfen; einzige Farbtupfer in dem eintönigen Bild der Landschaft waren Keimlinge des Winterweizens, die hier und da grün hervorsprossen. Über allem wölkte sich ein makellos blauer Himmel ohne ein einziges Wölkchen. Nach drei Seiten hin war der Horizont im rötlichen Dunst der Ferne wie mit einem braunen Strich scharf abgegrenzt; nach Westen hin aber war er ein gezackter Strich im Dunstschleier – die Zacken des Taihang-Gebirges.

In den letzten Novembertagen des Jahres 1969 trafen wir im Dorf Glückseligkeit ein, kurze Zeit nach Hsiao Hsüeh, der Zeit des »Wenigen Schnees«. An einem klaren Wintertag stiegen wir – meine Frau, unser kleiner Sohn und ich – vor dem mächtigen Eingangstor zur Kommune »Große Glückseligkeit« aus dem Lastwagen, der uns von der Bezirksstadt aufs Land befördert hatte.

Vollbepackt kletterten wir herunter; unser Gepäck bestand neben unseren Koffern aus Bündeln und verschnürten Päckchen – man nimmt ja so mancherlei mit auf einer solchen Expedition. Die schweren Reisetaschen wurden uns schließlich vom Wagen heruntergereicht. Jetzt waren wir am Ziel.

Der junge Mann, der zu unserer Begrüßung bereitstand, war gesprächig und hilfsbereit. Wie wir später erfuhren, gehörte er zum »geschulten Nachwuchs« aus der Bezirksstadt und war zur Kommune beordert worden, um dort einige Monate auszuhelfen. Er sagte, wir sollten einen Moment warten, bis der Handwagen da war, um unser Gepäck zu verfrachten; in der Zwischenzeit gab er uns ein paar Hinweise. Im Inneren der Torbogeneinfahrt, vor der Hauptverwaltung der Kommune, deutete er auf die Poststelle, an deren Mauer ein kleiner grüner Briefkasten hing. Daneben lagen die Zweigstelle der Volksbank, Büros der Kommune, Versammlungsräume und, etwas weiter entfernt, Ein- und Zweizimmerwohnungen von Kommunenbeamten: im allgemeinen die Kader genannt. Eine große Kommune wie diese bekommt häufig Besuch von auswärts; es können beispielsweise Funktionäre der Parteikomitees oder Beamte aus der Bezirks- und Provinzhauptstadt sein, oder auch Beauftragte der genossenschaftlichen Einkaufs- und Vertriebsorganisationen. Zu dieser Zeit hielten sich gerade einige Kader in der Kommune auf; die Leute waren Büroangestellte aus Peking und anderen Städten. So wie der junge Mann, der zu unserer Begrüßung erschienen war, kamen diese Menschen aufs Land, um in der Kommune auszuhelfen. Der Zweck ihres Aufenthalts war aber in der Hauptsache ein Lern- und Umdenkungsprozeß, dem sie sich unterzogen, indem sie mit den Bauern gemeinsam lebten und arbeiteten und so von ihnen lernten.

Der saubere, neuerrichtete Gebäudekomplex bestand aus zwei gestaffelten Trakten aus grauen Mauersteinen mit roten Ziegeln, auf einer Grundfläche, die etwa zwei Dritteln eines Fußballplatzes entsprach. Zwischen den beiden Gebäuden waren Bäume angepflanzt und Gemüsebeete angelegt. Die Zimmer waren öfenbeheizt, und vor manchen Türen lagen Kohlenhaufen. Auch elektrisches Licht war vorhanden und eine Radioantenne, montiert auf zwei langen Masten. Ein großes Wandplakat gegenüber dem Eingangstor zeigte ein Porträt des Vorsitzenden Mao. Viele Zitate aus seinen »Ausgewählten Werken« sah man an den Pfeilern der Veranda angeschlagen, die sich an der Außenseite der Gebäude befand. Über dem Eingangstorbogen stand in gegossenen Lettern: »Dem Volke dienen.« Auf einer Seite befand sich eine Namenstafel: Revolutionskomitee der Kommune Große Glückseligkeit.

Da ich eine Zeitlang wegen einer grippeartigen Erkältung zu Bett gelegen hatte, fragte ich gleich an, ob sich ein Arzt konsultieren ließe, und mir wurde gesagt, daß die Kommune über Behandlungsräume und sogar ein Krankenhaus verfüge. Der junge Kaderangehörige zeigte mir bereitwillig, wo es lag: direkt gegenüber der Verwaltung der Kommune. Es war ebenfalls ein neues einstöckiges Gebäude mit einer etwa fünfundzwanzig Meter langen Front; die Räume enthielten Krankenzimmer, Behandlungszimmer, die Apotheke und die Verwaltung. Dahinter befand sich ein großer, ruhig gelegener Bereich, umgeben von den Stationen, Schlafsälen und Lagerräumen. Die im Hof neu angepflanzten kahlen Bäumchen muteten wie Bohnenstangen an.

Nach diesem kurzen Rundblick stapelten wir unsere Koffer und Kartons auf den Handwagen und zogen ihn die Straße entlang, der junge Kaderangehörige vorneweg, und ich schob hinterher. Die Hauptstraße der Kommune war gleichzeitig der Verbindungsweg zwischen den Hauptorten der Landkreise. Auf beiden Seiten standen Bauernhäuser, und die einzelnen Hofgrenzen bildeten etwas eingefallene Erdwälle aus festgestampftem Lehm. Wir kamen an einem großen, neuerrichteten Kornspeicher vorbei. Hier könnten wir unsere Rationen Reis, Zuckerrohr, Mais, Weizenmehl und Pflanzenöl kaufen, wurde uns gesagt. Dann gingen wir vorbei an einer kleinen Imbißstube, in der Nudelsuppe und warmes Brot, Fleisch sowie Yoping, eine Art fetttriefender Fladen, verkauft wurde. Aber wir hielten uns nicht lange damit auf, die angebotenen Speisen zu begutachten, denn wir galten ja im Dorf als Kaderangehörige, und es wurde uns angedeutet, daß es uns nicht zukäme, diese dörfliche Imbißstube häufig in Anspruch zu nehmen. Bei den geringen Vorräten, die der kleinen Kantine zur Verfügung standen, wäre sie dann nämlich nicht in der Lage, ihren Betrieb aufrechtzuerhalten.

Wir gingen weiter nach Norden mitten durch die Kommune hindurch. Das Dorf machte jetzt im November keinen sehr freundlichen Eindruck. Wie es im nördlichen China üblich ist, bestanden die Bauernhäuser zumeist aus sonnengetrockneten Adobeziegeln. Es ist dies die gebrannte gelbe Lößerde der nordchinesischen Tiefebene, die mit Ton und Stroh vermischt wird. Nur das ältere, graue Gutshaus bestand aus Mauersteinen. An den vielen, mit Wasser gefüllten Erdgruben konnte man erkennen, daß hier der Löß gewonnen wurde, den man als Baumaterial verwendete. Die Häuser waren auf verschiedenen Ebenen errichtet, wodurch das Dorf einen recht uneinheitlichen Eindruck machte. Das Gesamtbild war sehr einfach und ländlich, doch sauber und, bei dieser Jahreszeit verständlich, ziemlich kahl. Die jungen Bäumchen, die man entlang der Straße und um die Teiche herum gesetzt hatte, waren noch etwas kümmerlich. Jetzt, bei meiner Ankunft, war ich nicht dazu in der Lage, mich auf weitere Einzelheiten zu konzentrieren, denn ich hatte alle Hände voll zu tun, um beim Schieben des Handwagens zu helfen. Ich kann mich aber noch gut daran erinnern, daß der junge Kaderangehörige kräftig voranschritt und uns dabei die Anlage erklärte. Wir waren inzwischen scharf nach Osten abgebogen, und er deutete nach Norden auf ein langgestrecktes neues Ziegelsteinhaus mit einem Vorbau und blauen Fensterläden: »Dort drüben liegt der Co-op-Laden.« Und weiter: »Dort ist die Schule«, wobei er nach Süden auf einen weiträumigen Komplex mit mehreren gemauerten Trakten, umgeben von einem hohen Lehmwall, hinwies. Dann erklärte er mit lauter Stimme, daß das Gebäude mit dem roten Ziegeldach hinter der kahlen Baumgruppe die Reparaturwerkstatt für Traktoren sei.

Wir überschritten eine Straße, die um den Mittelpunkt der Kommune herumführte, kamen dann an einer Baumschule vorbei, kletterten einen Abhang herab und gelangten schließlich über eine ansteigende Strecke in das Dörfchen Glückseligkeit, das ein ganzes Jahr lang unsere Heimat werden sollte.

Ich habe danach viele Ansiedlungen in der Nachbarschaft besucht, doch keine davon machte einen so einladenden Eindruck wie unser kleines Dorf. Ich habe es allmählich ins Herz geschlossen, doch nicht etwa aus Lokalpatriotismus. Nein, unser Dörfchen ist sogar im Winter liebenswert, und im Sommer, wenn es ganz im Grünen eingebettet daliegt mit seinem glitzernden großen Teich, der es nach Osten hin begrenzt, ist es ein reizendes Fleckchen Erde.

In vieler Hinsicht unterscheidet es sich nicht von den vielen tausend anderen Siedlungen der nordchinesischen Ebene oberhalb des Gelben Flusses. Die Häuser sind auch nicht anders als diejenigen des nahegelegenen Zentrums der Kommune, doch irgendwie zeigen sie eine ihnen innewohnende Harmonie, die unmittelbar auf das Auge des Betrachters einwirkt – die eigenwillige Lage der Häuschen inmitten von hübsch angepflanzten Baumgruppen, wie ein natürlich zusammengewachsenes, ansprechendes Gemeinwesen.

Wir machten am alten Gutshaus Halt, das jetzt als Verwaltungsgebäude der Dritten Produktionsbrigade dient, der die ganze Siedlung zugehört. Der Kaderangehörige machte uns mit einem anderen jungen Mann, dem Brigadier, bekannt, und ging dann weiter, um unseren Gastgeber zu holen, einen Kommunarden, in dessen Bauernhof wir wohnen sollten. Inzwischen stellte uns der Brigadier ein paar höfliche Fragen. Wie war die Reise? War sie anstrengend? Er zeigte in die Richtung, wo unser neues Heim lag, das etwa fünfzig Meter weiter an der Hauptstraße des Dorfes Glückseligkeit zu erkennen war. Und schon kam unser Gastgeber herbeigeeilt, um uns in sein Haus zu führen.

Der Mann stand in mittleren Jahren; er war kräftig und mittelgroß, trug schwarze, wattierte Hosen, eine schwarze Drillichjacke und handgefertigte, pantoffelähnliche Baumwollschuhe. Sein kahlgeschorener Schädel glänzte in der Wintersonne. Mir gefiel sofort die Art, wie er uns begrüßte: Er strahlte übers ganze Gesicht, und bei seinem gewinnenden Grinsen verzogen sich seine sonnengebräunten Züge zu Runzeln. Kaum war die Vorstellungszeremonie vorbei, als er schon unsere größte Reisetasche ergriffen, geschultert und weggeschleppt hatte, und wir trugen die übrigen Sachen hinter ihm her. Wie wir später merkten, war dieses Verhalten typisch für Lao Man: Wenn es etwas zu tun gab, dann tat er es ohne Umschweife. Während unsere kleine Prozession zum Haus schritt, sahen uns ein paar Bauersleute neugierig, aber zurückhaltend aus ihren Hauseingängen hinterher; die Leute machten in ihren schwarzen, gefütterten Wintersachen einen ziemlich plumpen, schwergewichtigen Eindruck.

Die Behausung eines Bauern besteht im allgemeinen aus mehreren Gebäuden: Die Schlaf- und Wohnräume gruppieren sich U-förmig oder rechteckig zueinander, und eine separate Küche liegt außerhalb und wird nur im Frühling, Sommer und Herbst in Benutzung genommen. Weiterhin gibt es einen Werkzeug- und Lagerschuppen, eine Dunggrube, einen großen Schweinestall sowie einen Hühnerstall mit Auslauf. Manchmal ist der Hof mit einem Erdwall aus Lößmaterial umfriedet; ein andermal, wie bei unserem Bauernhof, ist überhaupt kein Wall zu sehen.

Im Dorf Glückseligkeit gibt es kein privates Land, das dem Bauernhaushalt gehört; aber auf ihrem eigenen Hof kann die Familie Pflanzungen für den eigenen Gebrauch anlegen, zum Beispiel Ostbäume, Strauchwerk für die Anfertigung von Besen, Sonnenblumen, Tabak, Pfeffer und ähnliches. Fast auf jedem Bauernhof versucht man, einen großen, schattenspendenden Baum heranzuziehen, der an heißen Sommertagen Kühlung bringt. Die Bauerngehöfte sind im allgemeinen nicht groß – etwa fünfzehn mal achtzehn Meter im Geviert.

Die von alters her übliche Anlage der zum Haushalt gehörenden Baueinheiten basiert auf einem Einzelhaus mit drei Räumen. Solch ein »Raum« mißt nur zweieinhalb mal drei Meter im Geviert. Ein für drei Räume vorgesehenes Haus kann auch aus ein bis zwei Zimmern bestehen; die Grundfläche ist jedoch immer gleich. Eine Innenwand teilt das Haupthaus so auf, daß ein etwas größeres und zwei kleinere Zimmerchen entstehen. In dem größeren Zimmer spielt sich das Familienleben ab; dort hängt auch ein großes Bild des Vorsitzenden Mao über einem langen altarartigen Tisch an der Stelle, wo einst die Ahnengalerie ihren Platz hatte. Um Maos Bild herum hängt man dann auch meistens Fotos von Familienmitgliedern auf, besonders von solchen, die nicht mehr im Hause wohnen.

Wenn man mehr Geld zur Verfügung hat, baut man noch einen weiteren, etwas kleineren und niedrigeren Haustrakt rechtwinklig hinzu, oder sogar noch einen dritten auf der gegenüberliegenden Seite. Schließlich wird noch auf der Rückseite der Gebäude ein Erdwall aufgeschüttet, und den rechteckigen Komplex schließt man dadurch ab, daß man den Wall nach der Vorderseite hin verlängert und einen Torbogen errichtet. Gern schmücken die Bauern ihre Torbögen durch die traditionellen Blumen- oder Schnörkelmuster, die sie in den Stein meißeln. Je nachdem, wo sich auf dem Grundstück eine geeignete Baufläche findet, wird dann der Schweine- und Hühnerstall, die Außenküche sowie der Geräteschuppen errichtet.

In diesen Breiten ist es natürlich die beste Lösung, ein Haus so anzulegen, daß die Vorderseite nach Süden gerichtet ist. Auf diese Weise können auch die Strahlen der Wintersonne in die Räume dringen und sie tagsüber erwärmen. Wenn dann im Winter ein kalter Wind bläst, wird er von der dicken, fensterlosen Nordwand des Hauses abgefangen. Andererseits ist das Haus aber in den Sommernächten schnell ausgekühlt durch die Nachmittagsbrise. Durch das schräg einfallende Licht sind die Räume in den Morgen-, Mittags- und Nachmittagsstunden gut ausgeleuchtet, da sie nicht nach Norden hin liegen; hinzukommt, daß sie auch kühl bleiben, da der direkte Lichteinfall und damit die Wärmeeinwirkung von Osten und Westen her ausgeschaltet wird.

Lao Man geleitete uns zu seinem aus zwei Trakten bestehenden Gehöft, in dem wir das größere, nach Süden gerichtete Häuschen bewohnen sollten, das drei Räume enthielt. Er selbst bewohnte mit seiner Frau den anderen Trakt auf der Ostseite des Gehöfts. Beide Trakte waren gleich groß; das Haupthaus stand jedoch auf einem höheren Fundament. Unsere Haustür stand offen, und als wir hereintraten, standen wir in einem sauber ausgefegten Raum, der nichts enthielt außer einem hölzernen Bettgestell, auf dessen Strickunterlage sich frischgestreutes Stroh türmte. In einer Ecke lag ein Stapel frisches grünes Kohlgemüse als Willkommensgeschenk der Brigade. Eine Innenwand teilte das Häuschen in einen größeren Wohnraum und ein kleines Schlafzimmer auf. Während die Nordwand aus gebrannten Ziegelsteinen errichtet war, bestanden die anderen Wände aus gestampftem Lehm und an der Sonne getrockneten Mauersteinen. Das Ganze stand auf einem kniehohen Fundament aus gebrannten Steinen.

Die Raumhöhe war ausreichend – drei Meter an den Ecken bis dreieinhalb Meter in der Hausmitte, unter der gewölbten, rauchgeschwärzten Decke aus Flechtwerk. Das Dach bestand aus guten Hartholzsparren und Flechtwerk aus Stielen des chinesischen Zuckerrohrs mit einer Auflage aus einem Gemisch aus Löß, Kalk und Stroh. Das Dach war somit glatt und wasserdicht. Ich sah, daß vom fast halbmeterbreiten Dachbalken eine kleine, rechteckige Papierfahne in roter Farbe herabhing, die man bei der Errichtung des Hauses angebracht hatte und die den Buchstaben »Fu« trug, der Glück bringen sollte.

Durch die mit Papierrolläden verhangenen beiden Fenster und die ebenfalls mit einem Rolladen versehene Scheibe über der doppelflügeligen Haustür kam reichlich Licht in das Innere. Späterhin ersetzte ich das Papier durch Rolläden aus transparentem Plastikmaterial, wodurch ich das Beleuchtungsproblem während der Tagesstunden zufriedenstellend löste. Dadurch, daß die Tür immer halboffen stand, mit Ausnahme von sehr kalten oder sehr regnerischen Tagen, gab es eigentlich gar kein Beleuchtungsproblem, und wenn die Tür geschlossen war, kam Licht durch die Plastikläden, so daß ich gut lesen, ja sogar zeichnen oder malen konnte.

Der Fußboden bestand aus gestampfter Erde und war selbst in der Regenzeit ziemlich trocken. Jeden Tag fegten wir aus, wodurch außer dem Kehricht immer etwas von der Oberfläche mit weggefegt wurde. Wenn dadurch manchmal Unebenheiten oder abgeschabte Stellen entstanden, dann bedeckten wir diese einfach mit feuchtem Löß und stampften ihn fest, und schon war der Schaden behoben und der Fußboden wieder so gut wie neu.

Wir hatten unser Bett mitgebracht. Dadurch und durch die Lagerung unserer Koffer und Kisten mit Decken und Wintersachen war das kleine Schlafzimmer ganz vollgestopft. Der größere Raum diente dagegen gleichzeitig als Winterküche, Wohnraum, Eßzimmer und Studierstübchen. Hier richteten Yüan-tsung und ich uns in kurzer Zeit wohnlich ein. In die nordöstliche Ecke (niemand sagt in diesem nach Himmelsrichtungen orientierten Land »links« oder »rechts«, wenn er nicht gerade über Politik redet) stellte ich mein Liegesofa. Es war dies das Bett, das wir bei unserer Ankunft vorgefunden hatten. Auf diese hochbeinige, hölzerne Liege war anstelle der üblichen Leinwandunterlage ein Geflecht aus Stricken gelegt, und ich polsterte mir das Gestell bequem aus, indem ich Stroh und eine über Kreuz gewebte Matte aus Kaoliang, dem getrockneten Zuckerrohr, darüberlegte. Diese Matte hatte ich in dem Co-op-Laden des Ortes für ein paar Mao, dem Gegenwert von drei oder vier Päckchen billiger Zigaretten, gekauft. Südlich davon stand an der Wand unser Geschirr- und Speiseschrank und daneben der Schrank mit unseren Töpfen und Pfannen, der die südöstliche Ecke ausfüllte. Darunter hatten wir hinter einem Brett unseren Kohlenvorrat gestapelt, und daneben stand nach Westen hin der Ofen, der den Raum bis fast zur Tür hin einnahm.

Auf der anderen Seite vom Eingang lagen in einer Ecke unsere Geräte und der große, angeschlagene Wasserkrug, den wir für die Mischung unseres Ofenbrennstoffs verwendeten: ein Gemisch aus Kohlenstaub, zerstoßenem Lehm und Wasser. Hier in der westseitigen Wand befand sich der Eingang zu unserem Schlafraum. Vor diesen Zugang spannten wir einen Vorhang aus der dickmaschigen Leinwand, auf der ich auch meine Bilder male. An der gleichen, nach Westen gerichteten Wand befand sich ein hölzerner Verschlag, den wir mit grünem Kunststoffmaterial abdeckten. Über diesem praktischen Abstellplatz stand unsere Waschschüssel, und daneben hatten wir unsere Toilettenartikel ausgebreitet. Seitlich davon hatte der Wassereimer seinen Platz, und wir holten täglich unseren Wasservorrat vom Brunnen. Meine Frau Yüan-tsung und ich freuten uns auf diesen gewohnten Gang zum gemeinsamen Wasserholen, denn wir trafen dabei unsere Nachbarn und konnten Grußworte mit ihnen austauschen.

Von der nordwestlichen Ecke bis zur Mitte der nördlichen Wand reichte der Verschlag für unseren Gemüsevorrat. Ich bastelte mir ein Gestell aus Bambusstöcken, und schon nach einer Woche hatte sich in dem Verschlag ein Stapel Steckrüben, Mohrrüben und haufenweise Kohlköpfe angesammelt. Darüber stapelte ich drei Koffer übereinander und deckte das praktische Gestell mit einem handgewebten Tuch ab, das ich in Sinkiang gekauft hatte. Daneben stand unser Spind aus Peking mit unseren Kleidungsstücken, und daran schloß sich die Ecke an, wo wir die Liege hingestellt hatten. Auf dem Spind befand sich unsere Uhr mit einer Glasglocke darüber, damit sie nicht einstaubte und damit das heisere Ticken abgedämpft wurde; außerdem hatten wir ein paar Töpfe mit eingelegten Gurken und Enteneiern auf dem Schrank gestapelt. Als Krönung hängten wir über das Ganze einen kolorierten Druck, der den Vorsitzenden Mao zeigte, wie er von der Rednerbühne in Tien An Men herabwinkte. Kein Haus ist komplett, wenn es nicht ein Porträt des Vorsitzenden enthält.

Mitten im Zimmer stand neben dem Liegesofa der Eßtisch, umgeben von zwei Stühlen und einem kleinen braunen Schemel. Damit habe ich die ganze Einrichtung beschrieben; hinzu kam nur noch meine hohe hölzerne Staffelei. Zu einem späteren Zeitpunkt kauften wir noch zwei Spaten, eine Hacke, eine Sichel sowie ein großes Gefäß mit Deckel, in dem wir unsere Vorräte an Reis, Mais und Weizenmehl aufbewahrten. Aus Furcht vor Ratten achteten wir streng darauf, daß der Deckel auf diesem Nahrungsmittelgefäß immer geschlossen war. Bald stellte sich auch eine kleine Maus bei uns ein, die sich hinter dem Ofen versteckt hielt und nachts hervorkam, um an den Essenabfällen im Ofenloch zu knabbern.

Als wir schließlich klar Schiff gemacht hatten, als der Ofen brannte und der Teekessel pfiff, war unser Häuschen richtig gemütlich – wohl das anheimelndste im ganzen Dorf Glückseligkeit.

Doch lange vorher hatten wir schon bei unserer Ankunft etwas von der Wärme und Gastfreundschaft verspürt, mit der uns die

Menschen entgegenkamen. An den Hauswänden und den Baumstämmen hingen Plakate mit der Aufschrift: »Wir heißen die Kader auf dem Land willkommen!« Wir revanchierten uns dadurch, daß wir an eine Hauswand mit Tünche den Spruch: »Lernt von den Bauern und kleinen Landwirten!« malten. Die Bauernfamilie, bei der wir wohnten, hatte uns sofort ins Herz geschlossen. Wenn ich jetzt hier in dieser fremden Großstadt sitze und mich anschicke, die ganze Unbefangenheit und Freundlichkeit dieser einfachen Menschen zu beschreiben, überkommt mich ein Gefühl wie Heimweh.

Zittern würden sie um uns, wenn sie nur wüßten, in welcher Welt wir hier leben: Umgeben von einem brausenden Verkehr, der rücksichtslos drauflosfährt und Frauen und Kinder tötet, in einer Welt, in der sich Frauen in Nachtlokalen unbekleidet zur Schau stellen, wo täglich Betrugsaffären und bewaffnete Raubüberfälle vorkommen, wo es von Sexshows und Spielhöllen wimmelt ... Sie könnten nicht begreifen, daß es so etwas gibt, wenn ich den Versuch machte, ihnen darüber zu erzählen.

Lao Man und seine Frau

Lao Man und seine Frau Su-tsung (»Tugendsame Geliebte«) nahmen uns von Anfang an in ihre Familie auf, und wir fühlen uns noch heute wie Familienmitglieder. Die aufmerksame und taktvolle Aufnahme war wirklich einzigartig. Am Ankunftstag hingen wir natürlich ganz von ihrer Fürsorge ab, denn Lebensmittel, Brennstoff und Einrichtungsstücke waren für uns noch nicht eingetroffen. Aber alles, was sie besaßen, stand auch uns sofort zur Verfügung. »Wir sind alle eine Familie«, sagte Lao Man, und er sagte es nicht nur, sondern handelte auch danach.

Nach den Monaten der inneren Anspannung durch die Auswirkungen der Kulturrevolution in Peking empfanden wir es wie eine Wohltat, ruhig auf dem Lande leben und die schlichte, unkomplizierte Güte dieser beiden Menschen auf uns einwirken lassen zu können.

Zum Mittagessen brachte Frau Man gebackene Pfannkuchen mit Schmorkohl und Essigfrüchten auf den Tisch, und wir aßen zusammen. Als Familienoberhäupter saßen Lao Man und ich am Eßtisch; die anderen aßen dort, wo es ihnen gerade am bequemsten war. Abends gab es für jeden von uns sauer eingemachtes Gemüse und eine gewaltige Schüssel Hirsebrei. So viel konnte ich nicht auf einmal schaffen, und darum aß ich den Rest am nächsten Morgen zum Frühstück. Wir machten uns miteinander bekannt, und ich stellte meinen kleinen Sohn Hsiao Ti (»Kleiner Jüngerer Bruder«) vor, der von nun an von allen Au Ti genannt wurde, entsprechend dem Dialekt der Landschaft, in der wir lebten. Lao Man erzählte mir, daß er einen erwachsenen Sohn hatte, Ching Chun (»Feiert den Frühling«), der achtzehn Jahre alt war und die letzte Klasse der Mittelschule der Kommune besuchte. Auch eine Tochter von ihm war Schülerin, Ta Hsiang (»Älterer Wohlgeruch«). Seine beiden Jüngsten waren sieben und fünf; sie standen etwas verlegen an der Tür herum, beobachteten uns Neuankömmlinge aber scharf. Die Kinder wurden Au Chiu (»Kleiner Herbst«) und Hsiao Ching (»Kleine Klugheit«) genannt.

Lao Man machte auf uns von Anfang an einen positiven Eindruck, und dabei blieb es auch. Er war immer guter Laune und stürzte sich mit Begeisterung auf das, was gerade zu tun war, kraftvoll wie ein Baum, der im Frühling seine Blätter treibt. Die Arbeit war für ihn etwas, das erledigt werden mußte, und darum machte er sich stets unverzüglich ans Werk. In den ersten Tagen nach unserer Ankunft hatte ich alle Hände voll zu tun, um das Häuschen wohnlich einzurichten: Das auf der Reise beschädigte Bett war zu reparieren, Schränke und Vorratsgestelle waren in Ordnung zu bringen, und ein Lagerplatz für die Kohle war anzulegen. Wenn Lao Man abends nach schwerer Tagesarbeit nach Hause kam und sah, wie ich mich mit der Hauseinrichtung abmühte, dann stand er mir sofort zur Seite und half, bis die Arbeit getan war, ohne auf meine Dankesworte zu warten, mit denen er auch gar nicht rechnete.

Bald hörten wir auch davon, daß seine Hilfsbereitschaft allen

Leuten im Dorf bekannt war. Er besaß einen uralten Schafspelz, wie man ihn auf langen Fahrten im Winter nötig hat. Bezeichnend war die Einstellung der Leute diesem Kleidungsstück gegenüber, das praktisch als Gemeineigentum angesehen wurde, denn wir hörten eines Morgens, wie ein Freund es sich holen wollte, nicht etwa mit der Bitte: »Leihst du mir deinen Schafspelz?«, sondern mit der Aufforderung: »Lao Man! Wer hat jetzt den Pelz?!«

Jetzt mit vierzig besaß er zwar keinen jugendlichen Schwung mehr, aber er war noch immer energiegeladen, kräftig und ausdauernd. Er behauptete, nie im Leben ernstlich krank gewesen zu sein, und doch muß er in den Zeiten der Befreiung stark unterernährt, ja geradezu ausgehungert gewesen sein. Später erfuhren wir, daß er einmal tatsächlich krank war. Damals im Jahre 1961, gegen Ende der »drei schwierigen Jahre«, war das Leben in diesem Teil von Honan sehr hart. Die neue Kommune hatte schlecht gewirtschaftet, denn sie hatte noch keine Erfahrungen gesammelt, und hinzu kamen starke Regenfälle, die die Felder aufweichten und die Ernte vernichteten. Niemand mußte verhungern, aber die Folgen der Unterernährung waren doch überall spürbar; ich glaube sogar, daß die Kleinwüchsigkeit des Mädchens Ta Hsiang zum Teil darauf zurückzuführen ist. Die Familie Man hatte hart zu ringen. Lao Mans Onkel, der in der Nachbarschaft wohnte, war schwer erkrankt und brauchte eine Bluttransfusion, und Lao Man war trotz seines geschwächten Gesundheitszustandes sofort bereit, sein Blut zu spenden. Unglücklicherweise war es ein junger und unerfahrener Arzt, der die Transfusion vornahm, so daß Lao Man zuviel Blut entnommen wurde. Danach muß er wie ein Betrunkener nach Hause gewankt sein, denn Ta Sao erzählte uns, daß er gleich zusammengebrochen sei und drei Tage lang bewußtlos und schweißgebadet dagelegen hätte.

Lao Man selbst hatte das Ereignis aus seinem Gedächtnis gestrichen. Die Vergangenheit zeichnete sich nur in den tiefen Furchen ab, die in seinem Gesicht eingegraben waren. Seine Generation hatte ein hartes Leben hinter sich und mußte noch immer schwer arbeiten. Bezeichnenderweise erfuhr ich nicht von ihm selbst, sondern von den anderen Leuten, daß er die Auszeichnung »Mitglied der Kommune Rote Fahne« trug. Dieser Titel bedeutete, daß er als sozialistischer Bauer vorbildlich gearbeitet hatte, und er wurde ihm einstimmig von seiner Brigade zuerkannt.

Frau Man war nur ein paar Jahre jünger als ihr Ehemann und nur wenig kleiner als er. Lao Man hatte einen wohlgeformten Kopf; er war alles andere als das, was man als einen gutaussehenden Mann bezeichnet. Sein Mund klaffte breit, und wenn er ihn zu einem Grinsen verzog, kamen sein ganzes Gebiß und das Zahnfleisch zum Vorschein. Frau Man dagegen war anziehend; in jungen Jahren muß sie sogar eine Schönheit gewesen sein. Sie hatte eine helle, rosige Gesichtshaut, eine feingeformte Nase und einen Mund, der beim Lächeln ihre weißen kleinen Zähne erscheinen ließ. Immer war sie adrett angezogen und gekämmt. Ihr tiefschwarzes Haar trug sie schulterlang; immer hatte sie eine frischgewaschene und eingeölte Frisur. Für eine Landfrau war dies eine ungewöhnliche Haartracht; die meisten Frauen ihres Alters tragen Chignons oder einen Kurzhaarschnitt. Ihre schwarze, handgewebte Kleidung fertigte sie selbst an, und im Gegensatz zu den jüngeren Mädchen, die ihre Hosen an den Beinen lose trugen, schnürte sie ihre Hosenbeine an den Fesseln mit einem weißen Band zusammen. Gewöhnlich machte sie ein etwas verschmitztes Gesicht, und es sah aus, als ob sie sich über etwas lustig machte. Sie war nicht der Mensch, der sich lange über irgendein Problem den Kopf zerbrach, sondern machte sich frisch ans Werk, um ans Ziel zu gelangen.

Sechs Kinder hatte sie auf die Welt gebracht; zwei davon waren gestorben. Aus der Zeit vor der Befreiung blieb ihr die Erinnerung an kriegerische Auseinandersetzungen, Trockenzeiten und Überschwemmungen, die sie durchzustehen hatte, und nach der Befreiung waren es die Bodenreform und andere Maßnahmen, die sie über sich ergehen lassen mußte. Aber sie trug die Vergangenheit nicht wie eine Bürde mit sich herum. Sie konnte nicht grübelnd oder gar untätig dasitzen; immer war sie in Bewegung und machte sich zu schaffen. Im allgemeinen gab es immer im Haushalt etwas zu tun – Spinnen oder Weben, Anfertigen von Schuhen oder Kleidung, Kochen, Waschen, Saubermachen, Einmachen von Lebensmitteln, die Fütterung der Hühner oder Schweine; aber auch Feldarbeit leistete sie ab. Meine Frau gab ihr den Namen Ta Sao – Ältere Schwester. Dies ist die traditionsgemäße höfliche Anrede einer älteren Frau durch eine jüngere. Auch ich gebrauchte diese Anrede, obwohl Lao Man, der der jüngere von uns beiden war, dies für nicht ganz korrekt hielt; da ich also der ältere Mann war, bekleideten meine Frau und ich eine Art Vorrechtsstellung gegenüber ihm und seiner Frau.

Unser Ofen

An unserem Ankunftstag verhielt sich Ta Sao äußerst schweigsam. Lao Man blieb die Begrüßung und die Unterhaltung überlassen, er saß auch bei Tisch und aß mit uns. Ta Sao trug auf und weigerte sich entschieden, sich von meiner Frau helfen zu lassen. Aber nach dem Essen ließ sich Yüan-tsung nicht mehr abweisen und half ihr beim Abwaschen. Das war der Beginn ihrer Freundschaft, die sich immer weiter festigte, und unsere Gastgeberin schloß meine Frau schließlich ganz in ihr Herz, als sie von ihr mit Ta Sao – Ältere Schwester – angeredet wurde.

Aber erst ein paar Tage später lernten wir sie richtig kennen, als Lao Man zur Arbeit gegangen war und wir unsere liebe Not mit unserem Ofen hatten.

Unser Ofen spielte in unserem Alltag eine große Rolle. Anfangs waren wir verblüfft über seine Skurrilität: Manchmal ging er ohne ersichtlichen Grund aus, und dann erwachte er plötzlich zu neuem Leben, nachdem wir schon resigniert und ihm den Rücken gekehrt hatten. Er war etwa fünfundsiebzig Zentimeter hoch, über einen Meter lang und gut dreißig Zentimeter breit und stand unter dem Fenster unseres Wohnraums. Der Ofen war zugleich unser Herd, und seine Oberfläche über den sonnengetrockneten, verschmierten Steinen beherbergte unsere Töpfe und Pfannen wie auch das breite Brett, auf dem wir unseren Teig ausrollten und Gemüse, Fleisch und Fisch zurechtmachten. Das Heizmaterial brannte in einer kolbenförmigen Mittelkammer, deren runde, untertassengroße Öffnung aus einer viereckigen Metallplatte an der Oberseite des Herdes herausgeschnitten war. Eine kleinere Öffnung unten am Herd führte über einen fünfzehn Zentimeter langen Durchgang zur Vorderseite des Herdes. Dieses Loch diente zum Ausräumen der Asche oder auch zum Anblasen mit einem Blasebalg, wenn dies erforderlich war. Unten war ein Metallrost vor der großen Vorderöffnung angebracht. Hierdurch wurde ein guter Zug erzielt, Schlacken und Brennstoffreste konnten einmal täglich ausgeräumt, und auch der Kehricht konnte dort verbrannt werden. Unseren Herd konnten wir mit Kohle heizen; gewöhnlich waren es jedoch Kugeln, die wir aus Kohlenstaub und zerstoßenem Lehm unter Beimischung von Wasser im Verhältnis zwei zu eins formten und deren Grundmasse wie eine dicke schwarze Paste aussah. Der Brennstoff wurde von oben zugeführt.

Die ersten zwei Tage sah ich mir unseren originellen Herd an und freute mich schon darauf, daß er bald Wärme und Behaglichkeit ausstrahlen würde. Aber unsere Kohlenzuteilung war noch nicht da, und Brennholz gab es in dieser Gegend kaum. Inzwischen tat Ta Sao ihr möglichstes, um uns gut zu versorgen. Dreimal am Tage gab es Maisbrei, Maisbrot (Wawatou), Fladen und Kohl, manchmal auch Essigfrüchte dazu. Das war auch die gewohnte Winternahrung der Mans, die es sechsmal in der Woche gab; als Abwechslung standen Mohrrüben oder Steckrüben zur Verfügung, die meistens roh gegessen, manchmal aber auch gekocht oder sauer angemacht wurden. Mitunter leisteten sie sich einen gedämpften Brotteig (Mantou), ein Stückchen Fleisch oder Eier zum Essen. Die Nahrung war ausreichend, enthielt aber viel zuwenig Eiweißstoffe. Wir aßen die gleichen Sachen wie die Mans, nur morgens trank ich zum zweiten Frühstück Malzmilch, die ich aus Peking mitgebracht hatte. Wir hatten auch ein paar größere Packungen Butter bei uns und verfeinerten damit Ta Saos Pfannkuchen, wenn wir in unserem Häuschen allein aßen. Das schmeckte gut, aber anfangs kamen mir doch dabei Gewissensbisse, denn dieser heimliche Luxus ließ sich schwerlich mit meinem Willen zur Anpassung an die örtlichen Verhältnisse vereinbaren. Doch später mehr über die Ernährung.

Die Mans hatten zwei Feuerstellen. Der eine Ofen stand in ihrem Wohnraum, und da man in ihm nur Kohle brennen konnte, die für sie kaum erschwinglich war, nahmen sie diesen Ofen nur im Winter bei sehr kaltem Wetter in Benutzung. Die zweite Feuerstelle war der Herd in der Außenküche, ein wunderliches Monstrum, den die Mans mit Kaoliang-Stengeln und getrockneten Maiskolben beheizten. Das Brennmaterial wurde in die Vorderöffnung geschoben, und der Herd wurde von einer Seitenöffnung her belüftet, indem hier ein Blasebalg angesetzt wurde. Wenn das Essen gekocht werden sollte, wurde jedesmal dieser Herd angeheizt. Im Nu war die kleine Küche voll mit beißendem Qualm, der durch die Tür ins Freie drang. Einmal, als ich Ta Sao helfen wollte, ihren Blasebalg zu bedienen, hielt ich es nur ein paar Minuten in ihrer Küche aus, denn meine Augen tränten so stark, daß ich fluchtartig an die frische Luft lief.

Wenn die Mans ihren Innenofen, der unserem Ofen aufs Haar glich, anheizten, dann qualmte auch dieser so stark, daß der ganze Raum mit Rauch erfüllt war, und überall bildete sich eine rußige Staubschicht. Das war für mich ein Anlaß, darüber nachzudenken, ob ich mich durch die Konstruktion eines besseren Ofens für das Dorf Glückseligkeit nützlich machen könnte, und bald wurde mir auch die Konzeption klar: Ich wollte die obere Öffnung mit einem Abzug aus Zinkblech überdecken und den Rauch durch ein Rohr leiten, das durch ein Loch in der Wand oder im Fensterladen nach draußen führte. Nach dem Anmachen des Feuers hätte man das Abzugsrohr so zurechtrücken können, daß es nicht störte. Schwierig aber war und blieb das Anheizen selbst; wenn das Feuer erst einmal richtig brannte, tat der Ofen schon wie von selbst seine Pflicht.

Doch ich mußte davon Abstand nehmen, meine Erfindung gleich in die Tat umzusetzen: Die Kaderleute rieten mir davon ab, denn es würde meinem Gastgeber gegenüber unhöflich erscheinen, den Ofen und die Abzugsanlage radikal umzugestalten; es könnte nämlich den Anschein erwecken, daß ich mit meiner Unterbringung nicht zufrieden wäre. Ich ließ also den Gedanken vorerst fallen. Wie ich später herausfand, genügte ein kurzes Stück Schornstein, um das Feuer in Gang zu halten und einen guten Zug zu bewirken, und außerdem dafür zu sorgen, daß der Rauch durch die Dachsparren abzog und sich nach draußen verteilte.

Der zweite Teil meines Vorhabens endete mit einem Desaster, als ich mich daranmachte, es in die Tat umzusetzen. Die Kohle war eingetroffen, und ich wollte meinen Ofen anheizen, dessen Loch bis oben hin mit Schlackenstücken angefüllt war. Zunächst war ich etwas verblüfft über diesen Anblick, denn die Schlacke bestand aus ziemlich großen Stücken, und unter dem Rost lag keine Asche. Jetzt galt es, Pionierarbeit zu leisten: Ich räumte die Schlacke heraus und machte nach altväterlicher Art ein Feuer an. Zuunterst kam eine Schicht Knüllpapier, darüber kleine Holzsplitter, dann Scheite und schließlich kleine Kohlenstücke. Als der Stoß zu brennen anfing, warf ich noch ein paar größere Kohlenstücke darauf ... und schon brach mein Kunstwerk zusammen, und das Feuer ging aus.

Wissenschaftlich betrachtet hätte das natürlich nicht passieren dürfen. Vielleicht war das Holz zu feucht? Ich ging noch einmal ans Werk und tränkte das Holz diesmal mit Kerosin. Das Feuer flackerte auf und sank dann wieder in sich zusammen. Auch beim dritten Versuch, als ich die Bretter einer zerhauenen Kiste in den Ofen steckte, blieb der Erfolg aus, abgesehen davon, daß das ganze Haus voller Qualm war. Also ein Versagen auf der ganzen Linie, und dazu hatte ich noch meinen kleinen Vorrat an Brennholz nutzlos vergeudet und Kerosin in der Luft verpuffen lassen.

Wie eine Retterin in dieser Krise tauchte plötzlich Ta Sao auf; sie hatte wohl den Qualm gesehen und wollte einen Brand verhüten. Ohne viel Federlesens übernahm sie das Kommando, denn sie sah den Schlackenhaufen vor dem Ofen und erkannte, daß es so nicht weiterging. Im Dorf erzählte man sich später diese Situation wie einen Witz: »Der Mann hat die ganze Schlacke aus dem Ofen herausgenommen!«, und man schmunzelte nachsichtig über mich, den unpraktischen Intellektuellen. Ta Sao säuberte den Rost und steckte dann die meisten Schlackenstücke wieder in den Ofen hinein. Daraufhin holte sie aus ihrem eigenen Vorrat eine Handvoll trockene Zweige, dazu Maiskolben und einen großen Blasebalg, dessen Mundstück genau in das kleine Vorderloch des Ofens hineinpaßte. Sie zündete ein längliches Stück Holz an und warf es von oben in den Ofen, mitten zwischen die Schlacke. Als das Holz gut durchgebrannt war, warf sie kunstgerecht einen langen Zweig nach dem anderen darüber, so daß sich eine Art spitzer Scheiterhaufen bildete. Schließlich kamen Maiskolben und ein paar zerhauene Wurzelstücke aus Hartholz darauf, und als die Flammen im Ofen loderten, warf sie Kohle darüber, setzte ein kurzes Abzugsrohr über das Ofenloch und begann, den Blasebalg zu betätigen. Der Ofen spuckte dicke Rauchwolken aus, aber bald hörte man ein richtiges Feuer knistern, und die Rauchbildung hörte auf. Das Brennmaterial hatte tatsächlich Feuer gefangen! »Tsung-la!« (»Das hat geklappt«) sagte sie triumphierend. Die Bauernschläue hatte den störrischen Ofen überlistet; in ein paar Minuten war es ihr gelungen, mein Problem zu lösen.

Als der Ofen durchgebrannt war, warf sie noch einen gehörigen Klumpen Kohlenstaub, versetzt mit Lehm und Wasser, auf die Glut. Das Feuer gab ein zischendes Geräusch von sich, und dann bildete sich eine krustige Oberfläche. Mit dem Feuerhaken stieß sie drei Löcher in die krustige Masse bis hinab zum Ofenrost, und blaue Flammen züngelten durch diese Zuglöcher nach oben. Das ganze Brennmaterial konnte somit durchglühen, und fünf bis sechs Stunden brauchte man nicht mehr nach dem Ofen zu sehen. Später erlernten auch wir diese Methode des Anlegens eines langsam glühenden Feuers, so daß wir selbst dafür sorgen konnten, daß der Ofen die ganze Nacht durchbrannte.

Ta Sao brachte uns auch bei, wie das tagsüber gebräuchliche Brennmaterial, die Kohlenkugeln, anzufertigen waren. Vor meinem ersten Heizversuch hatte ich den ganzen Morgen vergeblich damit zugebracht, außerhalb des Hauses Kohlenkugeln mit der Hand zu formen. Es war leicht, Kohlenstaub mit Lehm und Wasser zu vermischen, aber das Rollen dieser Masse zu Kugeln war gar nicht so einfach. Das Zeug wollte nicht zusammenhaften, und am allerwenigsten ähnelte das Resultat einer Kugel. Ta Sao hatte mir bei meinen Bemühungen zugesehen; sie war aber zu höflich, um etwas zu sagen, und sie meinte wohl auch, ich wüßte schon, was ich da in Angriff nahm. Schließlich griff sie aber doch zu und warf einen großen Klumpen aus diesem Kohle-Lehm-Gemisch auf den Ofen zum Trocknen. Dann holte sie den Spaten und zerteilte den Klumpen in viereckige Stücke. Die getrockneten Teile waren zwar nicht rund, aber es waren die richtigen Kohlenkugeln, wie wir sie brauchten, und sie waren in kürzester Zeit fertig.

Zu guter Letzt kamen wir gut mit dem Ofen zurecht, er funktionierte zufriedenstellend und war sparsam im Verbrauch. Nur für das Anheizen war noch ein zusätzlicher Abzug erforderlich. Immerhin dauerte es aber mehrere Tage, bis wir richtig mit ihm fertig wurden, bis wir wußten, wie er sich am besten anheizen und anblasen ließ, wann wir viel Brennmaterial nachlegen mußten und wie wir den Feuerhaken ansetzen sollten, damit uns nicht die ganze Glut mitsamt der Schlacke vor die Füße fielen. Einmal klagten wir Ta Sao unser Leid: »Dieser Ofen benimmt sich wie ein Baby, das Durchfall hat. Wenn wir oben etwas hineinstecken, kommt es unten gleich wieder heraus!« Ta Sao schmunzelte über diesen Vergleich, und bald war es im ganzen Dorf herum, was wir zu ihr gesagt hatten.

Jetzt hatten wir den Dreh mit dem Ofen heraus, und wenn wir das Knistern des Feuers hörten, fühlten wir uns behaglich wie zu Hause. Er gab viel Wärme ab, und wir hatten immer unsere drei Thermosflaschen mit abgekochtem, warmem Wasser auf ihm stehen. Nun konnten wir auch anfangen, ihn als Kochherd zu benutzen. Morgens begrüßten uns die Nachbarn mit den Worten: »Wie brennt euer Ofen?« womit sie ihre Anerkennung für den Erfolg zum Ausdruck bringen wollten, den wir durch die eigene Leistung bei der Überwindung unserer Heizprobleme davongetragen hatten. Sogar in einer Versammlung wurde lobend erwähnt, daß wir uns bemüht hatten, von den Bauern der armen und unteren Mittelschicht zu lernen.

Kan-pu oder Die Kader denken um

So waren es also die Öfen, die den Kontakt zwischen uns und den Kaderangehörigen herstellten.

»Kan-pu« ist das chinesische Wort für Kader, also ein mit Verwaltungs- oder Leitungsaufgaben Betrauter. Diese Definition erfaßt jedoch nicht den ganzen Begriff, denn auch jeder im Büro Tätige oder einen Spezialberuf Ausübende gehört zum Kader, also Arzt und Krankenschwester, Verleger und Journalist, ja selbst die Schreibkräfte gehören dazu. Zum Kader werden naturgemäß Minister, Gesandte und Gewerkschaftsführer gerechnet, aber ebenso auch Bezirksvorsitzende und Bauern, die in die Leitung des Revolutionskomitees einer Kommune gewählt worden sind.

Unsere Kader-Freunde waren in verschiedenen Stellungen in einem Pekinger Übersetzungs- und Verlagsbüro beschäftigt, als Abteilungsleiter, Künstler, Übersetzer, Techniker, Buchhalter und Maschinenschreiber. Die sechs Ehepaare, die mit uns zusammen im Dorf Glückseligkeit untergebracht waren, sollten das ländliche Leben kennenlernen und durch die bäuerliche Arbeit zum Umdenken veranlaßt werden. Die Männer und drei von den Frauen arbeiteten im Übersetzungsbüro; zwei von den Frauen waren Nur-Hausfrauen, und die sechste war bei einer anderen Organisation beschäftigt, hatte es aber vorgezogen, bei ihrem Mann zu bleiben. Andererseits hätte jedoch auch ihr Mann die Wahl gehabt, sich seiner Frau anzuschließen und anderswo seinen Landdienst abzuleisten. Meine Frau und ich schlossen uns diesen sechs Ehepaaren an, und wir kamen uns vor wie eine lahme Veteranentruppe, die der Dritten Brigade der Kommune »Große Glückseligkeit« zugeteilt war.

Seit den Jahren 1969/70 sind Hunderttausende städtischer Kader aufs Land geschickt worden. Wie vieles andere im neuen China verfolgte diese Massenverlegung von Kadern zu den Ursprüngen der menschlichen Existenz verschiedenartige Ziele.
Im damaligen Stadium der Kulturrevolution galt es, mancherlei Schwierigkeiten zu überwinden, um weiter voranzukommen. Schon ab 1966 waren viele leitende Kader von anderen Werktätigen bezichtigt worden, eingefleischte Anhänger des abgesetzten Präsidenten Liu Schao-tschi zu sein und ihre Organisationen so zu führen, daß der Wiedereinführung des Kapitalismus Vorschub geleistet würde. Ein solcher Vorwurf war schon schlimm genug, doch manchmal stellte es sich bei der Überprüfung ihrer Arbeitsweise tatsächlich heraus, daß die Vergangenheit dieser Kader zwielichtig war oder daß sie sich Verfehlungen im Amt hatten zuschulden kommen lassen. Von einigen wurde behauptet, daß sie Veruntreuungen begangen hätten, die Partei und das Volk verraten oder sogar mit den Feinden der Revolution, der Kuomintang Tschiang Kai-scheks und den imperialistischen Mächten kollaboriert hätten.
Im weiteren Verlauf der Kulturrevolution wurden diese Kader attackiert und kritisiert; sie wurden aufgefordert, sich gegen die Anklagen zu verteidigen und eine Selbstkritik abzulegen, wenn sie Fehler begangen oder eine Schuld auf sich geladen hatten. Wenn es sich um schwerwiegende Verfehlungen handelte, wurden zu dieser Zeit die Kader aus ihren Ämtern entfernt und mit manuellen Arbeiten beschäftigt. Sie mußten dann die Büroräume sauberhalten oder die Wege fegen, manchmal auch in den Küchen aushelfen. Eine Zeitlang wurden diejenigen, gegen die die schwersten Anklagen erhoben wurden, streng bewacht und zu spartanischer Lebensweise gezwungen.
Wenn es einem Angeschuldigten gelang, die Vorwürfe gegen seine Person zu entkräften, dann war die Angelegenheit damit erledigt. In anderen Fällen wurde so verfahren, daß dem Beklagten neue Aufgaben zugewiesen wurden, die er gewissenhaft zu erfüllen hatte, um damit seinen Willen zum Dienst am Volke zu beweisen, und wenn er dann noch eine Selbstkritik ab-

legte, wurde er »befreit«. Das zuständige Revolutionskomitee stellte dann ein Beurteilungszeugnis aus, und er wurde an seine Arbeitsstelle zurückgeschickt.

Viele der leitenden Kader hatten sich tatsächlich so verhalten, wie es den Richtlinien von Liu Schao-tschi entsprach, der ja auch die Linie der Partei und der Regierung bestimmt hatte. Aber zahlreiche von ihnen hatten dies im guten Glauben getan und das ausgeführt, was sie im Sinne der Parteirichtlinien als vorschriftsmäßig betrachteten, wenn sie persönlich auch anderer Meinung sein mochten. Manche Kader waren schon seit langer Zeit für die Partei tätig gewesen und hatten der Revolution viele Opfer gebracht. Diese Leute wurden dann als »gute Männer, die Fehler begangen hatten« eingestuft und »befreit«, nachdem sie ihre Irrtümer als unfreiwillige und in Unwissenheit gehaltene Gefolgsleute Liu Schao-tschis bekannt hatten. Solche Kader wurden auch in die Revolutionskomitees gewählt, die von nun an die Arbeit der Behörden überwachten. Diese neuen leitenden Dreiergruppen setzten sich zusammen aus den Leitern der revolutionären Massenorganisationen, die die Macht übernommen hatten (von den »kapitalistischen Handlangern« Liu Schaotschis), ferner aus Vertretern der Volksbefreiungsarmee, die als Propagandisten der Gedanken Mao Tse-tungs fungierten, um das noch bei den Behörden vorhandene revolutionäre Ideengut zu festigen, und schließlich aus den besten der noch verbleibenden Kader.

Leider konnten manche Streitfälle im Zusammenhang mit den Anschuldigungen gegen leitende und auch untergeordnete Kader nicht geklärt werden. In solchen Fällen wurde die Entscheidung vertagt. Einige Sonderfälle waren so gelagert, daß offenbar die Parteiinstruktionen für die Beurteilung nicht ausreichten.

In manchen Organisationen gab es Richtungskämpfe zwischen Angehörigen verschiedener revolutionärer Gruppen aus den Anfangs- und Entwicklungszeiten der Revolution – diese Massenorganisationen führten sehr militärisch klingende Namen wie Truppe Rote Fahne, Rote Garde oder Proletarische Revolutionäre Kampfabteilung –, und solche Auseinandersetzungen führten dazu, daß Verhandlungen über Kader im Sande verliefen, je nachdem, welche Richtung Partei für den Angeschuldigten ergriff. Schließlich gab es aber auch Kader, die als Konterrevolutionäre eingestuft wurden. Das war eine sehr schwerwiegende Beschuldigung, und solche Fälle wurden von höheren Verwaltungs- und Parteiorganisationen behandelt. Im Jahre 1969 hatten sich solche Organisationen noch nicht in vollem Maße neu konstituiert. Dadurch entstanden Verfahrensschwierigkeiten, Verhandlungen wurden aufgeschoben, und neue Leitungsorgane konnten mitunter nicht gebildet werden, wenn sie nicht die erfahrensten Leute der alten Kader einschlossen.

In dieser Lage kam man auf den Gedanken, eine Periode der Abkühlung eintreten zu lassen. Die Partei veröffentlichte den Vorschlag des Vorsitzenden Mao, der darauf hinauslief, zunächst bei einem Drittel der Angehörigen der jeweiligen Organisationen die Klärung herbeizuführen und erst danach den Rest zu durchleuchten. Es war nämlich allgemein bekannt, daß viele Behörden in Peking überreichlich mit Personal ausgestattet waren. Die Gelegenheit wurde gleichzeitig dazu benutzt, solche überzähligen Kader zu anderen Organisationen zu versetzen. (Im Jahre 1970 gab Premierminister Tschou En-lai bekannt, daß im Zuge der Straffung der Verwaltung während der Kulturrevolution die Anzahl der Mitarbeiter bei der Zentralregierung von 60 000 auf 10 000 gekürzt worden sei.)

Man ging dabei von der Grundvorstellung aus, daß den städtischen Kadern und Intellektuellen Gelegenheit dazu geschaffen werden sollte, auf dem Lande von den revolutionären Bauern zu lernen und dabei die eigene elitäre Haltung abzustreifen. Im November wurde angekündigt, daß das Behördenpersonal gruppenweise aufs flache Land geschickt werden sollte, um bei Bauern der armen und unteren Mittelschichten zu leben und zu arbeiten, also bei den zuverlässigsten ländlichen Kampfgenossen der revolutionären Arbeiterklasse. Dort sollten sich die Stadtbewohner durch harte Arbeit stählen und dadurch zu einem ideologischen Umdenken angehalten werden und eine neue Einstellung zu ihren Aufgaben gewinnen. Ihre durch Einflüsse aus dem Feudalismus, der kapitalistischen Bourgeoisie und dem Revisionismus korrumpierte Weltanschauung sollte sich neu formieren. Die Kommune-Bauern sollten ihnen mit Rat und Tat zur Seite stehen, um ihre Einstellung im Sinne des aufrichtigen Sozialismus zu festigen. Danach würden sie ein besseres Rüstzeug zur Weiterführung der Kulturrevolution besitzen, wenn sie zu ihren städtischen Arbeitsplätzen zurückkehrten. Die Löhne, die sie in Peking gezahlt erhielten, sollten ungekürzt weitergeführt werden.

Unter diesen Bedingungen bestand eine allgemeine Bereitschaft, ja sogar der ausdrückliche Wunsch zur Landarbeit. Die Revolutionskomitees veröffentlichten die ersten Listen der Kader, die sich reisefertig machen sollten. Den Gruppen wurde aber nicht bekanntgegeben, wie lange der Landaufenthalt dauern sollte. Wie man hörte, war eine unbestimmte Zeitdauer bis auf Widerruf vorgesehen.

Im Dorf Glückseligkeit und in dessen Umgebung gab es drei verschiedene Kadergruppen. Die erste Gruppe, die zugleich zahlenmäßig die größte war, umfaßte unverheiratete junge Männer oder Frauen, aber auch Verheiratete mit Anhang oder Familien, die in der Kaderschule »7. Mai« untergebracht waren. Dieses Anwesen war eine frühere staatliche Domäne, und die Kader bearbeiteten das zugehörige Land, das mehrere hundert Mu umfaßte. Nebenher studierten sie die Werke von Marx, Engels, Lenin und Stalin und die Weiterentwicklung dieser Ideologien in Mao Tse-tungs »Ausgewählten Schriften«. Ferner hatten sie regelmäßig an Kursen und Diskussionen teilzunehmen, denn sie waren dazu ausersehen, die Kulturrevolution weiterzuführen. Dazu gehörte eine Kritik an den revisionistischen Vorstellungen Liu Schao-tschis und seiner Anhänger, eine Verurteilung selbstsüchtiger oder individualistischer Haltung, eine Analyse der Ergebnisse der Revolution und ihrer eigenen revolutionären Einstellung sowie eine Diskussion über die Durchführung der Endphasen dieser Volksbewegung unter Berücksichtigung der noch zu lösenden Probleme und der Aufstellung einer neuen, gefestigten Arbeitsgrundlage in der Sicht der vorteilhaften Erkenntnisse der Kulturrevolution. Die Aktion stand unter dem Motto der Erfassung revolutionärer Ideen und der Förderung der Produktivität. Die Schule »7. Mai« war eine von Tausenden, die diesen Namen trugen, da sie nach den Instruktionen aufgebaut war, die der Vorsitzende Mao am 7. Mai 1966 für die Erziehungsreform ausgegeben hatte. Diese Instruktionen enthielten die Anweisung, daß die Erziehung der sozialistischen Grundhaltung, das heißt den politischen Zielen des Proletariats, entsprechen sollte, und daß sie mit produktiver Arbeit einhergehen müßte. Solche »7. Mai«-Schulen wurden daraufhin überall in den ländlichen Gebieten errichtet, um durch harte Arbeit, verbunden mit dem Umdenkungsprozeß, neue Kader zu schaffen, und gruppenweise wurden Angehörige der verschiedensten Organisationen aufs Land geschickt, aus den Regierungsämtern und Ministerien, den Verbänden der Künstler, Schriftsteller, Musiker, Schauspieler und Filmschaffenden, aber auch aus Forschungsinstituten und Universitäten.

Die zweite Kadergruppe bestand aus größeren und kleineren Arbeitsgemeinschaften, die in den Nachbardörfern untergebracht waren. Diese Kader waren durchweg leidlich arbeitsfähig und lebten mit ihren Familien zusammen. Im Gegensatz zu den Kadern, die in der Schule »7. Mai« wohnten, hatten diese Leute aber nicht nur ihre Kleidung, Wäsche und Bücher mitgebracht, sondern ihren ganzen Haushalt mit den Möbeln, so wie auch ich es getan hatte. Auch diese zweite Kategorie sollte von den Bauern lernen, wenn auch die Disziplin bei ihnen nicht so streng gehandhabt wurde. Es wurde jedoch von ihnen erwartet, daß sie die »Disziplin der Bewegung« gewissenhaft einhielten, denn undiszipliniertes Verhalten wurde durch Kritik und Selbstkritik geahndet.

Die dritte Kategorie stellte schließlich die Gruppe der sechs Familien dar, die im Dorf Glückseligkeit lebten. Diese Gruppe erfuhr eine Sonderbehandlung, da die Kader entweder so wie ich im vorgeschrittenen Lebensalter standen, also über sechzig Jahre alt waren, oder weil sie kränklich waren und deshalb als nicht einsatzfähig galten. Wie die zweite Kadergruppe sollte auch diese dritte am eigentlichen dörflichen Leben teilnehmen und dann jeweils bei Bedarf wieder zu ihren Arbeitsplätzen in Peking zurückgerufen werden. Doch allen wurde schon bei ihrer Abreise eingeschärft, daß sie nicht an die Rückberufung denken sollten, um dadurch das ihrige für den Erfolg des Umdenkungsprozesses beizutragen.

Einigen dieser Kader war die Möglichkeit geboten worden, auf Wunsch ganz aus ihren Organisationen auszuscheiden. In solchen Fällen erhielten sie eine Abfindungssumme ausgezahlt – auf der Basis eines Monatsgehalts je geleistetem Arbeitsjahr –, oder es wurde ihnen eine Pension zugestanden. Die Männer konnten sich im Alter von sechzig, und die Frauen mit fünfundfünfzig Jahren zur Ruhe setzen und 75 bis 80 Prozent ihres Arbeitslohns je nach der Dauer ihres Arbeitslebens weiterbeziehen. Man verfolgte dabei auch den Gedanken, daß die alten Leute in ihre Geburtsdörfer zurückkehren würden, und manche sind auch tatsächlich als Kommunemitglieder mit ihren Familien in die angestammte Heimat zurückgezogen. Die meisten Angehörigen dieser Kadergruppe zogen es jedoch vor, Mitarbeiter in ihrem Übersetzungsbüro zu bleiben und schließlich nach Peking zurückkehren zu können, nachdem sie eine gewisse Zeit, vielleicht ein bis zwei Jahre, im Dorf Glückseligkeit zugebracht hatten. Mit Ausnahme derjenigen Kader, die eine Abfindungszahlung erhalten hatten oder die schon pensioniert waren, erhielten alle diese Leute auch auf dem Lande ihr übliches Gehalt weiter. Alle waren irgendwie mit einer Arbeit auf den Bauernhöfen beschäftigt, und die ganze Gruppe hatte einen besonderen Status. Die Kinder wurden auf die Schule geschickt und mußten wie die Dorfkinder auf dem Felde mithelfen, wenn dies erforderlich war.

Die sechs Familien kamen gleichzeitig mit uns im Dorf an, und durch die Neueinquartierung herrschte eine Woche lang viel Trubel in der kleinen Gemeinde. Unser Gepäck und die Möbel wurden mit Pferdefuhrwerken herangeschafft. Die meisten Neuankömmlinge hatten ihre gesamte Habe mitgebracht. Aber niemand besaß sehr viel Umzugsgut. Keiner der Familien wurden mehr als zwei Räume zugewiesen, und die meisten mußten Küche oder Badezimmer mit anderen teilen, so daß die Leute nur die notwendigsten Stücke mitbrachten: Betten, Stühle oder Hocker, einen Tisch, einen Schrank oder eine Wäschekommode, Sommer- und Winterkleidung, ein paar Koffer, wenige Bücher und Krimskram und ein Radio. Drei von ihnen hatten ihre Fahrräder dabei.

In Peking befaßten sich nur wenige Kader damit, ihre Wohnungen komfortabel einzurichten. Die meisten von ihnen hatten ohnehin nicht das Geld dafür; der Hauptgrund für die spartanische Einrichtung war jedoch die ständige Bereitschaft der Bewohner, jederzeit den Umzug aufs Land vollziehen zu müssen. Hinzu kam, daß die Zeiten als unsicher betrachtet wurden; während des Koreakrieges und auch im Vietnamkrieg bestand eine gewisse Angst vor einer Invasion, und niemand wollte sich durch die Anschaffung von vielen Möbeln und Hausrat belasten. Die meisten der Pekinger Kader waren schon früher einmal mehrere Monate lang aufs Land geschickt worden, schon 1951 bei der Bodenreform und in den Jahren 1964/65 zur Unterstützung der sozialistischen Erziehungsbewegung, oder auch zwischendurch zur »Bewußtseinsbildung«. Die Leute waren sich bewußt, daß sie wegen bourgeoiser Tendenzen kritisiert worden wären, wenn sie sich mit größeren Anschaffungen und der Einrichtung komfortabler Wohnungen befaßt hätten. Deshalb begnügten sich die Menschen in Peking mit ihrem einfachen Lebensstandard.

Bei Einschätzung der materiellen Lage lebten die Leute also im Vergleich zu den Pekinger Verhältnissen gar nicht schlecht in diesem Dorf. Der alte Tang verdiente in seinem Alter von über sechzig Jahren zusammen mit seiner Frau mehr als 320 Yüan monatlich als leitender Kader; hier im Dorf konnten die beiden aber nur etwa 100 Yüan im Monat ausgeben. Diese aufs Land geschickten Kader durften es sich nicht erlauben, sich dadurch verdächtig zu machen, daß sie viel konsumierten; wie hätten sie sonst auch glaubwürdig erscheinen können, wie hätten sie ihren

Willen zur Integration mit der Landbevölkerung anders bekunden können als durch Sparsamkeit? Auf diese Weise kamen die Leute aber in die Lage, jeden Monat ein paar hundert Yüan auf die Sparkasse zu bringen und mit $2^1/_2$ Prozent verzinsen zu lassen. Die Kinder der Tangs waren schon erwachsen und wirtschaftlich unabhängig.

Ein ganz anderer Fall war Ling, ein Künstler in mittleren Jahren, der seine vierköpfige Familie allein ernähren mußte. Der arme Kerl hatte nur noch eine Lunge. Seine Frau war eine gute Hausfrau und Mutter. Sie hatte sich in Peking etwas dazuverdienen können durch Näharbeit in einer Hausfrauen-Kooperative, aber hier auf dem Lande hing die Familie ganz von dem Verdienst des Mannes ab. Eines der Kinder ging auf die Grundschule, das andere besuchte schon die Mittelschule.

Es mag verwunderlich erscheinen, wie eine vierköpfige Familie mit 100 Yüan monatlich auskommen kann, denn das sind nur 200 Hongkong-Dollar oder 33 US-Dollar. In Hongkong werden Neubausiedlungen für arme Familien gebaut, die weniger als 600 Hongkong-Dollar im Monat verdienen. Für Pekinger Verhältnisse kann man die Familie Ling jedoch keineswegs als arm bezeichnen. Ein kleines, einigermaßen sauberes Zimmer kann in Hongkong heutzutage eine Miete von 50 bis 60 US-Dollar kosten. In Peking zahlt dagegen ein Kaderangehöriger etwa einen Yüan oder sogar noch weniger in einem Altbau; ungefähr der doppelte Mietpreis wird für eine Neubauwohnung verlangt. Noch geringer sind die Kosten für Wasser, Heizmaterial und Strom. Etwa 15 Yüan monatlich zahlt man für das Kantinenessen in einer Behörde, das alle Mahlzeiten einschließt. Das Schulgeld ist so gering, daß man es als kleinen symbolischen Beitrag bezeichnen könnte. Die Kleidung ist billig, und niemand schämt sich, in sauberen, geflickten Sachen herumzulaufen, denn sie gelten als ein Zeichen von Fleiß und Sparsamkeit. Wenn man in Hongkong einen Arzt konsultieren will, so kostet diese Visite 50 Hongkong-Dollar; in China hat jeder Kaderangehörige dagegen Anspruch auf freie Behandlung nach dem Nationalen Gesundheitsprogramm. Für Frau und Kinder sind

die Hälfte der Behandlungskosten zu entrichten. Schulkinder werden dagegen frei behandelt. Für den Fall, daß Ling dennoch in finanzielle Schwierigkeiten geraten sollte, bliebe ihm noch die Möglichkeit, bei der Leitung seiner Organisation einen Zuschuß zu beantragen, der ihm bestimmt bewilligt werden würde. Bei ihrem Einkommen von etwa 100 Yüan im Monat mußten die Lings jedoch sparsam wirtschaften, ob sie nun in Peking oder im Dorf Glückseligkeit lebten. Ling war eine Abfindung angeboten worden, und es wurde ihm nahegelegt, in sein Heimatdorf bei Wuhsi zurückzukehren, doch er hatte das Angebot abgelehnt. Seit drei Jahrzehnten hatte er sein Dorf nie wieder besucht und fühlte sich daher mit seiner Heimat nicht mehr verbunden. Bei seinem Gesundheitszustand konnte er keine Feldarbeit in der Kommune leisten; dagegen war er in der Lage, Schreibarbeiten zu verrichten und als Künstler für das Kulturprogramm der Kommune tätig zu sein. Vielleicht hätte er auch als Lehrer oder Handwerker eingesetzt werden können. Ling hatte aber keine Lust, etwas Neues in Angriff zu nehmen, und so vertrieb er sich die Zeit auf dem Lande in der Hoffnung, bald nach Peking zurückkehren zu können. So wie viele andere in seiner Lage rechnete er damit, daß man im Zuge des allgemeinen, besonders des industriellen Aufschwungs in China eines Tages nicht umhin könnte, wieder auf seine Mitarbeit in der Pekinger Bürokratie zurückzugreifen.
Auch die Lins waren etwas knapp bei Kasse. Nur der alte Lin arbeitete, aber er hatte Magengeschwüre. Schon in den schlechten Zeiten vor der Befreiung war er der Partei beigetreten, und das entbehrungsreiche Leben hatte sich auf seinen Gesundheitszustand ausgewirkt. Als bäuerlicher Aktivist hatte er sich am revolutionären Aufbau beteiligt, und nach der Befreiung war er nach Peking berufen worden; da er aber keine speziellen beruflichen Vorkenntnisse hatte, verdiente er kaum mehr als Ling, der Künstler. Seine Frau, die ebenfalls ein altes Parteimitglied war, kränkelte auch und mußte deshalb zu Hause bleiben, und hatte dadurch kein eigenes Einkommen. Von ihren drei Kindern besuchten die beiden Mädchen die Grundschule bezie-

hungsweise den Kindergarten, während der Junge schon mehr oder weniger selbständig war. Seine Mittelschulausbildung hatte er nicht abgeschlossen und war freiwillig in den Nordosten des Landes gegangen, um dort in einem staatlichen landwirtschaftlichen Betrieb zu arbeiten. Zur damaligen Zeit verdiente er nur wenig Geld, doch es bestand kein Zweifel, daß er bald zum Lebensunterhalt der Familie beisteuern würde, sobald sein Lohn sich steigerte, denn ein guter Chinese sieht sich dazu verpflichtet. Wie im Falle der Familie Ling bestand auch für die Lins die Möglichkeit, nach Auszahlung einer Abfindungssumme in ihr Heimatdorf zurückzuziehen. Was sollten sie aber dort beginnen, wenn das Geld verbraucht war? Sie wußten nicht, ob es ihnen gelingen würde, auf dem Lande für immer Fuß zu fassen, denn dort wohnten nur entfernte Verwandte von ihnen, mit denen sie nicht mehr in Verbindung standen. Auch dieser Familie blieb also nur die Hoffnung, bald nach Peking zurückberufen zu werden, wo Lin als Büroangestellter tätig war.

Die Kader sprachen ganz freimütig über ihre persönlichen Verhältnisse. Jeder wußte von dem anderen, was er verdiente, was die Familienmitglieder taten, wie die Kinder gerieten und wie es bei ihm zu Hause aussah. Häufig wurden auch Gruppendiskussionen angesetzt, und dabei wurden persönliche Probleme erörtert. Dabei waren die meisten Teilnehmer der Meinung, daß spätestens in einigen Jahren jeder wieder in Peking gebraucht werden würde, da die Entwicklung Chinas dahin steuere. Eine Ausnahme würde nur bei den Alten und Kranken gemacht werden. Auch Lin, auf dessen Mithilfe in der Stadt wahrscheinlich verzichtet werden konnte, klammerte sich an diese Hoffnung. Wenn auch jeder jüngere Mann mit leidlicher Schulbildung in der Lage gewesen wäre, seine Arbeit auf Dauer zu übernehmen – es handelte sich um die Versendung von Briefen und Paketen sowie um die Verwaltung des Büromaterials –, so vertrat man in den Diskussionen doch allgemein die Ansicht, daß er eine gute Chance habe, nach Peking zurückbeordert zu werden, denn seine und seiner Frau Mitgliedschaft in der Partei galten als Unterpfand für seine unbedingte Loyalität.

Der alte Tang hegte überhaupt keinen Zweifel daran, daß er nur vorübergehend im Dorf Glückseligkeit wohnen müsse, und deshalb packte er einen Teil seiner Habe erst gar nicht aus. Das Ehepaar besaß zwei Betten, aber er stellte das zweite Bett nicht auf und schlief mit seiner Frau beengt in einer Lagerstatt. Die Leute machten sich auch gar nicht die Mühe, die Habseligkeiten ordentlich zu verstauen, und noch zehn Monate nach der Ankunft lagen die Sachen teilweise auf dem Fußboden herum, so wie sie aus den Koffern und Kisten ausgepackt waren.

Tan und seine Frau waren ein Ehepaar von besonderer Prägung. Er war schon fast sechzig und litt an Rheuma, seine Frau dagegen war eine muntere Vierzigerin. Die beiden Söhne waren aus dem Haus; einer von ihnen diente in der Volksbefreiungsarmee, während der andere in der staatlichen Landwirtschaft tätig war. Tan sprach recht gut englisch; seine Frau war Buchhalterin. Zusammen verdienten sie annähernd 200 Yüan im Monat. Beide waren ziemlich sicher, bald wieder in die Stadt zurückbeordert zu werden, und Tan glaubte, daß sich dort eine geeignete Stellung für ihn finden ließe. Ihren Aufenthalt im Dorf Glückseligkeit betrachteten sie als ein Zwischenspiel, das eben durchgestanden werden mußte; dabei trugen sie aber ihr erspartes Geld pünktlich auf die Sparkasse, um beim Neubeginn in der Stadt ein kleines Anfangskapital zu haben.

Das jüngste Ehepaar in unserer Gruppe waren die Yüans. Er kränkelte sichtlich, und von seinem Magen war der Geschwulstoperationen wegen kaum noch etwas übrig. So sagte er jedenfalls. Seine Frau war ein gutaussehendes, gesundes und tatkräftiges junges Mädchen. Sie arbeitete zwar bei einer anderen Organisation, hatte es aber vorgezogen, ihren Mann bei seiner Verschickung in das Dorf Glückseligkeit zu begleiten. Der älteste Sohn, ein elfjähriger Junge, wohnte bei ihnen; der jüngere lebte bei den Großeltern in Kanton. Yüan wohnte nicht gern im kalten Klima von Peking, und ihm war die langersehnte Möglichkeit geboten worden, mit einer Abfindung seine Arbeitsstelle aufgeben zu können. Schon lange hatte er den Wunsch gehabt, nach Süden zu ziehen und im Wohnort seiner Eltern eine neue

Stellung anzutreten. Das ließ sich jedoch nicht bewerkstelligen, denn die Großstadt Kanton gab keine Zuzugsgenehmigungen mehr aus, um den rapiden Bevölkerungszuwachs zu stoppen (ebensolche Zuzugsbeschränkung gab es auch in Schanghai und Peking). Bei dieser Sachlage zogen es die Yüans vor, sich ins Dorf Glückseligkeit verschicken zu lassen und dort den weiteren Verlauf der Dinge abzuwarten, bis sie eines Tages doch nach Kanton ziehen konnten oder auch nach Peking zurückberufen wurden. Sie verdienten zusammen etwa das gleiche wie die Tans; es ging ihnen also relativ gut. Beide hatten die Universität besucht.

Schließlich waren auch noch die Tsangs da. Er war großgewachsen, aber schmächtig, und ermüdete leicht, obwohl sein Gesundheitszustand recht gut war. Seine Frau hatte sich bei einem früheren Landaufenthalt ein Leberleiden zugezogen und war dadurch arbeitsunfähig. Sie war ein linientreues Parteimitglied, und beide strengten sich bis zum äußersten an, um die ihnen übertragenen Aufgaben zu erfüllen. Sie waren sogar freiwillig aufs Land gezogen. Im Wesen waren sie sehr nette Leute. Auch sie hatten die Universität absolviert und verdienten jetzt um 150 Yüan monatlich. Es war ihnen zwar bewußt, daß sie eines Tages nach Peking zurückkehren würden; sie fanden sich aber völlig mit dem Landleben ab, ganz im Sinne der Generallinie, daß sie sich den Gedanken an baldige Rückkehr aus dem Kopf schlagen und sich auf ihre Arbeit konzentrieren sollten. So richteten sie ihr Häuschen wohnlich, aber ohne jeden Luxus ein und ordneten sich mit Schwung in die Teamarbeit ein, ohne jemals von ihrer Rückkehr nach Peking zu reden. Sie waren das, was man tüchtig, bescheiden und grundanständig nennt.

Kein Angehöriger unserer »lahmen Veteranentruppe« rechnete damit oder hegte den Wunsch, auf dem Lande zu bleiben. Bei den anderen Kadern gab es jedoch einige, die sich für immer hier niederlassen wollten. Ein alter Bibliothekar, der auf die Siebzig zuging, aber noch recht rüstig war, wollte hier von seiner Pension leben. Die Kommune hatte ihm ein Häuschen zur Verfügung gestellt, und mit seiner Pension von 180 Yüan monatlich kam er gut aus. Seiner um viele Jahre jüngeren Frau paßte der Umzug aufs Land zwar nicht, aber die beiden Kinder gediehen gut. Der Mann war ein sehr eigenwilliger Kantonese. Bei Versammlungen gebärdete er sich wie ein Volksredner und war selbst völlig überzeugt davon, daß er ein gutes Hochchinesisch, den Pekinger Dialekt, sprach. Nur widerwillig ließ er sich bei solchen Gelgenheiten dazu bewegen, seine Reden von einem anderen Kantonesen in richtiges Hochchinesisch übersetzen zu lassen. Die Dorfleute, die den Dialekt des nördlichen Honan sprachen, konnten von seinen Auslassungen kein Wort verstehen und betrachteten den Alten zunächst wie einen seltenen Vogel. Aber dann gefiel ihnen schließlich doch seine humorvolle und schlagfertige Redeweise, und nach ein paar Monaten war er so etwas wie ein Original, auf das die Leute sogar stolz waren und mit dem sie sich brüsteten, wenn sie andere Kommunen besuchten.

Wir hörten auch von einem anderen Pensionär, einem hochbetagten Professor einer technischen Wissenschaft, der sich in einer Nachbarkommune niedergelsassen hatte. Der alte Herr bezog eine beachtliche Pension, mehr als 300 Yüan im Monat. Seine Hochschule hatte die Kommune dazu bewogen, ihm ein neues Ziegelsteinhaus zu bauen. Beim Umzug hatte er alle seine Möbel und Bücher mitgebracht, und jetzt als Pensionär hatte er endlich Muße dazu, etwas weiter auszuarbeiten, was er sein Lieblingsprojekt nannte und von dem er hoffte, daß seine Verwirklichung China wirtschaftlichen Nutzen brächte.

Wie ich schon sagte, waren es die Öfen, die uns und die Kader näherbrachten. Alle hatten wir in den ersten Tagen im Dorf Glückseligkeit alle Hände voll zu tun, unsere Öfen anzuheizen und in Gang zu halten. Die Dorfbewohner beobachteten aufmerksam unsere Fortschritte bei dieser grundlegenden Hausarbeit, und so waren die Öfen das Hauptgesprächsthema im Ort: Wie lange wird es dauern, bis die Neuen damit fertig werden? Wer wird der erste sein, dem das Feuermachen gelingt?

Gerade bei dieser simplen Aufgabe zeigten sich die Eigenheiten der sieben Familien. Der Ofen des alten Tang ging immer wieder aus. Er vertrat die Meinung, daß eine gut durchgebrannte Glut an der Oberseite des Feuers ein Zeichen dafür sein müsse, daß alles in Ordnung war. Wenn er die Glut sah, wollte er keine Kohlen nachlegen. Er übersah dabei, daß diese Glut ein Trugbild war, vergleichbar mit den roten Wangen eines Schwindsüchtigen. Wenn er dem Ofen den Rücken kehrte, sank die Glut alsbald in sich zusammen, wie ein Kranker, der dem Arzt unter den Händen stirbt. Natürlich versuchte er, seine ständigen Fehlleistungen mit dem Ofen geheimzuhalten; doch seine Gastgeberin, eine hübsche junge Strohwitwe mit drei Kindern, sorgte dafür, daß alle davon wußten. Er selbst war der einzige, dem der Dorfklatsch über seinen Ofen nicht zu Ohren kam. Offensichtlich war die Art, wie er mit dem Ofen umging, mit seiner Arbeitsweise im Büro vergleichbar, und darum war er wohl auch ein Opfer der Kritik geworden.

Ling, der Künstler und Intellektuelle vom alten Schlag, überließ grundsätzlich alle Hausarbeiten seiner Frau. Hierzu gehörte natürgemäß auch das Inbetriebhalten des Ofens. Wenn sie ausging, dann ging auch das Feuer aus. Ling ließ dann Haus und Herd im Stich und nahm seine Mahlzeit bei den Yüans ein. Tans chronischer Rheumatismus setzte ihm so zu, daß er kaum eine Schreibfeder festhalten konnte. Einige Wochen lang mußte er allein wohnen, bis seine Frau nachgekommen war. In dieser Zeit weigerte er sich beharrlich, das Feuer im Ofen in Gang zu setzen oder es neu anzuzünden, wenn es ausgegangen war; so groß war seine Abneigung gegenüber jeglicher Hausarbeit. Wenn ihm der Ofen ausgegangen war, pflegte er bis zum Morgen frierend dazusitzen. Dann stellte er sich mit einer bitteren Leidensmiene vor den Hauseingang auf eine erhöhte Stelle. Seine Hände hatte er vor seinem Bauch gefaltet, und sein Blick schweifte in die Ferne. Er machte dann den Eindruck, als ob er der Welt verkünden wollte: »Ich, Tan, bin ein leidender Mensch. Ich bin krank und muß frieren. Aber es ist ein heroisches Dulden. Ich führe den Befehl der Partei und des Staates aus und bin aufs Land hinausgegangen, um von den Bauern der armen und unteren Mittelschicht zu lernen!«

Die Ungeschicklichkeit in praktischen Dingen, wie sie der alte Tang, Tan und Ling zeigten, ihre Unfähigkeit, sich selbst zu behelfen, ist eine typische Erscheinung bei chinesischen Intellektuellen der älteren Generation. Die privilegierten, halb-feudalen Schichten aus der Zeit vor der Befreiung sahen Handarbeit als »niedriger« als geistige Arbeit an und vertraten die Auffassung, daß ein Intellektueller sein Ansehen einbüßen würde, wenn er seine Hände durch die Verrichtung »knechtischer« Arbeit beschmutzte. Etwas von dieser Einstellung geisterte noch immer in den Gehirnen mancher Intellektuellen herum, die noch in der alten Gesellschaftsstruktur aufgewachsen waren, auch jetzt noch, zwanzig Jahre nach der Befreiung. Darum war es auch das Ziel der Bewegung »Hsia fang« – Rückkehr auf die Felder – solche Vorurteile zu beseitigen. Nach und nach trug die Aktion auch ihre Früchte.
Auch bei den Tsangs ging das Feuer häufig aus, aber aus anderen Gründen. Sie hatten die Angewohnheit, das Feuer im Ofen durchglühen zu lassen und dann wegzugehen, aber sie hielten sich dann so lange bei Diskussionen oder anderen Gruppenarbeiten auf, daß der Ofen inzwischen ausging. Tsang kam dann zu uns herübergelaufen, um sich ein paar glühende Kohlen zu holen, wobei er sich mit vielen Worten entschuldigte, daß er keine Zeit hatte, das Feuer wieder mit Brennholz in Gang zu setzen. Er sagte meistens, daß er und seine Frau noch zu einer anderen Versammlung müßten und daß sie inzwischen noch schnell etwas essen wollten ... Wir alle hatten die Tsangs gern und hörten uns solche Erklärungen ohne Widerrede an; nur die Tans nörgelten herum, wenn es wieder einmal darum ging, ein paar glühende Kohlen zu verschenken. Tsang dachte aber dann über sein Mißgeschick nach und kam zu der Überzeugung, daß sein dauerndes Versagen in bezug auf den Ofen auf mangelnder ideologischer Standfestigkeit beruhen müsse. Wir merkten, daß er in schwerer innerer Bedrängnis war, wenn er wegen der Kohlenglut zu uns gelaufen kam, obwohl wir ihm gern von unserem Brennmaterial abgaben. Um das Problem aus der Welt zu schaffen, gewöhnten wir uns alle an, beim Vorbeigehen an sei-

ner Behausung einen kurzen Blick ins Innere zu werfen und nach dem Ofen zu sehen; wenn das Feuer nur noch schwach brannte, legten wir unaufgefordert Kohlen nach.

Bei den Lins ging der Ofen nie aus. Zumindest kam keinem von uns etwas davon zu Ohren. Er war meistens unpäßlich und brauchte immer einen wärmenden Ofen im Zimmer. Seine Frau war in ihrer Hausfrauenarbeit vorbildlich; sie war zudem auf dem Lande aufgewachsen und kannte sich mit der Bedienung solcher Öfen aus.

Die Yüans verkündeten stolz: »Unser Ofen geht nie aus, es sei denn, daß wir ihn absichtlich ausgehen lassen!« Das stimmte auch. Allmählich betrachtete der junge Yüan den Ofen, den er so meisterlich in Gang halten konnte, wie sein privates Eigentum, so daß er selbst seine Frau nicht an ihn heranließ und die ganze Kocharbeit selbst übernahm. Das führte zu heftigen Wortwechseln zwischen den beiden, und wegen des Ofens lebte sich das Ehepaar so auseinander, daß sie sich schon scheiden lassen wollten. Nur mit großer Mühe gelang es uns anderen sechs Ehepaaren, die Streitenden wieder zu versöhnen.

Was schließlich meine Frau und mich betraf, so hatten wir bald begriffen, wie man das Feuer richtig anzündete und in Gang halten mußte, und dann überließ ich die Wartung des Ofens meiner Frau und beschäftigte mich mit meinen Zeichnungen. Bei uns brannte der Ofen sogar drei Wochen lang ununterbrochen. Das war natürlich für mich ein Grund, stolz auf meine Leistung zu sein, und ich machte im Gespräch mit den Leuten noch mehr Wesen um den Ofen als Yüan. Eines Tages aber, als meine Frau gerade weggegangen war, legte ich zu viele Kohlen nach, und prompt ging das Feuer aus. Meine Frau und ich hatten schon schlimmere Dinge erlebt. Als meine Frau nach Hause kam, sah sie sich stumm und gefaßt die Bescherung an.

Ich hoffe, daß meine Kaderfreunde es mir nicht verübeln werden, wenn ich mich ein wenig über sie mokiere. Wir alle hatten unsere menschlichen Schwächen, und der Umdenkungsprozeß tat uns nötig. Meine Freunde waren nämlich in vieler Hinsicht typische Persönlichkeiten, und ihr Verhalten war bezeichnend für den Typ der tüchtigen chinesischen Geistesarbeiter. Man muß dabei berücksichtigen, daß sie alle in ihren eigentlichen Berufen ihr Bestes hergaben, und manche von ihnen waren sogar Spezialisten in ihrer Tätigkeit. Das gute Beispiel, das ihnen die anderen gaben, und der Aufruf der Kommunistischen Partei, harte und gute Arbeiten zu verrichten, inspirierte sie dazu, bei geringer Entlohnung auch unter primitiven Lebensverhältnissen ohne Murren ihre Pflicht zu tun, um »dem Volke zu dienen«.

Unser Dörfchen

Nun mehr über das Dörfchen Glückseligkeit selbst. Die Volkskommune »Große Glückseligkeit« wird von fast 28 000 Menschen bewohnt. Die Leute sind in vierzig Produktionsbrigaden aufgeteilt und dementsprechend untergebracht. Unsere Brigade, die Dritte, hat ein Areal von 1600 Mu um die Ansiedlung herum zu bewirtschaften. Sie ist unterteilt in drei Arbeitsgruppen. Zusammen mit den Familienangehörigen umfaßt die Brigade 480 Menschen aus hundert Familien. Die Hälfte dieser Leute waren vor der Bodenreform von 1952 arme Bauern, das heißt, sie wurden zu diesem Zeitpunkt als »arme Bauern« eingestuft, da sie kein oder nur sehr wenig Land besaßen und sich den Ackerboden zu sehr hohen Pachtraten beschaffen oder ein Dienstverhältnis eingehen mußten, um überhaupt existieren zu können.

Zum Zeitpunkt der Bodenreform wurden ferner fünfunddreißig Haushalte als Bauernhöfe der »unteren Mittelschicht« eingestuft. Diese Leute besaßen etwas mehr Land, und es ging ihnen ein wenig besser als den »armen« Bauern.

Elf Familienbetriebe galten als »mittlere Bauern«. Sie besaßen ausreichend Grund und Boden sowie genügend Hausrat und Geräte, um ein auskömmliches Leben zu haben. Sie bearbeiteten ihr eigenes Land und beschäftigten keine fremden Arbeitskräfte.

Die drei »reichen Bauern« hatten mehr als eine durchschnittliche Landfläche und reichlich Ackergerät. Diese Familien bestellten zwar auch ihre Felder selbst, aber sie benötigten noch zusätzliche Landarbeiter zur Aushilfe. Dadurch galten sie bereits als Ausbeuter, denn sie unterschieden sich in ihrer Arbeitsweise von den anderen Bauern.

Allein der Gutsbesitzer galt dagegen als regelrechter Parasit: Obwohl Familienmitglieder auf dem Felde mitarbeiteten, lebte er wie ein Herr, der es unter seiner Würde hielt, »seine Hände schmutzig zu machen«. Die Bauern verdingten sich bei ihm als Hof- und Feldarbeiter – auch unser Gastgeber Lao Man war einmal bei ihm beschäftigt gewesen –; aber seine »verwerfliche« Haltung zeigte sich darin, daß er Land zu Wucherzinsen verpachtete. In dieser Hinsicht verhielt er sich genauso wie andere Gutsherren in dieser Gegend: Bis zur Hälfte des Ernteertrags mußte als Pachtzins abgeführt werden. Solche Verhältnisse waren im alten China die Regel. In manchen Fällen verlangten die Gutsbesitzer sogar 70 bis 80 Prozent der Ernte für sich. Damals wohnte dieser Herr also in dem großen alten Gutsgebäude aus Mauersteinen, das jetzt als Verwaltungszentrale der Brigade dient. Er konnte sich Pferde, Rindvieh, Schweine und einen Hühnerhof leisten, und er hatte regelmäßig Fleisch und andere Delikatessen auf dem Tisch. Auch bei großen Überschwemmungen brauchte er niemals sein Haus zu verlassen, da es auf höhergelegenem Gelände stand. In Dürrezeiten dagegen hatte er reichlich Korn und Geld zur Verfügung, um gut leben zu können. Seine Kinder brauchten sich nicht mit dem Grundschulabschluß zu begnügen, sondern konnten ein Gymnasium besuchen. Er kleidete sich einfach, aber gut und vermied es, seinen Reichtum offen zur Schau zu stellen. Dies tat er nicht etwa aus moralischen Gründen; es war damals einfach zweckmäßig, nicht nach außen hin zu protzen, denn die Zeiten waren unruhig, plündernde Soldaten zogen im Land herum, und die hungernden Bauern waren zu Verzweiflungsschritten imstande.

Jetzt wohnt der Gutsbesitzer in einem gewöhnlichen Häuschen im südlichen Teil der Ansiedlung. Im Zuge der Bodenreform wurde sein Grundbesitz und ein Teil seines persönlichen Eigentums, wie Ackergerät und Gebäude, eingezogen und an die armen Bauern verteilt. Das letzte, ihm noch verbliebene Haus und überzählige Möbel wurden erst Ende 1967 während der Kulturrevolution konfisziert und der Brigade übergeben. Man vertrat nunmehr die Ansicht, daß es nicht den proletarischen, revolutionären Grundsätzen entsprochen hätte, den feinen Herrn verhältnismäßig ungeschoren davonkommen zu lassen, sondern daß die bisherige Haltung ihm gegenüber auf der revisionistischen Linie Liu Schao-tschis gelegen hätte.

Wenn man von der Lebensweise des Gutsbesitzers und der drei reichen Bauern absieht, befanden sich sämtliche Dorfbewohner zur damaligen Zeit in einem elenden und auch bildungsmäßig primitiven Zustand. Im Vergleich zu den Verhältnissen in entwickelten Ländern schnitten auch die Bauern der Mittelschicht so ab, daß man sie als verarmt hätte einstufen müssen. Nur etwa fünf Prozent der Einwohner – die Familie des Gutsbesitzers und die reichen Bauern – konnten lesen und schreiben. Die meisten Leute liefen in zerlumpten Sachen herum. Alle waren unterernährt, manche verhungerten sogar. Fleisch galt als eine Kostbarkeit, viele Bauern konnten es sich nur zum Großen Neujahrsfest und zu »Ching Ming« im April leisten, und manche konnten es überhaupt nicht kaufen. In den Wintermonaten war die einzige Abwechslung, daß sie scharf eingelegte Früchte zu ihrem alltäglichen Breigericht aßen. Selbst heutzutage leisten sich die meisten Bewohner des Dorfes Glückseligkeit keinen Tee. Schon seit langer Zeit hatten sie sich das Teetrinken abgewöhnen müssen, so daß sie den Tee jetzt als ein Luxusgetränk betrachten, auf das sie verzichten können.

Das im Zuge der Bodenreform dem Gutsherrn weggenommene Land wurde auf diejenigen, die keinen Grundbesitz hatten, so aufgeteilt, daß jeder Bauer etwa drei Mu bekam. Der dem Gutsbesitzer neu zugeteilte Acker war in der gleichen Größenordnung. Auch sein Ackergerät wurde gleichmäßig auf die anderen Bauern verteilt, und die ärmsten und bedürftigsten von ihnen wurden zuerst berücksichtigt. Manche alten Chinaexperten hatten prophezeit, daß eine solche Landaufteilung zur Entwicklung von bäuerlichen Einzelbetrieben führen würde. Das war jedoch nicht der Fall: Die Kommunistische Partei nahm die Bodenreform zum Anlaß für eine Neugestaltung des Lebens der Landbewohner auf kollektiver Basis und zu Anstrengungen, einen Wohlstand der Bevölkerung durchzusetzen, wie Lao Man sich mir gegenüber ausdrückte.

Die hundert Familien, die zur Gemeinde Glückseligkeit zählen, leben in einer Art Haufendorf am westlichen Rand eines großen Dorfteiches. Ich will es etwas verdeutlichen, wie die Arbeitsgruppen unserer Brigade untergebracht sind.

Am südlichen Ende liegen die Behausungen der Ersten Produktionsgruppe; in der Mitte und nach Westen hin wohnt die Zweite Produktionsgruppe, und nach Norden hin erstrecken sich die Unterkünfte der Dritten Produktionsgruppe, zu der auch meine Frau und ich sowie der alte Tang mit Frau und die Tans gehörten. Das Brigadeland umgibt die Ansiedlung nach allen Seiten hin; die meisten Äcker liegen jedoch nach Norden, Nordwesten und Osten zu. Ein fünzig Meter breiter Gürtel aus neuangepflanzten Bäumen und auch ein paar Gemüsepflanzungen liegen direkt nach Westen hin zwischen unserem Dörfchen und dem Zentrum der Kommuneansiedlung »Große Glückseligkeit«. Das nach Süden hin gelegene Land wurde vorerst von einer Gruppe junger Kader aus der Bezirksstadt bestellt, die man aufs Land geschickt hatte, damit sie »durch harte Arbeit gestählt« würden. Obwohl sie im Bereich der Ersten Gruppe arbeiteten, waren sie im Kommunezentrum untergebracht, wo die meisten freien Zimmer zur Verfügung standen. Diese nach Süden gelegenen Felder hatten guten, fruchtbaren Boden; es war der beste Boden, den die Dritte Produktionsgruppe zur Bearbeitung übertragen bekommen hatte. Die Felder lagen jedoch auf verschiedener Geländehöhe. Diese jungen Kader bauten nicht nur Weizen und Mais an, sondern bearbeiteten auch das ganze Terrain, um ein Bewässerungssystem unter Anleitung der Ersten Produktionsgruppe anzulegen. Sie arbeiteten an diesem Projekt das ganze Jahr hindurch, erzielten eine Rekordernte und erreichten durch ihre Terrainbearbeitung, daß die Höhenunterschiede des Bodens ausgeglichen wurden und damit das Land für maschinelle Bestellung vorbereitet wurde. Das bedeutete eine wertvolle Unterstützung der Arbeit der Ersten Gruppe, die zu wenig Leute hatte.

Das direkt bei der Siedlung nach Norden und Nordwesten hin gelegene Gelände wurde an die Mitarbeiter der drei Produktionsgruppen vergeben, damit jede Familie dort Pflanzungen für den eigenen Bedarf anlegen konnte. Die Bauern züchteten dort Raps für die Ölgewinnung, Rotblumen (eine wertvolle Medizinpflanze), Spinat, Salat und Zwiebeln, Chotsai, eine Art Zwiebelgewächs, Auberginen, Gurken und verschiedene Kürbissorten, Melonen, frühe Sorten von Mais, Süßkartoffeln, Kohl, Mohrrüben und Steckrüben, Rettiche und andere Gemüsepflanzen. Überschüsse wurden entweder an den örtlichen Genossenschaftsladen oder auch auf Märkten verkauft. Auf diesen Märkten wurden auch die überschüssigen Erträge der verschiedenen Brigaden an Obst und Gemüse sowie handwerkliche Erzeugnisse abgesetzt.

Mit Ausnahme eines sandigen Geländes, auf dem man im Jahr zuvor versucht hatte, Erdnüsse anzupflanzen, wurde der gesamte umliegende Boden außerhalb der Gemüsegärten als Ackerland bestellt, und hier wurde auch gemeinschaftlich geerntet: Weizen, Gerste, Mais, Kaoliang, Bohnen und Baumwolle. Jede Arbeitsgruppe bearbeitete das ihr zugewiesene Gelände, und jede hatte auch ihre eigene Dreschtenne. Die Tenne der Ersten Produktionsgruppe liegt am Südostende der Siedlung; die Zweite Gruppe hat zwei Tennen, eine im Westen und eine im Osten, während die Tenne der Dritten Schicht am Nordostende des Dorfes, nördlich des großen Dorfteiches, liegt.

Lao Man erzählte mir, auf welche Weise die drei Produktionsschichten gebildet und wie sie eine Brigade der Kommune wurden. Nachdem die Bauern in der Bodenreform von 1952 ihr Land zugeteilt bekommen hatten, war es für sie nicht einfach gewesen, jeweils familienweise den Boden auf geeignete Weise zu bestellen. Besondere Schwierigkeiten ergaben sich, wenn in den

Familien nur ein Erwachsener für die Landarbeit zur Verfügung stand und wenn die Kinder noch klein waren. Wenn Alte und Kranke in der Familie waren, dann war es ganz unmöglich, allein eine Landwirtschaft zu betreiben. Das war auch der Hauptgrund, weshalb die Anregung der kommunistischen Partei schnell aufgegriffen wurde, wechselseitig einsatzfähige Arbeitsgruppen zu bilden. Allmählich entwickelte sich daraus eine Nachbarschaftshilfe durch die Bildung von Gruppen aus Familienmitgliedern, die je nach Bedarf für eine Jahreszeit oder auch das ganze Jahr lang einander aushalfen. Im allgemeinen handelte es sich damals um kleine Gruppen, die sich aus nur einem halben Dutzend Haushalten zusammensetzten. Späterhin, gegen die Mitte der fünfziger Jahre, hatten die Leute schon mehr Erfahrungen bei der kollektiven Landbestellung gesammelt. Die zuvor nur für die Nachbarschaftshilfe eingesetzten Gruppen schlossen sich zur ersten landwirtschaftlichen Kooperative des Dorfes Glückseligkeit zusammen, wobei jedes Mitglied seinen Grund und Boden, das Vieh und die Geräte in die Genossenschaft einbrachte. Zu diesem Zeitpunkt wurde auch zum ersten Mal ein Plan für die Felderbearbeitung aufgestellt, und jeder bäuerliche Haushalt erhielt seinen Anteil an der Ernte, unter Zugrundelegung des Wertes seines eingebrachten Genossenschaftsanteils, wie zum Beispiel des Viehs und der Ackergeräte, die er der Kooperative zur Verfügung stellte. Eine solche Regelung stellte eine Verbesserung der Nachbarschaftshilfe dar, erwies sich jedoch nicht als sehr effektiv, da kein genügender Anreiz zur Arbeitsleistung vorhanden war. Deshalb wurde die Bildung einer fortschrittlichen Kooperative in Angriff genommen: Die Ernte wurde nunmehr so aufgeteilt, daß jedes Mitglied seinen Anteil nach Maßgabe der geleisteten Arbeit erhielt. Ein Berechnungssystem nach Punkten wurde eingeführt in der Art, daß jede Arbeitsleistung, wie das Pflügen eines Mu, Ausschachten einer bestimmten Strecke, Jäten oder der Pflanzenschnitt mit einer festgelegten Anzahl Arbeitspunkte bewertet wurde. Zum Jahresende wurde abgerechnet, indem man die gesamte Ernte den geleisteten Arbeitspunkten gleichsetzte und dann so aufteilte, daß jeder Mitarbeiter seinen Anteil nach der individuellen Punktleistung zugewiesen bekam, nach Abzug bestimmter gemeinschaftlicher Rücklagen für die Kapitalbildung sowie der Fürsorgebeiträge.

Auch die bäuerlichen Wirtschaften am Südrand des Dorfes und in der Dorfmitte bildeten Kooperativen. Im Jahre 1958 entschied sich schließlich die ganze Dorfgemeinschaft, sich der großen Kommune »Große Glückseligkeit« anzuschließen, und in der Folge bildete das Dorf dann die Dritte Produktionsbrigade dieser Kommune; die drei Kooperativen wurden zu Produktionsgruppen innerhalb der Brigade.

Eine solche allmähliche Entwicklung einer Kommune erleichtert die Ausarbeitung von Arbeitsplänen. Jede Arbeitsschicht gewinnt praktische Erfahrung in der Bewertung ihrer Leistungsfähigkeit bei der Bestellung des Bodens, und die gesamte Brigade weiß wiederum, was jede Schicht zu leisten imstande ist. Für die Leitung der Kommune ist es dann nicht schwierig, diese Erfahrungen zu koordinieren. Der Landanteil jeder Produktionsschicht der Brigade des Dorfes Glückseligkeit befindet sich in Gemeineigentum, und die Brigade wirtschaftet selbständig. Gewinne und Verluste hat sie selbst zu verrechnen und zu verantworten. Die Produktionsschichten sind jedoch keineswegs als unabhängige Einheiten anzusehen, sondern unterstehen hinsichtlich der Planung der Brigade und der Kommune. Als Gemeinschaftseigentum unterstehen der gemeinschaftlichen Bewirtschaftung die Mühlen und Werkstätten der Brigade, die Wasserversorgungsanlagen wie Tiefbrunnen, das Krankenhaus der Kommune, zentrale Gerätelager und das Traktorenhaus, die Grundschulen und die Mittelschule sowie die Hauptbewässerungsanlagen, die gemeinsam mit anderen Kommunen unterhalten werden. Das Schicksal und die wirtschaftliche Lage jeder Arbeitsgruppe ist somit unlösbar mit der Effektivität der Brigade und der Kommune verknüpft.

Es besteht eine festgelegte hierarchische Struktur in der Planwirtschaft: Die Provinzialverwaltung – das Revolutionskomitee der Provinz – erhält die Planziffern von den Planungsorganen der Zentralregierung; die Bezirksverwaltung – das Revolutionskomitee des Bezirks – bekommt seinen Produktionsplan von der Provinzialregierung, und die Kommune erhält ihren Plan, zumindest die Orientierungsdaten, von den Leitungsorganen des Bezirks. In diesen Planziffern ist enthalten, mit welchen Ernteerträgen an Weizen, Kaoliang, Mais, Baumwolle, Bohnen und Ölsaaten gerechnet wird, und auf der Grundlage früherer Erträge wird ausgerechnet, welchen Beitrag jede Brigade zu leisten hat. Die Brigade gibt dann den einzelnen Produktionsgruppen diese Zahlen bekannt, und die Mitglieder der Arbeitsgruppen diskutieren die Einzelheiten und ändern erforderlichenfalls einzelne Positionen ab. Beispielsweise kann die Brigade ein höheres Plansoll für Baumwolle festsetzen, und es ist dann Sache der Produktionsgruppe, durch eine Erörterung festzustellen, ob eine solche Erzeugungssteigerung auch möglich ist. Andererseits kann eine Gruppe aber auch von sich aus eine Ertragserhöhung vorschlagen und legt dann der Brigade geänderte Planziffern vor. Die neu festgelegte Quote wird dann nach oben weitergeleitet und in den meisten Fällen gutgeheißen.

Zum Landbesitz des Dorfes Glückseligkeit rechnet noch ein weiteres Terrain, das ich bisher noch nicht erwähnt habe. Nach Süden, Südosten und Südwesten hin erstreckt sich eine Salztorebene von einem Flächenumfang von dreißigtausend Mu, an der die Gemeinde ihren Anteil hat. An diesem Brachland ist schon viel herumexperimentiert worden; Zugangsstraßen wurden angelegt und Bäume wurden versuchsweise angepflanzt. Das Gelände ist jedoch zum größten Teil ungenutzt und läßt sich auch kaum kultivieren. Die alte staatliche Domäne, in deren Gebäuden jetzt die Kaderschule »7. Mai« untergebracht ist, hatte sich mit diesem Problem abgemüht, konnte aber die Schwierigkeiten nicht überwinden und gab schließlich auf. Es hatte sich nämlich herausgestellt, daß die Kultivierung des Geländes grundsätzlich möglich ist, jedoch nur unter Einsatz erheblicher Mittel und Arbeitskraft. Kanäle und Gräben für die Be- und Entwässerung wären erforderlich, und für die Auslaugung des salzhaltigen Bodens müßten erst einmal große Mengen Wasser herangeführt

werden. Als Windschutz wären Baumreihen anzupflanzen, und schließlich müßte der Boden mit Humus und Düngemitteln allmählich für die Landwirtschaft vorbereitet werden. Der erforderliche Einsatz von Kapital und Arbeitskraft würde die Mittel, die einer Einzelkommune zur Verfügung standen, bei weitem überschritten haben, und schon gar nicht hätte eine Brigade oder eine Arbeitsgruppe allein sich an eine solche Aufgabe herantrauen können. Darum wird es für die Zukunft erforderlich sein, daß alle Kommunen, die an das Gelände angrenzen und denen das unfruchtbare Terrain gemeinschaftlich gehört, vereinte Anstrengungen machen, um die Erschließung voranzutreiben. Es ist durchaus üblich, daß Kommunen sich zu Kooperativen zusammenschließen, wenn es darum geht, gemeinsame Großprojekte in die Tat umzusetzen. Auf diese Art ist es auch gelungen, drei große Wasserspeicher zu bauen, den Lauf des Flusses Wei zu begradigen und ihn auszubaggern sowie die Flußdeiche zu erhöhen. Bei solchen Großunternehmen zeigten sich die Vorteile der Kommunen gegenüber den kleineren landwirtschaftlichen Kooperativen und Kollektiven, die in früheren Zeiten auf dem Lande üblich waren. Die im Tal des Flusses Wei gelegenen Kommunen haben erfolgreich zusammengearbeitet, um das gesamte Flußbett bis hin zur Mündung zu verbessern und somit dazu beizutragen, daß die Gefahr von Überschwemmungen im nördlichen Honan beseitigt wird.
Die ganze Zeit über, die ich im Dorf Glückseligkeit zubrachte, konnte ich die Vorbereitungen beobachten, die für die Erschließung des großen Brachlandes getroffen wurden. Versuchsweise wurden Teile des Geländes bestellt, es wurde gesät und es wurden Probebohrungen vorgenommen, um Wasser zu finden. Die Dritte Arbeitsschicht, der auch ich zugehörte, legte eine Versuchspflanzung an, und wenn auch kaum mehr geerntet wurde, als man eingesät hatte, gab es deswegen keine Rüge. Man betrachtete die ganze Sache als eine Investition für die Zukunft.
In unserem Dorf selbst und in der Umgebung gibt es eine ganze Anzahl Brunnen. Schon aus einer Tiefe von wenigen Metern kann Grundwasser gepumpt werden, doch an manchen Stellen

ist es leicht salzhaltig. In der ersten Zeit holten wir unseren täglichen Eimer Wasser aus einem Brunnen in der Nähe des Teiches. Das Wasser schmeckte nach Salz, und ich konnte damit meinen Durst nicht löschen. Ich stellte schon Versuche an, um mir destilliertes Wasser herzustellen, als mir Lao Man berichtete, daß die Gemeinde über mechanische Tiefbrunnen verfügte. Hier wurde aus einer Tiefe von etwa dreißig Metern mit Hilfe von kleinen Elektromotoren ausgezeichnetes, eiskaltes und reines Wasser hochgepumpt.

Das ganze Dorf wird peinlich saubergehalten. Der Abfall wird jeden Tag in die Dunggruben gefegt, die sich auf jedem Bauernhof befinden, und die Klosetts werden regelmäßig gereinigt. Ganz allgemein achtet schon die Kommune darauf, daß überall die Hygienevorschriften eingehalten werden. Demgegenüber kam es mir eigenartig vor, daß manche Bauern in der Nachbarschaft unabgekochtes Wasser aus den Grundwasserbrunnen tranken. Als ich sie auf die Gefahr aufmerksam machen wollte, versicherten mir die Leute, daß sie ständig solches Wasser tränken und es ihnen noch nie geschadet hätte. Ich wollte das nicht glauben und ließ nicht nach, ihnen einzuschärfen, nur abgekochtes Wasser zu trinken oder zumindest das Wasser aus den Tiefbrunnen zu verwenden, wenn sie durstig waren und einen frischen Trunk brauchten.

Als wir im Dorf Glückseligkeit ankamen, hatte der Winter schon eingesetzt. Die Kronen der Bäume und die neuangepflanzten Anlagen um die Siedlung herum waren völlig kahl, und nichts Grünes war auf den Höfen und an den Straßenrändern zu entdecken. Aber trotz ihrer Kahlheit beleben diese vielen Bäume die karge, gelbliche Lößlandschaft und die Erdwälle, die um die Höfe herum gebaut sind. Dagegen liegt das Dörfchen im Frühling, Sommer und Herbst ganz in Grün eingebettet, und immer rascheln die Blätter im Wind. Nur an ganz windstillen Tagen hört dieses Rauschen der Baumblätter auf.

Nach Norden und Nordosten hin liegen ebenfalls Baumanpflanzungen auf einem hügligen Gelände, das sich bis zur West- und Ostbrücke am Ortsrand erstreckt. Die Hauptstraße nach

Süden wird von einer doppelten Pappelreihe begrenzt, und auch an den Landwegen, die das ganze Gelände durchziehen, stehen schnurgerade Reihen von Pappeln. Wenn man von den Taihang-Bergen im Westen mit ihren steilen Gebirgshängen absieht, sind diese Bäume die einzige Auflockerung der ebenen nordchinesischen Landschaft, über der sich im Winter immer ein wolkenloser blauer Himmel wölbt.

Die Nachbarhäuser

Als ich mit der Einrichtung unseres Häuschens fertig war, machte es nicht mehr den Eindruck einer Bauernkate. Aber auch die anderen Häuschen, in denen die mit uns aufs Land gekommenen Kaderehepaare wohnten, hatten nun ein gepflegtes Aussehen. Die einzigen Möbelstücke, die gegenüber der Einrichtung anderer Bauernhäuser aus dem Rahmen fielen, waren der Kleiderschrank aus Peking und ein weiterer Schrank aus Hartholz mit geschnitzten Drachenbildern an den Türen. Die Tische, Stühle und Hocker waren ebenso wie das Bett billige Massenartikel, aber ich tat mein möglichstes, auch diese einfachen Möbel so aufzustellen, daß das Ganze einen wohnlichen Eindruck machte. Das Ruhesofa war ursprünglich ein Bauernbett; ich machte es für meine Zwecke bequemer durch eine Kaoliang-Matte und ein handgewebtes Kissen. Als ich schließlich meine Zeichnungen an der Wand befestigt hatte, sah das Häuschen so aus, wie ich es mir vorgestellt hatte – die Behausung eines Künstlers aus der Stadt, der sich darauf eingestellt hatte, etwa ein Jahr auf dem Lande zu leben. Im übrigen war das Haus, zumindest von außen, völlig unauffällig, worauf ich immerhin zu achten hatte. Unsere Nachbarn und Freunde kamen gern zu uns und fühlten sich bei uns wohl.

Neben unserem Häuschen wohnte Lao Man; die Einrichtung war typisch für alle Bauernkaten im Dorf. Sein Haus hatte drei Räume und besaß genau die gleiche Größe wie das unsere. Da es jedoch auf einem größeren Fundament stand, galt es als das

Haupthaus auf dem Grundstück. Im größeren Raum stand das Bettgestell, bedeckt mit einer Kaoliang-Matte; die Steppdecken lagen ordentlich zusammengelegt in einer Ecke. Auf dem kalten Herd standen allerlei Kochgeräte. Sobald es warm wurde, kochten die Mans in der Außenküche. Gegenüber der Tür hing an seinem Ehrenplatz ein Maobild in Lebensgröße. Rund um das Bild waren Losungen in schwarzer Schrift auf rotem Grund angebracht. In näherem und weiterem Abstand von diesem Bild als Mittelpunkt hing mindestens ein Dutzend weiterer Bilder des Vorsitzenden Mao. Eines davon zeigte ihn als jungen Mann in Yenan. Auf einem anderen nahm er einen großen Vorbeimarsch auf dem Tien An Men-Platz in Peking ab. Weitere Bilder zeigten ihn bei Versammlungen und im Urlaub an der Küste. Auf einem Foto war er inmitten einer Gruppe Kommunebauern zu erkennen bei der Begutachtung einer Weizenanpflanzung; er trug ein offenes Hemd und einen riesigen Strohhut. Auch die Farbreproduktion eines bekannten Gemäldes fehlte nicht in der Galerie: Hier wurde er als junger Mann dargestellt, als er sich auf dem Weg zu den Kohlenbergwerken von Anyüan befand, wo er die Bergleute organisieren wollte.
Unter dieser Bildersammlung stand der traditionelle lange Tisch, etwa zwei Meter lang und knapp einen halben Meter breit. In alten Zeiten hätten auf diesem Ehrentisch die Weihrauchbecken und die Ahnentäfelchen gestanden; jetzt aber war er nur ein Arbeitstisch, auf dem ein paar Werkzeuge und Ta Saos Nähzeug und Webausrüstung lagen, Spulen und Schiffchen; außerdem lagen noch ein paar Schulbücher der älteren Kinder auf ihm herum. Die übrige Einrichtung des Zimmers war sehr einfach, aber zweckmäßig: Zwei oder drei uralte Stühle und ein paar altersschwache Schemel, ein rechteckiger Eßtisch, ein Spinnrad und Strohmatten, die Ta Sao kunstgerecht gewebt hatte und auf denen die Leute auf dem Fußboden sitzen konnten. Die Trennwand zwischen diesem größeren Raum und dem kleineren bestand aus einem Kaoliang-Wandschirm und einem einfachen Vorhang. Im kleinen Zimmer standen die Bettgestelle der Kinder, ein paar gefüllte Kornsäcke, irdene Gefäße für das

Einlegen von Bohnen, Essigfrüchten und Eiern. Auch ein paar rauchgeschwärzte alte Holzkommoden für die Kleidung der Familie standen in dem kleineren Raum.

Auch die Einrichtung in den anderen Bauernhäusern, die von einigermaßen gutsituierten Familien bewohnt wurden, war nicht grundlegend anders als bei den Mans. Sein Hof lag etwas abseits von der elektrischen Hauptleitung, und da der Vorrat an elektrischen Zuleitungen bei der Kooperative erschöpft war, waren Lao Mans und mein Haus ohne Strom. Wir brannten deshalb Öllampen, indem wir einfach einen Docht in eine Kerosinflasche steckten. Andere Häuser hatten jedoch elektrisches Licht. Manche Familien besaßen eine Tretnähmaschine, ein Radio oder ein Fahrrad, und einige hatten sogar alle drei dieser technischen Errungenschaften. Gewisse Gegenstände wurden reihum gemeinschaftlich verwendet, wie Taschenlampen, Thermosflaschen, Uhren oder Zigarettenanzünder. Noch vor zwanzig Jahren wohnten rückständige Bauern in diesem Dorf, die in Lumpen herumliefen und kaum das Minimum an Einrichtungsgegenständen besaßen. Heute waren die Leute wenigstens einigermaßen menschenwürdig untergebracht, bekleidet und ernährt und sahen hoffnungsvoll in die Zukunft.

Kleine Geheimnisse

Nur wenige kannten das Geheimnis, das ich in meinem Schlafzimmer versteckt hielt. Es war eine große, gefederte Doppelbettmatratze.

Bevor ich aufs Land fahren durfte, wurde mir von den zuständigen Behörden eingeschärft, nicht mit meinem Besitz zu prahlen, wenn ich auch alles, was ich wollte, mitnehmen konnte. Irgendwie muß aber diese behördliche Anordnung sich auf meine Matratze ausgewirkt haben, denn sie wurde zwar zusammen mit unserem übrigen Gepäck befördert, verschwand aber dann drei Tage lang spurlos. Der Grund dafür, daß ich die Matratze überhaupt mitgenommen hatte, war meine hartnäckige Erkältung, die mich lange Zeit ans Bett gefesselt hielt. Am vierten Abend nach unserer Ankunft klopfte es plötzlich an der Tür, und jemand steckte seinen Kopf durch den Spalt und sagte flüsternd: »Das Bett ist angekommen!« Draußen in der Dunkelheit sah ich ein paar schattenhafte Gestalten, die das schwere Ding von einem Handwagen abluden. Mit fliegender Hast schleppten sie es in das Häuschen und waren im Nu wieder verschwunden, nachdem sie die Tür hinter sich zugeschlagen hatten. So blieb es ein Geheimnis, daß ich der einzige Besitzer einer Matratze im ganzen Dorf Glückseligkeit war, und erst ein Jahr später kam sie wieder zum Vorschein, als wir abreisten. Da war das Versteckspiel zu Ende, denn die ganze Brigade hatte sich zu unserer Verabschiedung versammelt.

Dieses kleine Geheimnis war jedoch nicht das einzige, das von uns Neuankömmlingen gewahrt wurde. Den Kadern war es nicht gestattet, dienstliche Angelegenheiten mit den Bauern zu diskutieren, und als solche galten auch ihr beruflicher Einsatz und die Höhe ihrer Löhne. Selbstverständlich war es auch verboten, über die Ereignisse der Kulturrevolution und deren Auswirkungen zu sprechen, insbesondere nicht darüber, wer einer Kritik unterzogen oder gar »abgesetzt« worden war. Die Kader hielten sich auch streng an diese Anweisungen, denn sie waren schon seit Jahren daran gewöhnt, alle Sicherheitsvorschriften unbedingt zu befolgen. Andererseits handelten aber auch die Bauern ihren Anweisungen entsprechend und stellten keine Fragen, die ihre Gäste möglicherweise in Verlegenheit gebracht hätten.

Im großen und ganzen läßt sich sagen, daß sowohl die Kader als auch die Bauern es sich nie anmerken ließen, daß sie von einem Geheimnis Kenntnis hatten, daß ihnen nicht hätte zu Ohren kommen dürfen. So glaube ich auch behaupten zu können, daß die Bauern insgeheim wußten, wer ich war. Anzeichen dafür gab es genug, daß sie Wind davon bekommen hatten, daß es sich bei mir nicht um einen gewöhnlichen Kaderangehörigen handelte. Aber bis auf den heutigen Tag kann ich nicht mit letzter Sicherheit sagen, wie weit ihre Kenntnis reichte.

In dem an der Westbrücke gelegenen Nachbardorf plauderte ein Kaderangehöriger, zweifellos in einem überreizten Zustand, aus, daß er als Konterrevolutionär unter Anklage gestanden hatte. Dies war jedoch der einzige Fall, der mir in diesem Zusammenhang zu Ohren gekommen ist, und das bei einer Gemeinde, in der mehrere hundert Kader mit ihren Familien untergebracht waren.

Ein anderer Kaderangehöriger, der besser über die peinliche Angelegenheit geschwiegen hätte, wurde dadurch zu einer berüchtigten Erscheinung bei allen Bewohnern der drei benachbarten Dörfer, daß er verlauten ließ, daß er seinen alten Vater geschlagen hatte. Die Bauern waren darüber so aufgebracht, daß die Sache bis zum Revolutionskomitee der Kommune ging. Eine solche öffentliche Behandlung eines Vergehens war ganz ungewöhnlich und kennzeichnete die Bedeutung, die man der Handlungsweise beimaß. Die persönlichen Probleme der Kader wurden nämlich zumeist im engsten Kreise behandelt. Jede Kadergruppe hatte ihre eigene Führungsspitze, die selbstverständlich der Kontrolle der jeweiligen behördlichen Revolutionskomitees in Peking unterstand. So hatte die Kaderschule »7. Mai« ihr eigenes gewähltes Revolutionskomitee, und die Kadergruppe, die im Dorf an der Westbrücke wohnte, hatte einen Gruppenführer.

Wir im Dorf Glückseligkeit wählten Lin zu unserem Leiter. Genaugenommen war es so, daß wir nach der Empfehlung des Revolutionskomitees handelten. Diese Wahl stand aber nicht nur auf dem Papier. Schon eine Woche nach seiner Wahl hatte sich Lin in seiner Führungsrolle so bewährt, daß wir ihn alle gut kannten und mit ihm zufrieden waren. Wir hätten ihn später aber auch abwählen und einen anderen an seine Stelle setzen können; in diesem Falle hätte aber das Revolutionskomitee unsere Wahle überprüfen und bestätigen müssen. Bei Ablehnung durch das Komitee hätte dann nochmals ein Kandidat aufgestellt werden müssen, oder das Komitee selbst hätte einen geeigneten Mann vorgeschlagen. Tsang und Frau Yüan wurden zu Lins Stellvertretern gewählt. Während Tsang für die Organisation unserer Arbeit verantwortlich war, sollte sich Frau Yüan um unsere Versorgung kümmern. Und so traf sie gleich Vorkehrungen dafür, daß uns die Schule »7. Mai« Spaten und Sicheln zur Verfügung stellte, und als der Co-op-Laden angeknackte Eier zu verkaufen hatte, sorgte sie dafür, daß wir diejenigen waren, die die Eier erhielten. Sie beschaffte auch Milchpulver für Tsangs Frau, als diese über Unwohlsein klagte. Meilenweit fuhr sie bei jedem Wetter in der Gegend umher, um etwas für uns erledigen zu können. Da sie die größten Körperkräfte von uns allen hatte, packte sie auch kräftig zu, als die Kohlen eintrafen, und spannte sich selbst vor einen Ziehwagen, um das Brennmaterial zu unseren Behausungen zu schaffen. Bei der Brigade setzte sie sich dafür ein, daß uns die Wintervorräte an Kohl, Karotten und Steckrüben geliefert wurden.

Nachdem nun unsere Versorgung sichergestellt war, als die Häuser eingerichtet und die Wintereinlagerungen durchgeführt worden waren, gingen wir in unserer Gruppe daran, die wichtige Frage des sozialistischen Studiums zu diskutieren. Jeder der Redner hob hervor, daß unsere Hauptaufgabe auf dem Lande das Lernen von den Bauern der armen und unteren Mittelklasse sei, von den Menschen also, die als die zuverlässigsten Verbündeten des Proletariats galten. Wir sollten uns ihre guten Wesenszüge als Vorbild gelten lassen, ihren Patriotismus und ihren Gemeinschaftssinn, ihren Fleiß und Elan, und die Begeisterung, mit der sie in den Volkskommunen tätig waren. Wir beschlossen, an vier Vormittagen in der Woche einige Stunden lang zu studieren. Anfänglich kamen die für uns bestimmten Zeitungen noch nicht an, die »Volkszeitung« (Jen Min Jih Pao) als täglich erscheinendes Blatt, und die »Rote Fahne« (Hung Chi) als Wochenzeitschrift, und so kam die ganze Gruppe täglich in meinem Häuschen zusammen, wo wir die Nachrichten in meinem Transistor-Radio hörten. Später kamen wir auch in Lins Unterkunft zusammen, die zentral gelegen war, oder wir gingen im Sommer mit unseren Stühlen in Yüans Kate, da es dort am kühlsten war. Gewöhnlich war es so, daß einer von uns über innerchinesische, ein anderer über außenpolitische Ereignisse berichtete, worauf eine allgemeine Diskussion einsetzte. Manchmal traf auch eine offizielle Mitteilung über Ereignisse der Kulturrevolution aus Peking ein, die dann verlesen und diskutiert wurde. In anderen Fällen erhielten wir Besuch von Funktionären, die uns Erklärungen der Partei oder der Regierung persönlich übermitteln sollten. Lin sorgte auch dafür, daß Mitglieder der Kommune an unseren Versammlungen teilnahmen, um uns ihre Arbeitserfahrungen zu vermitteln.

Auch die aus dreißig Familien bestehende Gruppe, die im angrenzenden Dorf an der Westbrücke untergebracht war, hatte ähnliche Aufgaben wie wir; sie wurde zentral versorgt und bekam theoretische und praktische Arbeitsaufgaben zugewiesen. In der Kaderschule wurde dagegen die Disziplin strenger gehandhabt. Diese Leute waren ganz militärisch in Korporalschaften, Züge und Kompanien eingeteilt. Sie waren in Schlafsälen untergebracht, wurden bei Tagesanbruch geweckt und studierten oder arbeiteten den ganzen Tag lang. Zur Ausbildung gehörte es auch, daß sie viele Kilometer lange Märsche bis zur Bezirksstadt antreten mußten, um dort am Unterricht teilzunehmen.

Späterhin, nachdem das Neujahrsfest vorüber war, flackerte die Kulturrevolution noch einmal auf, als die Parole »Kämpfen, kritisieren und umformen« ausgegeben wurde. Dann kam es vor, daß Kader aus allen Dörfern der Umgebung sich in der Kaderschule versammelten, und manchmal dauerten die Diskussionen bis tief in die Nacht an.

Mit den Bauern sprachen wir nie über die Themen, die bei unseren Versammlungen behandelt wurden, es sei denn in allgemeinen Redensarten. Die Leute fragten uns auch nie danach, was wir denn vorhätten, wenn wir vor unseren Treffen die Straße entlangzogen, in der einen Hand einen Schemel, in der anderen das rote Büchlein mit den »Worten« des Vorsitzenden Mao. Es war üblich, daß einige für den Anlaß passende Passagen aus diesen Aussprüchen verlesen wurden, bevor wir mit der Diskussion begannen, und im allgemeinen war es Lin, der den geeigneten Ausspruch auswählte.

Natürlich blieb es den Bauern nicht ganz verborgen, was bei den Kadern vor sich ging. Wenn in einer Versammlung eine strenge Kritik an einem von ihnen geübt wurde, dann machte dieser naturgemäß einen niedergeschlagenen Eindruck. Als meine Frau und ich einmal im Co-op-Laden etwas einkaufen wollten, sahen wir dort einen Kaderangehörigen stehen, der ganz verstört und totenblaß aussah. Wie wir später hörten, muß es dieser Mann gewesen sein, der dabei erwischt worden war, als er mehrere hundert Yüan im Laden mitgehen lassen wollte.

Bei dieser Gelegenheit möchte ich auf ein Charakteristikum der neuen chinesischen Gesellschaft eingehen. Angelegenheiten der Moral oder der politischen Einstellung, die man in den Vereinigten Staaten als rein individuelle Probleme betrachtet, die niemand anders als den Betroffenen selbst angehen, werden in China als lebenswichtig für die ganze Gemeinschaft angesehen und somit öffentlich diskutiert. Wenn ein einzelner Chinese den Anschein erweckt, daß er individualistische Ansichten vertritt oder uninteressiert wirkt, wenn er sich außerhalb der Masse stellt, aber auch wenn er autoritär auftritt, eine anarchistische Haltung zeigt oder für spontane Massenaktionen eintritt, dann kann jederzeit öffentlich an ihm Kritik geübt werden, wenn er an den Versammlungen seiner Organisation teilnimmt.

Dieses Charakteristikum zeigt sich aber auch in der Handhabung gewisser Rechtsangelegenheiten, zum Beispiel dann, wenn Gemeineigentum unterschlagen wurde. Solche Fälle, die in anderen Ländern von Polizei- oder Gerichtsorganen verfolgt werden würden, gelten hier als Rechtsfälle, die die betroffene Gruppe selbst auszutragen hat, wobei die Behörden nur die Aufsicht führen und dabei gleichzeitig als Ankläger und Verteidiger, Richter und Geschworener fungieren. Wenn der Mann, der im Laden etwas unterschlagen hatte, nach Kritik und Selbstkritik eine »Säuberung« durchmachen würde und aufrichtiges Bedauern bekundete, wäre es durchaus möglich, daß er nach Zahlung einer Buße zur Wiedergutmachung seines Vergehens wieder an seine alte Arbeitsstelle zurückkehren könnte. Damit wäre dann die Angelegenheit aus der Welt geschafft. Im Falle des Ladendiebes wurde es tatsächlich so gehandhabt. Hierin liegt auch der Grund dafür, weshalb die Kader über private Angelegenheiten nur innerhalb ihrer Gruppe diskutieren. Wenn aber einmal ein Übeltäter den Versuch machen sollte, seinen Standpunkt zu verteidigen, oder wenn er schon mehr auf dem Kerbholz hat, würde nichts anderes übrig bleiben, als den Fall vor ein Volksgericht zu bringen. Über einen solchen Strafantrag würde jedoch zunächst seine Gruppe in Zusammenarbeit mit dem Revolutionskomitee des Kollektivs eine Vorentscheidung treffen. Man geht dabei von dem Prinzip aus, den Übeltäter nicht zu brandmarken oder zu bestrafen, sondern ihn zu resozialisieren, um »die Krankheit zu heilen und den Patienten zu retten«.

Kochkünste

Sobald wir mit unserem Herd zurechtgekommen waren, fingen wir auch damit an, unsere Mahlzeiten selbst zu bereiten, doch war das Essen zunächst recht primitiv, da uns infolge der Hauseinrichtung die Zeit für die Zubereitung fehlte. Wir hatten einen großen Kohlvorrat; an der Rückwand unseres Zimmers lag ein halbmeterhoher Stapel Chinakohl, der süßer und saftiger schmeckte als der Kohl, den wir in Peking gegessen hatten. Außerdem hatten wir einen großen Korb voller delikater Mohrrüben und eine Menge Steckrüben vorrätig. Ein weiterer Stapel weißer Steckrüben lagerte in einer Miete auf dem Hof, die Stelle war durch ein paar Stöcke im Erdboden markiert. Den Mohrrübenvorrat schütteten wir auf Anraten Ta Saos in ihrem Keller auf. Diese Kellergrube befand sich auf dem Hof und war mit Matten und Erde abgedeckt. Unser Fleisch bezogen wir aus dem Co-op-Laden. Zum Frühstück aßen wir gezuckerten Maisbrei, und ich trank noch Kaffee, den ich mir aus Peking mitgebracht hatte. Später wurden uns Eierrationen aus dem Co-op-Laden zugeteilt. Yüan sorgte dafür, daß wir hundert Enteneier von einer landwirtschaftlichen Kommune kaufen konnten, die sich auf Entenhaltung spezialisiert hatte. Zum

Mittag- und Abendessen kochten wir Suppe in unserem größten Topf; wir aßen dann kleingeschnittenen Kohl oder Mohrrüben mit Fleischstücken. Mit Kartoffeln zusammen schmeckte dann das Gericht wie Irish Stew, und wir aßen tagelang davon.
In späteren Zeiten erprobten wir dann unsere Kochkünste. Ich glaube, daß ich recht gut die abendländische Kochweise beherrsche; ich kann schmoren und grillen, Aufläufe und Salate bereiten und Omeletts braten. Meine Frau kennt dagegen die Shanghaier Art der Zubereitung, die meist recht süß schmeckt, manchmal aber auch recht gepfeffert ist. Jetzt erlernten wir auch die nordchinesischen Kochkünste: Wir bereiteten Mantou (gedämpftes Brot), Baotze (das gleiche, aber mit Gemüsefüllung, meist feingeschnittener Kohl, und Fleischeinlage), und Chiaotze (kleine dreieckige, dünnwandige Pasteten mit reichlicher, pikanter Fleischfüllung). Die Russen essen übrigens ein ähnliches Gericht, aber säuerlich oder mit Senf und nennen es Pelmenni. Manchmal machten wir das Baotze auch süß mit dunklem Sirup an. Als wir schließlich die Kunst beherrschten, einen Hefeteig herzustellen, konnten wir den Speisezettel mit Klößen, Omeletts und Nudeln variieren.
Die Landbevölkerung in dieser großen ebenen Weizenanbaugegend mag keine Reisernährung und kennt auch kaum die süße Geschmacksrichtung der Schanghaier Küche. Die Leute salzen das Essen stark; sie verbrauchen zehnmal soviel Salz wie wir. Auch etwas Pfeffer wird als Würze verwendet.
Dreimal täglich wird gegessen, und da es immer viel zu tun gibt, wird die Kunst des Kochens nicht großgeschrieben. Zu den meisten Mahlzeiten gibt es Brei aus Maismehl, Weizenmehlnudeln oder Mantou. Als Beigabe wird Kohl gereicht, oder eine Schüssel Steckrüben oder anderes Gemüse steht auf dem Tisch. Zur Abwechslung gibt es auch manchmal Fladen mit gebratenen Zwiebeln, Maisbrot in der Form hohler kleiner Pyramiden aus gedämpftem Maismehl, oder Baotze mit verschiedenen Füllungen. Auch Kaoliang-Schrotmehl wird verwendet, aber es wird nur ungern gegessen und als minderwertig angesehen, so wie die Bauern von Anhwei Kartoffeln als »Hungernahrung« bezeich-

nen. Ich selbst habe auch festgestellt, daß Kaoliang schwer verdaulich ist. Als Zusatznahrungsmittel gelten Kartoffeln und Süßkartoffeln, die manchmal auch roh gegessen werden. Gurken, Eierfrüchte und Mohrrüben werden zu allen Zeiten gern verzehrt, und die Leute essen diese Gemüsesorten meist ungekocht, so wie wir nebenher Obst aufessen; hin und wieder kochen sie aber auch das Gemüse und bringen es zum Hauptgericht auf den Tisch. Als feine Gerichte gelten große Mengen von Chiaotze ohne Beigabe oder Mantou mit Beilagen von Fleisch, Eiern oder Gemüse. In diesem Landstrich werden sehr gute Tomaten gezogen, und die Dorfbewohner essen sie gern, bauen sie jedoch nicht auf den eigenen Feldern an.

Die Leute essen auch gern Fleisch. Es wird aber nicht täglich verzehrt, sondern noch immer als Luxuskost angesehen. Schlachtvieh oder Kühe für die Milcherzeugung werden nicht gehalten, und nur selten geschieht es, daß einmal ein alter Ochse oder ein auf dem Bauernhof gehaltenes Schwein oder Schaf geschlachtet wird, wenn es ein Festessen geben soll. Was aber an Fleisch nicht sofort verbraucht wird, das wird an andere Mitglieder der Brigade weiterverkauft.

Manchmal gibt es gekochtes oder rohes Fleisch im Dorfladen oder in einem der größeren Läden der Nachbarkommunen zu kaufen. Im allgemeinen sind es aber nur kleinere Mengen, die zum Verkauf angeboten werden, denn es gibt in diesen Läden keine Kühlanlagen. In der ein bis zwei Fahrradstunden entfernten Kreisstadt gibt es jedoch in den staatlichen Verkaufsstellen immer Fleisch zu kaufen, vorausgesetzt, daß man schon frühmorgens dort ist. In den Zeiten vor der Befreiung aßen die Bewohner des Dorfes Glückseligkeit Fleisch nur zu besonders festlichen Anlässen, beispielsweise zu Verlobungsfeiern, Hochzeiten, zu Geburtstagen oder zum Totenmahl, aber auch zum Frühlingsfest oder an anderen Feiertagen. Die ganz armen Leute leisteten es sich nur ein- oder zweimal im ganzen Jahr. Heutzutage wird es zwar immer noch als etwas Besonderes betrachtet, doch ist es nicht mehr so, daß es für die Bauern unerschwinglich wäre. Im Laufe des Jahres, das wir bei der Familie Lao Man zubrachten, aßen unsere Gastgeber Fleisch oder Fisch etwa einmal im Monat. Die Fische werden in den Staubecken oder in großen Teichen gefangen. Durch dieses gelegentliche Fischessen und natürlich durch die Eier können die Leute ihren Eiweißbedarf wenigstens teilweise decken. Auf jedem Hof gibt es ein halbes Dutzend oder mehr Hühner. Ta Sao hatte sieben Stück; je ein Huhn hat sie ihren kleinen Kindern Au Chiu und Hsiao Ching geschenkt. Wenn ein Huhn ein Ei gelegt hatte, was mehrmals in der Woche der Fall war, dann wurde es entweder selbst aufgegessen, oder die Mans verkauften es an den Co-op-Laden, um dadurch ein paar zusätzliche Geldstücke in den Händen zu haben. Es bestand aber auch noch die Möglichkeit, die Eier im Laden gegen Obst oder Süßigkeiten einzutauschen, und die Leckerei wurde dann gleich aufgegessen. Auf diese Weise lieferten die Hühner durch das Eierlegen immer ein kleines Taschengeld, wie ein Sparkonto, das ein paar Zinsen abwirft.

Da es nicht als »angemessen« gilt, daß Kaderangehörige etwas privat von den Bauern kaufen, konnten wir auch keine Ziegenmilch beschaffen. Wir mixten uns deshalb unser Getränk aus Milchpulver, das es im Laden zu kaufen gab, oder wir tranken kondensierte Milch.

Mit einem Wort: Die Ernährung der Bauern im Dorf Glückseligkeit war ausreichend, aber bescheiden. In keiner Weise ließ sie sich mit den alten Zeiten vergleichen, als jedes Jahr eine Hungersnot ausbrach. Die Leute verglichen höchstens die Ernährungssituation des Jahres mit der des Vorjahres oder auch mit anderen, zurückliegenden Jahren, als es gute oder schlechte Ernten gegeben hatte. Man mußte in dieser Beziehung nicht mehr in Angst leben; die Menschen konnten sich an ihrem Plan orientieren und hatten die Gewißheit, daß er sich schrittweise immer besser erfüllen ließe. Die Erträge verbesserten sich, mehr Boden wurde kultiviert, selbst Nebenerwerb war schon möglich. Lebensstandard und Ernährung wurden allmählich auf ein höheres Niveau gebracht. Die Leute bemühten sich ständig, durch Neuerungen weiter voranzukommen, um sich durch Verbesserung der Struktur des Landes selbst zu helfen: Überall wurden neue Straßen und Transportwege angelegt, es wurden Brunnen gebohrt und Gräben für die Be- und Entwässerung gezogen, der Boden wurde für die maschinelle Bearbeitung eingeebnet und Bäume gepflanzt.

Die Bauersleute bereiten ihre Essigfrüchte und Nudeln auf einfache, aber geschickte Weise, wenn sie auch nicht mehr wie in den Zeiten vor der Befreiung auf ihre tägliche Zukost an sauer Eingelegtem angewiesen sind. Im Frühling, Sommer und Herbst gibt es jetzt eine reichliche Auswahl an frischen Gemüsesorten, und die Leute können sich das auswählen, was sie am liebsten essen. Demgegenüber herrschte in früheren Jahren im Frühling allgemein eine schwere Hungersnot, denn die Lebensmittelvorräte waren dann aufgebraucht, und die neue Ernte stand noch nicht zur Verfügung. Diese Zeiten gehören aber längst der Vergangenheit an. Kohl, Mohrrüben und Steckrüben sowie Süßkartoffeln werden reichlich geerntet und eingelagert, so daß für den Winter und den Beginn des Frühlings vorgesorgt ist. Essigfrüchte werden aber noch immer selbst eingemacht. Ta Sao zeigte mir, wie so etwas gemacht wird, und so probierte ich es selbst. Ich kaufte mir einen glasierten Tonkrug in der Kreisstadt, der nur ein paar Mao kostete. Diesen Krug füllte ich schichtweise mit feingeschnittenem und gewaschenem Kohl, streute reichlich Salz auf jede Schicht und dichtete ihn ab. Schon nach ein paar Tagen war dieses saure Gemüse durchgezogen, und wir konnten es zum Essen verwenden. Manchmal versetzte ich das Kraut mit gehackten Mohrrüben oder Steckrüben und einer Beigabe aus Gewürzen und einem Tropfen Alkohol. Das Kraut war dadurch gut konserviert, aber es reichte nicht lange, denn wir aßen es so gern.

Unsere Nudeln bereiteten wir ebenfalls selbst und verwendeten dafür entweder Weizenmehl oder Süßkartoffeln. Nudeln aus Süßkartoffeln werden Fentze genannt und sehen aus wie Gelatinestreifen. Ta Sao lieh uns eine Holzschale mit Löchern, die wir mit Teig füllten. Den Teig preßten wir durch die Löcher mit Hilfe einer Holzkeule, die genau in die Schale paßte, und an der anderen Seite kamen dann lange Nudelstreifen heraus.

Auch Pfeffer wird angebaut und als Gewürz verwendet, jedoch nicht in so großen Mengen wie in Szechuan und Hunan, wo die Bauern ihr Essen sehr stark pfeffern.
Wir hatten aus Peking ein paar Delikatessen mitgebracht. Die Bauern mögen keinen schwarzen Tee, aber ich habe auch nie gesehen, daß sie grünen Tee tranken, ganz im Gegensatz zu den Bewohnern von Kwangtung und Tschekiang. Kaffee haben die Leute nie gesehen, geschweige denn getrunken. Das gleiche galt auch für die Butter und Malzmilch, die wir aus Schanghai mitgebracht hatten.
Als die aus der Stadt mitgeführten Vorräte aufgebraucht waren, versuchte ich eine Zeitlang, ein ebenso bescheidenes Leben wie die Landleute zu führen. Die Butter, den Kakao und die Schokolade vermißte ich nicht sehr, aber der schwere Brei bekam mir nicht. Besonders aber entbehrte ich ein Anregungsmittel wie Kaffee oder starken Schwarztee, und dadurch geriet ich in eine Unruhe wie ein Mensch, der das Rauchen einzustellen versucht. Meine Nachbarn aßen Reis nur dann, wenn es nichts anderes gab. Ich dagegen hatte als Abkömmling eines südlichen Landstrichs oft großen Appetit auf Reis, obwohl ich die Kost aus Weizenprodukten wie Mantou, Fladen und Nudeln gern aß. Am meisten fehlte mir natürlich das tägliche Stück Fleisch auf dem Tisch.
Die Landleute achteten im allgemeinen selbst darauf, sich ihrem Kräfteverbrauch entsprechend zu ernähren. Besonders in der Erntezeit gaben die Frauen ihren Männern mehr Mantou und weniger Brei zu essen, und wenn schwere Arbeit zu verrichten war, ließen die Leute sich auch einmal ein Stück Rindfleisch oder einen Schweinebraten schmecken. Sie waren sich darüber im klaren, daß sie eine reichhaltigere Eiweißernährung brauchten und stellten deshalb einen Plan für die Ausweitung der Fleischerzeugung auf, vornehmlich in bezug auf eine verstärkte Haltung von Schweinen, Schafen und Hühnern. Hinzu kam noch, daß eine Mehrerzeugung von Fleisch als wichtiges Handelsprodukt ins Ausland verkauft werden konnte. Praktisch in jedem Haushalt wurde ein Schwein gehalten, manchmal auch noch ein paar

Ferkel. Eier wurden meist nicht selbst verbraucht, sondern an die landwirtschaftliche Einkaufsgenossenschaft verkauft. Nur bei ganz besonderen Gelegenheiten wurde einmal ein Huhn geschlachtet und auf den Tisch gebracht. Auf manchen Höfen wurden ein paar Schafe oder Ziegen gehalten, damit die kleinen Kinder Frischmilch hatten. Von dem staatlichen Laden wurde keine Ziegenmilch aufgekauft, aber die Bauern, die sich solches Vieh hielten, verkauften Wolle oder Schaf- und Ziegenfelle, manchmal auch Schlachttiere an die Einkaufsgenossenschaft. Auch Kaninchen wurden aufgezogen, mehr oder weniger aber nur als Spielgefährten für die Kinder.

Für die Fütterung dieser Tiere wurde nur so viel aufgewendet, wie es im Rahmen der wirtschaftlichen Möglichkeiten der Dorfbewohner tunlich erschien. Das Vieh erhielt vor allem alle Nahrungsmittelabfälle, die im Haushalt anfielen, manchmal auch etwas Korn, bevor es weiterverkauft oder geschlachtet wurde. Wegen des unzureichenden Futters fiel es den Leuten auch schwer, ihren Plan in die Tat umzusetzen, auf jedem Hof zwei Schweine zu mästen und eine größere Anzahl Hühner, Schafe und Ziegen zu halten. Futtermittel waren einfach zu knapp, und Lao Man hatte seine liebe Not, sein einziges Schwein immer satt zu bekommen.

In mancher Hinsicht ist die Frage der Schweinehaltung in den Kommunen von Beobachtern falsch interpretiert worden, nämlich im Hinblick darauf, ob die Schweine auf den Einzelhöfen oder im Gemeinschaftsstall gehalten werden sollten. Die Brigade des Dorfes Glückseligkeit ist verhältnismäßig arm, und deshalb ist hier nur eine Einzelhaltung möglich, da nur Haushaltabfälle für die Fütterung zur Verfügung stehen. Wenn nämlich zwei Schweine je Haushalt gefüttert werden könnten, dann wäre schon ein höherer Produktivitätsstand erreicht, und die Brigade könnte überlegen, ob sie eine zentrale Mästerei bauen sollte, wo die Schweine dann auch normales Futter bekämen. Das würde aber andererseits nicht bedeuten, daß auf den Einzelhöfen keine Schweine mehr gehalten würden; es wären immer hinreichend Abfälle da, um ein Schwein damit zu füttern.

Für die Schweinehaltung auf dem Hof spricht auch, daß diese Tiere alles erdenklich Freßbare vertilgen und dadurch den Hof sauberhalten.
Schafe und Ziegen werden im Dorf Glückseligkeit teils einzeln, teils auf kollektiver Basis aufgezogen. Im Winter sind sie im früheren Ahnentempel des Dorfes untergebracht, und ein alter Mann macht sich dadurch nützlich, daß er die Tiere beaufsichtigt und füttert. In der warmen Jahreszeit sind sie dagegen auf den Einzelhöfen der Bauern, denen sie gehören. Dann fällt auch immer etwas zum Fressen für sie ab, und die Kinder oder die alten Leute können sie hüten, wenn sie die spärlichen Grasplätze abweiden. Wenn die Tiere geimpft, kastriert oder anderweitig behandelt werden sollen, so übernimmt das die Veterinärklinik der Kommune gegen eine geringe Gebühr. Die Kommune hält auch Zuchttiere, und wenn ein männliches Tier für die Züchtung benötigt wird, so ist dafür ein Yüan bei der Kommune zu entrichten. In anderen Kommunen ist auch künstliche Besamung üblich, nicht jedoch im Dorf Glückseligkeit.
In den größeren Dörfern des Bezirks werden allwöchentlich Märkte abgehalten, und dort werden Hühner, Enten, Schafe, Ziegen und Schweine, aber auch größeres Vieh wie Pferde, Ochsen, Maultiere und Esel verkauft. Den Verkauf übernehmen die Kommunen oder deren Brigaden und Arbeitsgruppen; bei kleinerem Vieh sind es aber auch die Kommunebauern selbst, die ihre Tiere auf dem Markt zum Verkauf anbieten. Es würde nicht den sozialistischen Grundsätzen entsprechen, ein geschlachtetes Schwein oder Schaf als Fleisch auf dem offenen Markt zu verkaufen. Man läßt es jedoch durchgehen, wenn einmal ein Bauer ohne Schuld in Not gerät und dazu gezwungen ist, Fleisch zu verkaufen, um sich etwas Bargeld zu beschaffen. Oft kommt aber ein Kommunebauer auf den Markt, wenn er einen Wurf Ferkel abstoßen will, oder wenn er ein Schwein, ein Schaf oder eine Ziege überzählig hat. So sieht man häufig alte Bauersfrauen, wie sie auf dem Markt ein paar Eier verkaufen, die sie genausogut in ihrem Dorfladen hätten los werden können. Allgemein üblich ist der Marktverkauf jedoch nicht, zu-

mindest ist es nicht Sitte bei den Dorfbewohnern, regelmäßig auf den Märkten zu verkaufen.

Einen »freien« Markthandel nach unseren Begriffen gibt es nicht. Der Einkauf und Verkauf auf den Märkten wird von den Kommunen, Brigaden und Arbeitsgruppen durchgeführt. Tierische Erzeugnisse wie Häute, Schweineborsten, Därme und Eier werden von der staatlichen verarbeitenden Industrie aufgekauft oder exportiert, und Privatpersonen ist es nicht gestattet, mit solchen Waren Handel zu treiben. Außerhalb des Regierungshandels wird nur ein ganz geringfügiges Privatgeschäft mit Fleisch, Eiern oder Haustieren zugelassen, und man achtet streng darauf, daß der Einzelhandel sich nicht ausweitet. Überall im Lande konnte ich feststellen, daß dieses Prinzip des Staatshandels strikt durchgeführt wurde, im fernen Sinkiang im Westen Chinas, in Ili im Norden und auch in Kaschgar.

Auch Handwerker aus der Kommune kommen auf die Märkte. Ein Mann ist immer dort, um Füllfederhalter zu reparieren, und ein paar Kesselflicker bringen Töpfe und Pfannen, Schlösser und ähnliches in Ordnung. Manche Handwerker fertigen Spindeln aus Hartholz für die häuslichen Spinnereien der Frauen an, andere machen Weberschiffchen aus Hartholz oder Horn. Sie ziehen von einem Markplatz zum anderen und versorgen so die Dorfbevölkerung. Der Kesselflicker bläst in sein Horn, der Messerschleifer rasselt mit seiner Klapper, der Mann mit den kleinen Kücken wirbelt mit seiner Trommel und den klappernden Kugeln herum, und die Landfrauen kommen, um ihre Besorgungen zu machen, während eine große Kinderschar herumsteht und das Marktleben beobachtet. Diese kleinen Handwerker füllen eine Marktlücke aus, die von den gewerblichen Kollektivbetrieben noch nicht geschlosen werden konnte.

Dies ist eine pragmatische Lösung des Problems der Versorgung der Bevölkerung, und sie ist im Augenblick auch die beste Lösungsmöglichkeit. Es ist durchaus möglich, daß sich die Situation später ändern wird, wenn sich die Dienstleistungen besser koordinieren lassen und die staatlichen Werkstätten und Handwerkskollektive überall verbreitet und voll eingerichtet sind.

Der große Zustrom von Kadern aufs Land verursachte anfangs einige Schwierigkeiten bei der Versorgung. Sie waren jedoch nicht so gravierend, wie vielleicht befürchtet wurde, und es dauerte auch nicht lange, bis man sie überwunden hatte, denn man war darauf gefaßt, viel mehr Menschen als zuvor verpflegen zu müssen. Schon bei der Ankunft wurden alle Kader angewiesen, sparsam zu leben und den Bauern keine Eier, Fleisch, Öl, Tuch, Milch oder Korn abzukaufen. Den Neuankömmlingen wurde lediglich zugestanden, kleine Geschenke auszutauschen. Beispielsweise durfte man sich etwas Gemüse schenken lassen. Im Dorfladen sollten Waren nur in sehr geringen Mengen eingekauft werden. Als manche Kaderleiter, die für die Versorgung ihrer Gruppen zuständig waren, Anstalten machten, in den Kreisstädten gleich pfundweise Eier einzukaufen – Eier werden nämlich häufig nach Gewicht verkauft –, erging ein Erlaß an die staatlichen Läden, den Verkauf solcher Mengen abzulehnen. Durch Appelle an die Moral wurden die Leute auch im allgemeinen davon abgehalten, Lebensmittel zu horten.
Infolge des Verbots, den Bauern gegenüber Äußerungen über das eigene oder das Einkommen anderer Kader fallenzulassen, fiel es den Einquartierten auch nicht schwer, die Vorschrift einzuhalten, mit der Landbevölkerung keine privaten Geldgeschäfte zu tätigen.
Auf den ersten Blick mögen solche Vorschriften sehr streng erscheinen; sie waren jedoch erforderlich, und sie bewährten sich, denn ihre Einhaltung verhinderte mögliche Streitigkeiten und Unruhen.

Geldbeschaffung

In einigen Kommunen in der Nachbarschaft gibt es große, im Kollektiv betriebene Schweinemästereien, die erhebliche Mengen Fleisch auf den Markt bringen und Borsten, Knochen, Därme und Häute an die Industrie liefern. Andere Kommunen, wie die unsere und die Brigade »Rote Fahne« betreiben Entenfarmen. Im Landwirtschaftsplan dieser Brigaden ist die Erzeugung der erforderlichen Futtermittel eingeplant. Unsere Brigade im Dorf Glückseligkeit gelangte zu der Entscheidung, daß es im gegenwärtigen Stadium der Entwicklung nicht ratsam sei, große Mengen Vieh zu halten. Ein landwirtschaftliches Kollektiv, das etwas auf sich hält, muß dafür sorgen, daß es selbst ausreichende Mengen Getreide und Gemüse, z. B. auch Bohnen, erzeugt, und daß es Ölsaaten und Baumwolle so reichlich anbaut, daß der Bedarf der Kommunemitglieder vollständig gedeckt wird. Außerdem muß genug erwirtschaftet werden, um die Getreidesteuer bezahlen zu können, Überschüsse an den Staat abzuliefern und um Reserven zu bilden, wie sie von Regierungsseite vorgeschrieben sind. Im Jahre 1969 erfüllte das Dorf Glückseligkeit diese Erfordernisse in knapp ausreichendem Maße. Die Dorfbewohner waren aber der Meinung, daß sie nach einigen Jahren soweit sein würden, ihren Verpflichtungen leichter nachzukommen. Dann würden sie auch eine Schweinemastanstalt im Kollektiv betreiben können. Zur Zeit war es eben nur möglich, auf jedem Hof ein Schwein, vielleicht auch einen Wurf Ferkel, von den Abfällen zu füttern. Wenn dann in späteren Zeiten ein großer Schweinestall gebaut würde, bestände die Aussicht, daß die Brigade jederzeit über genügende Mengen Schweinefleisch und Dung verfügte, und darüber hinaus würde man dazu beitragen können, die immer größer werdenden Anforderungen der staatlichen Stellen zu befriedigen, denn der Handel braucht immer mehr Fleischwaren, und die Industrie benötigt Tierprodukte in großen Mengen. Auch bei der Hühnerhaltung war es das Futterproblem, das die Leute davon abhielt, mehr Geflügel aufzuziehen. Ta Sao war eine sehr sparsame Hausfrau, aber mehr als sieben Hennen konnte sie nicht füttern. Die Eier, die ihre Hühner legten, hatten dementsprechend minderwertige Dotter.

Das größere Vieh, wie Ochsen, Pferde, Maultiere und Esel waren Kollektiveigentum und wurden in zentralen Ställen gehalten. Jede Arbeitsgruppe hatte ihre eigene Stallung. Die Tiere wurden vorzüglich gepflegt und befanden sich daher in bestem Gesundheitszustand. Die Stallbediensteten waren zwar alte

Leute, sie wußten aber genau, wie sie mit den Tieren umzugehen hatten und lernten jüngere Männer in der Tierpflege an.
Um die Zeit des Frühlingsfestes wurde ein tadelloser Pferdewagen mit Gummireifen öffentlich zum Verkauf angeboten, und unsere Dritte Arbeitsgruppe faßte den Entschluß, diesen Wagen zu kaufen. Da er aber achthundert Yüan kostete, war nicht genügend Bargeld vorhanden. In jedem Haushalt wurde gesammelt, aber der Betrag reichte nicht hin. Daher wurde beschlossen, einen alten Ochsen zu verkaufen. Wenn man ihn aber lebend verkauft hätte, dann würde auf dem Markt oder bei der Einkaufsgenossenschaft kein günstiger Preis erzielt worden sein; also sollte er geschlachtet werden. Lao Man übernahm diese Aufgabe. Das Tier wurde in einem Schuppen abgestochen und enthäutet, dann wurde es ausgeschlachtet, und das Fleisch wurde abgekocht. Die Gruppenmitglieder erhielten ihren Fleischanteil, so daß sie einen Festtagsbraten auf den Tisch bekamen, und dann brachte Lao Man mit seinen Gehilfen das restliche Fleisch in die Stadt, wo es sich innerhalb weniger Stunden verkaufen ließ. Die Männer berechneten den üblichen Einzelhandelspreis, wie er von staatlicher Seite festgesetzt ist. Auch die Knochen, die Haut, die Hörner und die Hufe wurden zu Geld gemacht.

Das Schweinchen

Unsere Arbeitsgruppe, der ich den Namen »lahme Veteranentruppe« gegeben habe, faßte den Beschluß, nicht nur ganz allgemein »von den Bauern der armen und der unteren Mittelschicht zu lernen«, sondern zunächst einmal Mao Tse-tungs Gedanken zu propagieren. Wir bildeten eine Propagandastaffel. Die Kommune lieferte die erforderliche Tünche, ich steuerte einen starken Pinsel bei, und von irgendwoher bekamen wir noch einen alten Malertrog. Wir berieten mit Lin als unserem politischen Anführer, welche Worte und Losungen am besten geeignet sein würden, und dann malten wir die entsprechenden Zeichen in einer Größe von einem halben bis zu einem Meter auf markante

Wände im ganzen Dorf. »Dem Volke dienen«, »Seid wachsam gegenüber Kriegsgefahr und Naturkatastrophen und tut alles für das Volk«, »Erfaßt die Revolution und fördert die Produktion«, »Lang lebe die Kommunistische Partei« und »Lang lebe der Vorsitzende Mao« waren einige der Losungen.

An unser Häuschen schließt sich nach Osten hin der Schweinestall an, und an die große Wandseite malten wir das Motto: »Habt Selbstvertrauen!« In diesem Stall sind zwei Schnüffeltiere zu Hause, denen wir die Namen »Borstenvieh« und »Schweinchen« verliehen haben. Borstenvieh ist Herr auf dem Bauernhof. Wenn es angelaufen kommt, flattern die Hühner vor Schreck davon. Es wiegt etwa achtzig Pfund, ist ein schwarzer Teufel und kann über eine meterhohe Wand klettern. Es verschlingt die besten Küchenabfälle, aber auch anderes Futter verschmäht sie nicht. Wenn auf dem Felde nichts wächst, läuft es frei herum und findet doch überall etwas Freßbares. So viele Pfunde wie es wiegt, ist es auch in Yüan wert, und bald soll es verkauft werden.

Schweinchen ist aber fast noch häßlicher. Kein Mensch würde auf den Gedanken kommen, das kleine Vieh ins Wohnzimmer oder in die Küche zu lassen, aber Schweinchen drückt sich immer wieder durch den Türspalt und schnüffelt herum, ganz gleich, in welchem relativen Sauberkeitsgrad es sich gerade befindet. Es ist grauweiß mit komischen rosafarbenen Tupfen und spärlichen, schmuddeligen Borsten. Auf einem Augenlid hat es einen schwarzen Hautfleck, und man weiß nie genau, ob es gerade wach ist oder schläft, was nicht gerade vertrauenerweckend wirkt. In den Ohren, dem Schwänzchen und im Bauch hat es immer ein krampfartiges Zucken, was wohl mit der Verdauung zusammenhängt. Wir stellten nämlich bald fest, daß es wahllos alles Erdenkliche in sich hineinschlang, und so war es für uns auch nicht weiter verwunderlich, als Yüans kleiner Sohn einmal atemlos zu uns gelaufen kam und schreiend verkündete, was er gerade gesehen hatte: »Es frißt Scheißdreck!«

Wenn es ihm gelang, an unsere Vorräte heranzukommen, fraß es auch unseren Kohl an. Mohrrüben und Steckrüben verschmähte es keineswegs, und ich hatte Schweinchen sogar im Verdacht, daß es Kohlenstaub fraß. Auch half es nur für kurze Zeit, wenn wir das Tier aus dem Zimmer jagten; sobald wir den Rücken gekehrt hatten, schnüffelte es schon wieder in unseren Sachen herum.

Schweinchen ist ein Waisenkind und sucht verzweifelt mütterliche Liebe bei Borstenvieh. Das große Vieh hat aber keine Zeit, sich um das kleine zu kümmern, denn es ist immer damit beschäftigt, etwas Freßbares aufzutreiben. Schweinchen wird von ihm keines Blickes gewürdigt, im Gegenteil, das große vertreibt sogar das kleine vom Futtertrog. Ta Sao sagt, daß Muttersäue ihren herangewachsenen Wurf auch nicht besser behandeln. Wenn Kohlblätter oder Rübenabfälle in den Stall geworfen werden, dann pflegt Schweinchen durch die Tür zu sausen, um schnell einen guten Happen zu erwischen und ihn in Ruhe zu verzehren, bevor Borstenvieh es weggedrängt hat.

Wenn sich Borstenvieh zum Schlafen niederlegt, dann klettert Schweinchen auf seinen Rücken, um sich zu wärmen. Borstenvieh schüttelt es auch nicht ab, nicht etwa aus Liebe, sondern weil es ihm auch gefällt, daß auf diese Art sein Hinterteil warm bleibt.

Einmal geschah es, daß Schweinchen völlig aus dem Hause verbannt wurde. Es hatte nämlich so lange an der Latrinengrube herumgeschnüffelt, daß es unversehens hineingefallen war. Glücklicherweise war die Grube nicht tief, aber Schweinchen steckte doch bis zur Schnauze im Dreck, und als es sich wieder hervorgearbeitet hatte, stank es wie die Pest. Ta Sao schrubbte es ab, aber der Gestank blieb noch tagelang an ihm haften. Deshalb blieb es auch im Stall eine Zeitlang eingesperrt, und als Trost gaben wir ihm Kohlblätter zu fressen, die es so gern mochte.

Im Alter von vier oder fünf Monaten wurden ihm die Eierstöcke entfernt. Eines Nachmittags kam der Veterinär der Kommune zu uns, und in seiner sachlichen Art legte er ohne Umschweife Schweinchen auf die Seite. Seinen Fuß stellte er ihm auf den Hals, und Ching Chun half bei der Operation, indem er ihm die Beine am Erdboden festhielt. Der Veterinär machte einen Einschnitt direkt hinter dem Bauch, griff mit zwei Fingern hinein und nahm die Eierstöcke heraus. In ein paar Minuten war alles vorbei, aber Schweinchen quiekte wie am Spieß. Der Mann trug noch etwas Salbe auf und ließ dann das Tierchen los. Sofort hörte es mit dem Quieken auf, was ein Zeichen dafür war, daß die Operation ihm nicht sehr weh getan haben konnte. Nachdem es sich aufgerappelt hatte, stand's noch einen Moment benommen da, rings umgeben von einem Haufen Kindern und Erwachsenen, die die Operation aufmerksam verfolgt hatten. Dann lief es langsam und noch immer etwas benommen zu einer ruhigen Ecke hinter dem Mühlstein, wo es sich im warmen Sonnenschein an der Südwand unseres Häuschens erholte. Der Veterinär kassierte drei Fen und radelte davon.

Irgendwie tat es uns leid, daß Schweinchen nun keinen Nachwuchs mehr bekommen konnte, und deshalb fragten wir Lao Man am Feierabend nach dem Zusammenhang. »Diese drei Fen ersparen mir viele Scherereien«, sagte er. »Unser Futter reicht nur für zwei Schweine. Wenn das Kleine einmal wirft, dann ist für die Ferkel nichts mehr da. Und außerdem brauche ich bald Bargeld für so mancherlei; deshalb werde ich auch Borstenvieh mästen und es verkaufen. Dann brauche ich nur noch Schweinchen zu füttern.«

Wenn auf den Einzelhöfen mehr Schweine gehalten werden, dann bedeutet das auch mehr Dung und dadurch höhere Ernten, aber auch mehr Fleisch und mehr Geld in der Tasche. Von Zeit zu Zeit wird aus den Ställen der Dung geholt und auf den Dunghaufen des Dorfes gebracht. Auch dafür gibt es Geld: Lao Man erhält pro Pfund Dung mehrere Mao bezahlt.

Borstenvieh und Schweinchen werden hauptsächlich von Ta Sao versorgt. Im Frühjahr und im Sommer helfen auch die Kinder, indem sie »Schweinegras« und andere wildwachsende Pflanzen holen, die saftige Blätter oder Stengel haben. Die Schweine fressen auch die Sprößlinge der Süßkartoffeln. Da Ta Sao auch die Hühner versorgt, bedeutet diese Tätigkeit zusammen mit der Schweinehaltung, daß sie damit zum Familieneinkommen beiträgt. Jedes Ei, das sie der dörflichen Einkaufsgenossenschaft verkauft, bringt vier Fen. Die Hühner legen jeden Tag zusammen drei oder vier Eier in die Nester, die Ta Sao oben an den Fenstersimsen angebracht hat; sie verwendet dafür alte, ausgediente Körbe. Eier werden in der Familie nur selten gegessen, aber sie sind immer vorrätig, wenn es einmal etwas Zusätzliches geben soll. Auf dem Markt kosten die Eier sieben Fen das Stück; der Preis kann jedoch in der schlechten Legezeit um den Februar herum bis auf zehn Fen oder einen Mao ansteigen. Da die Hühner für die Leute immer ein zusätzliches Taschengeld liefern, werden sie auch nur selten geschlachtet, es sei denn, daß sie aufgehört haben zu legen.

Alte Vorstellungen ändern sich – neue Ideen kommen auf

Im Dorf Glückseligkeit gehen alte Überlieferungen den Weg alles Irdischen – sie verändern sich oder sterben ab: Veraltete Ideen, alte Kultur, überkommene Sitten und Gebräuche. Manche Vorstellungen sind schon ganz aus der Gedankenwelt der Leute verschwunden, wie der Glaube daran, daß Krankheiten durch Gebete geheilt werden können. Überkommene Bräuche, wie die alten Verlobungs- und Hochzeitssitten, ändern sich allmählich in dem Ausmaß, wie es dem gegenwärtigen Stadium der Entwicklung der Dorfgemeinschaft und dem Sozialcharakter der Bewohner entspricht. Die alten Vorstellungen aus der Zeit des Feudalismus werden mehr und mehr abgeschafft. Demgegenüber will man bürgerliche Lebensauffassungen erst gar nicht aufkommen lassen und statt dessen eine sozialistische Sozialordnung einführen, was sich aber noch nicht in vollem Umfang erreichen läßt.

Manche Gebräuche existieren in ihrer harmlosen äußeren Form weiter, haben jedoch ihren überlieferten Inhalt eingebüßt. Dies trifft für das alte Wasserfest am 9. März zu, an dem der Überlieferung zufolge der Drachenkönig aufersteht. In China glaubt jetzt kein Mensch mehr daran, daß der Drachenkönig oder irgendein anderer König erscheinen könnte. Die alten Leute erzählen den jüngeren von dieser überlieferten Vorstellung, wie man Kindern eine Sage nahebringt, und die jungen Leute, die sich nicht mehr in die alten Gebräuche hineinversetzen können, betrachten solche Feste wie eine Art interessanter Landestradition. Wie man auch dazu stehen mag – alle Leute essen am 9. März gern die zarten Pfannkuchen aus gelbem Reismehl, das traditionelle Festmahl, das es an diesem Feiertag schon immer gegeben hatte.

Am 8. März, dem internationalen Tag der Frau, entboten wir Kader allen Frauen unsere besonderen Grüße, um diesen Festtag seinem Gewicht entsprechend zu begehen und gleichzeitig die internationale Bedeutung der Befreiung der Frau in der neuen Gesellschaft herauszustellen. Hier auf dem Dorf wurde dagegen dieser Tag in keiner Weise so begeistert gefeiert wie in den großen Städten, wo die Frauen einen arbeitsfreien Tag haben, wo überall Plakate hängen und Umzüge und Versammlungen veranstaltet werden. Vielleicht waren es die gelben Pfannkuchen, die den Drachenkönig hier auf dem Lande einen Sieg über die Frauen davontragen ließen.

Der Jahresablauf

So wie die Zeit voranschreitet, gewinnen auch neue Lebensformen langsam, aber sicher die Oberhand über alte Gewohnheiten. Wie überall auf dem Lande ist es auch in China vielerorts noch nicht allgemein üblich, sich auf eine genaue Uhrzeit festzulegen. Man trifft sich einfach »morgen früh«, und niemand außer den aufs Land gebrachten Kaderleuten würde sich genau ausdrücken, indem er »morgen früh um zehn Uhr dreißig« sagt. Auf diese Art beginnt eine Versammlung im allgemeinen dann, wenn genügend Teilnehmer angekommen sind. Das trifft auch für Kinovorstellungen zu. Und doch läßt es sich im Zuge der Mechanisierung nicht vermeiden, daß man auch im Alltagsleben von der Uhrzeit ausgehen muß. Als unsere Dritte Produktionsgruppe einen Tiefbrunnen aushob, gab es keine Zeitschätzungen; es wurde präzise nach Schichten gearbeitet, und die Ordnung und Einteilung war so durchorganisiert, daß es einer Ölbohrungstruppe alle Ehre gemacht hätte.

Was die Jahreszeiten betrifft, so gilt aber nach wie vor der überlieferte Kalender. So wie die meisten der anderen Bauern interessierte sich Lao Man kaum für den Neujahrstag des Sonnenjahres am 1. Januar. Das chinesische Jahr beginnt mit dem Neujahrstag des Mondkalenders, und dieser fiel 1970 auf den 6. Februar und 1971 auf den 27. Januar. Als Tag des Frühlingsanfangs gilt der 4. Februar; dieses Vorfrühlingsfest trägt den Namen Li Chun. Andererseits werden manche in früheren Zeiten allgemein begangene Mondfeste überhaupt nicht mehr gefeiert, wie das »Mittherbstfest«, an dem es Sitte war, Pachten zu bezahlen und geschuldete Beträge zu kassieren. Das Ching Ming-Fest dagegen, das Fest des Glanzes und der Helligkeit am 5. April – jahrhundertelang das Fest des Ahnenkultes –, wird in unserem Dorf noch immer begangen. Meist sind es die älteren Leute, die an diesem Tage weißes Votivpapier auf die Ahnengräber legen.

Wie ich feststellen konnte, haben die meisten Dorfbewohner ein anderes Verhältnis zu den Jahreszeiten als wir. Wir richten uns nach unserem Kalender; die chinesischen Bauern dagegen richten sich nach ihrem Mondkalender und bestimmen das Datum, indem sie die Tage vor und nach den jeweiligen Mondfesten berechnen. So blieb der Tag unserer Ankunft dergestalt in Erinnerung, daß man immer sagte, wir wären einige Tage nach Hsiao Hsüeh, der Zeit des Geringen Schnees (dem 23. November), eingetroffen, wenn ich auch nicht mehr weiß, ob an diesem Tag tatsächlich auch etwas Schnee gefallen war.

Die Vorstellungen, die sich Lao Man von den Jahreszeiten und den markanten, wetterbedingten Perioden des Jahres macht, stehen im Einklang mit der chinesischen Tradition hier am Mittellauf des Gelben Flusses, wo die uralte chinesische Zivilisation ihre Wiege hat. Diese Vorstellungen gehen zurück auf das ländliche Leben der Bewohner, die dort seit vielen Jahrhunderten ihre Äcker bestellen.

In der Zeit der Frühlings- und Herbst-Annalen, das heißt vor etwa zweieinhalb Jahrtausenden, genaugenommen 722 bis 481 v. Chr., unterteilten Lao Mans Vorfahren das Jahr in Frühling, Sommer, Herbst und Winter. Dies entsprach unserem heutigen Kalender, und die Jahreszeiten begannen mit der Frühlings-Tagundnachtgleiche am 21. März (Chun Fen), der Sommer-Sonnenwende am 22. Juni (Hsia Chih), der Herbst-Tagundnachtgleiche am 23. September (Chiu Fen) und der Winter-Sonnenwende am 22. Dezember (Tung Chih). Späterhin, in den Zeiten der Chin- und der Han-Dynastien (221 bis 207 v. Chr. und 206 v. Chr. bis 220 n. Chr.), wurde dieser Jahreszeitenkalender so erweitert und ergänzt, daß vierundzwanzig Perioden des landwirtschaftlichen Jahres entstanden, nach denen sich die Bauern auch heute noch richten. Auf der Grundlage der Wetterbeobachtungen der Landleute und der Kodifizierung durch Astronomen und die Weisen, die es damals schon in diesem Teil Chinas gab, beschreiben diese jahreszeitlichen Perioden exakt die Stellungen, die die Erde bei ihrem Umlauf um die Sonne einnimmt.

Manche dieser Perioden beschreiben die Tageslänge oder die Wetterlage, andere wieder beziehen sich auf den Beginn einer bestimmten Jahreszeit. Hierzu gehören »Li Chun«, das Vorfrühlingsfest, und »Li Hsia«, das Vorsommerfest. Im Jahre 1970 fielen diese Tage auf den 4. Februar beziehungsweise den 6. Mai. Einige dieser Begriffe beziehen sich auf die Tages- und Nachtlänge, wozu beispielsweise »Chiu Fen«, der Tag der Tagundnachtgleiche im Herbst, gehört. Schon in alten Zeiten machte man die Feststellung, daß zu der Zeit von »Hsia Chih«, der Sommer-Sonnenwende, die Sonne am weitesten vom Äquator entfernt liegt und der Tag am längsten dauert, während zu der Zeit von »Tung Chih«, der Winter-Sonnenwende, der Tag am kürzesten ist. Manche dieser Worte beschreiben die Stärke der Hitze oder der Kälte, zum Beispiel »Hsiao Shu« am 7. Juli (Geringe Hitze), oder »Ta Han« am 20. Januar (Strenge Kälte). Andere wiederum beziehen sich auf Wetteränderungen, wie »Yü Shui« am 19. Februar (Regenwasser), oder

»Pai Lu« am 8. September (Weißer Tau). Der letztgenannte Tag beschreibt das Datum, an dem die Pflanzung solcher Sorten beginnen soll, die noch im Herbst reifen.

Der Bauernkalender schließt auch die neun neuntägigen Kälteperioden ein. Die dritte Neuntageperiode, »San Chiu«, die am 9. Januar beginnt, ist im allgemeinen die kälteste. Außerdem gibt es drei Zehntageperioden in der warmen Jahreszeit, und die heißeste Zeit liegt gewöhnlich in der Periode von »San Fu«, der Dritten Hitze, die am 8. August anfängt. Die Bauern haben hierfür einen treffenden Ausdruck, der diese stickig heißen, windstillen Tage beschreibt: »Herbsttiger«. Schließlich gehört auch noch das traditionelle Neujahrsfest des Mondkalenders hierzu, das als Freudenfest gilt. In früheren Zeiten wurde zwei Wochen hindurch gefeiert. Heute dauert es nur noch drei Tage lang; es ist ein allgemeines Familientreffen mit Festessen und Geschenkeaustausch, und danach stürzen sich die Bauern mit doppelter Energie auf die Frühjahrsbestellung.

Die nachstehende Zusammenstellung erfaßt diese jahreszeitlichen Perioden und die entsprechenden Daten, wie sie für das Jahr 1970 zutrafen. Die Daten sind in jedem Jahr unterschiedlich. Beispielsweise dauert »Tou Fu« (Erste Hitze) immer zehn Tage lang, während »Erh Fu« (Zweite Hitze) einen Zeitraum zwischen zehn und zwanzig Tagen einnehmen kann. Das hängt davon ab, wann die Periode der Ersten Hitze beginnt. 1971 dauerte die Zweite Hitze zwanzig Tage lang. Diese Hitzeperioden stehen in engem Zusammenhang mit den Pflanzzeiten, ebenso auch mit den für die Bewässerung und die Jaucheberieselung und Vergärung am besten geeigneten Zeiten. Aus diesem Grunde gehen die chinesischen Bauern bei der Aufstellung ihrer landwirtschaftlichen Erzeugungspläne auch von ihren Kalenderperioden aus. Immerhin müssen die Landbewohner in anderen Teilen Chinas ihre Kalenderpläne etwas modifizieren, je nachdem, ob sie in nördlicheren oder südlicheren Gebieten leben, denn die Berechnungen beziehen sich seit alters her auf die mittleren Landschaften Chinas am Gelben Fluß.

Praktisch in jedem Haus des Dorfes Glückseligkeit gibt es

einen »Kalender für die Bauern«. Es ist dies ein Büchlein mit Abbildungen glückstrahlender Bauern. Im Jahre 1969/70 enthielt das Heft nicht nur den Kalender der Jahresperioden selbst, sondern auch eine Vielzahl anderer Informationen: Liedertexte, wie »Der Osten ist rot«, Worte und Gedichte des Vorsitzenden Mao, wichtige Parteirichtlinien, ferner Beschreibungen moderner Landmaschinen und neuer Geräte. Außerdem waren in dem kleinen Büchlein allgemeine Hinweise für die Erleichterung der bäuerlichen Arbeit enthalten, wie man beispielsweise einen einfachen Behälter für das Versprühen von Insektenvertilgungsmitteln auf Maispflanzungen anfertigt, aber auch Regeln, nach denen die Volksmiliz die Disziplin aufrechterhält, und schließlich ein wichtiger Artikel über die landwirtschaftliche Musterbrigade in Schansi mit dem Titel »Lernen von Tachai«.

Die jahreszeitlichen Perioden

Die vierundzwanzig Perioden nach dem *Sonnenkalender*, die neun Neuntageperioden in der kalten Jahreszeit, die drei Zehntageperioden in der warmen Jahreszeit und das Neujahrsfest nach dem Mondkalender.

Nr.	Datum im Jahre 1970 nach dem Gregorianischen Kalender	Chinesischer Ausdruck	Begriffserläuterung
1	6. Januar	*Hsiao Han*	Geringe Kälte
2	9. Januar	San Chiu	Dritte neuntägige Kälteperiode
3	18. Januar	Ssu Chiu	Vierte neuntägige Kälteperiode
4	20. Januar	*Ta Han*	Strenge Kälte
5	27. Januar	Wu Chiu	Fünfte neuntägige Kälteperiode
6	4. Februar	*Li Chun*	Frühlingsanfang

7	5. Februar	Liu Chiu	Sechste neuntägige Kälteperiode
8	6. Februar	Chun Chieh	Frühlingsfest – Neujahrsfest des Mondkalenders
9	14. Februar	Chi Chiu	Siebente neuntägige Kälteperiode
10	19. Februar	*Yü Shui*	Regenwasser
11	23. Februar	Pa Chiu	Achte neuntägige Kälteperiode
12	4. März	Chiu Chiu	Neunte neuntägige Kälteperiode
13	6. März	*Chin Chih*	Erwachen der Insekten
14	21. März	*Chun Fen*	Frühlings-Tagundnachtgleiche
15	5. April	*Ching Ming*	Glanz und Helligkeit
16	20. April	*Ku Yü*	Kornblüte
17	6. Mai	*Li Hsia*	Sommeranfang
18	21. Mai	*Hsiao Man*	Kornreife
19	6. Juni	*Mang Chun*	Kornrauschen, Kleine Fruchtbarkeit
20	22. Juni	*Hsia Chih*	Sommer-Sonnenwende
21	7. Juli	*Hsiao Shu*	Geringe Hitze
22	19. Juli	Tou Fu	Erste Hitze
23	23. Juli	*Ta Shu*	Große Hitze
24	29. Juli	Erh Fu	Zweite Hitze
25	8. August	*Li Chiu*	Herbstanfang
26	8. August	San Fu	Dritte Hitze (Herbsttiger)
27	23. August	*Chu Shu*	Fortdauernde Hitze
28	8. September	*Pai Lu*	Weißer Tau
29	23. September	*Chiu Fen*	Herbst-Tagundnachtgleiche
30	9. Oktober	*Han Lu*	Kalter Tau
31	24. Oktober	*Shang Chiang*	Reifniederschlag
32	8. November	*Li Tung*	Winteranfang
33	23. November	*Hsiao Hsueh*	Geringer Schnee
34	7. Dezember	*Ta Hsueh*	Tiefer Schnee
35	22. Dezember	*Tung Chih*	Winter-Sonnenwende
36	22. Dezember	I Chiu	Erste neuntägige Kälteperiode
37	31. Dezember	Erh Chiu	Zweite neuntägige Kälteperiode

Wenn man westlich vom Dorf den Streifen neuangepflanzter Bäume überquert, kommt man nach einer Entfernung von etwa fünfzig Metern über eine Straße, geht dann einen steilen Abhang hinunter und steigt aus dieser Talsohle wieder einen Hang hinauf. Von diesem Hügel aus konnten wir einen großen Teil des Gemeinwesens überblicken, vornehmlich das Verwaltungszentrum der Kommune »Große Glückseligkeit«. Hier konnte man auch erkennen, daß man auf den recht ansehnlichen Resten eines Erdwalles stand, der einst das ganze Dorf umgeben hatte. Der Wall muß ursprünglich eine Höhe von etwa sechs Metern gehabt haben; er verlief nach unten hin breit und hatte auch an der Oberkante noch eine Breite von einem Meter. Wir erkannten, daß wir den alten Wallgraben durchschritten hatten, der jetzt teilweise mit Gras überwuchert ist und in dem junge Bäume gepflanzt sind. Der Graben und der Wall stammten noch aus der Zeit der Feudalherrschaft, als überall kriegerische Verwicklungen an der Tagesordnung waren. Damals wurden solche Wehrdörfer angelegt, und eine Soldatentruppe war in ihnen stationiert, um das Dorf vor Banditen und plündernden Horden zu schützen. Der Südteil des Walles war abgetragen worden. Hier war nur noch ein altes Wachhaus mit einer Torpforte neben der Brücke über den Wallgraben, die jetzt als Stall und Werkstatt dienen, stehengeblieben. Diese unruhigen, mörderischen Zeiten lagen kaum fünfundzwanzig Jahre zurück.

Nach Norden und Westen hin waren Wall und Graben zwar vom Wetter gezeichnet, jedoch zumeist noch intakt, mit Ausnahme der Stellen, wo neue Straßen und Wege angelegt waren. Hier an der Ostseite umschloß der Graben die Mittelschule und die Grundschule der Kommune. Hier erhielten die Kinder eine kostenlose zehnjährige Ausbildung. Von unserem Beobachtungsposten aus konnten wir erkennen, wie die Kinder aus dem Hintereingang der Schule herausströmten; sie hatten Spaten und andere Geräte in der Hand und wurden zur Feldarbeit geführt. Andere Kinder konnten wir lärmen hören; sie spielten wohl gerade Basketball.

Fast direkt unterhalb von uns lag der Co-op-Laden mit seinen blauen Fensterflügeln und ebenfalls blau angestrichenen Rolläden. Der Laden hatte drei Abteilungen: In der ersten Abteilung wurden Haushaltswaren aller Art verkauft, wie Seife, Zahnbürsten, Taschenlampenbatterien, Handtücher, Taschentücher, bedrucktes Tuch und Strickwaren. In der zweiten Ladenabteilung gab es Lebensmittel wie Obst und Gemüse, Keks und Süßwaren, Konserven, Sojasauce und andere Zutaten. Die dritte Abteilung schließlich bot landwirtschaftliche Geräte und mancherlei Zubehör zum Verkauf an und war so mit Waren vollgestopft, daß sie in einem anschließenden Gebäude untergebracht werden mußte. Hier gab es Stricke, Hacken und Harken, Matten, Stangen; Körbe, Krüge und Eimer, Eisenwaren, Geschirr und Fahrradzubehör. Auch elektrische Kabel, Isolatoren und Schalter waren in großen Mengen vorhanden. Da die Überlandleitung bis in die Nachbarschaft vorgedrungen war und manche Bauern schon einen Anschluß hatten, verlegten sie auch schon Leitungen in ihren Gehöften, um in ihren Häusern elektrisches Licht zu haben und um Brunnen, Mühlen, Winden und andere Anlagen zu elektrifizieren. Wir merkten bald, daß die Verkäufer im Co-op-Laden genau wußten, was ihre Kunden brauchten. In der dritten Abteilung wurden auch landwirtschaftliche Erzeugnisse aufgekauft, wie Schweine und Schafe, Eier, Häute Knochen und Kräuter, aber auch Heimarbeitsprodukte wie Besen. Alle diese Waren waren zum Weiterverkauf an die staatlichen Erfassungsstellen bestimmt.

Innerhalb des Verteidigungsgürtels des alten Erdwalls standen auch viele Bäume, aber ich hätte nicht gern in diesem Bereich gewohnt, denn man hatte das Gefühl, in einer verfallenen Stadt zu hausen. Da war ich doch froh, in unserem hübschen Dörfchen wohnen zu können, wo außerhalb des Walles ein frischer Wind wehte und der große Dorfteich glitzerte.

Nahe der Straße steht im Bereich des Dorfmittelpunktes ein großer ausgehöhlter Stein. Die Wände um die Höhlung sind zwölf Zentimeter stark, und das Loch hat eine Tiefe von über dreißig Zentimetern und ist am oberen Rand etwa zwanzig Zentimeter breit. In dieser Aushöhlung befindet sich ein Stampfer mit einem halbmeterlangen Holzgriff und einem schweren, runden Kopf aus Stein. Das Ding sieht wie eine Waffe aus der Steinzeit aus. In Wirklichkeit aber handelt es sich um den Mörser und Stampfer, den die Dritte Arbeitsgruppe in Gemeinschaftseigentum hat. Die Hausfrauen kommen hierher, wenn ihnen einmal das Mehl ausgegangen ist und sie keine Zeit haben, zur elektrischen Mühle der Brigade zu gehen. Dann zerstampfen sie hier ein paar Pfund Mais, oder sie benutzen den Mörser, um einen Brocken Steinsalz zu zerkleinern. Die Stelle, wo der Mörser steht, wird von einem Akazienbaum beschattet, und an dessen Ästen ist an Ketten eine uralte Glocke befestigt. Die Glocke sieht aus, als ob sie aus grauer Vorzeit stammt, denn die Schriftzeichen auf ihr sind kaum mehr zu entziffern. Wenn eine Versammlung anberaumt ist oder ein Feuer ausbricht, wird die Glocke geläutet. Aber auch morgens vor dem ersten Hahnenschrei erklingt sie; dann heißt es, sich zum Arbeitsbeginn fertigzumachen. Um neun Uhr wird sie dann noch einmal geläutet, um anzuzeigen, daß die Frühstückszeit beendet ist und die zweite Vormittagsschicht beginnt. Mittags kommen die Feldarbeiter nach Hause zurück. In den Wintermonaten erklingt die Glocke um zwei Uhr dreißig, um zur Nachmittagsarbeit zu rufen. Im Sommer dagegen ist es über Mittag zu heiß, um schon frühzeitig weiterzuarbeiten, und die Pause dauert deshalb bis nach drei Uhr. Andererseits bleibt es aber abends bis um acht oder sogar noch später hell, und die Bauern arbeiten dann bis zum Dunkelwerden in der kühlen Luft weiter.

Den ganzen Winter hindurch aßen wir unseren Kohl, der sich ausgezeichnet frisch hielt, im Wechsel mit Steckrüben, Mohrrüben und Zwiebeln. Erst als das Frühjahr begann, waren der Kohl und die Rüben verbraucht, und so hatten wir einige Schwierigkeiten mit der Ernährung, denn Frühgemüse gab es noch nicht. Eine Zeitlang halfen uns die Nachbarn aus, die es besser als wir verstanden, ihre Vorräte zu ergänzen und haltbar zu lagern. Einige Tage hindurch mußten wir jedoch ausschließlich von Steckrüben leben. Die Rüben, die wir im Haus gelagert hatten, waren inzwischen ausgedörrt, und der Vorrat aus der Miete fing an zu sprießen. Ta Sao zeigte uns, wie wir die Rüben aus der Miete im Hof behandeln mußten: Sie schnitt sie in dünne Scheiben und legte sie auf das Dach zum Trocknen. Nach ein paar Tagen füllten wir die Schnitzel in einen Sack und hängten ihn an der Wand auf. Wenn wir Rüben essen wollten, nahmen wir eine Handvoll heraus, kochten sie leicht ab und spülten sie mit kaltem Wasser sauber. Danach konnten wir sie kochen oder in Sojasauce braten; das Gericht schmeckte uns immer gut. Wenn man Steckrüben aber täglich zweimal vorgesetzt bekommt, dann ißt man sie sich schließlich doch über.

Ende März bekamen wir aber schon Chotsai, eine Art Schnittlauch, und Spinat, und dann im April grünen Salat und frühe Zwiebeln. Später im Frühling kam dann reichlicher Nachschub an Gemüse.

Manches Frühgemüse kam uns sehr merkwürdig vor. Ta Sao hat einen schönen großen Akazienbaum auf ihrem Hof, und als die ersten Blüten erschienen, die wie weißer Goldregen aussahen, pflückte sie große Büschel und junge Blätter ab. Dann brühte sie das Ganze ab und preßte handliche Kugeln daraus. Wenn man dann diese Kügelchen aufschneidet, in Schweinefett oder Pflanzenöl brät und mit Sojabohnensauce serviert, schließlich noch mit Weichin und Salz würzt, dann schmecken sie vorzüglich. Im Dorf gibt es viele Akazienbäume. Die ältesten stammen noch aus der Zeit der Besetzung durch die Japaner; die fremden Machthaber legten Pflanzungen an, die dann in ihren »neuerworbenen Gebieten« wachsen sollten. In diesem Mai aßen also alle Dorfbewohner dieses delikate Frühjahrsgericht. Man konnte sogar alte Frauen beobachten, wie sie auf die Akazienbäume stiegen und ihre langen Baummesser schwangen.

Unser Gemüse bezogen wir in der Hauptsache aus dem Lager unserer Arbeitsgruppe, von wo es uns regelmäßig zugeteilt wurde. Obwohl wir nicht viel Arbeit verrichteten, stand uns diese Zuteilung zu. Wir bestanden aber darauf, unseren Anteil zu bezahlen, trotz des Protestes des Gruppenführers und der Bauern. Auf diese Weise bekamen wir immer reichlich Gemüse, wie Frühjahrszwiebeln und spanische Zwiebeln, die man hier ausländische Zwiebeln nennt, ferner Chotsai, Salat, Spinat, Eierfrüchte, Gurken, Nankua (Kürbisse), Erbsen, Bohnen, Süßkartoffeln, Mais und verschiedene Kräuter für die Geschmacksverbesserung.

Hin und wieder kam ein Hausierer von der Kommune in unser Dorf. Er kam auf dem Fahrrad oder schob einen Handwagen, den er mit Gemüse vollgeladen hatte, das die Arbeitsgruppen über ihre Sollerzeugung hinaus produzierten und daher zum Verkauf anbieten konnten. Diese Leute verkauften auch Obst und Hühnchen. Die Melonen waren besser als diejenigen, die in Paoting erzeugt wurden und wogen achtzehn bis zwanzig Pfund. Auch die Äpfel, Pflaumen, Aprikosen und Datteln waren ausgezeichnet, während Birnen, Pfirsiche und Trauben nicht sonderlich gut schmeckten. Die Bauern aßen gern die Melonen. Ich selbst mochte sie nicht, denn das watteartige Innere schmeckte mir nicht.

Wenn das Frühjahr beginnt, dann wird nicht jeden Tag frisches Gemüse zugeteilt. Wir blickten dann seufzend zu unserem Regal empor: »Schon wieder verschrumpelte Steckrüben!« Aber es geschah dann immer wieder, daß ein Nachbar bei uns erschien und uns frischen Spinat und Salat brachte. Solche Abwechslungen in unserem Speisezettel nahmen wir dankbar entgegen.

Manchmal wurden wir aber auch überreichlich versorgt. Es geschah beispielsweise, daß wir eine Rettichzuteilung bekamen, und gleichzeitig dachten auch die Nachbarn an uns und brachten uns so viele Rettiche, daß wir nicht wußten, wohin damit. Wir konnten aber nicht dankend ablehnen, denn die Leute hätten darauf bestanden, uns ihr Gemüse zu schenken. So gab es dann zwei Tage lang Rettiche zum Frühstück, Mittag und Abendessen. Bald bekamen wir heraus, wie wir uns hier richtig zu verhalten hatten. Wenn wir von Freunden aus anderen Arbeitsgruppen hörten, daß dort statt Rettichen Gurken zugeteilt wurden, dann brachten wir unsere überzähligen Rettiche zu ihnen und tauschten dagegen Gurken ein. Dann gab es einen frischen Salat mit Sauce. Die Dorfleute machten sich dagegen zumeist nicht die Mühe, einen Gemüsesalat anzurichten und aßen ihre Gurken, Rettiche und sogar die Eierfrüchte roh, höchstens mit einer Prise Salz oder einem Spritzer Sauce.
Wenn uns einmal das Gemüse wirklich knapp wurde, dann setzte ich mich einfach aufs Fahrrad und holte mir Nachschub aus der Umgebung, denn überall im Umkreis zwischen fünfzehn und vierzig Li gab es mehrere Stellen, wo es etwas zu kaufen gab. Es gab Kommunen, die sich auf den Gemüseanbau spezialisiert hatten, und selbst wenn dort nichts zu holen war, blieb immer noch die Möglichkeit, in die benachbarten Kreisstädte zu fahren, wo Dauermärkte stattfanden oder staatliche Gemüseläden frische Ware anboten. Je nach Jahreszeit gab es dort immer etwas Gutes zu kaufen; besonders die Tomaten waren ausgezeichnet.

Wintertage

Den ganzen Dezember hindurch genossen wir eine Periode beständigen, kalten Wetters. Diese trockene Wetterperiode dauerte die ganze Zeit über, von »Ta Hsüeh«, der Zeit des tiefen Schnees, angefangen – wo übrigens überhaupt kein Schnee fiel – bis über die ersten beiden Neuntageabschnitte der kalten

Jahreszeit, die am 22. Dezember beginnen. Die Luft war frisch und klar, wurde dann aber allmählich unangenehm kalt gegen Mitte Januar, in der Zeit der dritten und vierten neuntägigen Kälteperiode, besonders um den 20. Januar herum, zur Zeit von »Ta Han«, der Strengen Kälte. Selbst dann konnte man das Wetter nur zu solchen Zeiten als unerfreulich bezeichnen, wenn Wind aufkam. Allmählich war der Erdboden nämlich völlig ausgetrocknet, und die Wege waren von einer fast zehn Zentimeter tiefen Staubschicht bedeckt. Wenn man vorsichtig über diesen Lößstaub ging, hatte man das Gefühl, auf einem weichen Teppich zu laufen. Aber eine leichte Brise genügte, um ihn hoch in die Luft zu wirbeln, und wenn der Wind einmal stärker wehte, dann waren die Bauernhöfe in Staubwolken eingehüllt. Unerträglich wurde es dann bei Sturm, wenn sich Windhosen aus dichtem Staub entwickelten.

Sonst war im Winter alles in tiefer Ruhe, nur hin und wieder flog ein Schwarm Spatzen durch die Luft. Morgens um die gleiche Zeit passierte immer ein Flugzeug den Himmelsabschnitt über dem Dorf; ich blickte dann nach oben, konnte aber nur das Geräusch hören. Schließlich war dann doch ein silbrig schimmernder Punkt zu erkennen inmitten des riesigen blauen Himmelsdomes, der zum Horizont in einen tiefen Purpurschimmer überging. In dieser trockenen nordchinesischen Ebene ist der Himmel im Winter stets wolkenlos, und nur nach Westen hin wird der flache Horizont abrupt unterbrochen: Hier ragen die Spitzen des Taihang-Gebirges in den Himmel, zackige Schründe im grauen Dunst.

Ende Januar wehte ein leichter, aber stetiger Wind aus Norden. Draußen war es so kalt, daß mir die Tinte im Füllfederhalter einfror; wenn ich zeichnen wollte, mußte ich einen Bleistift benutzen. Yüan-tsung, meine Frau, sorgte sich noch immer um meine Gesundheit, denn ich war in Peking ständig erkältet gewesen. Sie bestand darauf, daß ich immer meinen Hut trug, sobald ich ein paar Schritte nach draußen ging.

Wenn aber der Wind nachließ, wurde die Luft wieder mild, und man konnte sich sogar vor dem Hause sonnen, wenn man sich warme Sachen anzog. Nachts wölbte sich ein sternklarer Himmel über der Landschaft, und wenn der Mond schien, wirkte der Widerschein auf dem Erdboden wie eine dünne Schneeschicht.

Am 4. Februar war der Tag des Frühlingsanfangs, »Li Chun«. Immer wieder hatte ich in dieser Zeit meine Freude an der Vielgestaltigkeit und dem Farbenspiel des großen Dorfteiches, der sich mit seinen zahlreichen Buchten und Halbinseln nach Osten hin erstreckte. Im Winter wirkt er im grauen Zwielicht vor Tagesanbruch wie ein beschlagener Spiegel, und auf seiner Oberfläche erscheinen die gespiegelten Konturen der Bäume und Sträucher an seinem Rand. Bei Sonnenaufgang erscheint in ihm die Silhouette der Bäume, ja selbst der gelbe Löß, noch immer grauschwarz wie eine Fotoplatte, während er bei strengem Frost, wenn der Teich zufriert, wie eine stumpfe Stahlplatte wirkt. Eines Morgens öffnete ich jedoch im Vorfrühling die Haustür – die ersten Schwärme der Zugvögel waren schon nach Norden gezogen –, und da glitzerte er wie ein Brillantendiadem. Ich ging ans Ufer und sah, daß das Eis am Ostrand noch fest war, wenn es auch allmählich dünner wurde. Die ganze restliche Teichoberfläche aber war ein einziges Gekräusel von kleinen Wellen, die im ersten Sonnenschein schimmerten und das Frühlingserwachen ankündigten. Am Ufer erschienen unter der dünnen Eisschicht schon die ersten Sprößlinge der Wasserpflanzen im flachen Kies.

Im Spätwinter wurde die Feldarbeit fast ganz eingestellt, und Ching Chun hatte kaum etwas zu tun, wenn er aus der Schule nach Hause kam. So lag es nahe, daß er mich eines Tages bat, ihm das Radfahren beizubringen. Ich nahm ihn nachmittags mit auf die Dreschtenne und zeigte ihm zuerst, wie man sich heruntergleiten läßt, ohne sich dabei wehzutun und ohne das Rad zu beschädigen. Es dauerte vielleicht eine Stunde, bis er das »Fallen« gelernt hatte. Dann ließ ich ihn seine ersten Fahrversuche machen. Am ersten Tag klappte es noch nicht so recht, aber dann konnte er schon bald im Kreise herumfahren, denn er hatte ja inzwischen begriffen, daß er auch beim Herunterfallen sich nicht zu verletzen brauchte, wenn er es geschickt anstellte. Er konnte jetzt auch allein aufsteigen und absteigen, ohne dabei einen Feldstein zu Hilfe nehmen zu müssen.

Auch sein Vater gesellte sich zu uns, um ihm bein Lernen zu helfen, und seine kleinen Geschwister hopsten vor Begeisterung wie wild herum. Vor der Haustür stand Ta Sao und sah dem Spektakel interessiert zu. Anfangs war ich der Meinung, daß das allgemeine Interesse an den Radfahrkünsten des Sohnes rein familiäre Gründe hätte. Erst später, als er schon das vierte Mal selbst losgeradelt war, kam ich dahinter, was der eigentliche Grund für die große Anteilnahme war, die die Familie am Radfahren bekundete. Selbstverständlich war es ohnehin für jedermann nützlich, radfahren zu können, denn die Leute hatten die Absicht, ein Fahrrad zu kaufen, um schneller in die Stadt zum Einkaufen zu kommen. Ta Sao vertraute mir an, was hinter der ganzen Sache in Wirklichkeit steckte: Ching Chun würde in einigen Jahren soweit sein, eine junge Frau heimführen zu können, und alle hatten den Wunsch, daß er diese dann auf »moderne Art« heimführte – nämlich hinten auf dem Fahrradständer.

Verlobungs- und Heiratssitten

Im Frühling wenden sich die Gedanken aller heranwachsenden jungen Leute im Dorf Glückseligkeit ... nun, nicht gerade der Liebe zu, wohl aber der Verlobung und der Hochzeit. In diesem Sinne waren sie sicher, daß Liebe und gegenseitige Achtung, die zu einer guten Familie gehören, sich schon einstellen würden, wenn sie auch selbst dazu beitrugen, daß die Vorbereitungen für die Eheschließung in geeigneter Weise getroffen wurden. So hatten die jungen Leute auch niemals die gleichen Vorstellungen wie wir in bezug auf romantische Liebe, auf das Umwerben der Auserwählten im Hinblick auf die künftige Hochzeit. Allenfalls in Opern kann so etwas vorkommen, denkt die heutige Jugend Chinas.

Yüan-tsung und ich wagten auch nie, Lao Man oder Ta Sao zu erzählen, wie wir beide uns kennen und lieben gelernt hatten: Ich hatte sie bei einer Gesellschaft gesehen, ließ mich vorstellen, machte ihr einige Monate den Hof, verlobte mich dann und heiratete sie schließlich. Ein solcher Hergang hätte in chinesischen Ohren sicherlich seltsam, wenn nicht sogar häßlich geklungen. Für unsere Gastgeber waren wir ein wenig eigenartige Stadtleute, und so nahmen sie unsere kurze Feststellung ohne weiteren Kommentar zur Kenntnis, daß wir »auf neuzeitliche Weise in freier Wahl« zueinander gefunden hätten. Allerdings werden sie sich dabei bestimmt ihre eigenen Gedanken gemacht haben, und vielleicht empfanden sie die Feststellung als sehr interessant, aber ohne jeden Belang für ihre landesüblichen Verhältnisse. Auf jeden Fall waren wir für sie in dieser Beziehung ein fremdartiges Ehepaar.

Einmal aber geschah es doch, daß meine Frau offen zu einer jungverheirateten, hübschen Nachbarin sprach und ihr von der Vorgeschichte unserer Eheschließung erzählte. Die junge Frau machte ein verblüfftes Gesicht, und als Yüan-tsung sie dann fragte, ob so etwas schon im Dorf Glückseligkeit vorgekommen sei, erwiderte sie zunächst gar nichts, um nicht unhöflich zu erscheinen. Dann aber platzte sie doch heraus: »Ein solches Mädchen würde hier als verrückt gelten, oder aber die Leute würden sagen, sie ist ein liederliches Ding!«

Lao Man und Ta Sao waren auf die althergebrachte Weise miteinander verheiratet worden. Diese Zeit lag nun dreißig Jahre zurück; damals suchten die Eltern stets die Ehepartner ihrer Kinder aus, und die jungen Leute bekamen einander erst zu sehen, als die Trauung schon vorüber war. Die Eltern hatten eine gute Wahl getroffen: Die beiden hatten gegenseitige Achtung und fühlten tiefe Zuneigung zueinander, und das Familienleben war intakt. Wie hätte es besser sein können? Jetzt dagegen war nach der Gesetzgebung der Volksrepublik nur noch eine Eheschließung nach »freier Gattenwahl« zulässig, und ihr Sohn Ching Chun würde schon auf diese »moderne« Weise verheiratet werden. Im Dorf Glückseligkeit bedeutete dies, daß immer noch die Eltern die Vorentscheidung über den zukünftigen Ehepartner ihres Kindes zu treffen hatten, und daß es ihnen zukam, Vorkehrungen für Verlobung und Hochzeit zu treffen. Erst danach würden sich die beiden jungen Leute zum ersten Mal begegnen. Wenn sie sich einig werden, dann findet die Verlobung statt, und man kann gewiß sein, daß sie sich bald auch heiraten werden. Es kam im Ort allerdings auch vor, daß einmal eine Braut ihr Verlöbnis auflöste. Die Leute erzählten von einem berüchtigten Fall in einem Nachbardorf, wo ein Mädchen sich sogar zweimal entlobt hatte. Demgegenüber soll es jedoch niemals vorgekommen sein, daß ein junger Mann seine mit der Verlobung eingegangene Verpflichtung nicht eingehalten hätte. Eine solche Verhaltensweise hätte man auch als skandalös empfunden, und es wäre danach für ihn schwierig gewesen, einer neuen Braut angetraut zu werden. Das mehrmals entlobte Mädchen aus dem Nachbardorf war ein sehr hübsches Ding, geradezu eine Schönheit, und sie stammte aus einer angesehenen Familie. Die Leute schüttelten aber den Kopf über die Art und Weise, wie sie und besonders ihre Familie sich verhalten hatten. Offenbar hatten ihre Eltern zweimal dem Verlobten den Laufpaß gegeben auf der Suche nach einem besseren Bräutigam, denn es war bekannt, daß es in dieser Gegend mehr heiratsfähige junge Männer als Frauen gab.

Da bei solchen Heiratsvorkehrungen sehr vorsichtig zu Werke gegangen werden muß, nimmt man fast immer die Dienste eines Vermittlers in Anspruch. Aber es gibt auch noch eine andere Besonderheit: Viele Familien in diesen Dörfern der Provinz Honan tragen den gleichen Namen. Im Dorf Glückseligkeit heißen tatsächlich die meisten Leute »Man« mit Familiennamen. Da sie also alle entfernt miteinander verwandt sind, dürften sie nicht untereinander heiraten. Ein künftiger Ehepartner muß demnach aus einem anderen Dorf stammen; wer weiß aber, ob es dort auch einen geeigneten Heiratswilligen gibt? Da die Eltern nicht persönlich solche Nachforschungen anstellen, müssen sie einen Vermittler in Anspruch nehmen, der die Aussichten auskundschaften soll. Die Vermittler verhüten dadurch, daß die Eltern in peinliche Situationen gelangen. Diese Leute stehen meist im mittleren oder vorgeschrittenen Alter, und es sind sowohl Männer als auch Frauen, die solche Dienstleistungen verrichten. Manchmal werden sie von den Familien gebeten, ihre guten Dienste aufzunehmen, in anderen Fällen schalten sie sich auch von sich aus ein. Eine Entlohnung erhalten sie dafür nicht, aber sie tun es gern, weil sie sich dabei in den Vordergrund spielen können. Selbstverständlich werden sie bei allen Besuchen und Verhandlungen reichlich bewirtet, und es wird dafür gesorgt, daß sie sich bei den Festlichkeiten gut unterhalten. In solch einem kleinen Dorf hat das viel zu bedeuten; und außerdem: wer gefällt sich nicht in der Rolle des Amor?

Im Häuschen von Lao Man und Ta Sao herrschte ein mysteriöses Kommen und Gehen, und sogar die Kinder wurden nach draußen zum Spielen geschickt, was sonst nur selten vorkam. Schließlich konnte Lao Man das Geheimnis nicht länger für sich behalten; er hatte das Bedürfnis, sich mit jemandem auszusprechen, der lebenserfahren und verschwiegen war. Da gab es einen Verlobungsvorschlag, der sich auf ein Mädchen aus einer ehedem reichen Bauernfamilie bezog. Sie hatte gute hausfrauliche Fähigkeiten, konnte auch Feldarbeit verrichten, und obendrein sah sie auch noch gut aus. Aber durfte ein armer Bauer, der auf die rote Fahne eingeschworen war, verwandtschaftliche Beziehungen zu einer Bauernfamilie aufnehmen, die früher einmal begütert war? Nicht nur die jungen Leute spielten bei einer Eheschließung eine Rolle. Dann gab es noch eine sehr empfehlenswerte Partie, ein junges Mädchen aus armer Bauernfamilie, ebenfalls ein tüchtiges und arbeitsames Ding; aber zwei ihrer jüngeren Geschwister waren schwachsinnig. War es richtig, sich auf so etwas einzulassen? Würden die Kinder aus einer solchen Ehe auch gesund sein?

Ein paar Tage lang lief Lao Man bedrückt herum und grübelte. Dann aber waren die Sorgenfalten auf seiner Stirn plötzlich verschwunden. Er schien etwas Passendes gefunden zu haben. Das Mädchen stammte aus einer armen Bauernfamilie, sie war gesund und tüchtig, vor allem aber war sie mit Ching Chun schon aus der Schulzeit bekannt. Ching Chun sagte selbst, daß er einverstanden sein würde. Das war ein gutes Omen für die Vermittler, und sie nahmen nun ernstliche Verhandlungen auf. Am nächsten Tag kamen sie abends nach Arbeitsschluß auf unseren Hof, und Ta Sao gab ihnen ein gutes Essen mit Mantou, Eiern, Kohl und Eingemachtem. Einer von ihnen war ein jüngerer, etwa dreißigjähriger Mann, der andere war bedeutend älter, über sechzig Jahre. Nach dem Essen wurden die Kinder ins Bett gesteckt, und dann begann die Aussprache darüber, welche Hochzeitsgabe Lao Man der Braut schenken sollte. Nachdem die Vermittler sich verabschiedet hatten, erschienen wieder die Kummerfalten auf Lao Mans Stirn. Dabei handelte es sich nicht so sehr um den Geldbetrag, den er aufzubringen hatte, sondern ihn ärgerte einfach die Tatsache, daß ihm als Kommune-Aktivisten so etwas Antiquiert-Feudalistisches überhaupt zugemutet wurde. Wenn es sich bei der Hochzeitsgabe auch nur um ein paar kleinere Geschenke handelte – die Sache schmeckte ihm nicht, denn sie war wirklich ein Überbleibsel aus den unter der Feudalherrschaft üblichen Sitten, wo noch ein »Preis« für die Braut zu entrichten war. In anderen Gebieten Chinas war diese Sitte auch schon abgeschafft, und die moderner empfindenden Menschen des Landes lehnten sie durchweg entschieden ab, so wie sie es auch für falsch hielten, die Ehevermittler königlich zu bewirten.

Dreimal kamen die Vermittler noch zu Lao Man und wurden wiederum zum Essen eingeladen. Da fiel die ganze Sache ins Wasser. Lao Man gab es nicht gern zu, wenigstens uns gegenüber vermied er es, den Fehlschlag einzugestehen. Ta Sao hingegen ging wie selbstverständlich darüber hinweg und erwähnte ganz beiläufig, das junge Mädchen hätte das Projekt abgelehnt, woraufhin Ching Chun prompt gesagt hätte, er könnte sie ohnehin nicht leiden.

Eine Zeitlang wurde nichts weiter über Ehepläne für den Sohn in der Familie geredet. Aber sonst war im Dorf häufig von anderen Eheschließungen die Rede.

Im südlichen Teil des Dorfes lebte eine Witwe mit fünf Kindern. Das älteste Kind, ein Sohn, war schon verheiratet und wohnte in der Kreisstadt, wo er in einer Fabrik arbeitete. Von ihren vier Töchtern war die zweitälteste ebenfalls verheiratet und hatte das Elternhaus verlassen. Die zwei Jüngsten gingen noch zur Schule, während die älteste Tochter längst im heiratsfähigen Alter war. Sie sah sehr gut aus und war als Lehrerin in der Mittelschule der Kommune tätig.

Wie wir hörten, war man an die Witwe seitens einer Familie in einem Nachbardorf herangetreten, mit dem Vorschlag, den einzigen Sohn mit ihrer Tochter zu verheiraten. Außerdem wurde erzählt, daß der Witwe schon weitere Ehevermittlungsvorschläge unterbreitet worden seien, daß die Vermittler jedoch ihre diesbezüglichen Bemühungen einstellen würden, wenn sich die Frau entschlösse, dem neuen Vorschlag den Vorzug zu geben. Nach langen Überlegungen willigte die Witwe auch ein. Daraufhin begannen ernsthafte Verhandlungen zwischen den beiden Familien unter Einschaltung der Vermittler. Die Gespräche dauerten eine ganze Zeit an und wurden, wie ich hörte, erst abgeschlossen, als der junge Mann aus dem Nordosten nach Hause zurückkehrte. Die Familie lebte in recht guten Verhältnissen; der Vater arbeitete in einer gewerblichen Kommune, und der Sohn hatte im Nordosten Chinas in einem landwirtschaftlichen Betrieb gut verdient. Beide Männer zusammen konnten der Familie, bestehend aus Mutter und mehreren jüngeren Kindern, fünfzig Yüan monatlich abgeben. Es ist auf dem Lande durchaus üblich, daß die Familie eine Braut für den Sohn aus der gleichen Gegend aussucht, und deshalb war auch der junge Mann nach Hause zurückgekommen. Er hatte sich einen langen Urlaub geben lassen, um diese wichtige Angelegenheit zu regeln.

Die junge Lehrerin wurde als eine sehr gute Partie angesehen. Sie war gebildet und kannte sich mit allen Hausarbeiten aus. Sie wußte auch, daß sie gut aussah, war unabhängig und gab sich keinen Illusionen hin. So hatte sie wohl eine ernste Aussprache mit dem jungen Mann, um ihn auf seinen Charakter

hin zu prüfen. Er schnitt bei dieser Prüfung wohl nicht sehr gut ab, und schließlich gab er zu, daß seine Grundschulbildung sich nicht mit ihrer besseren Ausbildung messen konnte, versprach aber, hart an sich zu arbeiten und weiterzulernen.
Die Tatsache, daß sich die beiden jungen Leute mehrmals zu diesen Aussprachen trafen, war ungewöhnlich. Die mangelnde Zurückhaltung beruhte sehr wahrscheinlich darauf, daß sie beide modernere Ansichten vertraten. Der junge Mann arbeitete in einem größeren Staatsbetrieb, und auch die junge Frau hatte fortschrittliche Ideen. Somit lagen sie auf der gleichen Linie.
Die Hochzeitsgabe wurde überbracht, ein sehr großzügiges Geschenk: ein Ballen Seidenstoff als Aussteuer. Als dann die junge Lehrerin mit ihrer Schwester zusammen ihren künftigen Schwiegereltern einen Besuch abstattete, waren sie sehr beeindruckt. Die Schwiegereltern hatten ein neues Haus ganz aus Ziegelsteinen gebaut.
Die Hochzeit wurde schon kurze Zeit später gefeiert, da der Bräutigam an seine Arbeitsstelle zurück mußte. Die Feier wurde einfach ausgerichtet, so wie es der neue Zeitgeist vorschrieb. Die Kommunistische Partei gab immer wieder Weisungen aus, protzige Zurschaustellungen von Wohlhabenheit zu vermeiden, und so waren nur die Familienmitglieder, die Ehevermittler und ein paar gute Freunde als Gäste geladen. Die Heirat wurde bei der Kommuneverwaltung registriert, und dann gab es ein Essen, bestehend aus Fleisch und Gemüse, gedämpftem Brot, einen Schoppen Wein zum Anstoßen, Zigaretten und Süßigkeiten. Ein paar Tage später reiste das junge Paar ab, um im Nordosten des Landes zu wohnen.
Kurze Zeit später unterhielt ich mich mit der Witwe über die Hochzeit ihrer Tochter und fragte sie, ob sie sich das neue Haus der Familie ihres Schwiegersohnes ansehen wolle. Das Haus lag nur zwanzig Li entfernt. Sie war ganz überrascht über diese Frage und schlug vor Verwirrung die Hände über dem Kopf zusammen: »Ich kann mich doch nicht aufdrängen!« Wie sich herausstellte, hatte sie in ihren fünfzig Lebensjahren nie ihre dörfliche Umgebung verlassen; sie war nicht einmal in die

nahe Kreisstadt gefahren, die nur dreißig Li entfernt liegt. Ihre Tochter aber reiste tausend Meilen von ihr weg! Ich erwähne diese Begebenheit, um damit darzulegen, daß die überkommene Tradition noch immer eine entscheidende Rolle spielt, und daß die neue Sozialordnung, wie sie durch die Einrichtung der Kommunen ins Leben gerufen wurde, viele Schwierigkeiten zu überwinden hat, bis sie sich allgemein durchsetzen kann.

Mehrere Wochen hindurch wurde überall im Dorf von Heiratsplänen gesprochen. Außer den Mans waren es mindestens noch weitere vier Familien, die Ehevermittlungen für ihre Kinder im Kopf hatten. Für eine bäuerliche Familie ist das ein sehr wichtiges Problem. Sobald ein Junge oder ein Mädchen ins heiratsfähige Alter kommt, treten die Vermittler in Aktion. Der Anstand und die Schicklichkeit gebieten es, daß sich die für die Verlobung ausersehenen jungen Leute ganz im Hintergrund halten und erst dann in Erscheinung treten, wenn zwischen den Eltern und Ehevermittlern alles besprochen ist. Dann dürfen sich die Jungen zum ersten Mal sehen und aussprechen, natürlich in Begleitung einer Anstandsperson.

Diese Einstellung der jungen Angehörigen der beiden Geschlechter zueinander spiegelte sich in der Äußerung einer jungverheirateten Frau, die uns gegenüber meinte: »Wenn sich ein Mädchen mit einem Jungen anfreundet, um ihn heiraten zu können, dann würde sie sich zu große Freiheiten herausnehmen!« Wir hörten auch die Meinung, daß ein junger Mann sich hüten würde, ein leicht zu eroberndes Mädchen zu heiraten, und er würde auch seinen Freunden davon abraten, sie zur Frau zu nehmen. Ein solches Mädchen würde als »leichtfertig« angesehen werden, denn ihre Einstellung den Männern gegenüber wäre zu »freizügig«. Selbstverständlich sind die Arbeitsbrigaden gemischt aus jungen Männern und Frauen, aber die Schicklichkeit erfordert es, daß ein älterer Erwachsener die betreffende Gruppe leitet. Die Mädchen achten auch selbst auf die Anstandsregeln und halten sich in den Arbeitspausen getrennt von den jungen Männern auf, die auch keine Anstalten machen, die Mädchen zu belästigen. Natürlich wachsen die Kinder von Nachbarsleuten zusammen auf; sie essen auch gemeinsam und spielen miteinander, doch immer in Sichtweite der älteren Familienmitglieder. Zu einem Tête-à-tête kommt es nie.

Wir hörten auch von einer Heirat zwischen einem neunzehnjährigen jungen Mann und einem Mädchen, das gerade achtzehn Jahre alt geworden war. Überraschend war dabei die Tatsache, daß die Kommune sich wegen der Jugend der Brautleute geweigert hatte, die Eheschließung zu genehmigen. Dem jungen Paar gelang es aber dann doch irgendwie, die Heirat registrieren zu lassen, und jetzt war schon ein quicklebendiges Baby von zwölf Monaten da. Die frischgebackene Ehefrau hieß Mei-ying und wohnte im Nachbarhaus. Sie war eines der hübschesten Mädchen im Dorf mit ihrer frischen Gesichtshaut, ihren kirschroten Lippen und pechschwarzem Haar. Wir waren anfangs der Meinung, daß es eine Liebesheirat gewesen sein müsse. Später erfuhren wir jedoch, daß die Mutter des jungen Mannes dahintersteckte. Sie kam schon in die Jahre und wünschte sich einen Enkel. Wir lernten die Frau auch kennen, und da wurde uns klar, daß ihr unbeugsamer Wille auch die Leitung der Kommune weichgemacht hatte. Kein Mann hätte sich in dieser Beziehung durchsetzen können, die energische Frau aber hatte es geschafft. Die Heirat der beiden jungen Leute war zwar offiziell nicht befürwortet worden, aber das Dorf fand sich damit ab, sie dem Willen der rechthaberischen alten Frau entsprechend als Paar zu betrachten.

Nach dem Abendessen kam Lao Man oft zu uns herein, um eine Zigarette zu rauchen und sich mit uns zu unterhalten. Eines Abends sagte er mit ernster Miene: »Ich kann jetzt nicht lange dableiben. Wir erwarten Besuch von jemandem, der einen Vorschlag wegen einer Braut für Ching Chun machen will.«

Den Ausdruck »Ehevermittler« vermied er dabei, weil das Wort in der modernen Zeit der freien Partnerwahl einen schlechten Beigeschmack hatte.

»Ich habe keine Eile, den Jungen schnell zu verheiraten«, fuhr er fort. »Er ist erst achtzehn und geht noch in die Mittelschule. Ich muß aber höflich zu den Leuten sein. Ich werde mir anhören, was sie zu sagen haben, aber noch keine Stellung nehmen. Vielleicht kann der Junge sich schon verloben und dann ein paar Jahre später heiraten.« Dann ging er in seine Kate zurück und sprach fast zwei Stunden mit den Vermittlern.

Am nächsten Tag erzählte uns Ta Sao im Vertrauen, daß sie tatsächlich eine Verbindung ernstlich ins Auge gefaßt hatten. Ich hatte den Eindruck, daß sie bei der Auswahl äußerst umsichtig zu Werke gingen, ganz anders, als ich Ehevermittlungen in der Stadt erlebt hatte, wo man sich mit einer flüchtigen Wahl eines künftigen Partners für das Kind zufriedengab. Ta Sao erläuterte uns ihren Standpunkt: Nicht nur das Lebensalter, der Gesundheitszustand, das Ansehen der Familie und die politische Einstellung des Mädchens spielten eine Rolle, sondern die Braut müsse auch so veranlagt sein, daß sie später eine tüchtige und arbeitsame Hausfrau abgab. In zweiter Linie war es in ihren Augen wichtig, daß das Mädchen gut aussah, freundlich und lebhaft war und auch besondere Talente hatte, beispielsweise singen oder schauspielern konnte. Wie ich von anderer Seite hörte, wünschten sich die Frauen im Dorf als künftige Schwiegersöhne und Männer ihrer Töchter tüchtige Kommunenmitglieder, die das Zeug in sich trugen, gute Ehemänner und Familienoberhäupter zu werden. Dazu gehörte, daß sie strebsam, ehrlich, zuverlässig und allgemein umgänglich sein sollten.

Weder Lao Man noch Ta Sao ließen je verlauten, welche möglichen Partien sie abgelehnt hatten. Einmal jedoch machte Lao Man eine Äußerung, als er sich abends bei uns eingefunden und nachdenklich seine Zigarette angezündet hatte: »Dies neue Verlobungsangebot für Ching Chun gefällt mir nicht. Er ist zum Heiraten noch zu jung.« Wir stimmten ihm lebhaft zu, denn mit achtzehn Jahren soll man sich noch nicht verloben. Auch Ching Chuns Onkel war unserer Meinung. Der Plan stand ohnehin im Gegensatz zu den Weisungen der Regierung, die neuerdings von frühen Eheschließungen abriet, um das Bevölkerungswachstum abzubremsen. Junge Männer sollten erst mit Ende zwanzig heiraten, und den Mädchen wurde geraten, vor der Eheschließung ihren zwanzigsten Geburtstag abzuwarten. Wir hatten aber auch das Gefühl, daß Lao Man vielleicht seinen Sinn geändert haben könnte.

Als er am folgenden Abend zu uns kam, benutzten wir die Gelegenheit, um ihn über den Fortschritt der Angelegenheit zu befragen.

Er zögerte einen Augenblick und sagte dann: »Alles ist abgeblasen worden.« Jetzt kam es heraus! »Ching Chun macht nicht mit. Er will das Mädchen nicht heiraten. Also Schluß damit! Er ist ja sowieso noch zu jung.«

Ta Sao kam durch die Tür und rief ihren Mann. Wir wollten sie trösten und sagten zu ihr: »Macht nichts, daß nichts daraus geworden ist.« Sie zeigte keinen falschen Stolz und war ganz sachlich. »Was hat denn Lao Man gesagt?« fragte sie. Wir berichteten ihr, wie ihr Mann sich ausgedrückt hatte. »Es stimmt, Ching Chun hat gesagt, er will das Mädchen nicht heiraten«, meinte sie lachend. »Genaugenommen verhält es sich aber anders. Das Mädchen will sich mit einem anderen jungen Mann verloben!« »Was sagt denn Ching Chun dazu?« »Als sie nicht auf das Angebot eingehen wollte, sagte er, das Mädchen ist sowieso ein dummes Ding« Ta Sao war zufrieden, daß es so gekommen war. Lao Man dagegen hatte mit der Verlobung gerechnet; er wollte aber nicht »sein Gesicht verlieren« und behauptete deshalb immer, er sei derjenige gewesen, der in Wirklichkeit kein Interesse an der Verbindung gehabt hätte. Ta Sao war ebenfalls der Meinung, daß ihr Sohn zu jung zum Heiraten sei. Sie sagte aber gleichzeitig, daß man nie früh genug nach einer geeigneten Frau für ihn Ausschau halten könnte. Die Auswahl an tüchtigen jungen Mädchen war nicht allzu groß, und es war daher ratsam, sich rechtzeitig umzuhorchen und sich dabei Zeit zu lassen. Wenn es gleich mit der Richtigen klappte, um so besser. Andererseits war es nicht schlimm, wenn die Suche zunächst erfolglos verlief. Später gab Lao Man dann doch zu, daß ihn die geplante Verbindung sehr interessiert hatte. Die ausersehene Braut gehörte zu seiner Kommune und wohnte nur einige Li entfernt. Sie stammte aus einer armen Bauernfamilie, war ein hübsches Mädchen, die tüchtig im Haushalt mithalf und die einen Grundschulabschluß hatte. Ching Chun kannte sie schon von der Schule her. Lao Man hatte den Eindruck, daß sie eine gute Schwiegertochter abgegeben und auch seiner Frau gefallen hätte. Ta Sao war nämlich älter als er und hätte die Hilfe einer Schwiegertochter gut gebrauchen können; sie hätte sich auch gefreut, bald kleine Enkel im Hause zu haben. Um so besser, wenn eine Frau schon in mittleren Jahren Schwiegermutter und schließlich Großmutter wird, dachte er sich. Beide Eheleute waren sich zwar darüber einig, daß Ching Chun noch nicht im heiratsfähigen Alter war; aber vielleicht war er noch mehr als seine Frau darauf bedacht, die Vorbereitungen für eine Verlobung bald einzuleiten, wenn es auch mit der Heirat noch viel Zeit hatte. Auch ich sah jetzt ein, daß Lao Man recht hatte, als er meinte, ein Ehevermittler sei immer notwendig. Auf diese Weise konnte die Suche streng vertraulich von Dritten vorgenommen werden. Man verlor auch nicht das Gesicht, wenn schließlich alles im Sande verlief. Nur im Innersten, wo man es nicht sieht, blieb vielleicht ein Stachel zurück. Jetzt kam ich auch hinter die Zusammenhänge eines anderen kleinen Geheimnisses. Kurz nach meiner Ankunft hatte ich schon bemerkt, daß Lao Man sich stark für die Preise von Nähmaschinen, Transistorradios, elektrischen Lampen und Fahrrädern interessierte. Eigentlich sind das alles normale Einrichtungsgegenstände, und viele Dorfbewohner besitzen sie schon. Nun aber wurde mir der Grund für Lao Mans besonderes Interesse klar: Wenn eine Familie Gespräche über die Verheiratung eines Kindes aufnimmt, dann sind es solche Dinge, die Ehevermittler gern erwähnen, wenn sie mit den künftigen Schwiegereltern verhandeln.

Eines Abends kam Lao Man freudestrahlend zu uns, um uns zu erzählen, daß er von seinen Ersparnissen etwas Schönes kaufen wolle. Im Genossenschaftsladen standen ein paar hübsche Uhren zum Verkauf, aber er hielt es nicht für richtig, eine Uhr zu kaufen, da niemand auf die genaue Zeit achtete. Aber ein Transistorradio wäre das Richtige! Er ließ die Katze aus dem Sack: »So etwas ist ein nützliches Ding ... und es macht auch Lärm. Dann wissen gleich alle Leute, daß wir ein Radio besitzen.« Natürlich war uns gleich klar, daß er sich zu diesem Kauf nur in Anbetracht von Ching Chuns bevorstehender Verlobung entschloß.

»Ching Chun kann radfahren!« redeten die Dorfleute untereinander. Die alten Weiber, die gern die Kupplerin spielen, hatten es zuerst mitbekommen. Als Statussymbol im Dorf Glückseligkeit gilt nämlich ein Fahrrad, ebenso wie eine Nähmaschine oder auch ein Radio. Der alte Adam lebt noch immer!

Die Gespräche dauerten noch wochenlang an. Erst nach dem Frühlingsfest schien es dann soweit zu sein, denn Lao Man meinte eines Tages selbstzufrieden: »Jetzt ist fast alles geklärt.« Das Mädchen stammte aus einer armen Bauernfamilie und war auch in anderer Hinsicht die passende Wahl. Ching Chun kannte sie schon aus der Schule, wenn sie auch nicht in der gleichen Klasse war. Er war einverstanden. Anfangs hatte es noch eine Schwierigkeit bei der Sache gegeben, aber sie konnte abgebogen werden. Lao Man hatte nämlich erfahren, daß der Vater des Mädchens einmal vor dem Volksgericht gestanden hatte, und daß eine Anklage gegen ihn erhoben wurde, die zu seiner Bestrafung hätte führen können. Obwohl die Anklage später fallengelassen wurde, bestand Lao Man darauf, von den Vermittlern den Grund für den Freispruch zu erfahren, und nach einigem Hin und Her rückten sie auch mit der Sprache heraus. Der Vater wurde voll rehabilitiert und stand sogar wie ein Held da. Es stellte sich nämlich heraus, daß nicht er, sondern sein jüngerer Bruder in die Sache verwickelt war. Wäre der Vater verurteilt worden und hätte er ins Gefängnis gemußt, dann hätten sich auch die Heiratschancen für seine Tochter verschlechtert. Aber so war es gekommen, daß er als älterer, schon verheirateter Bruder die Anklage auf sich genommen hatte, um seinen jüngeren Bruder zu schützen. Wenn das auch eine kleine Täuschung des Gerichts darstellte, nahm man es ihm doch nicht weiter übel, und man redete von der Affäre mit lobenden Worten für ihn. Die ganze Sache war gut ausgegangen, und der Beschuldigte wurde auf Bewährung freigelassen. Nachdem also auch dieser Verdacht ausgeräumt war, stand der Verlobung zwischen den jungen Leuten nichts mehr im Wege.

Da sie aber erst achtzehn und neunzehn Jahre alt waren, wurde beschlossen, daß sie vor der Heirat noch ein paar Jahre verstreichen lassen sollten. Möglicherweise war es auch erforderlich, noch drei Jahre zu warten, da die Kommune erst dann die Eheschließung genehmigen würde.

Die Ehevermittler begannen darauf lange Verhandlungen über die Art und den Wert des Hochzeitsgeschenks, das der Braut zustand. Ich erfuhr, daß zu diesen Geschenken Tücher und Wäsche, duftende Seife und andere Haushaltsartikel zählten. Es ist aber anzunehmen, daß der Gesamtwert dieser Geschenke nicht höher war, als Lao Man von sich aus ausgegeben hätte. Denn im Prinzip war er ja kein Freund dieser Sitte, die er für überholt hielt.

Nachdem die eigentlichen Verhandlungen ein allgemein befriedigendes Ergebnis hatten durch die Tätigkeit der Vermittler, die ein ehrenvolles Werk vollbrachten, wurde der Tag festgelegt, an dem die zukünftige Braut die Mans besuchen sollte, um mit dem jungen Mann, den sie einmal heiraten sollte, formell bekanntgemacht zu werden. Ein Eiervorrat wurde angelegt, und das Fleisch für das Festessen wurde rechtzeitig bestellt. Auch Wein und Zigaretten wurden schon gekauft, und überall in der Nachbarschaft wurde herumgelaufen, um die erforderliche Anzahl Schüsseln und Tassen, Sitzhocker und Eßstäbchen auszuleihen.

Lao Man fuhr in die Kreisstadt, um das Fleich abzuholen und die Geschenke zu besorgen. Das große Schwein hatte er kurz davor verkauft, also hatte er genügend Bargeld zur Verfügung. Als der große Tag herankam, kleidete sich Ching Chun in einen neuen Anzug, zog sich aber zurück, als die Gäste eintrafen. Ich glaube, er ging einfach zu seinem Onkel und saß mit ihm vor der Stalltür. Kein männliches Mitglied der Familie Man ließ sich blicken, bis das Mittagessen vorbei war. Auch ich empfahl mich, und die beiden kleinen Kinder wurden nach draußen zum Spielen geschickt. Lao Man arbeitete wie gewohnt auf dem Feld, während Ta Hsiang, fast ebenso aufgeregt wie die Braut, sich in der Küche zu schaffen machte und ihrer Mutter bei den Essensvorbereitungen half.

Etwa eine Stunde vor der Mittagszeit kam das Mädchen in Begleitung ihrer Kusine sowie Onkel und Tante väterlicherseits bei uns an. Für die Familie Man übernahm Ta Sao die Begrüßung der Gäste, da sie aber dann ständig mit dem Essen zu tun hatte, trat die alte Großmutter als Gastgeberin in Erscheinung. So waren also drei Frauengenerationen bei dem Festmahl vertreten. Die alte Frau hieß die Gäste willkommen und nahm die Glückwünsche der vielen Frauen entgegen, die alle herbeigeeilt kamen, um »die Verlobten zu sehen«. Kein einziger Mann trat dabei in Erscheinung, nicht einmal ein alter Mann, dafür aber scharenweise Frauen und Mädchen. Die Braut wurde einer eingehenden Inspektion unterzogen. Wie mir meine Frau später berichtete, stand das junge Mädchen verschämt und verlegen da und ließ die Glückwunschreden über sich ergehen. Es gelang ihr aber, dabei ein gleichgültiges Gesicht zu machen und ihre Erregung zu verbergen, und sie antwortete nur einsilbig. Die Nachbarn rühmten ihr nach, daß sie einen bemerkenswert guten Eindruck hinterlassen hätte; sie erschien ihnen als sehr bescheidenes und höfliches, besonders aber als ein arbeitsames Mädchen.

Das Mittagessen wurde von Ta Sao und Ching Chuns Tante im Haupthaus gereicht; hier aßen nur die Frauen. Die Männer aßen im Nachbarhaus, wo die Tante wohnte. Es war eine große Gesellschaft: Siebzehn Gäste waren zu bedienen. Erst nach dem Essen kam die ganze Familie Man mit den Gästen zusammen. Das war auch das erste Mal, das Ching Chun Gelegenheit gegeben wurde, seine künftige Braut zu sehen und sich mit ihr zu unterhalten. Offensichtlich fanden sie gleich Gefallen aneinander, denn schon am nächsten Tag verabredeten sie sich, zusammen in die Stadt zu fahren, um dort einzukaufen und sich fotografieren zu lassen. Diese Sitte bürgerte sich allmählich bei Neuverlobten ein. Im Dorf Glückseligkeit war sie eine der neuen Hochzeitsgebräuche, die mit dem Einzug der neuen Zeit auf dem Lande Eingang fanden.

Sie fuhren mit dem Bus in die Stadt und gingen den Rückweg, der zwei bis drei Stunden in Anspruch nahm, zu Fuß. Das gab ihnen Gelegenheit, über mancherlei zu sprechen. Das traditionelle Foto zeigte die beiden Schulter an Schulter, wie sie mit ernsten Gesichtern in die Kamera blickten. Nach dem Gang zum Fotografen kam der Einkauf an die Reihe: Im Warenhaus suchten sie sich zwei Jäckchen und ein Kopftuch für die junge Braut aus, dazu kauften sie auch noch ein paar Pfund Biskuits für ihre Mutter, die sich gesundheitlich nicht wohl fühlte. Am späten Nachmittag kam Ching Chun zu mir, um sich mein Fahrrad auszuborgen und sein Mädchen nach Hause zu fahren. Sie selbst kam nicht mit zu mir, denn sie war noch sehr schüchtern und zog es vor, an der Bushaltestelle auf ihren Verlobten zu warten.

Im Dorf überwog zwar allgemein die Ansicht, daß die Verlobung der beiden zu begrüßen sei. Trotzdem gab es auch kritische Stimmen – es gibt immer Nörgler –, die meinten, daß die Aufwendungen für die Verlobung, besonders auch die Geschenke, zu »großspurig« gewesen seien. Nach meiner Schätzung hatte Lao Man insgesamt etwa achtzig Yüan ausgegeben. Das entsprach ungefähr dem Erlös, den er für das große Schwein »Borstenvieh« eingestrichen hatte. Wenn das schon als Großspurigkeit galt, wie würden diese Leute erst die Aufwendungen für die andere Hochzeit beurteilen, von der wir kurz darauf erzählen hörten? Die Braut hatte einen großen Posten Seidenstoff mitbekommen, für den bestimmt ein gepfefferter Preis gefordert worden war. Sie hatte sich entlobt, um diese Verbindung, die ihr vorteilhafter als die alte erschien, eingehen zu können. Wie wir hörten, wollte sie mit ihrem Mann in die Stadt ziehen; sie blieb aber zwei Wochen nach der Hochzeit noch bei ihren Eltern und trug dabei – welche Extravaganz! – eine Jacke aus Seidenstoff. Wer trug schon an normalen Arbeitstagen solche feine Kleidung!

Einige Wochen nach der Verlobung besuchte Ching Chun seine zukünftigen Schwiegereltern. Er brachte seiner Schwiegermutter – so nannte er sie schon – ein paar Eier mit. Darauf folgten aber mehrere Wochen, in denen er überhaupt nicht an seine Braut zu denken schien. Das kam mir sehr eigenartig vor, aber als ich Ta Sao fragte, warum er denn sein Mädchen nicht wieder besuchte, erklärte sie: »Das darf er doch nicht. Es wäre nicht schicklich, sie allzu häufig zu besuchen.«

Wie ich schon erwähnte, gab es in der Gegend zuwenig Mädchen. Unsere Nachbarsleute, Onkel und Tante der Kinder der Mans, hatten eine Tochter. Sie war über zwanzig, und wir hörten, daß in jedem Frühjahr schon seit Jahren Ehevermittler in Scharen ins Haus gekommen seien. Ihre Eltern hatten es nicht eilig, sie zu verheiraten. Sie war das einzige größere Kind, und sie wollten nicht gern allein bleiben, denn der kleine Au Chiu war noch sehr jung. Und auch er sollte dann, wenn er einmal eine Braut heimführen konnte, bei den Eltern bleiben und mit auf dem Hof wohnen. Aber auch das Mädchen hatte es nicht eilig mit einer Heirat, die mancherlei neue Aufgaben und Verantwortungen mit sich bringen würde. Alle drei waren sich einig darin, noch mindestens ein Jahr damit zu warten. Aber noch länger wollten sie die Untätigkeit in dieser Beziehung auch nicht weitertreiben, denn mit fünfundzwanzig gilt ein Mädchen schon als etwas altjüngferlich, und danach wird es schwierig, einen geeigneten Ehemann zu finden. Vorläufig jedenfalls ließen sie sich Zeit mit der Auswahl, denn noch war genügend Spielraum, bei der Gattensuche sehr wählerisch zu sein.

Den früheren Beruf der Heiratsmaklerin gibt es nicht mehr. Zweifellos hat es zum Niedergang dieses Standes beigetragen, daß er öffentlich lächerlich gemacht wurde. Die heute noch tätigen Amateur-Ehevermittler hingegen nehmen es mit ihren Aufgaben ernst und leisten der Gemeinschaft gute Dienste.

Man kritisiert an ihnen lediglich, daß sie bei den Feierlichkeiten ungewöhnlichen Appetit entwickeln. Obwohl die meisten von ihnen allgemein anerkannte, uneigennützige Dienste leisten, gibt es bei ihnen natürlich auch schwarze Schafe und wunderliche Begebenheiten. Viel geredet wurde über den Fall des halbblinden Sohnes eines Nachbarn, der schon Mitte dreißig ist, aber noch keine Ehepartnerin gefunden hatte. Eines Tages erschien im Hause des Nachbarn ein Mann, der angab, aus dem Dorf Li zu stammen. Er schlug dem Vater eine vorteilhafte Verbindung seines Sohnes mit einer jungen Witwe vor. Er vertilgte ein großartiges Gericht mit Eiern und gedämpftem Brot aus feinstem weißen Mehl, und danach rauchte er noch eine Unmenge Zigaretten. Später stellte es sich heraus, daß die junge Witwe überhaupt nicht existierte. Solche Fälle kommen aber nur sehr selten vor.

Die meisten Ehen, die auf die neue Art geschlossen werden, erweisen sich auch als vernünftig und beständig. Das liegt zum größten Teil auch daran, daß die Landbevölkerung eine streng moralische Einstellung hat, eine stetige Lebensweise führt und unbeirrbar an der Familie festhält, wie es den Kindern von klein auf anerzogen wird. Eine Scheidung gilt als letzter Ausweg aus einer unhaltbaren Situation. Wenn Mann und Frau sich ernstlich streiten, dann tritt das Sicherheitsventil in Aktion: Die Frau packt ihre Sachen und zieht zu ihren Eltern zurück. In den letzten Jahren soll im Dorf nur einmal eine Scheidung vorgekommen sein, und in den Nachbardörfern soll es ebenfalls nur ein einziges Mal geschehen sein, daß eine Ehe aufgelöst wurde. Dieser Scheidungsfall war in gewisser Weise bezeichnend für den Wandel des sozialen Lebens und die gesteigerte Mobilität der Bevölkerung. Ein strebsamer Bauernsohn, der schon eine Mittelschulausbildung hinter sich hatte, war ausersehen worden, sich medizinisch weiterzubilden. Im Krankenhaus lernte er eine Schwester kennen; die jungen Leute freundeten sich an und verliebten sich schließlich. Dadurch trat eine Entfremdung von seiner jungen Ehefrau ein, die weiterhin im Heimatdorf wohnte. Sie konnte mit seinem Bildungsstandard nicht mithalten, und als sich die beiden einmal wiedersahen, stellte es sich heraus, daß sie kaum noch etwas gemeinsam hatten. Er reichte daraufhin die Scheidung ein, aber sie weigerte sich einzuwilligen. Das Gericht konnte wegen dieser Weigerung die Auflösung der Ehe nicht genehmigen. In der Zwischenzeit hatte aber die Krankenhausleitung, um der ganzen Sache die Spitze abzubrechen, dafür gesorgt, daß die Krankenschwester eine Stellung in einem anderen Ort bekam. Als der junge Mann schließlich nach Hause zurückzog, hatte seine Frau ihren Sinn geändert und aus verletztem Stolz von sich aus die Scheidung eingereicht. Die Eheauflösung wurde dann auch gerichtlich ausgesprochen, da ja sein Scheidungsbegehren bereits aktenkundig war.

Ein kinderloses Ehepaar kann sich scheiden lassen, wenn beide Seiten mit der Trennung einverstanden sind. Dann gehen die Leute gemeinsam zur Registrierstelle und geben ihr Begehren zu Protokoll. Wenn Kinder da sind, wird ein Schlichtungsverfahren eingeleitet, und die Scheidung wird durchweg verweigert, wenn eine Partei nicht einwilligen will. Ein solcher Prozeß wird vor dem Volksgericht ausgetragen. Wenn die Scheidung ausgesprochen wird, müssen beide Parteien für den Unterhalt der Kinder sorgen. Der Elternteil, der mehr verdient, muß auch einen entsprechend höheren Beitrag entrichten.

Die heutzutage in der Stadt geschlossenen Ehen beruhen auf völlig freier Gattenwahl. Die jungen Leute, besonders diejenigen, die Universitäten besuchen oder in Fabriken oder Behörden arbeiten, haben reichliche Gelegenheit, sich einen passenden Lebensgefährten auszusuchen; sie hören jedoch dabei noch immer auf den Rat der Eltern oder Freunde. In dieser Beziehung besitzen sie eine viel größere Freizügigkeit als ihre Altersgenossen im Dorf Glückseligkeit und den umliegenden Landgemeinden. Viele junge Stadtleute machen sich die moderne Freizügigkeit jedoch nicht wohlüberlegt zunutze, wenn man Vergleiche mit den durch die ländlichen Sitten eingeschränkten Möglichkeiten der Gattenwahl auf den Dörfern anstellt. Das soll aber nicht heißen, daß die Gebräuche im Dorf Glückseligkeit uneingeschränkt gutzuheißen wären, denn der gesellschaftliche Entwicklungsstand ist im Dorf noch sehr rückständig, wenn man die Maßstäbe des Sozialismus zugrundelegt. Die Geschlechter leben noch zu sehr voneinander getrennt, und das trifft nicht nur für die ältere Generation, sondern auch für die jungen Leute zu. Zum Teil liegt das an Überlieferungen aus dem Feudalismus, andererseits aber auch an der strengen und etwas engherzigen Auslegung sexueller Dinge durch die maßgebenden Leute im Dorf selbst. So betrachtet, entsprechen die heute noch gebräuchlichen Vorbereitungen und Sitten bei der Eheschließung dem sozialen Entwicklungsstand; sie stellen einen Kompromiß dar zwischen dem alten Brauch, die Ehe gänzlich durch andere vermitteln zu lassen und die Brautleute erst in der Hochzeitsnacht das erste Mal zusammenzubringen, und der städtischen Sitte, die sich in völliger Freizügigkeit bei der Gattenwahl ausdrückt. Zweifellos ist dies ein Übergangsstadium, denn allmählich werden sich auch hier die Gebräuche modernisieren. Der Staat oder die gesellschaftlichen Organisationen können aber hierzu keine strengen Bestimmungen erlassen, die allgemeine Gültigkeit haben sollen, und deshalb geht die Partei im Zusammenwirken mit den Behörden sehr vorsichtig zu Werke, wenn neue Ehegesetze durchgesetzt werden sollen. Zu diesen umsichtigen Maßnahmen gehören die Festlegung der unteren Altersgrenze auf achtzehn Jahre für beide Geschlechter und der Registrierzwang für Heiraten und Scheidungen. Die öffentliche Meinung wird über die Kommunen so beeinflußt, daß die jungen Leute selbst von Frühehen Abstand nehmen, um dadurch zur Einschränkung der Geburtenzahl beizutragen. Bei allen diesen Maßnahmen werden aber den Gemeinden Möglichkeiten offengelassen, Einzelprobleme selbst zu lösen. Erst wenn sich Schwierigkeiten einstellen, greift die Partei und die Regierung ein. Dies geschah einmal anläßlich einer Aktivistenkonferenz des Distrikts bei Teilnehmern einer Studiengruppe, die sich mit den Lehren Mao Tse-tungs befaßte.

Ein Redner brachte hier einen Fall zur Sprache, der von einer sehr »begehrenswerten« jungen Frau handelte. Sie hatte mit ihren Verlobungsgeschenken ein gutes Geschäft gemacht und sich auf die Verschwiegenheit der Landleute verlassen, die sie hintergangen hatte. Es stellte sich heraus, daß sie nicht weniger als drei Verlöbnisse gebrochen hatte und daß sie jetzt auf dem besten Wege war, ein viertes Mal jemand hereinzulegen. Dieses Mal dürfte jedoch eine nochmalige Entlobung kaum in Frage gekommen sein, denn eine öffentliche Kritik bei einer Aktivistenversammlung war ein sehr schwerwiegender Tadel.

Manche Bauern, die schon etwas fortschrittlicher eingestellt sind wie beispielsweise unser Lao Man, befürworten auch Heiraten in späteren Jahren, doch die überkommenen Vorstellungen lassen sich nur schwer überwinden. Die Alten wissen, daß Landfrauen häufig schon in mittleren Jahren keine Kinder mehr bekommen, daher wünschen sie sich früh Enkelkinder. Dabei erkennnen sie aber nicht, daß ihre frühzeitige Unfruchtbarkeit auf das harte Landleben früherer Jahre zurückzuführen war und daß verbesserte Lebensbedingungen in der neuen Gesellschaftsordnung dazu beitragen werden, daß Ehen auch in späteren Jahren noch kinderreich sein können.

Wie lange werden sich die jetzigen Heiratsgebräuche noch halten? Ich glaube, sie werden nach Ablauf mehrerer Jahre verschwinden. Selbstbewußte junge Mädchen, wie zum Beispiel die Schullehrerin oder die tüchtige stellvertretende Chefin der Miliz, werden sich nicht mehr lange damit zufriedengeben, daß ihre Eltern den Ehekandidaten auswählen. Sie werden verlangen, daß sie selbst in stärkerem Maße bei einer solch wichtigen Entscheidung mitsprechen können. Und die Männer, wie unser Lao Man, werden sie hierin unterstützen.

Die Heiratssitten sind in den verschiedenen Gebieten Chinas sehr unterschiedlich. 1957 stellte ich beispielsweise fest, daß in den von Kasachen bevölkerten Gegenden Sinkiangs die Eheschließungen noch komplizierten Familien- und Sippenregeln unterworfen waren, die sich von den Gebräuchen anderer chinesischer Nationalitäten grundlegend unterschieden. Doch selbst hier war der Trend zu einer »freien« Gattenwahl spürbar.

Zeiten der Überschwemmung und der Dürre

Das Dorf Glückseligkeit liegt in einer Senke im nördlichen Teil der mittelchinesischen Tiefebene. In früheren Zeiten bedeutete das zweifellos, daß der Ort an einer ungünstigen Stelle lag. Wenn hier oder in den Gegenden im Norden und Nordwesten heftige Regenfälle niedergingen, dann wurden die aus den Taihang-Bergen kommenden Bäche zu reißenden Gewässern und ergossen sich in den Wei-Fluß, der über seine Ufer trat und das flache Gelände überflutete, bis er schließlich als breiter Strom ins Meer floß. Das Becken um das Dorf Glückseligkeit herum lag dann mitten im Überschwemmungsgebiet. Wenn der Regen andauerte, stieg das Wasser so hoch, daß nicht nur die Felder überflutet wurden, sondern daß auch das höher gelegene Gelände in Gefahr geriet, an den Stellen, wo die Bauernhäuser sich zusammendrängten.

Die Hauptgefahr aber kam dann, wenn der Gelbe Fluß seine Dämme durchbrach und nach Norden floß, um sich ein breiteres Flußbett zu suchen. Das Dorf war dann lebensgefährlich bedroht.

In den alten Bürgerkriegszeiten unter der Kuomintang-Herrschaft gab es noch keinen Staubeckenbau in größerem Maßstab, und das Wetterwarnsystem funktionierte noch nicht, so daß die Bevölkerung das Ausmaß einer drohenden Katastrophe nicht einschätzen konnte. Die Leute wurden erst auf die Gefahr aufmerksam, wenn sich die Fluten schon den Feldern und den Wohnhäusern näherten. Man war auf das Hörensagen angewiesen. So wußte man nicht, ob es eine große Überschwemmung werden würde und man deshalb fliehen müßte, oder ob man zu Hause bleiben und das Absinken des Wasserspiegels abwarten könnte. Wie sollte man auch wissen, ob der Regen schon bald oder noch lange nicht aufhören würde, und wie sich die Wetterlage am Oberlauf des Gelben Flusses entwickeln mochte? Manche Leute behaupteten das eine, andere meinten, das Gegenteil würde eintreten. Die einen verließen Haus und Hof; andere wieder entschlossen sich, noch auszuharren.

Der Regen fiel in Strömen vom Himmel. Die Wege wurden unpassierbar, denn der schlammige Lößboden klebte an den Schuhen der Menschen und den Hufen der Maultiere und Pferde. Soweit damals Straßen überhaupt vorhanden waren, verschwanden sie im unergründlichen Schlamm; nur an höher gelegenen Stellen waren sie noch zu erkennen. Wer beantwortete die drängenden Fragen: Sollte man seine Gepäckstange schultern, die Sachen in Körbe packen zusammen mit den kleinen Kindern, sollte man mit Sack und Pack, vor allem den unerläßlichen Lebensmitteln, auf die Flucht gehen? Sollte man sein Häuschen im Stich lassen mit den schwer erworbenen Vorräten, den Möbeln und Küchenutensilien, um dann bei der Rückkehr alles ausgeraubt vorzufinden – falls man überhaupt an Rückkehr denken konnte? Und wohin sollte man ziehen? Möglicherweise befanden sich die Verwandten in einem mehrere hundert Li entfernten Provinzort in der gleichen verzweifelten Lage oder waren sogar noch schlimmer daran. Wenn man aber ausharrte – was dann? Möglich wäre es ja, daß das Wasser zurückging, dann hatte man Glück. Aber es könnte auch noch höher steigen, durch die Tür ins Haus hineinfließen. Dann mußte man in verzweifelter Eile alles vom Fußboden wegnehmen und aufs Bett oder den Tisch packen, während das schlammige Wasser schon die Füße umspülte.

Wenn es dann immer weiter anstieg und man im tiefen Dreck herumwatete, wurde es langsam lebensgefährlich, und man mußte in Erwägung ziehen, mit der ganzen Familie aufs Dach zu steigen. Dort war es aber alles andere als sicher, denn die ausgetrockneten Lehmwände könnten zusammenbrechen, man würde herunterstürzen und mit all seiner Habe im zwei Meter tiefen, strudelnden Wasser abgetrieben werden. Selbst wenn die Wände hielten – wie lange konnte man es auf dem Dach aushalten? Und wie sollte man in dem verwüsteten Haus weiterexistieren? Fragen über Fragen – aber von der richtigen Entscheidung hing das Leben ab.

Überschwemmungen und Dürreperioden gefährdeten im beständigen Wechsel das Leben im alten Dorf Glückseligkeit.

Wenn es keinen Regen oder Schnee gab, hing die Wasserversorgung vom Funktionieren der Grundwasserbrunnen ab. In drei bis sechs Metern Tiefe trifft man häufig auf Wasser, und bei normalem Wetter gab es keine Schwierigkeiten beim Pumpen von Grundwasser. Zwischen November und März gibt es im allgemeinen Regen- oder Schneefälle. Der Sommermonsun bringt im Juli und August Regen. Die Felder werden dadurch reichlich bewässert, und der Grundwasserspiegel steigt. In manchen Jahren fällt der Sommerregen jedoch spärlich aus, und auch im Winter gibt es weder Regen noch Schnee. Wenn die Trockenzeit neun bis zehn Monate andauerte, trockneten in den damaligen Jahren die Brunnen aus, und auch der Fluß Wei, der in Regenperioden ein reißender Strom ist, war nur noch ein Rinnsal. Der Winterweizen verkümmerte und starb schließlich ganz ab, während rings herum der braune Lößboden aufplatzte. Die Frühjahrssaat wurde mit dem letzten Rest Wasser aus den Brunnen benetzt; sie ging zwar auf, aber bald darauf war auch sie schon verdorrt. Selbst die Baumblätter schrumpften zusammen und wurden schwarzbraun. Die Hungerzeit des Frühjahrs nach dem Verbrauch des Wintervorrats ging unmittelbar in eine große Sommer-Hungersnot über. Menschen und Tiere waren wandelnde Gerippe. Die Leute hatten keine Widerstandskraft mehr. Als erstes starben kleine Kinder und alte Leute, bis auch die kräftigsten allmählich immer schwächer und anfälliger wurden. Genau wie in Überschwemmungszeiten galt es jetzt wieder, schicksalsschwere Fragen zu beantworten und lebenswichtige Entscheidungen zu treffen. Fliehen oder ausharren? Nochmals einsäen und abwarten, ob Regen kommt und die Saat aufgehen läßt? Oder fortziehen und dabei das Saatgut verzehren, um später betteln zu müssen? Und welche Richtung einschlagen? Schwierig war es, genaue Auskünfte zu erhalten, man war auf Gerüchte angewiesen. Sollte man nach Norden oder nach Süden ziehen? Vielleicht ging es den Freunden oder Verwandten im Norden genauso schlecht, und möglicherweise begegnete man auch dort nur Scharen von hungrig umherziehenden Bauern. Aber auch im Süden könnte man vor die Hunde gehen, wenn man dort keine Leute kannte, die einem weiterhelfen konnten.

Eines Abends erzählte uns Lao Man von der großen Überschwemmung des Jahres 1941 und der Dürrezeit, die im darauffolgenden Jahr über das Land kam. Damals war er ein zehnjähriger Junge. Die Mutter war schon gestorben, und er wohnte mit seinem Vater in der Kate, die jetzt unser Heim war. In jenem Jahr regnete es überall stark, aber das Schlimmste war, daß der Wei-Fluß und auch der Gelbe Fluß über ihre Ufer traten. Ehe die Mans recht wußten, was eigentlich vor sich ging, wälzte sich schon ein breiter Schlammstrom durch die Dorfstraße. Während die Leute aufgeregt berieten, was zu unternehmen sei, stieg das Wasser unaufhörlich weiter und drang in die Häuser ein. Bis zur letzten Minute harrte man aus. Mittags stand das Wasser schon knietief und stieg immer noch. Jetzt war keine Zeit mehr zu verlieren, denn Vater und Sohn hätten schwimmen müssen, um auf höhergelegenes Gelände zu kommen. Sie konnten aber nicht schwimmen! Draußen hörten sie ein Krachen und Splittern, das das Rauschen des Regens übertönte. Die Nachbarhütte war in sich zusammengebrochen, da die Adobe-Lehmwände sich mit Wasser vollgesogen hatten und einsackten. Eine Hütte nach der anderen verschwand in den Wassermassen. Töpfe und Pfannen, Möbel und Kleidung, alles, was die Leute mühsam aufs Dach geschafft hatten, stürzte in das schmutzige Wasser und wurde fortgespült. Eine verzweifelte Mutter drückte mit einem Arm ihr Baby an sich, während sie mit der anderen Hand versuchte, etwas von ihrer Habe aus dem Wasser zu retten. Mais und Kaoliang, die noch auf den Feldern standen, kippten auf ihren Stengeln um und verschwanden schließlich in den Strudeln.

Nach und nach gingen die Familien auf die Flucht. Da nun die Ernte vernichtet war, lohnte es sich nicht mehr, abzuwarten und dabei sein Leben zu riskieren. Die Mans hatten auch kaum Hausrat zu retten. Ein paar abgenutzte Kleidungsstücke hatten sie auf den Dachboden geschafft, und die wenigen Töpfe und Hausgeräte, die sie besaßen, hatten sie vergraben. Vater und

Sohn beluden sich mit ihrer notwendigen Habe und gingen auf einen langen Treck. Als sie aus der Tür traten, sahen sie, daß das ganze Dorfgelände überschwemmt war, mit Ausnahme der höhergelegenen Stelle, auf der das Gutshaus stand. Auch der Graben um den alten Wall, der die benachbarte Stadt umzog, war bis zum Rand mit Wasser gefüllt. In großer Hast hatte man die Breschen in diesem Wall geschlossen, so daß die Bewohner des Ortes für den Augenblick in Sicherheit waren. Viele der Häuser standen jedoch auf tiefergelegenem Grund, und jeden Moment konnte der Wall einbrechen und das Wasser in den Ort strömen lassen. Nach Süden hin stand alles unter Wasser, mit Ausnahme der Straße entlang der Hügelkette. Wenn sie einen langen Umweg machten, bestand die Hoffnung, daß sie höheres Gelände im Vorland der Taihang-Berge erreichen konnten, um dann von dort aus nach Schansi weiterzuziehen, wo in der Hauptstadt Taiyuan entfernte Verwandte wohnten. Fast drei Tage waren sie unterwegs, bis sie aus dem Überschwemmungsgebiet herauskamen. Sie waren bis auf die Haut durchnäßt und ihre Sachen von nassem Lehm überkrustet. Auch die wenigen Eßvorräte sahen aus wie eine feuchte, klebrige Masse. Nirgends konnten sie sich an einem trockenen Plätzchen ausruhen. Alle Leute, denen sie begegneten, befanden sich ebenfalls auf der Flucht. Die Mans waren aber glücklicherweise zäh und robust, sonst hätten sie die Strapazen nicht überstehen können. Als sie schon einige Zeit unterwegs waren, trafen sie Nachbarsleute aus dem Dorf Glückseligkeit, die auch ihr Heil in der Flucht gesucht hatten. Manche von ihnen hatten ihre Babys auf dem Arm oder schleppten Alte und Gebrechliche mit sich. Alte Frauen stolperten mit umwickelten Füßen mühselig Schritt für Schritt vorwärts. Die Leute erzählten, daß manche Großmütter sich geweigert hätten, mit den jüngeren Leuten mitzuziehen. Sie wußten, daß sie die Strapazen der Flucht nicht aushalten könnten, und sie wollten ihre Kinder nicht bitten, auf sie Rücksicht zu nehmen. So harrten sie im Dorf aus, schleppten sich an höhergelegene Stellen, setzten sich dort nieder und warteten in stoischer Ruhe auf das Ende.

Manche größeren Gruppen treckten zusammen, um sich gegenseitig helfen zu können. Vielleicht bestand die Aussicht, daß die Männer Aushilfsarbeiten bekamen in solchen Bezirken, die nicht von der Naturkatastrophe heimgesucht waren. Dann konnten sich die Leute eine Zeitlang ausruhen, während diejenigen, die noch bei Kräften waren, sich mit dem Schlagen und Verkaufen von Feuerholz etwas Geld verdienten. Die armen Leute bewiesen Solidarität: In manchen Dörfern, die von der Überschwemmung verschont geblieben waren, bekamen die Flüchtlinge etwas zu essen. Es war bitter für die Mans, auf das Mitleid anderer angewiesen zu sein. Um beim Durchzug durch verarmte Gegenden nicht einen allzu großen Treck zu bilden, teilten sich die Flüchtlingsscharen in kleinere Grüppchen auf, um sich danach wieder zusammenzufinden.

Einige Familien, wie die Mans, zogen den gleichen Weg zurück, den sie selbst oder ihre Vorfahren vor Jahren gekommen waren. Damals waren die Leute aus Schansi geflohen, um einer Hungersnot zu entgehen. Als sie an die Stelle kamen, wo jetzt das Dorf Glückseligkeit steht, befanden sie sich mitten in einem unfruchtbaren Gebiet, einem Sumpfland am Rande einer Salztonebene. Die dort ansässigen Einheimischen wollten dieses von Überschwemmungen heimgesuchte Gelände nicht bestellen. Die Flüchtlinge aus Schansi dagegen waren froh, sich hier niederlassen zu können, um endlich eine Bleibe zu finden, und sie zahlten gern die Pacht, die ihnen in ihrer verzweifelten Lage nicht hoch erschien. So erklärt es sich, daß die Mans im Dorf Glückseligkeit ansässig wurden, während ihre Verwandten in Schansi blieben. Sie blieben jedoch nicht miteinander im Briefwechsel; niemand von ihnen konnte schreiben. Jetzt aber wußten sich die Mans keinen anderen Rat, als nach Schansi zurückzukehren, wo sie sich von ihren Angehörigen Unterstützung erhofften.

In ihrem Heimatort gelang es ihnen trotz aller Bemühungen nicht, ihre Verwandten zu finden. So zogen sie nach Taiyüan weiter und fristeten in der großen Stadt ein kümmerliches Dasein, indem sie sich mit Essenabfällen über Wasser hielten, die

von den Märkten und von den Tischen der reichen Leute kamen. Doch sie waren Bauern und keine Bettler und entschlossen sich, wieder nach Hause zurückzukehren. Auf ihrem Treck nach Süden im Tal des Fen-Flusses versuchten sie, sich irgendwo provisorisch anzusiedeln, um dort zu säen und zu ernten und so den notwendigsten Bedarf zu decken. Aber alles bestellbare Land war schon längst in festen Händen; nur oben in großen, unfruchtbaren Höhenlagen und in kiesbedeckten Tälern gab es noch unbewohnte Landstriche. Selbst wenn es gelang, sich als Neusiedler niederzulassen, konnte man sicher sein, daß bald ein Großgrundbesitzer auftauchte, um seinen Pachtzins zu fordern – 50 bis 70 Prozent der mühselig dem Boden abgerungenen Ernte. In Schansi nutzten die Grundbesitzer rigoros ihre Rechte aus und verlangten horrende Pachtsummen. Schließlich blieb den Mans nichts anderes übrig, als zurückzukehren in ihr Dorf Glückseligkeit, wie es ihre Vorfahren im Vertrauen auf eine glücklichere Zukunft genannt hatten.
Erst zwei Jahre später konnten sie wieder ihr altes Heim beziehen. Als sie im Ort eintrafen, fanden sie nur noch einen Trümmerhaufen vor; die Soldateska der Kuomintang hatte es gründlich ausgeplündert. Dennoch waren sie noch besser daran als andere Familien, deren Häuser überhaupt nicht mehr vorhanden waren. Vierzig Familien waren auf die Flucht gegangen; sechzehn davon blieben verschollen. Sie kamen nie zurück und ließen auch nichts von sich hören. Vielleicht hatten sie eine neue Heimat gefunden; aber es war auch denkbar, daß sie alle die Flucht nicht überlebt hatten. Viele der Rückkehrergruppen waren nicht mehr vollzählig; sie hatten sich auf der Flucht aus den Augen verloren, und nicht wenige waren durch Hunger und Krankheit zugrunde gegangen. Mehr als hundert frühere Einwohner des Dorfes Glückseligkeit kamen nicht zurück. Darunter befanden sich manche Kinder, deren Eltern gezwungen gewesen waren, ihren Nachwuchs bessergestellten Familien anzuvertrauen, ja sogar an diese zu verkaufen, um zusätzliche Esser loszuwerden. In diesen Zeiten war es besser, ein Kind von anderen adoptieren zu lassen, was mitunter einer Verskla-

vung gleichkam, als zusehen zu müssen, wie es langsam verhungerte. Im Laufe von zwei Jahren mußten mehr als zwei Drittel der Dorfbauern ihren Hof verlassen. »Das waren schlimme Zeiten!« sagte Lao Man mit bitterer Miene.

Kurz bevor mir Lao Man dies alles erzählte, hatte ich gerade eine amerikanische Zeitschrift gelesen, in der ein Artikel davon handelte, daß »der Kommunismus die Familie zerstört«. Als ich Lao Man davon berichtete, schüttelte er ungläubig lachend den Kopf. »Die alten Zustände waren es, die die Familie zerstörten«, sagte er. »Jetzt können wir das erste Mal ein gesichertes Familienleben führen.«

In den alten Zeiten zählten nahezu 90 Prozent der Familien im Dorf Glückseligkeit zu den Bauern, die kein oder nur wenig eigenes Land besaßen und von der Hand in den Mund leben mußten, oder zu den sogenannten unteren Mittelbauern, die etwas mehr als das Existenzminimum hatten. Nur der Gutsbesitzer hatte die Überschwemmung gut überstanden. Sein Gutsgebäude aus guten Mauersteinen stand auf höherem Gelände und blieb von den Wassermassen verschont, während die Bauernkaten im Schlamm versanken. Sein Speicher war reichlich mit Korn gefüllt, und es fiel ihm nicht schwer, auch schlechte Zeiten wie Überschwemmung und Dürre zu überbrücken. Dazu verfügte er über genügend Bargeld, um zusätzlich Lebensmittel einkaufen zu können. Die Bauern flehten ihn um Darlehen an, oder sie versuchten, ihm ihre Geräte oder Wertgegenstände zu verkaufen, ohne einen angemessenen Preis fordern zu können. Der Jammer der armen Leute bedeutete für ihn bares Geld. Bei jeder Transaktion hatte er seine Hände im Spiel; aber die Leute waren damals schon so verarmt, daß kaum noch Geschäfte mit ihnen zu machen waren.

Auf die Überschwemmung des Jahres 1941 folgte eine Heuschreckenplage. Gewaltige Schwärme dieser Insekten zogen umher und fraßen die Felder kahl. Kaum hatten die Leute sich von diesen Katastrophen ein wenig erholt, als eine neue Hungersnot einsetzte, während plündernde Kuomintang-Horden ihre Schreckenszüge durch das Land fortsetzten. Die Zeiten waren ohnehin schon schlimm genug: Das Land stand im Kriege gegen die japanischen Invasionstruppen. Nach einer Schätzung der Missionsstationen und nach Berichten, die der Kuomintang-Regierung zugingen, sollen in diesen Jahren 1941 und 1942 drei Millionen Menschen in der Provinz umgekommen sein. Die tatsächliche Anzahl der Toten mag noch viel höher gelegen haben, und wenn man die Millionen Vertriebenen und Kranken hinzurechnet, kann man das ganze Elend ahnen, das China damals durchzumachen hatte. Die Herren der Kuomintang-Verwaltung aber gingen mit einem Achselzucken darüber hinweg, daß die Bauern scharenweise zugrundegingen.

Die Mißwirtschaft und verfehlte Politik der Kuomintang spiegelte sich darin, daß man es zuließ, daß die eigenen Soldaten als undisziplinierte Horden das flache Land terrorisierten. Tschiang Kai-schecks Kuomintang hatte vor der Gärung der chinesischen Menschenmassen größeren Respekt als vor dem japanischen Imperialismus, und so schloß sie mit Yen Hsi-shan, dem Herrn der Provinz Schansi, ein Komplott, um das Guerilla-Gebiet nördlich des Gelben Flusses zu säubern. Die Bevölkerung dieses Gebietes band durch ihren Kleinkrieg gegen die Japaner große Truppenmassen des Gegners. Indem sie nämlich die japanischen Verbindungslinien von der Flanke her bedrohte, hinderte sie die Invasionstruppen daran, weiter nach Westen und Süden vorzudringen und entlang der Bahnlinie von Peking nach Hankau die mittelchinesische Tiefebene zu besetzen. Das Komplott zwischen den ungleichen Partnern zeitigte dann auch seine Früchte: Während die Japaner von Norden und Osten aus angriffen, drangen die Kuomintang-Truppen zugleich mit Yen Hsi-shan von Süden und Westen vor. Die Anführer der Guerillas wurden gefaßt und hingerichtet, progressive Intellektuelle unschädlich gemacht, und vom Volk gewählte Bürgermeister denunziert und enthauptet, unter der Beschuldigung, Kommunisten zu sein. In den Dörfern und Städten wütete der Terror. Die Guerillatruppen mußten sich zurückziehen. Sie hielten sich dann im Taihang-Gebirge versteckt; andere Verbände zogen nach Norden, um sich mit der Achten

Marscharmee, die unter kommunistischer Führung stand, und anderen Freischärlertruppen zu vereinigen.
Schließlich stellte es sich aber heraus, daß die neuerrichtete Kuomintang-Herrschaft gegenüber den vorrückenden Japanern machtlos war, da die Basis des Volkswiderstandes in diesem strategischen Gebiet nunmehr vernichtet war. Die chinesischen Truppen waren beim eigenen Volk unbeliebt, und da sie untüchtig und undiszipliniert waren, konnten sie sich auf dem Schlachtfeld gegenüber den japanischen Heeren nicht behaupten. Im Frühjahr 1941 wurden viele strategischen Punkte völlig kampflos aufgegeben, und die Japaner drangen bis über den Gelben Fluß vor und besetzten das ganze Gebiet.
Die Truppen des Kuomintang-Generals Sung Tung-shun, die diese bedrohte Zone eigentlich verteidigen sollten, hielten sich monatelang von allen kriegerischen Auseinandersetzungen fern. Statt dessen beteiligten sie sich am Schmuggel von Waren aus den von den Japanern besetzten Gebieten in das sogenannte freie China, denn solche Geschäfte brachten mehr ein als die Kriegführung. Als nunmehr die Invasionstruppen über den Gelben Fluß vordrangen und die mittelchinesische Ebene einnahmen, lösten sich diese militärischen Schmugglergruppen einfach auf. Manche setzten sich nach Westen und Süden ab; andere jedoch, denen dies nicht gelang, verstreuten sich auf dem Lande seitlich der feindlichen Stoßrichtung. Von hier aus hätten sie die japanischen Nachschublinien angreifen können, doch daran lag ihnen nichts. Sie saugten das Land aus, plünderten die Bauerngehöfte und requirierten im Namen der Kuomintang-Regierung, kurzum, sie bemäntelten ihr Unwesen dadurch, daß sie sich als Schutztruppen ausgaben.
Lao Man ist vierzig Jahre alt. Er ist nicht hochgewachsen, aber von kräftiger Statur. Seine Arme sind durch jahrelange harte Arbeit gestählt; er hat starke Muskeln und schwielige Hände von der Arbeit mit Hacke und Schaufel. Durch seinen kahlgeschorenen Kopf und die tiefen Runzeln im sonnengegerbten Gesicht wirkt er älter als er in Wirklichkeit ist. Seine Bewegungen sind gemessen, aber er hat einen stetigen und kräftigen

Gang. Überall, wo es etwas zu tun gibt, ist auch Lao Man zu finden, und er übernimmt gleich die Leitung der Arbeitsgruppe. Dabei verliert er nie seine gute Laune; immer macht er ein freundliches Gesicht, sogar bei der Arbeit, und oft hört man ihn lachen. Jetzt aber, wo er mit seiner Erzählung zu Ende war und über die dunklen Schatten der Vergangenheit nachgrübelte, preßte er ernst die Lippen zusammen.

Landgewinnung

Bald aber wischte Lao Man die bittere Vergangenheit beiseite und machte wieder das altgewohnte, freundliche Gesicht.

»Nach der Befreiung gab es bessere Zeiten«, fuhr er fort. »Vieles hat sich seitdem geändert. Es würde lange dauern, wenn man alles berichten wollte. Da gab es die Bodenreform. Wir alle erhielten Land. Erst bildeten wir Gruppen für die Nachbarschaftshilfe, dann die Genossenschaften. Wir arbeiteten hart, und es ging uns schon besser, aber dann – bums!« Er schlug die Fäuste auf den Tisch. »Dann kam 1961 die Überschwemmung, fast genauso schlimm wie damals. Die Felder waren wieder unter Wasser, und sogar bis hierher ins Haus kam es gelaufen!« Er deutete auf den Ofen zwei Hand breit über dem Fußboden, um damit die Höhe des Wasserstandes zu zeigen.

»Aber es war doch ganz anders als zuvor. Die Volksregierung gab uns die Anweisung, nicht zu fliehen, da die Flut bald nachlassen würde. Und so war es auch. Trotzdem mußten wir aus dem Haus heraus, wenn es auch auf höherem Fundament stand als unser erstes. Wir versammelten uns alle um das alte Gutshaus herum – seit der Bodenreform gehörte es nicht mehr dem Grundbesitzer –, und wir flüchteten auch in die Gegend der höhergelegenen Hauptstraße. Aber wir waren ganz von der Außenwelt abgeschnitten. Wir wußten nicht, wie es weitergehen sollte, als plötzlich das Motorengeräusch eines Flugzeugs zu hören war. Direkt über uns flog es hinweg, drehte aber dann zurück und flog so niedrig, daß es fast die Baumwipfel streifte. Und aus dem Bauch der Maschine kamen Säcke mit gekochten Lebensmitteln herabgeflogen! Gutes Dampfbrot und Eingemachtes! Manche Säcke platzten beim Aufprall, aber das war nicht so schlimm. Wenigstens fiel keiner ins Wasser.

Dort drüben im großen Dorf lag eine kleine Einheit der Volksbefreiungsarmee, alles junge Leute, die gerade einberufen worden waren. Sie brauchten keinen Einsatzbefehl. Sie warfen sich mit ihren Leibern gegen die Flut, als wäre sie der Klassenfeind. Sie schufteten, bis sie umfielen. Ihr einziger Gedanke war, unsere Habe zu retten. Die Volksbefreiungsarmee hat uns vor dem Schlimmsten bewahrt!« Lao Man machte eine Pause, stopfte seine Pfeife und saß versonnen da. »Späterhin kamen Boote aus der Kreisstadt, die uns Sachen brachten. Auch beim Einsammeln unserer Habe halfen uns die Leute. Es wurde gut für uns gesorgt, bis wir wieder in unsere Häuser einziehen konnten. Auch diesmal war vieles weggeschwemmt worden, und die Ernte war fast vernichtet. Aber die Regierung schenkte uns Korn und half uns beim Neuaufbau. Damals bestand schon unsere Kommune. Es klappte jetzt besser als bei der Genossenschaft. Alles wurde gerecht verteilt, jeder bekam, was ihm zustand. Trotz allem, der große Schreck steckte uns in den Gliedern, und das alles geschah, als wir gerade dachten, daß alles in Ordnung sei!« »Hast du nicht Angst, daß das alles noch einmal passieren könnte?« fragte ich. »Kommt gar nicht in Frage«, sagte Lao Man entschieden. Ein junger Arbeiter, der sich zu uns gesellt hatte, bekräftigte diese Meinung. »Wir haben keine Angst mehr vor Überschwemmungen, und auch die Dürre fürchten wir nicht! 1961 war es das letzte Mal, daß eine Überschwemmung uns schaden konnte.« »Ist das so sicher?«

Der junge Mann, der in der Traktorenwerkstatt der Kommune arbeitete, sah auf Lao Man, um abzuwarten, ob dieser die Frage beantworten wollte. Als der ältere von den beiden nichts erwiderte, ergriff der jüngere das Wort: »Wir haben drei große Staubecken gebaut. Viele Millionen Kubikmeter Wasser können dort gespeichert oder abgelassen werden. Wir haben den

Wei-Fluß begradigt und ausgebaggert. Das ganze Land ist von Be- und Entwässerungskanälen durchzogen. Von der Quelle bis zur Mündung wird der Gelbe Fluß eingedämmt. Dadurch wird die Überschwemmungsgefahr beseitigt. Hier bei uns im Dorf hat die Dritte Brigade vier Tiefbrunnen gegraben, die mechanisch betrieben werden. In diesem Jahr graben wir noch zwei weitere. Dann werden wir über reichlich Wasser verfügen, ob es nun regnet oder nicht, und wir können die Äcker bewässern. Die Staubecken und die Tiefbrunnen sorgen dafür, daß es keine Dürrezeiten mehr gibt. Und außerdem haben wir eine Menge Fische in den Staubecken. Von den Tiefbrunnen aus können wir unseren großen Teich mit Wasser auffüllen.«
Jedesmal, wenn der junge Mann eine neue Errungenschaft erwähnte, nickte Lao Man zustimmend mit dem Kopf. Offensichtlich imponierte ihm die Logik und Aufgeschlossenheit des jungen Arbeiters. Wir wußten aus früheren Unterhaltungen, daß er über die Staubecken und den Bau der Tiefbrunnen genau informiert war, denn er hatte selbst daran mitgearbeitet. Aber so flüssig konnte er nicht erzählen, und darum überließ er es dem Jüngeren, uns das Gesamtbild zu entwerfen. »Ich habe mitgeholfen, eines der Staubecken zu bauen«, sagte er schließlich. »Und auch beim Ausschachten der Brunnen war ich dabei.« »Ist das alles erst nach der Befreiung erbaut worden?« fragte ich. »Ja, alles! Und das meiste wurde erst nach 1960 gemacht. Das war in der Zeit, als wir die Kommunen gründeten. Mit der Nachbarschaftshilfe und den Genossenschaften hätten wir es nicht geschafft. Auch eine Kommune allein hätte es nicht fertigbringen können, ein ganzes Gebiet zu erschließen. Alle umliegenden Kommunen schlossen sich zu einem Verband zusammen. Hunderttausende von Männern und Frauen arbeiteten auf dem Land, um auszuschachten und Staumauern zu bauen.« »Mehrere Monate wohnte ich damals nicht zu Hause«, fügte Lao Man hinzu. »Ich hatte meine eigenen Geräte bei mir, und wir wohnten in Zelten, die die Kommune errichtet hatte. In Feldküchen wurde für uns gekocht. Für unsere Arbeit wurden uns Punkte gutgeschrieben, genauso, wie es hier bei der

Feldarbeit geschieht. Regierungsleute halfen uns beim Zementieren, beim Schleusenbau und so weiter; natürlich waren auch Fachleute und Ingenieure dabei. Aber im großen und ganzen verwendeten wir Materialien, die wir schon kannten: Erde, Steine, Holz, und wir benutzten unsere eigenen Geräte. Große Maschinen gab es kaum. Auch viele Leute aus der Stadt wurden schichtweise eingesetzt, um uns zu helfen: Kader und Studenten, Ärzte und Krankenschwestern. Auch die Armee half mit. Ein paar Armeelastwagen und Geräte wurden zur Verfügung gestellt. Aber zumeist waren wir selbst es mit unseren Tragestangen und Körben, Picken und Schaufeln, Hämmern und Muskeln –«

»Als die Hauptarbeit geschafft war«, warf der junge Mann ein, »übernahmen die Kommunen, Brigaden und Arbeitsgruppen die Wartung der Anlagen, und außerdem führten sie kleinere Arbeiten in den Orten aus, wie das Graben von Kanälen und Gräben, die Eindeichung des Wei-Flusses, den Bau von Pumpstationen und so weiter. Natürlich mußten auch Brunnen ausgeschachtet werden.« »Ich dachte, die Brunnen hier trocknen während einer Dürrezeit aus«, sagte ich. »Was nützt es dann, wenn man sie mechanisch betreibt?« »Nur die Grundwasserbrunnen trocknen aus«, erwiderte Lao Man. »Die Tiefbrunnen dagegen funktionieren weiter.« Der junge Arbeiter schaltete sich wieder ein: »In einer Tiefe von dreißig bis vierzig Metern befindet sich hier ein unterirdischer See. Die Geologen von der Kommune und der Regierung haben das festgestellt. Wir schachten bis zu dieser Tiefe aus. Wir machen das im Schnellverfahren; in einer Woche oder so sind wir unten. Dann wird das Bohrloch mit vorgefertigten Teilen aus zementiertem Steinmaterial ausgekleidet. Für die Wasserförderung verwenden wir eine Elektropumpe. Schon vor sieben Jahren wurde die Stromleitung bis nach hier verlängert. Das Wasser in den Tiefbrunnen ist so reichlich vorhanden, daß wir es gar nicht aufbrauchen könnten, selbst wenn wir alle Pumpen auf vollen Touren laufen ließen. Jetzt können wir es überall »regnen« lassen, auf allen Feldern, und das mit einem einzigen Knopfdruck!«

Jahrhunderte hindurch hatten die Bauern in der Senke, wo das Dorf Glückseligkeit eingebettet liegt, mit den Auswirkungen von Überschwemmungen, die sich mit Dürreperioden abwechselten, zu kämpfen. In regelmäßigen Abständen von etwa zehn Jahren brachen diese Naturkatastrophen über sie herein. Als ich Lao Man über seine Erlebnisse erzählen hörte, war mir anfangs nicht klar, wie es die Leute bei der ungünstigen Lage ihres Ortes fertigbringen wollten, den hohen Ertrag und den Wohlstand zu erreichen, den der Sozialismus ihnen bescheren sollte. Erst nachdem ich einige Zeit im Dorf Glückseligkeit gelebt hatte, wurde es mir bewußt, daß sie die »Hilfe der Wissenschaft« nicht herbeizaubern können. Wenn alles Erforderliche gesagt und getan worden ist, dann liegt es an ihnen selbst, »Vorsehung« zu spielen.

Die früheren Großgrundbesitzer

Der Großgrundbesitzer, dem einstmals die Ziegelsteinhäuser auf dem erhöhten Gelände südwestlich des Teiches gehörten, war keineswegs einer von der schlimmen Sorte. Es war das System des Großgrundbesitzes überhaupt, das an der Verarmung und Ausbeutung der Bauernmassen schuld war; schon seit Jahrhunderten fühlten sich die Landbewohner durch die Feudalherrschaft unterdrückt. Wenn man auf den Gutsherrn zu sprechen kam, mündete die Unterhaltung stets in einer »Anklageerhebung« aus. Er hatte nicht nur über das Dorf geherrscht, sondern auch die Arbeitskraft ausgebeutet und Wucherzinsen verlangt. Wenn andere als Steuerschuldner verfolgt wurden, gelang es ihm immer, mit heiler Haut davonzukommen. Das war schon zu den Kuomintang-Zeiten so – er brauchte nichts beizusteuern oder Arbeitskräfte abzugeben.

Wenn ich von »Ausbeutung der Arbeitskraft« spreche, dann ist das in der Sprache des heutigen China zu verstehen. Jedermann, der für sich selbst Arbeitskräfte anwirbt, beutet die Arbeitskraft aus, das heißt, er sorgt dafür, daß er einen höheren

Ertrag hat, als er Arbeitslohn bezahlt. Daher stammt auch die Definition, daß jeder Kapitalist ein Ausbeuter ist. Wenn sein Ertrag nicht höher als sein Aufwand sein würde, würde er selbstverständlich dabei nur Geld einbüßen oder zumindest nichts profitieren, denn der Profit ergibt sich als »neugeschaffener Wert« aus der Arbeitsleistung anderer. Der Gutsbesitzer Man beschäftigte laufend fremde Landarbeiter; infolgedessen wird er nach der heutigen Definition als Ausbeuter von Arbeitskraft bezeichnet.

Die jüngeren und politisch aufgeklärten Dorfbewohner stimmten diesem Gedankengang ohne weiteres zu. Manche älteren Leute konnten diese marxistische Ideologie jedoch noch nicht erfassen. Einige blieben sogar Verfechter der Worte, die der Gutsbesitzer Man und seine Anhänger zur Zeit der Bodenreform ausgesprochen hatten: »Wir Mans sind alle eine Familie!« Es stimmte sogar, daß außer ihm selbst noch vier Fünftel der Dorfbevölkerung den Familiennamen Man führten. Die Zugehörigkeit zur Sippe Man hatte aber wenig zu sagen, wenn es um Geld ging. Die Mans wurden von ihm genauso ausgenutzt wie Familien mit anderen Namen. Der Appell an die Sippenzusammengehörigkeit hatte nur bezweckt, das Unterscheidungsvermögen der Dorfbewohner zu betäuben und den Klassenunterschied zwischen ihm und den armen Leuten zu verwischen. Deswegen ließen sie den Gutsherrn bei der Bodenreform des Jahres 1952 auch noch ziemlich ungeschoren.

Aber dann, als die Gutswirtschaft einer näheren Prüfung unterzogen wurde, waren alle der Meinung, daß der Grundbesitzer Man weitaus höhere Pachtzinsen als nötig gefordert und die Arbeitsleistung in einem Ausmaß ausgenutzt hatte, das ihm nicht zukam. Es erging die Anordnung, daß er seinen Überschuß an die bedürftigen Leute, die landlosen Armen und die angeworbenen Landarbeiter des Ortes zurückzugeben hätte. Alle Schuldzinsen, die er noch zu bekommen hatte, wurden gestrichen. Der Grund und Boden und seine Ackergeräte wurden beschlagnahmt, und ihm verblieben nur noch drei Mu Land für ihn selbst und ebensoviel für seine Frau. Diese Bodenzuteilung deckte sich genau mit dem Areal, das den armen Bauern zugewiesen wurde und entsprach den Vorschriften der Bodenreform. So wie alle anderen bekam auch er den ihm zustehenden Geräteanteil. Eine Anzahl seiner Häuser und ein Teil seiner Möbel wurden ebenfalls beschlagnahmt und den Armen zugewiesen. Dagegen durfte er das alte Haupthaus und die meisten Möbel behalten. Während der Kulturrevolution 1966 wurden diese Verhältnisse diskutiert, und man kam zu dem Ergebnis, daß sie geändert werden müßten. Der Gutsherr wurde angewiesen, in ein kleineres Bauernhaus umzuziehen, und seine unrechtmäßig erworbene Habe wurde ihm weggenommen. Das große Haus wurde der Allgemeinheit zugewiesen; in ihm wurde die Verwaltung der Brigade untergebracht, und zugleich diente das Gebäude als Versammlungsstätte.

Bei der Gründung der Nachbarschaftshilfen und Genossenschaften wurde die Mitgliedschaft des Grundbesitzers abgelehnt. Er bestellte sein Land selbst. Als schließlich die Kommune gebildet wurde, hatte er dabei nichts zu sagen. Sein Ackerland wurde aber der Kommune unterstellt, und auch seine Arbeitsleistung wurde nach Punkten bewertet, genau wie bei den Kommunemitgliedern. Er selbst wurde kein Vollmitglied, sogar 1969 war er es noch nicht. Deshalb durfte er auch nicht an Versammlungen oder Besprechungen teilnehmen, in denen der Produktionsplan oder andere wichtige Fragen erörtert wurden, und er konnte selbstverständlich auch nicht seine Stimme abgeben oder sich wählen lassen. So war er zwar politisch kaltgestellt, aber es ging ihm wirtschaftlich nicht ausgesprochen schlecht. Von einem seiner Söhne, der in Nordchina in einer Stadt arbeitete, erhielt er monatlich einen kleinen Zuschuß. Man könnte behaupten, daß selbst er in den allgemeinen Umdenkungsprozeß eingespannt war, und daß er allmählich erkannte, daß das alte gesellschaftliche System ihm nur relativ betrachtet einen Wohlstand verschafft hatte. Seine frühere Stellung hätte man mit der eines Hahnes auf dem Misthaufen eines Gutes vergleichen können. Hinzu kam, daß auch er damals in ständiger Unsicherheit geschwebt hatte, denn die staatliche

Mißwirtschaft, die bürgerkriegsähnlichen Zustände und die Unruhe unter den verarmten Bauern hatten ihn nie richtig zur Ruhe kommen lassen. Die neue Gesellschaftsordnung hatte ihn zwar kräftig zur Ader gelassen, und doch bestand für ihn die Aussicht, daß er allmählich wieder zu Wohlstand kommen konnte, da im Lande jetzt geregelte Zustände herrschten. Voraussetzung dafür war natürlich, daß er sich den neuen Verhältnissen anpaßte, die Vorschriften befolgte und aktiv mit den neuen Machthabern zusammenarbeitete.

Die Ausübung der Volksherrschaft über die Gutsbesitzer und die reichen Bauern als Racheakt zu betrachten, wäre aber unzutreffend. Im wesentlichen sah man diese Maßnahmen so an, daß man auch diese Menschen integrieren oder »befreien und zur Bewußtseinsbildung hinführen« wollte, um dadurch zu verhindern, daß sie beim Prozeß der Bildung einer neuen Gesellschaftsordnung einen Hemmschuh darstellten.

Im Bereich der Kommune gab es noch weitere Gutsbesitzer aus früheren Zeiten. Die meisten von ihnen wurden gleich behandelt, und es erging ihnen nicht anders als dem alten Herrn in unserem Dorf. Einer weigerte sich jedoch, sich in die neue Ordnung einzugliedern, und deshalb arbeitete er auch jetzt noch nach all den langen Jahren unter Aufsicht seiner Nachbarn, damit sichergestellt sei, daß er der Allgemeinheit nicht schaden könne. Es erscheint unwahrscheinlich, ist aber doch immer wieder der Fall: Noch immer schwelt bei manchen dieser alten Herren ein tiefes Haßgefühl gegen die neue Volksrepublik, und sie nutzen mitunter eine Gelegenheit aus, um kleinere oder größere Sabotageakte zu unternehmen, selbst jetzt noch, zwanzig Jahre nach der Befreiung. Es ist vorgekommen, daß sie Schuppen in Brand steckten, daß sie Flußdeiche beschädigten, damit die Felder überschwemmt wurden, oder daß sie in Kornspeicher einbrachen. Manche animierten auch die Leute zum Trinken oder zum Glücksspiel. Eine neue Gelegenheit zur Unruhestiftung schien für sie gekommen zu sein, als die sozialistische Erziehungsbewegung und die Kulturrevolution ihrem Höhepunkt zustrebten. Gerade während der Kulturrevolution wurden bei diesen alten Reaktionären versteckte Waffenlager ausgehoben, die sie für den Tag der Rache in Reserve gehalten hatten, und man fand bei ihnen alte Besitzurkunden und Fahnen der Kuomintang. Der hartnäckigste Reaktionär im Bereich der Kommune war kein Gutsbesitzer, sondern ein Mann, der früher zum Stand der reichen Bauern gehört hatte.

Im Dorf Glückseligkeit gab es damals drei reiche Bauern, die nach einer Probezeit allmählich assimiliert worden waren. Einen von ihnen lernte ich persönlich kennen, einen harmlos aussehenden alten Mann, der das Gemüselager mit verwaltete. Als Bauer war er sehr gebildet; er war vor der Bodenreform als Schullehrer tätig gewesen. Seine alte Weltanschauung drang aber immer wieder bei seinem Unterricht durch, und deshalb mußte er als Lehrer seinen Abschied nehmen und auf sein Gehöft zurückkehren. Schließlich wurde er dann genau wie die beiden anderen ehemals reichen Bauern als Kommunemitglied aufgenommen, nachdem er seinen Einordnungswillen bewiesen und versprochen hatte, seine reaktionären Vorstellungen abzulegen. Täglich wurden ihm neun Arbeitspunkte gutgeschrieben – Lao Man bekam zehn Punkte –, und er durfte an den Versammlungen teilnehmen, wenn er auch kein aktives oder passives Wahlrecht hatte. Sein Hof befand sich am Nordende des Dorfes; er hatte zwei Söhne, außerdem Enkelkinder, und es ging ihm nicht schlecht unter den gegebenen Umständen. Es wurde ihm in Aussicht gestellt, die Nachteile, die sich aus seinem Status als ehemals reicher Bauer ergeben hatten, allmählich abzubauen, wenn er sich weiterhin vernünftig verhielte.

Jeder Fall, der einen Angehörigen der früheren Ausbeuterklasse betraf, wurde individuell behandelt. Hatte man den Eindruck gewonnen, daß ein ehemaliger Grundbesitzer seine Vergangenheit vollkommen abgestreift hatte, dann wurden ihm alle Rechte gegeben, die ihm die Kommunemitglieder zuerkannten. Allgemein verweigert blieben den früheren Herren jedoch die Wahlrechte, vor allem die Möglichkeiten, als Kaderangehöriger auftreten zu können. Vor kurzer Zeit wurde über den Fall eines Gutsbesitzersohnes gesprochen, der beschuldigt wurde, mit einem armen Bauern »abrechnen« zu wollen. Der Mann hatte ohnehin keinen guten Ruf; er wurde auch vom Volksgericht verurteilt und hinter Gitter gebracht. Andererseits kann man heutzutage überall in China Söhne und Töchter früherer Gutsbesitzer antreffen, die sich in leitenden Staats- und Parteistellungen befinden. Diese Menschen haben ihrer alten Klassenbindung abgeschworen und durch ihr ganzes Verhalten dargelegt, daß sie nichts mehr mit ihren früheren Familienverhältnissen gemein haben.

Natürlich wird der Sohn eines armen Bauern oder Arbeiters von der Öffentlichkeit ganz anders beurteilt als der Nachkomme eines Grundbesitzers oder Kapitalisten. Ausschlaggebend dabei ist jedoch die Haltung, die der junge Mann einnimmt, und seine Leistung für die Allgemeinheit. Dementsprechend erwartet man auch eine Mehrleistung von demjenigen, dessen Eltern einmal mehr als die anderen besessen hatten.

Überhaupt ist die Lage der Gutsbesitzerkinder etwas kompliziert. Viele hervorragende Persönlichkeiten aus der Chinesischen Kommunistischen Partei und Revolutionsbewegung stammen von Eltern ab, die einmal Grund und Boden besessen hatten; dabei stehen die jeweiligen Verhältnisse jedoch in engem Zusammenhang mit den örtlichen Gegebenheiten. Hier in der Umgebung des Dorfes Glückseligkeit waren die Söhne und Töchter der Gutsbesitzer zur Zeit der Befreiung noch zu jung, um eine Ausbildung als Lehrer oder Kader antreten zu können. Damals, als die Bevölkerung sich in starkem Maße umschichtete, hätte für diese jungen Leute die Möglichkeit bestanden, einen sozialen Aufstieg unter dem neuen Regime zu beginnen. Aber allein schon die Tatsache, daß diese Gutsherrenkinder bei ihren Eltern geblieben waren, bedeutete für sie, daß ihnen zukünftige Aussichten verschlossen blieben.

Wenn man die jungen Leute bei der Feldarbeit beobachtete, erkannte man keinen Unterschied zwischen ihnen und den Kindern einfacher Bauern. Sie unterhielten sich ganz normal und machten ihre Späße; und doch bestand auf seiten der jungen Leute aus ärmeren Kreisen eine Abneigung dagegen, die Gutsbesitzerkinder zu Hause zu besuchen. Schwierig war es auch, einen Ehepartner für sie zu finden. Dabei schienen die Mädchen noch besser dran, denn sie waren im allgemeinen belesener als ihre Altersgenossinnen und in häuslichen Dingen erfahrener, und somit konnten sie sich verhältnismäßig leicht verloben. Die jungen Männer mußten dagegen Bräute suchen, die dann in Elternhäusern wohnen sollten, die ja der Gesellschaft verfemt waren. Die Mädchen, die aus den Schichten der unteren Mittelbauern stammten, ja selbst solche, die einer reichen Bauernfamilie zugehörten, mochten nicht gern den Sohn eines ehemaligen Gutsbesitzers heiraten. Solche Probleme können erst allmählich gelöst werden, wenn die sozialistische Volkserziehung sich gänzlich durchgesetzt hat.

Die Erziehung der Kinder

Wenn er nicht gerade lernen muß, ist Lao Mans ältester Sohn mit Feldarbeiten beschäftigt und erhält dafür seinen vollen Werklohn, also zehn Punkte wie ein Erwachsener. Sein Name Ching Chun (»Feiert den Frühling«) rührt daher, daß Lao Man und Ta Sao seine Geburt als großes Glück empfanden, nachdem ihr Erstgeborener zuvor gestorben war. Gewöhnlich nennt ihn Ta Sao aber Nao Tan. Dieser seltsame Name bedeutet eigentlich »Faules Ei« und hängt ebenfalls mit dem Tode des ältesten Sohnes zusammen. Hier ist ein alter Aberglaube im Spiel: Man will das Schicksal durch eine herabsetzende Namensgebung für das Kind »auf den Leim führen« und dadurch sein Leben schützen. Auch wir in der westlichen Welt sind ja immer noch nicht von Aberglauben frei, denn wir »klopfen auf Holz«, um Unglück abzuwenden. Ich merkte in diesem Zusammenhang auch, daß sie Nao Tan als kleines Kind verwöhnt haben muß, und sie war sich auch dessen bewußt. Jetzt, als sie älter geworden war und vier Kinder zu erziehen hatte, wollte sie einen Ausgleich schaffen, indem sie die kleineren um so strenger behandelte. Keines von ihnen wurde verwöhnt. Das ältere der beiden Mädchen, Ta Hsiang, war schon mit ihren vierzehn Jahren eine vorbildliche kleine Hausfrau. Sie konnte spinnen, weben und stricken, kochen und nähen, das Geflügel und den Haushalt versorgen. Sie besuchte die Schule und kann lesen und schreiben und rechnen. Sie hat eine kleine Himmelfahrtsnase und einen großen Mund, einen wohlgeformten Kopf, eine Gesichtshaut wie ein Granatapfel, und sie ist immer fröhlicher Laune. Sie eiferte ihrer Mutter nach und sprang sofort hinzu, wenn wir mit dem Feuer nicht zurechtkamen oder einen Eimer Wasser brauchten. Sie war auch ganz ihre Mutter, wenn es darum ging, die beiden Kleinsten mit strenger Hand zu erziehen oder sie herbeizurufen. Dann schrillte ihre Stimme durch das ganze Dorf, und die Kleinen kamen eiligst herbeigerannt, auch wenn sie gerade am anderen Dorfende gespielt hatten.

Eines Tages, als Lao Man mit uns vor der Haustür stand, war die Tochter gerade eifrig mit dem Spinnrad beschäftigt. Wir sprachen ihm unser Lob aus, denn sie war wirklich eine tüchtige Schülerin und kleine Hausfrau. Er dagegen hielt es für angemessen, als Vater und Erzieher unser Lob abzuschwächen: »Sie ist nicht hübsch, und sie muß noch viel dazulernen.«

Au Chiu sieht seiner größeren Schwester Ta Hsiang sehr ähnlich. Wenn er nicht gerade spielt oder schläft, versucht er sich schon mit Landarbeiten. Er ist erst sieben, aber ein kräftiger und zäher kleiner Kerl. Seine Schulaufgaben nimmt er ernst, und überall rechnet er laut vor sich hin: $2 \times 2 = 4; 5 - 3 = 2$. Manchmal hatte er sich aber auch heimlich ein Stück von meinem guten Zeichenpapier stibitzt, um darauf zu rechnen, bis ich ihn dabei erwischte.

Der Kleine ist ganz bei der Sache, wenn es ums Lernen geht. Eines Tages kam er aus der Schule und sagte neue Aussprüche des Vorsitzenden Mao auf, die er gerade auswendig gelernt hatte: »Die theoretische Basis, die unser Denken bestimmt, ist der Marxismus-Leninismus.« »Seid entschlossen, scheut keine Opfer, und überwindet alle Schwierigkeiten, um den Sieg zu erringen.«

Bis zu dem Zeitpunkt, wo er die Schule besuchen mußte, war Hsiao Ching seine unzertrennliche Spielgefährtin. Jetzt mit fünf ist sie noch zu jung, um zu wissen, was für ein Mensch sie einmal werden wird, sicher aber wird sie ein hübsches Mädchen, selbstbewußt und intelligent. Einmal hörte ich, wie ihre Schwester Ta Hsiang sie ausschalt. Hsiao Ching hielt sich dabei wohlweislich in angemessener Entfernung von ihrer Schwester, schnitt aber Gesichter, bis der Älteren schließlich der Geduldsfaden riß. Heraus kam dabei natürlich, daß die Kleine ein paar Ohrfeigen abbekam und laut losheulte. Aber ein paar Tage später schnitt sie ihrer Schwester schon wieder Gesichter.

Die beiden Kleinsten, Au Chiu und Hsiao Ching, haben schon Arbeiten auf dem Hof zu erledigen. Au Chiu fegt aus und ist immer damit beschäftigt, kleine Bäumchen zu pflanzen. Ta Sao schickt die Kinder nach draußen, damit sie in Körben Brennholz sammeln und mit Sicheln Gras als Schweinefutter schneiden. Wenn es Landarbeiten gibt, die schon Kinder verrichten können, dann werden die Kleinen regelrecht eingespannt und bekommen Arbeitspunkte wie Erwachsene, die regulär in der Kommune beschäftigt sind. So wurden sie nach der Weizenernte zum Ährenlesen losgeschickt, und entsprechend dem Gewicht der eingesammelten Ähren wurden sie auch bezahlt. Natürlich lohnte sich dieser Einsatz kaum; man betrachtete ihn jedoch als Lernprozeß im Hinblick auf ihr späteres Leben als Mitglieder der Kommune. Au Chiu verdiente sich jeden Tag zweieinhalb Arbeitspunkte.

Ta Sao hat es sich zur Aufgabe gemacht, ihre Kinder so heranzubilden, daß die Söhne gute Arbeiter und Familienoberhäupter werden, und daß die Töchter tüchtige Hausfrauen abgeben, wenn sie einmal heiraten. Ihre Erziehungsmethode ist es, die Kinder in erster Linie durch Reden zu überzeugen und nur notfalls durch einen Klaps nachzuhelfen, wenn ihre Worte nicht gefruchtet haben. Wenn sie die Kinder schilt, dann spart sie nicht mit derben Worten, sie flucht dann ganz überraschend los, wie man es bei Mark Twain lesen kann. Wenn ein besonderer

Anlaß vorliegt, beispielsweise wenn Au Chiu einen Nachbarsjungen verhauen hat oder beim Plündern der Speisekammer erwischt wird, bekommt er unvermittelt eins hinter die Ohren. Offiziell wird es natürlich verurteilt, daß Kinder Schläge bekommen, und die Eltern werden immer wieder aufgefordert, von der Prügelstrafe Abstand zu nehmen. Auf dem Lande bleibt es jedoch an der Tagesordnung, daß die Kinder auf die alte, etwas handgreifliche Art zur Ordnung gerufen werden, wenn auch die öffentliche Meinung dagegen ist, daß Schläge so wie in alten Zeiten bei allen Gelegenheiten ausgeteilt werden. Aber nur von seiten der Stadtkader, die sich zeitweilig auf dem Lande aufhielten, hörte ich abfällige Bemerkungen zu den Klapsen, die Ta Sao von Zeit zu Zeit für die Ungezogenheiten ihrer Kinder bereithielt. Im Winter, wenn Au Chiu seine dick gefütterten Sachen trug, hatten Schläge oder Hiebe kaum eine Wirkung, es sei denn, daß er sich in seiner Würde verletzt fühlte. Aber auch im Sommer, wenn er einmal eine Tracht Prügel auf seinen nackten Bloßen verabreicht bekam, war er zehn Minuten später schon wieder strahlender Laune.

Unsere lahme Veteranentruppe

Als wir im Dorf Glückseligkeit ankamen, baten wir Alten und Gebrechlichen die Dritte Brigade, uns solche körperlichen Arbeiten zuzuweisen, die wir bei unserem Gesundheitszustand gut bewältigen konnten. Die Brigadeleitung war durchaus damit einverstanden. Im allgemeinen war es so, daß ein alter, erfahrener Arbeiter uns begleitete, wenn wir zur Arbeit gingen. In anderen Fällen, wenn ein kräftiger Mann bei der zugewiesenen Tätigkeit gebraucht wurde, kam ein jüngerer Arbeiter mit, um uns zu helfen. So wurde es auch bei unserer ersten Aufgabe gehandhabt: Beim Bäumepflanzen begleitete uns ein junger, kräftiger Mann. Wir erhielten die Aufgabe, am Straßenrand, um den Teich herum und in der Schonung westlich des Dorfes kleine Bäume zu setzen.

Wenn staatlicherseits eine Straße gebaut worden ist, obliegt es den Kommunen, die Straße in Ordnung zu halten. Die Kommunen ihrerseits bauen und unterhalten Nebenstraßen und Seitenwege, die über ihr Land führen. Diese Wege waren nicht schwer zu bauen; man planierte einfach den Lößboden und zog einen seitlichen Abzugsgraben. Unsere Aufgabe war es, die Straßen und Wege durch Baumpflanzungen auszugestalten. Als wir damit anfingen, standen schon beiderseits der Straßen fünfjährige Pappeln. Diese Randbepflanzung ergänzten wir dadurch, daß wir im Abstand von eineinhalb Metern kleine Weiden setzten, so daß insgesamt vier Baumreihen parallel zueinander verliefen. An einigen Stellen pflanzten wir auch ein bis zwei Jahre alte Pappelbäumchen oder einen Meter hohe Weidenbüsche. Pappeln sind unempfindlich, und auch Weiden wachsen in gutem Boden leicht an. Neben dem Graben von Löchern für die Weidenstecklinge und dem Pflanzen war es unsere Aufgabe, die Straßengräben instandzusetzen und die älteren Bäume zu beschneiden. Als wir mit der Straßenrandbepflanzung fertig waren, gingen wir daran, Bäumchen an den Teichufern zu setzen und auch an anderen erforderlichen Stellen Stecklinge in den Boden zu bringen. Rund um die Teiche wurden junge Weiden angepflanzt, wo sie durch die Feuchtigkeit gut anwachsen konnten. Nach dem Frühlingsfest sammelten wir Nüsse von Lien-Bäumen und Schoten von Akazienbäumen. Für diese Ernte verwendeten wir lange Stangen, mit denen wir die Schoten von den Baumzweigen herunterschlugen. Danach bereiteten wir Bewässerungsringe um die jungen Stämme in der Baumschule vor, indem wir die Erdklumpen zerkleinerten und den Boden einebneten. Wir setzten auch selbst junge Baumstecklinge und bewässerten sie gründlich. Außer Pappeln, Akazien und Weiden pflanzten wir auch Datteln, Tungölbäume sowie Chung- und Lien-Bäume, die wir immer reichlich einschwemmten.

Praktisch sind alle von den vielen hundert Bäumchen angewachsen, denn bei diesen Sorten handelt es sich durchweg um unempfindliche, schnell wachsende Baumarten. Im März gesetzte Pappelstecklinge waren Mitte April schon angewachsen und schlugen aus. Wir waren auf unsere Leistung sehr stolz, bis wir einmal andere Kommunen besuchten, die im Norden des Dorfes lagen. Jetzt leuchtete es uns auch ein, weshalb unser Dorf als eine »etwas unterdurchschnittliche« Ansiedlung bezeichnet wurde. Wir sahen bei unserem Besuch, wie es sich auswirkt, wenn schon seit zehn und mehr Jahren Bäume systematisch angepflanzt werden. Wenn man das Dorf Glückseligkeit von oben überschaut, dann erkennt man, daß nach Norden und Osten hin überall Bäume auftauchen. Auch in weiter entfernt liegenden Bezirken, etwa in fünfzig Li Abstand nach Norden und nach Süden, ist der Horizont nirgends flach, sondern man erkennt, daß in beiden Richtungen mehrere Reihen Bäume mit starken Stämmen stehen. Auch wenn man die Felder vergleicht, scheinen in den umliegenden Kommunen bessere Erträge erzielt zu werden. Dieser Besuch war für uns alle eine Lektion, denn wir bekamen ein Anschauungsbeispiel dafür, wie wir uns noch anstrengen mußten, um es den anderen gleichzutun. Besonders wichtig war es, die Bodenbeschaffenheit im Dorf Glückseligkeit zu verbessern, und dazu war unter anderem erforderlich, Bäume anzupflanzen, um aus den Blättern organischen Kompost zu gewinnen, um den Lößboden aufzulockern und besonders um durch die Bäume und Sträucher die Bodenoberfläche vor Erosion zu schützen. Hinzu kam auch noch, daß die Bäume Früchte trugen und Schatten spendeten, daß sie Holz für den Hausbau und für die Möbelherstellung lieferten, besonders aber, daß man Brennholz hatte. Das Problem der Holzbeschaffung ist in diesen Gegenden seit jeher vordringlich, denn es gibt praktisch keine Wälder, seitdem sie durch Kriegsereignisse und Mißwirtschaft kahlgeschlagen und nicht wieder aufgeforstet worden sind.

Bei den Einheimischen sind Pappeln, Datteln und Akazien die beliebtesten Baumsorten. Pappeln wachsen schnell, und wenn man sie dicht pflanzt, dann sind sie gute Windbrecher und Schattenspender. Die Stämme werden für den Hausbau verwendet, und die Zweige eignen sich gut als Brennholz sowie als

Ruten für den Dächerbau. Eine gut angelegte Pappelallee entlangzuwandern, ist immer ein Vergnügen.

Die Datteln werden im August reif. Sie gehören zu den wenigen Früchten, die auf dem schlechten Boden der Umgebung des Dorfes Glückseligkeit gut gedeihen. Jeder Bauer versucht, einen großen Dattelbaum auf seinem Hof zu ziehen, der Schatten spenden und vor allem Früchte bringen soll.

Der Akazienbaum liefert vor allem gutes und dauerhaftes Bauholz. Man kann es auch für die Möbeltischlerei verwenden. Nach dem Pflaumenbaum blüht als erster im Frühling die Akazie. Anfang Mai sieht es hübsch aus, wenn die weißen Blüten herauskommen, und dann treten auch gleich die Baummesser in Aktion. Der hochgewachsene und gerade Stamm des Lien-Baumes wird ebenfalls für den Hausbau und für die Möbelanfertigung verwendet.

Die Weiden tragen dazu bei, daß die Teiche so freundlich und einladend aussehen. Man verwendet ihre Ruten für die Körbeherstellung. Sie wachsen schnell, was auch für die Chung-Bäume zutrifft. Das Holz der Weiden wird nicht so sehr geschätzt, aber wegen ihres schnellen Wachstums sind sie überall beliebt. Die Nüsse des Tung-Baumes liefern ein wertvolles Öl, das auch gehandelt wird. Sein Holz eignet sich ebenfalls gut für Bauzwecke.

Wir pflanzten außerdem auch Maulbeerbäume. Wenn sie sich gut entwickeln, wird die Brigade in Erwägung ziehen, Seidenraupen zu züchten, um hierdurch eine zusätzliche Ertragsquelle zu bekommen.

Die Arbeit war ein Bewährungstest für unsere Kader. Ich hatte gleich den Eindruck, daß alle Gruppenangehörigen entschlossen waren, auf dem Lande richtig zu arbeiten; einige von uns aber schienen die Absicht zu haben, mehr zu leisten, als sie eigentlich imstande waren. Lin hielt uns in seiner übereifrigen Art eine Volksrede, wobei er besonders betonte, daß es ganz im Sinne der Partei sei, dem Volke zu dienen, von den armen und unteren Mittelbauern zu lernen, und so ging es eine ganze Weile weiter. Das sollte uns natürlich anspornen, aber ich faßte seine

Ermahnungen so auf, wie ich alle Reden verstehe, die allgemein zu Leistungssteigerungen auffordern. Der Ton, in dem er zu uns sprach, gefiel mir nicht, aber mit dem Inhalt seiner Rede war ich durchaus einverstanden. Am nächsten Tag schuftete ich zwei Stunden lang ohne Pause und schleppte mich nach Hause, wo ich gleich ins Bett fiel. Am darauffolgenden Tag taten mir alle Glieder weh, und da ich mir einbildete, krank zu werden, ging ich nicht zur Arbeit. Einen Tag später ging ich wieder nach draußen, entschloß mich aber, nur eineinhalb Stunden zu arbeiten. Die restliche Zeit drückte ich mich herum, bis Lin das Zeichen zum Feierabend gab. Lin selbst arbeitete stetig, um uns ein gutes Beispiel zu geben, aber wir alle hatten den Eindruck, daß er sich zu selbstbewußt gebärdete. Ling, der alte Künstler, stürzte sich förmlich auf die Arbeit. Tan schämte sich nicht, ständig zu wehklagen, und seine Frau bedauerte ihn noch obendrein. Die Yüans waren zwar tüchtig bei der Arbeit, sie brüsteten sich aber damit, welche gute Leistung sie vollbracht hätten. Der alte Tang hatte wieder einmal zwei linke Hände. Die Tsangs waren wie immer nette Leute, auch bei der Arbeit. Sie mühten sich aber so ab, daß wir schließlich alle darauf bestanden, daß Frau Tsang vorzeitig aufhören und nach Hause gehen sollte.

Sicherlich war es ein falscher Entschluß, uns als separate Arbeitsgruppe einzusetzen. Darum stimmten wir alle bei unserer Versammlung am nächsten Tag dafür, künftig unmittelbar mit den Bauern zu arbeiten. Lin sollte dies mit der Brigadeleitung besprechen. Die Brigade war auch damit einverstanden, und so arbeiteten wir in der darauffolgenden Zeit hauptsächlich innerhalb der dörflichen Gemeinschaft, in der wir lebten. Die Bauern nahmen sich unser mit großem Interesse an. Sie sorgten dafür, daß wir uns nicht überanstrengten, während wir unser möglichstes taten, eine gute Arbeitsleistung zu vollbringen. Von diesem Zeitpunkt an fühlten wir uns wohl bei unserer Arbeit, und sie wurde zum zentralen und beglückenden Thema unseres Lebens auf dem Lande.

Zu Lins Hauptaufgaben gehörte es, gute und kameradschaftliche Beziehungen zwischen den einzelnen Mitgliedern unserer Arbeitsgruppe zu schaffen und ein ebenso gutes Verhältnis auch zwischen uns und den Bauern aufrechtzuerhalten. Das ist ihm auch gelungen, wenn auch manchmal nur unter Schwierigkeiten. Eine gewisse Rolle spielte dabei, daß die Bauern merkten, daß sie es bei ihm mit einem Mann vom Lande zu tun hatten, wenn er auch städtische Allüren hatte.

Aber auch ein peinliches Ereignis trat schon bald nach unserer Ankunft ein, und unsere ganze Truppe geriet dadurch beinahe an den Rand eines Kampfes auf Biegen oder Brechen. Es fing damit an, daß eine Frau eine andere beschuldigte, unaussprechliche Dinge in die Latrine zu werfen, worüber sich auch die anderen Landfrauen entrüsteten. Das Schlimmste aber war, daß der Latrinenreiniger, ein Mann, in den Entrüstungschor mit einstimmte. Ein Wort gab das andere, bis sich zwei Parteien bildeten und Sprecher zu Lin entsandten, der den Streit entscheiden sollte. Bei all den Tränen und Zornausbrüchen war es für ihn schwierig, die Sachlage zu ergründen, und er fühlte sich hin und her gerissen. Daher bat er die Tsangs, deren Zuverlässigkeit und unparteiische Einstellung allgemein anerkannt war, bei der Untersuchung mitzuhelfen. Der Tatbestand wurde schließlich festgestellt, und eine Rüge wurde sowohl der Denunziantin als auch der Übeltäterin selbst erteilt, die ihre verwerfliche Handlungsweise gar nicht erkannt hatte. Der Friede war wiederhergestellt.

Manchmal stellte ich mir selbst die Frage, ob überhaupt ein Umdenkungsprozeß bei uns eingesetzt hatte. Gewiß, unsere bei der Kulturrevolution und den damit verbundenen Auseinandersetzungen in der Stadt angespannten Nerven hatten sich beruhigt. Wir alle fühlten uns gesundheitlich wohler als zuvor, und wir gewannen mehr Verständnis und Achtung vor den Bauern – aber hatte sich wirklich bei uns ein Gesinnungswandel vollzogen? In gewissem Sinne war es tatsächlich der Fall, wie ich heute meine. Nur ein völlig verblendeter und hartgesottener Mensch könnte behaupten, daß ihn die Freundschaft und das gute Beispiel der Bauern nicht innerlich berührten.

An einem Sommertag gingen wir unter Anleitung von Lao Man auf ein Baumwollfeld, das auszuputzen war. Am Feldrand blieb er stehen, um die zu verrichtende Arbeit zu überdenken. Inzwischen hatte der alte Tang sich schon auf die Arbeit gestürzt und mit dem »Ausputzen« begonnen. Einen Augenblick beobachtete ihn Lao Man überrascht, und als er dann sah, daß Tang dabei die Pflanzen zerfetzte, rief er ihm beschwichtigend zu: »Immer mit der Ruhe, Kamerad Tang! Paß auf, so muß es gemacht werden.«
Tang war Herausgeber eines bedeutenden Magazins, ein gebildeter Mann, ein weitgereister Intellektueller. Lao Man dagegen war Analphabet und nur ein kleiner Gruppenführer. Tang hielt inne, und man konnte ihm ansehen, wie er sich selbst den Befehl gab: »Ich muß von den armen und unteren Mittelbauern lernen.« Er sah Lao Man aufmerksam zu, während dieser ihm zeigte, wie die Baumwollpflanzen richtig zu behandeln waren. Er verlor auch kein Wort, als er sich dann wieder niederhockte und mit seiner Arbeit anfing, dieses Mal so, wie es sich gehörte.
Ob er sich auch an die erteilte Lektion erinnert hat, als er wieder an seinem Schreibtisch saß? Ich glaube ja – wenigstens eine Zeitlang.

Spinnen, Weben, Kleidermachen

Wenn gegen Ende des Herbstes die Baumwolle geerntet wird, erhält jeder zur Kommune gehörende Haushalt seinen Anteil über die Arbeitsgruppe. Im Jahre 1970 betrug dieser Anteil etwas über vierhundert Gramm pro Person. Die Leute verspinnen die Baumwolle zu Garn, bleichen oder färben es dann und weben es zu Tuch, und die Menge ist ausreichend für ihren Bedarf. Alle diese Arbeiten werden zu Hause verrichtet, mit Ausnahme des Entkörnens, das im Mühlengebäude der Brigade mit Hilfe der elektrischen Entkörnungsmaschine vorgenommen wird. Die Maschine ist ein alter Klapperkasten, der einmal in der Textilfabrik in der Kreisstadt gestanden hatte und dann an die Dorfkommune zum verbilligten Preis abgegeben wurde, als die Fabrik modernisiert wurde und eine neue maschinelle Einrichtung erhielt.

Die Bauernfrauen fertigen für sich und ihre Männer grobgewebtes, schwarzes Tuch an, das sie im Winter tragen, und weißes für den Sommer. Für die Kinder und jungen Mädchen wird das Tuch eingefärbt und entweder uni oder gestreift oder gemustert getragen. Wenn es ans Färben oder Weben geht, dann wird viel geredet, was wohl das netteste Muster wäre. Im Frühling waren gerade Nadelstreifen in Mode; im Herbst trugen alle jungen Leute karierte Muster. Die älteren Frauen und Männer tragen nüchterne Farben, aber wenn es um den Futterstoff geht, dann kommen farbenfreudige Sachen heraus, sogar für die alten Männer. Manchmal haben einfache schwarze Jacken ein smaragdgrünes Futter. Wenn die Kleider und Jacken fertig sind, werden die Reste gesammelt und zusammen mit gewaschenen Lumpen für die Anfertigung von Stoffsohlen für Schuhe verwendet. Der Oberstoff ist starker schwarzer Kattun. Die Sohlen werden so hergestellt, daß man die Stoffreste mit Weizenmehlkleister einschmiert und dann eine doppelte Schicht auf ein Brett legt, um sie in der Sonne trocknen zu lassen. Dann werden sie zusammengeklebt und sind hart wie Pappe. Schließlich werden fünf bis sechs Schichten übereinandergelegt und in Sohlenform ausgeschnitten. Die Kanten werden mit weißem Heftband zusammengebunden und dann mit Hanffäden vernäht; die Sohle ist dann etwa einen halben Zentimeter dick. Selbst bei der starken Beanspruchung auf dem Lande hält sie mehrere Monate lang. Die Hausfrauen beschäftigen sich sehr häufig mit der Anfertigung solcher Stoffschuhe. Sie sind an diese Arbeit so gewöhnt, daß sie sich auch ganz nebenbei damit befassen, wenn sie ein Schwätzchen halten, bei Versammlungen oder auch wenn sie vor der Haustür in der Sonne sitzen.

Schon Wochen vor dem Frühlingsfest war Ta Sao Tag und Nacht damit beschäftigt, neue Kleidung und Schuhe für ihre sechsköpfige Familie anzufertigen. Beim Spinnen und Weben half ihr Ta Hsiang, während Lao Man sich als Färber nützlich machte. Sie benutzte ein Spinnrad, ein einfaches Ding, das aber recht gut funktionierte. Sie hatte – wie auch die anderen Bauernfrauen – ihre eigene, einfache Methode, um die Garne zu kämmen, zu strecken und zu mischen. Der Webrahmen sah aus wie der schwere Webstuhl, der mir von der Betrachtung der Radierungen von Käthe Kollwitz aus ihren »Webern« vertraut ist. Das Tuch wurde in einer Breite von etwa siebzig Zentimetern gewebt. Die Webstühle befanden sich in Gemeineigentum mehrerer Familien; diejenigen, die manche Familien privat besaßen, wurden aber ohne Murren an Nachbarsleute verliehen. Nachdem sie das Tuch fertiggewebt hatte, befeuchtete Ta Sao die Lagen und »plättete« sie dann, indem sie sie flach nebeneinander auf den Schlagestein legte und sie dann mit Schlagstöcken bearbeitete. Der Stein stand unter dem Akazienbaum direkt vor unserem Schlafzimmerfenster. Sie und ihre Tochter setzten sich dann gegenüber zu beiden Seiten des Steines, und beide hielten wie Polizisten Schlagstöcke in der Hand. Dann ging das rhythmische Schlagen los, so wie es die Vorfahren dieser Frauen schon seit Jahrhunderten gehandhabt hatten, und so wie es die amerikanischen Frauen noch zu Mark Twains Zeiten am Mississippi taten.

Die Farben und die Hanffäden kaufte Ta Sao im Co-op-Laden. Für ihre Tochter »Wohlgeruch« und die Kleinsten kaufte sie auch manchmal ein Stück Stoff, eine fröhlich gemusterte Baumwollware. Aber es kam sehr selten vor, daß sie sich einmal ein Kopftuch oder ein Hemd für ihren großen Jungen leistete. Sie war so geschickt, daß sie völlig ohne gekaufte Sachen auskommen konnte, denn Kleidung und Schuhe machte sie selbst.

Eines Abends, als wir in Lao Mans Häuschen zusammen das Essen einnahmen, erfuhren wir, auf welche Weise seine Eltern seinerzeit als Flüchtlinge vor der Hungersnot aus Schansi hergekommen waren. Ihr Ackerland umfaßte etwa einen halben Hektar. Der Boden war aber so unfruchtbar, daß Lao Man in der Zeit vor der Befreiung sich als Landarbeiter verdingen mußte, um auf dem Gut etwas zusätzliches Geld zu verdienen. So sehr die Familie sich auch abmühte, sie kam nie aus dem Ärgsten heraus.

In der Zeit der Bodenreform wurde die Familie als »arme Bauernfamilie« klassifiziert, und fünfzehn Mu Land wurden ihr zugeteilt. Damals war Lao Man schon verheiratet. Da seine Mutter schon einige Zeit tot war, bestand die Wohngemeinschaft aus fünf Personen, drei Erwachsenen und zwei kleinen Kindern. Durch die Landzuteilung konnten sie sich gerade über Wasser halten; einen Gewinn konnten sie kaum erwirtschaften. Kurze Zeit nach der Bodenreform entschlossen sie sich, ihre eigenen und die Felder eines Onkels und dessen Frau gemeinsam zu bestellen. Die beiden Verwandten waren gute Landwirte, und so gelang es ihnen, in guten Jahren Ernten von mehr als zweihundert Chin je Mu zu erzielen. Da vier Erwachsene auf den Feldern arbeiteten, kamen sie auf den ansehnlichen Ertrag von mehr als vierhundert Chin pro Kopf. Als dann aber mehr Kinder zur Welt kamen, verringerte sich der Pro-Kopf-Ertrag auf etwa dreihundert Chin, und selbst in guten Jahren ließ sich diese Quote kaum verbessern. Auch durch größte Anstrengungen war es nach der Bodenreform unmöglich, höhere Erträge und damit ein höheres Familieneinkommen zu erzielen, als die Kopfzahl der Familie sich vergrößerte. In dieser schwierigen Zeit ergab sich die Möglichkeit zur Bildung von Arbeitsgruppen auf der Basis der Nachbarschaftshilfe, wie es auch von seiten der Partei angeregt wurde, und so schlossen sich die Mans mit neunzehn anderen Familien zusammen. So blieb es bis 1954. Bald darauf starb aber Lao Mans Vater, und

die Lage wurde wieder schwierig. Im Frühling des darauffolgenden Jahres schlossen sie sich einer modernen Kooperative an, die die Dorfgemeinschaft auf der Basis einer schon bestehenden Elementar-Kooperative gegründet hatte. Ihre Nachbarschaftshilfegruppe übersprang somit das Stadium der Elementar-Kooperative, indem sie sich gleich der Dritten Produktionsgruppe der fortschrittlichen Kooperative anschloß.
Im Jahre 1959 vereinigte sich die fortschrittliche Kooperative des Dorfes Glückseligkeit mit vielen umliegenden Kooperativen und bildete gemeinschaftlich die Volkskommune »Große Glückseligkeit« mit achtundzwanzigtausend Mitgliedern. Lao Mans Kooperative wurde nunmehr die Dritte Produktionsgruppe der Dritten Produktionsbrigade der Kommune. Die Mans gehörten somit einer sozialökonomischen Einheit von beträchtlicher Größenordnung an. Wenn sich die Mitglieder trafen, war es durchaus an der Tagesordnung, daß sich bis zu achttausend Menschen versammelten.
Wir machten schon bald die Feststellung, daß Lao Man ein tatkräftiger Mann, aber kein großer Theoretiker war. Wenn es etwas zu erledigen galt, packte er sofort zu; bei einer Diskussion dagegen hielt er sich zurück und äußerte seine Meinung nur dann, wenn er gefragt wurde. An dem Abend, als er uns von der Gründung der Kommune erzählt hatte, beobachtete ich ihn, wie er nach einer harten Tagesarbeit entspannt dasaß. In seinem schwarzen Kattunanzug saß er behäbig am Ofen und ließ sich seine Pfeife schmecken. Sein glattrasierter Schädel glänzte im Dämmerlicht der Sturmlaterne. Als ich ihm aber eine bestimmte Frage stellte, die mir schon lange auf der Seele lag, blickte er verlegen zur Decke empor, als ob er vom Himmel eine Antwort erwartete.
Das rot eingebundene Büchlein mit den Worten des Vorsitzenden Mao steckte gut sichtbar in seiner Brusttasche. Er trug es wie ein Abzeichen auf der Brust – lesen konnte er das Buch nicht. Wenn bei Versammlungen Parolen laut ausgerufen wurden, dann nahm er es heraus, so wie es auch die anderen Teilnehmer taten, und schwenkte es mit seiner rechten Hand wie

eine kleine Fahne. Einige Parolen konnte er auswendig hersagen, aber wenn es ans Diskutieren ging, versagten ihm die Worte. Die Frage, die ich an ihn gerichtet hatte, lautete: »Wenn ich dich richtig verstehe, liegt das Dorf Glückseligkeit wirtschaftlich etwas unter dem Durchschnitt. Aber ihr gehört doch schon seit zehn Jahren zu einer Kommune, und eure Brigade ist sehr tüchtig – wie kommt es dann, daß es euch nicht besser geht? Welche Abhilfe wollt ihr schaffen?«

Lao Man machte ein verlegenes Gesicht, denn diese Kardinalfrage konnte er nicht beantworten.

Ein Glücksumstand, daß ein junger Kommunarde neben ihm saß, der gleich bereit war, ihm aus der Klemme zu helfen. Hsiao Yen wohnte in der Nachbarschaft und arbeitete in der Traktorenwerkstatt der Kommune. Die Werkstatt schickte ihn zu Außenarbeiten in Fabriken und zu anderen Kommunen, so daß er einen weiteren Horizont als die anderen Dorfbewohner besaß. So hatte er sich die in Peking übliche Redeweise und Allüren eines Arbeiters angewöhnt. Seine kurze Pfeife zündete er sich mit einem Benzinfeuerzeug an. Er trug einen Overall und die Uniformjacke eines Kaderangehörigen, die blau eingefärbt war, im Gegensatz zu der schwarzen Kleidung der Bauern. Er hatte auch ein Fahrrad und trug einen dicken gestrickten Schal, den er sich auf städtische Art um den Hals geschlungen hatte. Der junge Mann ergriff jetzt das Wort. Er sprach mit logischen Ausdrücken, ganz wie ein klassenbewußter Proletarier. »Die Kommune schafft die Voraussetzungen dafür, daß die Probleme, die von den Kooperativen nicht gelöst werden konnten, richtig in Angriff genommen werden. Es ist jedoch erforderlich, daß die Mitglieder und die Verwaltung diese Voraussetzungen auch erkennen. Unsere Brigade hat hart gearbeitet, aber die Mitglieder haben ihre Arbeitskraft nicht immer in der richtigen Weise eingesetzt. Nach Gründung der Kommune wurden zuerst die elementaren Voraussetzungen geschaffen, um überhaupt den Aufbau vorantreiben zu können. Die Brigade half mit beim Bau von drei großen Staubecken und bei der Kanalisierung des Wei-Flusses. Dadurch wurde die Überschwemmungsgefahr gebannt. Ohne diese Vorarbeiten hätten wir überhaupt nicht vorankommen können. Aber das war nur ein Anfang; viel bleibt uns noch zu tun. Wir müssen noch viele Tiefbrunnen graben, um der Dürre Einhalt zu gebieten und um die Erträge zu steigern. Wir müssen noch Kanäle und Gräben ziehen, um das Hochwasser abfließen zu lassen; mehr Bäume müssen gepflanzt werden, um Windbrecher zu schaffen; wir müssen den Boden einebnen und verbessern; auch die Salzebenen sind zu bearbeiten, und vieles andere mehr. Sehr viele Vorhaben haben wir schon begonnen, und manches ist uns auch schon gelungen, aber noch lange nicht genug. Das ist die Hauptschwierigkeit. Die Mitglieder haben auf den Genossenschaftsfeldern hart gearbeitet, aber die Vorausplanung hat gefehlt. Allzusehr haben sie sich mit Gegenwartsaufgaben befaßt, und sie ließen sich zu häufig von Eigeninteressen bestimmen.«

Hier schien mir ein Widerspruch zu bestehen. »Wie ist es möglich, von Eigeninteressen zu sprechen, wo die Leute doch auf den Genossenschaftsfeldern hart gearbeitet haben?«

»Sie zogen es vor, solche Feldfrüchte zu ziehen, die einen hohen Verkaufswert versprachen. Dadurch verschlechterte sich die Bodenqualität, und es ging den Leuten nachher schlechter als zuvor. Das war sehr kurzsichtig von ihnen. Sie vergaßen dabei, Überlegungen über neue Investitionen und verbesserten Arbeitskräfteeinsatz anzustellen, vor allem aber über Maßnahmen zur Besserung der Bodenqualität, um die Erträge ganz allgemein zu erhöhen. Sie fielen zwar nicht völlig auf die falschen Empfehlungen Liu Schao-tschis herein, die Einzelpflanzungen auszuweiten, und doch gruben sie den ersten Tiefbrunnen in der Nähe der dörflichen Gemüsegärten und streuten den Großteil des kostbaren künstlichen Düngers hier aus. Dadurch erzeugten sie zwar mehr Gemüse für ihren eigenen Verbrauch, aber als das aufgegessen war – was dann? Die Produktion wurde erhöht, aber nicht von Grund auf, und die Vorteile der Kooperation wurden nicht ausgenutzt. Man muß dabei auch berücksichtigen, daß die Jahre 1959 bis 1961 Naturkatastrophen brachten. Diese Schwierigkeiten warfen uns weit zurück.

Auch die Arbeitskraft wurde nicht richtig eingesetzt; Kräfte wurden unnötig verschwendet, und in den Arbeitsgruppen herrschte eine schlechte Stimmung. Dann kam Liu Schao-tschis Aufruf »San Tze I Pao«. Er empfahl unter anderem, die privaten Anpflanzungen zu erweitern, die freie Marktwirtschaft zu fördern und die Sollerzeugung nach den einzelnen Bauernwirtschaften festzulegen, nicht nach der Leistung der Arbeitsgruppen. Auf solche Vorstellungen sind wir nicht hereingefallen.

Es war gut, daß die hiesige Leitung nicht vom sozialistischen Wege abgewichen ist. Wir machten zwar ein paar Fehler, aber im allgemeinen blieben wir standhaft. Infolgedessen hatten wir damals keine nachhaltigen Verluste, wie das an anderen Orten der Fall war. Dennoch hatten die Vorstellungen, die Liu propagierte, nachteilige Folgen, indem sie die Eigeninteressen förderten, von denen ich gerade sprach. So kamen wir nicht recht vom Fleck, und deshalb sind wir noch heute »unterdurchschnittlich«. »Und wie wird es weiter werden?« fragte ich.

Der junge Arbeiter dachte einen Augenblick nach. Dann faßte er seine Vorstellungen zusammen: »Ich glaube, wir werden uns bald von falschen Überlegungen und undurchdachter Arbeitsweise frei machen. Seit dem Beginn der Kulturrevolution ist es uns klargeworden, daß wir uns in einer Auseinandersetzung zwischen zwei verschiedenen Methoden befinden, nämlich zwischen revolutionären und revisionistischen Vorstellungen, zwischen Sozialismus und Kapitalismus. Wir müssen deshalb an der Basis beginnen und die Struktur verbessern. Es müssen noch mehr Tiefbrunnen gegraben werden, und vieles andere bleibt noch zu tun, damit wir die Gefahren der Überschwemmung und der Dürre endgültig bannen. Dazu gehört auch, daß wir unsere Äcker tief umstechen, daß wir mehr Bäume pflanzen, und manches andere. Dann kommt auch noch die Erschließung der Salzebenen hinzu, da ist noch viel aus dem Boden herauszuholen. Bei alledem vergessen wir aber nicht, an das Wohlergehen unserer Mitglieder zu denken. Unser Fortschritt hat jetzt eine breitere Basis gefunden. Ich glaube, die meisten

von uns wollen den Weg des Sozialismus beschreiten, und wir befinden uns schon jetzt auf diesem Wege.«
Lao Man nickte seine Zustimmung. Später kamen wir noch einmal auf dieses Thema zurück. Inzwischen aber war mir vieles klar geworden; ich durchschaute die Verhältnisse im Dorf und begriff, was der junge Arbeiter mit seinen Worten ausdrücken wollte. Das Dorf Glückseligkeit machte sich von falschen Vorstellungen frei; und doch war dieser Prozeß noch nicht so tiefgreifend, daß man hätte sagen können, alle Bauern gäben schon ihr Letztes für die gemeinsame Sache her. Dieses Problem ließ sich nicht von heute auf morgen lösen. Mao Tse-tung faßte es in die Worte: »Stellt die proletarische Politik allem voran«, womit er sagen wollte, daß alle daran mitwirken sollten, die sozialistische Gedankenwelt allen Handlungen zugrundezulegen.

Feldanbau und Viehzucht im Dorf Glückseligkeit

Die Dritte Brigade des Dorfes Glückseligkeit, oder die »Große Brigade«, wie sie in den Dörfern zur Unterscheidung von seinen drei Produktionsgruppen genannt wird, erfaßt eine Bevölkerung von vierhundertachtzig Männern, Frauen und Kindern, und sie bearbeitet eine Landfläche von sechzehnhundert Mu. Nicht die gesamte Fläche ist nutzbar; im Südosten liegt ein breiter Landstreifen, der an die Salztonebene angrenzt. Hier ist die Bodenoberfläche mit Salz verkrustet, und die Bewachsung ist sehr spärlich.
Fünfundsiebzig Kaderleute unterstehen der Brigade. Keiner von ihnen ist jedoch ständig in der Verwaltung beschäftigt. Alle werden zur Landarbeit herangezogen. Die drei Arbeitsgruppen der Brigade besitzen zusammen einen Pferdewagen mit Gummireifen, mehrere normale Ziehwagen, ein halbes Dutzend Pferde, eine Anzahl Maultiere und Esel, und etwa vierzig Stück Ochsen. Außerdem gehören der Brigade eine Mühle, eine Entkörnungsmaschine und eine Ölpresse; diese An-

lagen werden elektrisch betrieben. Auch die vier Tiefbrunnen haben elektrische Pumpen. Der fünfte Tiefbrunnen wird teilweise auch von der Zweiten Brigade mitbetrieben. Die Brigademitglieder züchten Schafe, Ziegen, Schweine und Hühner. Hühner sind in fast jedem Haushalt vorhanden; mindestens ein halbes Dutzend werden auf dem Hof gehalten. Die meisten Bauern haben auch wenigstens ein Schwein, und manche halten ein paar Schafe oder Ziegen, Eier werden zumeist verkauft über die staatliche Ankaufsstelle. Auf dem großen Teich schwamm eine einsame Ente herum, die einzige Überlebende aus einer großen Entensippschaft, die sich einmal auf dem Wasser getummelt hatte. Vor Jahren war der Teich einmal ganz ausgetrocknet, als die Tiefbrunnen noch nicht in Betrieb waren. Die Fische gingen ein, und die Enten hatten kein Wasser, auf dem sie schwimmen konnten. Jetzt besteht die Möglichkeit, mit Hilfe der Tiefbrunnen den Teich wieder aufzufüllen, wenn er einmal auszutrocknen droht, und man hat die Absicht, neue Fischbrut zu beschaffen.

Die hauptsächlich angebauten Feldfrüchte sind Winterweizen, der Anfang des Sommers geerntet wird, sowie Mais, Kaoliang, Gerste und schwarze Bohnen. Die Landwirtschaftssteuer wird im Einklang mit den Ernteerträgen abgeführt. Außerdem wird eine kurzfaserige Baumwolle sowie Rotblume erzeugt; die Ernten werden teils selbst verbraucht, teils an die staatlichen Stellen verkauft. Im Juni ernten die Mädchen die leuchend roten und orangefarbenen Blumenblätter, die sie in Körbe füllen und dann auf den Dreschtennen trocknen lassen. Aus den Blütenblättern wird eine Kräutermedizin gewonnen, die dann von Naturheilkundigen zur Behandlung von mancherlei Frauenleiden verwendet wird. Die beste Rotblume stammt aus Tibet; aber auch die Abart, die in der Gegend des Dorfes Glückseligkeit wächst, ist gut und erbringt vier Yüan pro Pfund. Die Rotblumenfrucht liefert ein gutes Öl, und aus dem Stengel wird eine Art Hanf gewonnen. Im Dorf wird auch etwas Tung-Öl erzeugt.

Das im Ort angebaute Gemüse und Obst, besonders die Datteln, wird fast ausschließlich selbst verbraucht. Die Kohlsorten – länglicher, süß schmeckender Nordchinakohl – sind besser als diejenigen, die in der Pekinger Gegend angebaut werden. Auch die runden Kohlköpfe, wie sie in Europa überall gegessen werden, gibt es hier später im Jahr. Auch dieser Kohl ist gut, schmeckt aber etwas bitterlich. Andere Nahrungsmittel, die nicht am Ort erzeugt werden, läßt die Kommune durch besondere Beauftragte in den Dörfern verkaufen, die wie Hausierer von Ort zu Ort ziehen, oder man bekommt sie im Genossenschaftsladen, der an das staatliche Vertriebssystem angeschlossen ist.

Mit Ausnahme des Spinnens und Webens spielt die häusliche Handwerksarbeit keine große Rolle für die Eigenwirtschaft der Brigade, wenn sie auch für die Selbstversorgung der einzelnen Haushalte große Bedeutung hat. Die Leute fertigen ihre Besen und Strohmatten selbst an, und flechten auch Körbe aus Stroh oder Weidenruten. Was sie über den eigenen Bedarf hinaus herstellen, verkaufen sie an den Co-op-Laden oder auf den Märkten. Kaoliang-Rohr wird verheizt, oder es wird für die Anfertigung von Wandschirmen und Matten verwendet. Da das Holz noch immer knapp ist, wird nicht viel getischlert. Die Brigade hat ihre eigene Schmiedewerkstatt und fertigt Nägel, Haken und Hufeisen an, außerdem einfache Hausgeräte wie Feuerhaken, Zangen und Kleinteile für die Landwirtschaft.

Die Brigade des Dorfes Glückseligkeit ist in der Lage, sich selbst zu ernähren, zu bekleiden und Unterkünfte zu schaffen, auch einfache Werkzeuge werden in eigener Regie hergestellt. Sie verdient ausreichend, um je einen Heilgehilfen für Mensch und Tier zu beschäftigen, um für freie Schulausbildung für alle Kinder zu sorgen, und um Filmvorführungen regelmäßig zu veranstalten. Sie hat ihre Mühlenanlage und beschäftigt Kader, die als Elektriker arbeiten, Betonierarbeiten verrichten oder als Traktorenfahrer und Maschinisten tätig sind. Sie hat auch eine Miliztruppe und ausgebildete Verwaltungskräfte. Alle Probleme werden sich mit der Zeit lösen lassen, wenn sich die Erträge durch Mechanisierung, Elektrifizierung und die Anwendung chemischer Produkte unter Berücksichtigung der ökologischen Gegebenheiten gesteigert haben. Das Dorf wird sich dann von seiner Vergangenheit gelöst haben und sein Leben nach sozialistischen Grundsätzen aufbauen.

»Grabt den Boden tief um!«

Die Bauern des Dorfes Glückseligkeit hatten den Plan gefaßt, in den nächsten Jahren die landwirtschaftlichen Erträge zu verdoppeln. Deshalb starteten sie im Jahre 1970 die Aktion »Fan ti«, das heißt das Umgraben des Bodens bis zu einer Tiefe von sechzig Zentimetern. Dies ist eine neue Methode zur Steigerung der Erträge, die von der Musterbrigade Tachai im nördlichen Schansi erfolgreich erprobt worden war. In Tachai wurden die Erträge von fünfundsiebzig Pfund Korn pro Morgen Land aus der Zeit vor der Befreiung bis zu achthundert Pfund pro Morgen unter dem neuen Regime gesteigert.
Die bäuerliche Bevölkerung in ganz China wurde auf Tachai aufmerksam, als der Vorsitzende Mao die Parole ausgab: »Lernt von Tachai!«, nachdem er die Arbeit dieser Brigade genau studiert hatte. Um die Zeit von Januar bis Februar zogen die Arbeitsgruppen jeden Tag mit roten Wimpeln und dreizackigen Hacken und Spaten auf die Felder. Die Arbeit war schwer, und trotz der Kälte kamen die Leute abends schweißbedeckt nach Hause. Die erste Arbeiterreihe waren die kräftigsten Männer und Frauen. Sie schwangen ihre Hacken und lösten den Lößboden bis zu einer Tiefe von dreißig Zentimetern. Die nächste Reihe der Arbeiter, zumeist die älteren Männer, stapelten die großen Erdklumpen in parallelen Wällen. Dann kamen Frauen oder Mädchen, die aus den ausgestochenen Furchen die Erde ausschaufelten und sie dann auf die Klumpenwälle türmten. Die nächste Reihe hackenschwingender Arbeiter grub dann die Furchen weitere dreißig Zentimeter tiefer, während die mit Schaufeln ausgestattete Gruppe die gelöste Erde in die nächste Furche füllte, indem sie zunächst die

Klumpenwälle abtrug, dann die Erde vom Grund der zweiten Furche in die erste Furche füllte, dann von der dritten in die zweite, und fortlaufend weiter. Auf diese Art wurde das gesamte Feld bis zu einer Tiefe von sechzig Zentimetern umgestochen. Da im Winter wenig Regen und Schnee gefallen war, wurde Wasser von den Tiefbrunnen auf die Felder geschwemmt. Durch dieses tiefe Umgraben in Verbindung mit einer Dunggabe auf den Feldern erzielte man ein sehr schnelles Wachstum der neuen Saat.

Einige Male ging ich mit unserer Dritten Arbeitsgruppe auf die Felder, aber ich kam mit der schweren Hacke nicht zurecht. So hantierte ich nur ein wenig mit der Schaufel. Jede kleine Gruppe der Hackenschwinger und der Schaufler führte eine rote Fahne mit. Während der Arbeit steckten wir die Fahnenstange in die Erde, um damit zu zeigen, wie weit wir vorangekommen waren. Auch die erste und zweite Arbeitsgruppe gesellten sich zu uns, um gemeinsam mit uns umzugraben. Es sah eindrucksvoll aus, wie die Männer in ihrer dunklen Arbeitskleidung, die Frauen in ihren hellen Jacken und mit Tüchern um den Kopf fleißig arbeiteten, während die roten Fahnen im Winde wehten. Wir alle waren überzeugt, daß wir mit unserer Leistung dazu beitrugen, das Dorf Glückseligkeit emporzubringen. Ende Januar war die große Ebene überall mit Arbeitsgruppen übersät, die damit beschäftigt waren, den Ackerboden umzustechen.

Gleichzeitig startete eine neue Aktion »Baumanpflanzung«. Unsere Arbeitsgruppe erhielt Verstärkung, und mit der Zeit standen überall Reihen von frisch gesetzten Bäumchen, entlang den Straßen und Wegen, an den Kanalufern, an Grabenrändern, um die Teiche und Gehöfte herum und sogar an den Latrinen, wo die Bäume im Sommer Schatten spenden sollten – oder auch einen Halt am Stamm für diejenigen, die ihn nötig hatten.

Auch auf dem vierzigtausend Mu großen Gelände der Salztonebene im Süden ging die Arbeit zügig voran. In einer Tiefe von sechzig Zentimetern beginnt guter Boden. Wenn man ganz tief gräbt und den fruchtbaren Boden nach oben holt, kann man dort einsäen, aber das Salz sickert bald wieder durch, und die Keimlinge sterben ab. Es wird deshalb einige Zeit dauern, bis dieses große Gelände nutzbar gemacht werden kann. Offenbar wäre es die einzig vernünftige Lösung, ein Dränagesystem anzulegen und das Salz auszuschwemmen, dann Bäume zu setzen, Gras auszusäen, damit sich eine leichte Humusschicht bildet, und schließlich chemischen Dünger auszustreuen, damit das Land dann probeweise bestellt werden kann. Hierzu ist aber viel Geduld erforderlich, und viele Arbeitskräfte müssen eingesetzt werden. Die Kommune hat dieses Projekt noch nicht ernstlich in Angriff genommen. Vorarbeiten sind jedoch schon weitgehend eingeleitet worden. Das Gelände wurde mit Kanälen durchzogen, und Bäume wurden in Doppelreihen kreuzweise überall gesetzt. Mehrere Arbeitsgruppen von jungen Leuten haben Teile des Geländes in Bearbeitung genommen, um dort Erfahrungen zu sammeln und Bodenbearbeitungstheorien zu erproben. Diese Gruppen haben aus den schlechten Erfahrungen einer Arbeitsgruppe von jungen Städtern gelernt: Die frisch herangeschafften Kader kamen mit Traktoren, pflügten den Boden tief, verteilten künstlichen Dünger und ernteten sogar zweimal. Die dritte Aussaat ging aber nicht auf, da das Salz wieder an die Oberfläche gedrungen war.

Grußworte – und eine Schweizer Uhr

»Lao Chen! Wo gehst du hin?«
»Lao Chen! Hast du schon gegessen?«
»Lao Chen! Holst du Wasser?«
Mit solchen Worten wird man von den Bauern begrüßt. Es sind tatsächlich Grußworte, nicht etwa Fragen oder Feststellungen von gegebenen Umständen. Man antwortet, indem man sagt: »Ja, ich habe gegessen«, oder einfach: »Jaja!« Wenn man will, kann man eine solche Frage auch von sich aus stellen oder die Antwort vorwegnehmen. Die Landleute grüßen sich nicht,

wie es jetzt in Peking üblich geworden ist: »Tsao!« (das heißt »früh«, also: »Guten Morgen!«). Als ich anfing, auf diese Pekinger Art zu grüßen, äfften mich die Kinder nach, und sie machten sich erst recht über mich lustig, als ich den abendländischen Gruß »Ni hao ma?« (Wie geht's?) anwendete.

Die Dorfleute haben eine kehlige, etwas undeutliche Sprechweise. Dabei bewegen sie die Lippen nur wenig, und es kommen etwas gurgelnde Laute heraus. Bei den Kindern hört sich das an wie eine Art Gezwitscher; man kann es zwar schlecht verstehen, aber es wirkt lustig. Bei Erwachsenen, besonders bei Frauen, führt das dazu, daß die Stimmen ziemlich tief und etwas rauh klingen. Aber die trällernden Laute, die sie an ihre Rede anhängen, gleichen diesen eigenartigen Klang wieder aus. Wenn man zum Beispiel Ta Hsiang nach etwas fragt, was sie nicht hat, dann pflegt sie zu lächeln und »Mei-you la!« auszurufen. Das Anhängsel »la« hat keine Wortbedeutung. Viele Worte werden auch anders als in Peking ausgesprochen, so daß die Leute aus der Hauptstadt oft Schwierigkeiten haben, den ländlichen Dialekt zu verstehen.

Ein eigenartiges Phänomen ist, daß die Dorfkinder im allgemeinen das Wort »Papa« nicht gebrauchen, und viele sagen auch nicht »Mama«. Die Sache kam uns rätselhaft vor, bis wir herausgefunden hatten, daß das Wort »Mama« sich dialektmäßig zu »Mei« umgeformt hatte. Als wir einmal einen kleinen Kerl, dessen Vater wir gut kannten, nach seinem Papa fragten, antwortete er zu unserer Verblüffung: »Ich habe keinen Papa!« Erst später stellten wir fest, daß die Kinder ihren Vater »Ta yeh« nennen. Die Begriffsverwirrung liegt darin, daß »mei-mei« in Peking »jüngere Schwester« bedeutet, und daß die Bezeichnung »Ta yeh« von einem Neffen verwendet wird, der über den älteren Bruder seines Vaters spricht. Hier sagt man nach dem Essen nicht »Chih pao-la!« (Ich habe genug gegessen), sondern »Chih paa-la!«; meistens sagt man jedoch »He paa-la!« (Ich habe mich satt getrunken), da die Leute häufig verdünnten Hirsebrei trinken und nicht jeden Tag gedämpftes Brot oder Reis essen. Reis mögen sie überhaupt nicht gern. Als sich Ta Hsiang einmal nicht wohl fühlte, brachte ihr meine Frau eine Schüssel Reisschleim, die übliche Krankenkost in Südchina. Ta Hsiang nippte aber nur ein wenig von dem Schleim, um keinen unhöflichen Eindruck zu machen. Wenn die Leute schwere Arbeit zu verrichten haben, essen sie gern Mantou oder Wawatou.

Nach einiger Zeit wurde ich der wandelnde Zeitansager des Dorfes. Ich trug immer meine Armbanduhr, und das silberne Band war an meinem Handgelenk weithin sichtbar. Wenn die Kinder mich sahen, sogar wenn die Kleinsten vorbeikamen und mich grüßten, dann sagten sie stets: »Lao Chen! Wie spät ist es?« Und lange dauerte es nicht, bis auch die Erwachsenen sich diesen Gruß angewöhnten, der zu jeder Tageszeit paßte.

Meine Frau und ich mochten das etwas salzig schmeckende Wasser aus dem Grundwasserbrunnen in unserer Nähe nicht trinken. Statt dessen holten wir uns Wasser aus einem anderen Brunnen, der am Ende der Dorfstraße lag, oder sogar aus dem noch weiter entfernten Tiefbrunnen, außerhalb des Dorfes an der Gemüsepflanzung. Wenn dieser Tiefbrunnen arbeitete, sprudelte immer frisches, sauberes Wasser hervor, das auch an den heißesten Sommertagen eiskalt blieb. Tagtäglich ging unser Weg dorthin; die Tragestange mit dem Eimer hatten wir über unsere Schultern gelegt. Manchmal begegneten wir nur kleinen Kindern oder alten Weibern, die auf den Höfen saßen oder die sich am großen Mörser aufhielten, wo sie Salzklumpen oder Mais zerstießen; manchmal waren aber auch alle Dorfleute draußen vor den Haustüren, wo sie zwischen neun und zehn Uhr frühstückten. Wenn wir um diese Zeit unser Wasser holten, dann sah ich vorher auf meine Uhr, um den Chor der Grußworte gleich beantworten zu können: »Lao Chen! Wie spät ist es?«

Die meisten Dorfbewohner besaßen keine Armbanduhr; es war auch nicht Sitte, eine Hausuhr zu haben. Die Leute verließen sich auf das Radio, wo die Uhrzeit angesagt wurde, oder sie warteten einfach auf die Glocke, die sie zur Arbeit rief. Die Leiter der Arbeitsgruppen hatten Uhren bei sich; die meisten

Leute aber hatten die Gewohnheit, nach dem Sonnenstand zu sehen, wenn sie die ungefähre Uhrzeit wissen wollten – es sei denn, daß sie mich gerade daherkommen sahen.

Bevor wir unsere Reise aufs Land antraten, war uns Kadern eingeschärft worden, daß wir uns diszipliniert verhalten sollten, vor allem, daß wir zu niemandem über unsere Entlohnung reden dürften. Wenn man unser Einkommen nach westlichen Maßstäben betrachtet, so waren die Bezüge zwar sehr bescheiden, und doch war das Höchstgehalt von 250 Yüan sehr beträchtlich im Vergleich zu den Einkünften der chinesischen Dorfbewohner. Darum war es auch ratsam, nicht über diese Gelddinge zu sprechen. Viele der jüngeren Landleute konnten aber die westliche Schrift entziffern, denn sie waren während der Kulturrevolution in Peking gewesen, oder sie hatten schon an anderen Orten gearbeitet. Sicherlich hatten sie eine Vorstellung von unseren Monatsverdiensten. »Das ist eine hübsche Uhr«, sagte einmal ein junger Mann zu mir. »Hm, hm«, meinte ich, und um weiteren Fragen aus dem Wege zu gehen, fügte ich hinzu: »Ich habe sie billig bekommen. Etwas über hundert Yüan.« Die Schweizer Uhr hatte in Wirklichkeit 250 Yüan gekostet. Der junge Mann ergriff meine Hand und betrachtete das Zifferblatt spöttisch. »Das ist aber wirklich billig, bei einundzwanzig Steinen!« Wir alle brachen in lautes Gelächter aus.

FRÜHLING

EINE ZEIT DES KEIMENS UND SPRIESSENS

VORBEREITUNGEN FÜR DAS FRÜHLINGSFEST

Schon mehrere Wochen vor dem Feiertag begannen die Vorbereitungen für das Frühlingsfest. Das war schon ein Vorgeschmack auf die arbeitsreichen Frühlingstage. Wie ihre Nachbarinnen fing Ta Sao schon im Dezember mit der Hausarbeit an; es mußte gesponnen, gefärbt und gewebt werden, damit jedes Familienmitglied neue Kleidung bekam. Im Januar, einen Monat vor dem Fest, war das neugewebte Tuch schon verarbeitet, und es gab neue Jacken und Hosen.

Bald nach »Ta Han«, dem Tag der »Strengen Kälte« am 20. Januar kam Lao Man eines Abends nach Hause; er machte wie immer ein freundliches Gesicht und hauchte die kalte Atemluft des Winters aus. Ching Chun kam hinter ihm her und trug einen eisernen Kessel für die Bereitung von gedämpftem Brot. »Der wird jetzt immer gebraucht!« sagte er lachend. Und so war es auch. Wenn Ta Sao ihn nicht gerade benutzte, dann bekam ihn die Nachbarin. Dieser Kessel war wirklich ein Freudenspender für alle.

In den Verwaltungsstellen der Arbeitsgruppen, der Brigade und der Kommune wurden die Produktionspläne für 1971 fertiggestellt. Die Arbeitsgruppen hatten als Basiseinheiten ihre Sollzahlen durchgesprochen und festgelegt, ob sie erfüllbar waren oder nicht, oder ob sie sogar höher angesetzt werden könnten. Diese Diskussionsergebnisse wurden dann an die Brigade und von dort an die Kommune, die Kreis- oder Provinzialverwaltung weitergeleitet. Nachdem alle diese Angaben bis hinauf zu den zentralen Planungsorganen in Peking gelangt waren, wurden dort die endgültigen Pläne und Produktionsansätze festgelegt und an die landwirtschaftlichen Einheiten ausgegeben. Auf diese Art wurde die gesamte chinesische Landwirtschaft durch einen Frühjahrsbestellungsplan erfaßt, der auf demokratische Weise zustande gekommen war.

An manchen Abenden kamen ein paar Freunde zu Lao Man, um sich bei einem Pfeifchen zu unterhalten. Manchmal rauchten sie auch eine Zigarette, meist jedoch ihre langstieligen Pfeifen mit kleinen Köpfen, in die nur Tabak für ein Dutzend Züge hineinging. Ich rauchte meine kurze Stummelpfeife mit Grobschnitt aus dem Süden. Die Männer probierten meinen Tabak aus, aber er schmeckte ihnen nicht. Wir unterhielten uns meist über unwesentliche Dinge. Einmal bat ich jedoch Hsi Kun, einen grauhaarigen alten Burschen, der die Zweite Arbeitsgruppe mit leitete, etwas über sich zu erzählen. Die anderen hörten auf zu reden und rauchten schweigend, während er sprach.

»Vor der Befreiung wohnten mehr als sechzig Familien im Dorf, und ob sie nun als »arme« oder »untere Mittelbauern« bezeichnet wurden, änderte nichts an der Tatsache, daß sie alle bettelarm waren. Nur wenige Familien konnten sich einigermaßen über Wasser halten, und nur der Gutsbesitzer und ein paar reiche Bauern konnten sich nachts sorglos zur Ruhe legen. Das ganze Dorf besaß zusammen nur acht Zugochsen. Wenn eine Überschwemmung oder eine Dürre mit Hungersnot über uns kam, dann gingen die meisten von uns auf die Flucht, bepackt mit der notwendigsten Habe. Viele kamen nie wieder zurück. Das waren schlimme Zeiten, sehr bittere Jahre! Häuser versanken im Schlamm, ganze Familien wurden auseinandergerissen. Einmal, als eine alte Frau in einer bitteren Notzeit gestorben war, konnten keine acht Mann zusammengetrommelt werden, um sie in ihrem Sarg zu Grabe zu tragen.

Die Steuern lasteten schwer auf uns. Wenn man seine Abgaben nicht bezahlte, kamen diese Reaktionäre und bauten die Fensterrahmen aus, um das Holz zu verkaufen; dann kam die Haustür an die Reihe, und sogar vor den Dachbalken machten sie nicht halt, so daß das Haus in sich zusammenfiel. Wenn man sich Korn borgte, um damit die Steuern zu bezahlen, dann war das so, als ob man sich vor dem Ertrinken auch noch einen Stein um den Hals binden wollte. Den fünffachen Wert hatte man zurückzubezahlen!

Wenn man die Steuern nicht bezahlt hatte, und die Behörden bekamen davon Wind, daß man sich ein paar Lebensmittel beiseite geschafft hatte, dann kamen die Leute und beschlagnahmten die Vorräte. Wir waren nie in der Lage, alle Steuern zu entrichten und die Zinsen für unsere Schulden zu zahlen, und immer wieder wurde uns etwas angehängt. Mein Vater hatte einmal versucht, sich auf und davon zu machen, aber bald hatten sie ihn wieder erwischt. Sie holten ihn zurück, fesselten ihn und banden ihn eine ganze Nacht lang an einen Baum vor dem Haus des Pao Chia, des Dorfältesten.

Eines Nachts flüchtete mein Bruder mit seiner ganzen Familie. Es gelang ihnen auch, unbemerkt zu verschwinden, aber wir haben nie wieder etwas von ihnen gehört. Wahrscheinlich sind sie alle zugrundegegangen. Allen, die im Dorf ausharrten, ist es auch nicht besser ergangen. Mein Vater starb; meine Mutter war schon tot, als ich ein Jahr alt war. Meine Tante sorgte für mich. Aber dann starb sie in einer Hungersnot, als sie siebzig Jahre alt war. Ich war der einzige Überlebende; aber ich war so arm, daß ich noch nicht einmal einen Sarg für sie kaufen konnte. Es tut mir jetzt noch leid, daß ich ihr noch nicht einmal diesen Dienst erweisen konnte, nachdem sie so viel für mich getan hatte. Als ich dann dreizehn war, hütete ich das Vieh für den Gutsherrn. Ich mußte selbst für mich sorgen. Ich war zwanzig, als die Japaner China überfielen. In diesem Jahr gab es eine große Überschwemmung, und ich floh mit vielen anderen Dorfbewohnern nach Schansi. In den darauffolgenden sieben Jahren arbeitete ich bei verschiedenen Gutsbesitzern. Mir war es gleich, für wen ich arbeitete; die Hauptsache war, daß ich zu essen bekam. Nach dem Lohn fragte ich erst gar nicht. Aber die Herren schikanierten mich, wo sie konnten. Sie behandelten mich wie Dreck; um ihr Vieh machten sie sich mehr Gedanken als um ihre Leute. Wenn ich Glück hatte, bekam ich zweimal zu essen. Manchmal bekam ich auch gar nichts; im Winter wurde ich hinausgeworfen, so wenig gab es zu tun.

Manchmal schickte die Regierung der Reaktionäre (er meinte damit die Kuomintang-Regierung oder die jeweilige Besatzungsmacht) Leute, um Soldaten auszuheben. Zweimal wurde ich von diesen Preßpatrouillen gefaßt. Das erste Mal war ich gerade bei einer Familie, die die Hochzeit ihres Sohnes feiern wollte, als die Patrouille in die Küche eindrang, mich mit Stricken band und wegschleppte. Nach ein paar Tagen paßten die Leute aber nicht mehr auf mich auf, und ich konnte ihnen entfliehen und zum Dorf zurückkehren. Die Burschen waren zu bequem, um mir nachzustellen und mich wieder zu ergreifen.

Das zweite Mal kam ich von der Feldarbeit, die ich für einen Gutsherrn verrichtete, nach Hause zurück. Ich ahnte nicht, daß die Leute, die mir entgegenkamen, Angehörige einer Preßpatrouille waren. So lief ich ihnen direkt in die Arme. »Sie kommen sofort mit!« brüllten sie mich an. Noch nicht einmal meine Feldhacke konnte ich abgeben. Erst nach ein paar Tagen konnte ich wieder ausrücken. Tagsüber hielt ich mich versteckt, und nachts lief ich weiter. Ich fühlte mich wie ein gejagtes Tier. Wenn ein Hund bellte, fuhr ich vor Schreck zusammen: Ich glaubte dann, sie wären wieder hinter mir her. Schließlich gelang es mir, das Haus meiner Tante zu erreichen.

Ein paar Tage lang hoffte ich schon, daß nun alles ausgestanden wäre und daß sie meine Verfolgung aufgegeben hätten. Plötzlich aber tauchte ein Kommando Soldaten in grünen Uniformen auf, das sich auf meine Hütte zu bewegte. Ich rannte aus der Hintertür und versteckte mich in den Feldern. Die Soldaten wühlten alles in der Hütte durch, und da sie mich nicht auffinden konnten, nahmen sie an meiner Stelle meinen Vetter mit. Er war derjenige, von dessen Lohn die Existenz der Familie abhing, und als ich wieder zurückkam und hörte, daß sie ihn weggeschleppt hatten, wußte ich mir keinen Rat. Tante und Onkel saßen nur da und jammerten. Wenn ich mich jetzt stellen würde, sagte ich mir, dann würden sie uns beide behalten, und alles würde noch schlimmer. Ich hatte auch Angst, denn ich wußte, wie Deserteure von der Truppe behandelt wurden. Erst wurden sie bewußtslos geschlagen, dann mit Wasser übergossen und schließlich wieder geprügelt. Zweimal war es mir schon gelungen, ihnen zu entwischen! Aber ich war schließlich noch Junggeselle ohne Anhang, während mein Vetter für drei Personen zu sorgen hatte. Ich stellte mich also. Glücklicherweise ließen sie meinen Vetter frei, als sie mich wieder geschnappt hatten.

Jetzt wagte ich nicht mehr, mich davonzumachen, denn ich hatte Angst um meinen Vetter. Ein Jahr lang tat ich bei der Truppe Dienst. Gegen die Japaner wurde ich nie eingesetzt, und inzwischen hatte auch schon der Befreiungskrieg begonnen. Ich hatte keine Ahnung, was damals eigentlich im Gange war. Als unser Regiment eines Tages in Kontakt mit der Volksbefreiungsarmee kam, ergab sich unsere ganze Kompanie. Wir liefen einfach über, denn wir sahen nicht ein, warum wir unsere eigenen Landsleute bekämpfen sollten. Auf diese Weise wurde ich also befreit und kehrte nach Hause zurück.

Schon bald änderten sich die Verhältnisse. Wir Landarbeiter bekamen in der Bodenreform alle unseren Anteil Land zugeteilt. Dann trat die Partei in Aktion und veranlaßte, daß wir Nachbarschaftshilfen und Kooperativen bildeten ... Sie sehen ja selbst, wie es uns jetzt geht. Wir sind jetzt alle befreit, und es geht uns sehr viel besser als früher. Die jungen Leute kennen keine Hungersnot mehr und können sich diese Entbehrungen kaum mehr vorstellen. Wenn das Frühlingsfest kommt, hat jeder Bauer im Dorf Glückseligkeit sein Stück Fleisch im Topf. Jeder kann sich neue Kleidung anziehen. Wenn ich an die alten Zeiten zurückdenke, wie könnte ich dann nicht der Linie der Partei folgen?« Er sah mich mit aufrichtigem Blick an. Sein Gesicht war vom Wetter gegerbt, und die schwere Vergangenheit hatte sich in den Falten eingegraben. Das Schlußwort, das er sprach, enthielt zugleich die Antwort auf die rhetorische Frage: »Wem gebührt jetzt die Macht im Staate?« An einem anderen Abend, als wir uns wieder im vertrauten Kreise unterhielten, kam die Rede auf die Gutsbesitzer. »Was war das eigentlich hier für ein Mensch, der alte Bursche?« fragte ich. Die Antwort gab mir Hsi Man-tou, ein sehr alter Mann, der statt einer Mütze stets ein graues Tuch turbanartig auf dem Kopf trug. »Ich habe lange Jahre für ihn gearbeitet«, sagte er. »Ich kann nicht sagen, daß er ein schlechter Bursche gewesen ist. Ich bekam meinen Lohn, wenn ich auch damit nicht reich werden konnte.« »Er hat zwar seine Leute nicht mit eigener Hand geschlagen«, warf Lao Man ein. »Aber deswegen war er noch lange nicht ein guter Kerl!« Er konnte nicht zulassen, daß der alte Wirrkopf Hsi Man-tou für den Gutsherrn Propaganda machte. Andererseits wollte er aber auch nicht, daß der Alte in Anwesenheit eines Fremden sein Gesicht verlor. »Ich habe nicht gesagt, daß er gut gewesen ist«, sagte Hsi Man-tou. »Ich habe für viele Grundbesitzer gearbeitet, aber sie sahen alle nicht so aus, wie sie manchmal in Filmen dargestellt werden!« Der junge Arbeiter aus der Nachbarschaft schaltete sich ein. »Man muß da hinter die Kulissen schauen, um zu erkennen, was für Leute das gewesen sind! Er tut jetzt ruhig sein Tagewerk, aber wenn er Gelegenheit bekäme, dann würde er die alten Zeiten schnell wieder aufleben lassen! Dann wäre es vorbei mit unserer Kommune, und du könntest nicht so bequem bei Lao Man sitzen und deine Pfeife rauchen!«

Bei uns in der Runde saß auch Man Chia-chen, ebenfalls ein alter Bursche mit einem Handtuchturban und tiefeingeschnittenen Gesichtsfalten – er war nicht viel älter als fünfzig, sah aber schon wie ein Greis aus –, der seine Meinung in die Worte faßte: »Die Grundbesitzer, die Pao Chia als Dorfälteste und die Soldaten taten sich damals zusammen, um die Herrschaft auszuüben.« Er deutete mit seinem Pfeifenstiel auf Hsi. »Du hattest schon ein Stückchen Land, weswegen sie dich etwas in Ruhe ließen. Ich aber hatte nichts als meine Hütte und meine Hände zum Arbeiten. Ich habe auch für Man Wen-hua, den Gutsherrn, gearbeitet. Er hat alle seine Leute entlohnt, aber das Geld reichte nicht zum Leben. Meine Steuern konnte ich nie bezahlen, denn es reichte kaum zum Essen. Wenn diese Halunken zu uns kamen, um die Steuern einzutreiben, dann geschah etwas, das man mit der Szenenfolge der Ballettoper »Das weißhaarige Mädchen« vergleichen kann, wo das Bauernmädchen in

die Berge verschleppt wird und ihr Haar über Nacht ergraut. Diese Blutsauger nahmen uns einfach fest, wenn wir nichts hatten, um die Steuerforderungen zu erfüllen, und dann mußten wir erst einmal ihre Quartiere reinigen. Was gab es damals zum Frühlingsfest zu essen? Ein paar Löffel Brei! Und dazu hatten wir noch Angst, dabei ertappt zu werden: »Was? Ihr habt noch Brei zu essen und wollt keine Steuern bezahlen?« Ta ma ti! Dann holten die Halunken noch den letzten Happen Essen vom Tisch. Schlimm war es, wenn man damals alt und gebrechlich wurde. Sollte man etwa versuchen, den Dung von den Wegen zu sammeln und ihn zu verkaufen, oder sollte man einfach betteln gehen? Wenn dann wieder eine Überschwemmung das Land heimsuchte, gingen die Leute scharenweise auf die Flucht, und viele kehrten nie zurück. Niemand wußte, was aus ihnen geworden war. Hat dieser Jammer jemals Man Wen-hua etwas ausgemacht? Würde er auch nur ein weniges in seinen Preisforderungen zurückgegangen sein, wenn wir bei ihm Weizen kaufen mußten, um nicht zu verhungern?«
Hsi Man-tou erwiderte zunächst nichts, aber dann fiel ihm doch noch etwas zur Rechtfertigung des Gutsbesitzers ein:
»Der war es gar nicht, der uns bettelarm bleiben ließ. Der schlechte Boden, die Überschwemmungen, und die Dürrezeiten sind daran schuld.«
Man Chia-chen war verblüfft über so viel Unverstand. »Wie kann man nur so etwas sagen! Solange der Gutsherr Man das Heft in der Hand hatte, konnten wir nicht mit unseren Problemen fertig werden. Jetzt aber, wo wir uns selbst geholfen haben, gibt es weder Flut noch Dürre. Wir betreiben von der Kommune geleitete Staubecken und Brunnen, und die Erträge werden immer höher. In den alten Zeiten ging es allen immer schlechter, sogar die Grundbesitzer wurden ärmer. Es gab immer weniger, an das sie sich hätten halten können. Es war einfach nichts mehr aus uns herauszuquetschen. Jetzt haben die Herren ihr Land hergeben müssen. Aber auch ihnen wird es eines Tages besser gehen, wenn das ganze Land sich erholt haben wird.«

Hsi Man-tou sagte nichts mehr. Man Chia-chen hatte sich beim Sprechen so erregt, daß ihm trotz des kalten Wetters der Schweiß von der Stirn lief.

Der Brigadesekretär

Bei manchen Kommunen behalten die Arbeitsgruppen noch immer sehr viel Autonomie, und die Brigade fungiert lediglich als Abrechnungs- und Koordinierungs-Zentrum. In anderen Kommunen sind die Brigaden bereits Basis-Abrechnungseinheiten und leiten die Einsätze der Arbeitsgruppen. Das Dorf Glückseligkeit befand sich in einem mittleren Stadium; die meisten Entscheidungen wurden auf Brigadeebene getroffen, obwohl die grundlegenden Abrechnungen noch immer den Arbeitsgruppen oblagen.

Die Brigade hatte eine kollektive Leitung. Entscheidungen und normale Geschäftsangelegenheiten oblagen der relativ kleinen Gruppe, die sich Revolutionskomitee nannte. Diese Gruppe schloß nur wenige Personen ein, nämlich den Vorsitzenden, der zugleich Parteisekretär war, ferner die drei Leiter der Arbeitsgruppen, den Chef der Miliz und ein bis zwei alte, erfahrene Männer. Dieser Vorstand wurde auf der Vollversammlung der Brigademitglieder gewählt. Der Vorstand verfaßte auch die Bekanntmachungen: wer dieses oder jenes Projekt unter sich hat, wann neue Brunnen ausgeschachtet werden sollen, wer bei der Renovierung von Häusern mitzuhelfen hat oder welches Feld zu bestellen ist. Manche Entscheidungen wurden nur im Vorstand diskutiert und getroffen. Wenn es sich dagegen um eine wichtige Frage handelte, die jeden anging, dann wurden alle Brigademitglieder zu einer Diskussion einberufen. Es geschah auch, daß die kleine Führungsgruppe einen Vorschlag diskutierte, der aus der Mitte der Brigadeangehörigen heraus gemacht wurde oder den eine ganze Arbeitsschicht vorgelegt hatte. Manchmal ergriff die Führungsspitze die Initiative und machte eigene Vorschläge. Wenn Direktiven der Partei oder der Regierung durchzuführen waren, dann oblag es der Führungsgruppe, die Anweisungen auszulegen und an die Arbeitsgruppen weiterzuleiten, um auf diese Weise zu erreichen, daß die ganze Brigade wie ein Mann in Aktion trat.

Diese Gruppenleiter standen zumeist in ihren dreißiger oder vierziger Jahren. Unser Lao Man nahm als Aktivist zusammen mit älteren Brigademitgliedern an den Diskussionen teil, die von der Brigade oder von den Arbeitsgruppen veranstaltet wurden. Die praktischen Erfahrungen dieser Männer auf landwirtschaftlichem Gebiet waren von unschätzbarem Wert, und man machte sie sich zunutze. Jedoch muß man die Ratschläge, die von der praktischen Seite her kamen, nicht als ausschlaggebend ansehen, denn nur ein oder zwei dieser Männer konnten lesen und schreiben, wie zum Beispiel der Buchhalter der Brigade, ein über fünfzigjähriger, gebildeter Kaderangehöriger, der Vater des jungen Arbeiters, der bei den häuslichen Unterhaltungen das Wort geführt hatte. Die meisten dieser Männer waren aber noch Analphabeten, wie unser Lao Man, und sie konnten sich somit als Gruppenleiter kaum entfalten. Die Brigade war sich dessen bewußt, und deshalb wurden diese Männer hauptsächlich als Berater und Einsatzleiter bei solchen Projekten herangezogen, wo sie ihre praktischen Erfahrungen zur Geltung bringen konnten, besonders in der Landwirtschaft und in Werkstätten.

So waren es diese erfahrenen Landarbeiter, die die Arbeitsgruppen auf die Felder führten, die Lieder anstimmten beim Häuserbau oder beim gemeinsamen Brunnenausschachten, die es verstanden, auch bei den Frauen die Arbeitsfreude anzustacheln, damit sie ihren häuslichen Herd verließen und sich zur Feldarbeit zur Verfügung stellten, besonders in den Aussaat- und Erntezeiten. Sie verstanden es, die Leute anzutreiben und zu loben, sie durften Tadel austeilen und derbe Späße machen, denn sie waren als »lao tou-tze« (alte Vorarbeiter) im Dorf bekannt und allgemein angesehen. Wenn es galt, Entscheidungen zu treffen, dann wurden sie als erste gehört, denn ohne ihre tatkräftige Mithilfe wäre man nicht ausgekommen. Auch das gehörte zum kollektiven Führungsstil.

Ein Drittel der Brigademitglieder bestand jedoch aus jungen Männern, auch aus einigen jungen Frauen. Sie hatten alle die Grund- und die Mittelschule der Kommune besucht, hatten lesen, schreiben und rechnen gelernt und waren nicht mehr durch die Rückschau auf die Vergangenheit beeinflußt. Diese jungen Leute neigten häufig zu schnellen und unbedachten Entschlüssen und mußten durch die älteren Ratgeber im Zaum gehalten werden. Doch ihre Begeisterungsfähigkeit und Aufgeschlossenheit für das Neue stellte auch ein Element innerhalb der kollektiven Führung dar. Wenn irgendwo etwas Neues im Gange war, konnte man immer solche jungen Leute dort antreffen, so bei Versuchsanpflanzungen oder beim Ausprobieren neuer Maschinen oder Methoden.

Wenn es gelang, die Kräfte dieser drei Elemente innerhalb der Brigade zu einer gemeinsamen Anstrengung zu vereinen, dann waren die rückschrittlichen Strömungen überwunden, und auch Zweifler gingen mit auf dem gemeinsamen Weg. Wenn dagegen von seiten einer dieser Gruppen Opposition angemeldet wurde, dann konnte der Vorsitzende der Parteiorganisation sicher sein, daß etwas an dem betreffenden Vorschlag nicht stimmte, daß seine Durchsetzung nicht ohne weiteres möglich war.

Der Parteisekretär und Brigadeleiter war fast vierzig Jahre alt, sah aber bedeutend jünger aus. Er war klein und drahtig, aber nicht kräftig, ein beständiger Mann, aber keineswegs ein Antreiber. Er war einstimmig zum Leiter gewählt worden. Wir wußten, daß er sich nicht um dieses Amt bemüht hatte; mehr oder weniger war es ihm aufgedrängt worden.

Die Brigade des Dorfes Glückseligkeit lieferte auf diese Art ein Beispiel für die Führungsgrundsätze, die sich in der Kulturrevolution herausgebildet hatten: Die Führungsspitze soll repräsentativ sein und aus revolutionär ausgerichteten Menschen bestehen; sie soll sich aus drei Elementen zusammensetzen, und zwar aus altgedienten Kadern, den Vertretern des »Fußvolks« und der Miliz oder der Volksbefreiungsarmee, und sie soll gleichermaßen erfahrene alte Leute, die mittlere Altersgruppe und die Jugend einschließen.

Im Dorf hatte die Tendenz bestanden, die Dinge etwas auf die leichte Schulter zu nehmen. Ich hatte dies schon verschiedentlich festgestellt, zum Beispiel auch in der Haltung, die der alte Hsi Man-tou gegenüber den Grundbesitzern eingenommen hatte. Diese lasche Einstellung war zwar jetzt im Verschwinden begriffen; zuvor war sie jedoch die dominierende Haltung der Dorfbewohner gewesen, besonders bei den älteren Leuten. Sie war auch der Nährboden für die revisionistische Denkweise, die während der Kulturrevolution als »Grundsätze Liu Schaotschis« angeprangert wurden. Wie überall, so war es auch im Dorf Glückseligkeit: Diese Politik bedeutete einen Rückschritt auf wirtschaftlichem und sozialpolitischem Gebiet.

Als die Bodenreform durchgeführt worden war, befanden sich die Ländereien der Grundbesitzer und der reichen Bauern im Besitz der Bauern der armen und der unteren Mittelschicht. Die armen Leute waren aufgerufen worden, ihre Beschwerden offen auszusprechen und die Unterdrückung durch die Gutsherrschaft anzuprangern, aber es kam nicht zu einer gewaltigen Auflehnung. Die Bewegung versickerte im Sande. Wie war das möglich? Zum Teil lag es an der Sippenzusammengehörigkeit der Leute. Praktisch führte die ganze Dorfbevölkerung den Familiennamen Man, 80 Prozent der Haushalte, wie ich schon erwähnt habe. Irgendwie waren sie alle miteinander verwandt, sogar mit dem Gutsherrn selbst, und dies Gefühl der Sippenzusammengehörigkeit hatte den Parolen, die zum Klassenkampf aufriefen, die Spitze abgebrochen. Dabei hatte es keine Rolle gespielt, daß mehr als die Hälfte der Mans arme Bauern waren, und daß die restlichen zumeist der Schicht der unteren Mittelbauern angehörten. Die »Familienbande« hatten den Gutsbesitzer Man nicht davon abgehalten, seine Verwandten weidlich auszubeuten. Das Ergebnis der laschen Haltung gegenüber dem Ausbeuter war, daß ihm zwar das Land weggenommen wurde, er aber andererseits sein Eigentum behalten durfte, wie Kleidung und Mobiliar, seine Häuser und sein meistes Geld. Ferner resultierte daraus, daß die reaktionären und nach rückwärts ausgerichteten Elemente eine gewisse wirtschaftliche Macht behielten, die sie auch einsetzten, um die Bewegung auf die Kooperative hin, die jetzt ihren Anfang genommen hatte, unterminieren zu können.

Die Leute, die in den Tagen der Bodenreform und der darauffolgenden Umschichtung schon erwachsen waren, betrachtete man jetzt als die »altgedienten« Köpfe. Damals aber nahmen sie noch öfters Zuflucht zu den reichen und oberen Mittelbauern, um sich bei ihnen Rat in landwirtschaftlichen und Dorfangelegenheiten zu holen. Sie ließen sich dann bei den wohlhabenden Leuten zu einem Umtrunk oder einem guten Essen einladen, und bald waren sie derart eingewickelt, daß sie ihre fortschrittliche Zielsetzung vergaßen. Sie wurden zu Handlangern der alten Gesellschaftsschicht, die sich überhaupt nicht für eine Zusammenarbeit mit der neuen Richtung interessierte. Es kam dazu, daß sich eine Gegenströmung herausbildete, eine kapitalhörige Anschauung der Dinge, die jeden nach seiner Fasson selig werden ließ. Wenn man dieser Entwicklung ihren Lauf gelassen hätte, dann wäre unweigerlich eine Polarisierung der Landbevölkerung dabei herausgekommen: Die reichen Bauern hätten wieder die Oberhand gewonnen, und auf dem Lande hätte sich eine neue Art des Kapitalismus herausgebildet. Diese Leute hatten wohl an einer Zusammenarbeit ein Interesse, aber nur aus eigennützigen Motiven heraus. Wie diese »Zusammenarbeit« funktionierte, konnte man nur erkennen, wenn man mit den dörflichen Verhältnissen vertraut war. Die reichen Bauern wohnten inmitten der armen Bevölkerung; sie trugen die gleiche Kleidung, arbeiteten wie die anderen auf den Feldern und saßen zur Essenszeit an den Haustüren. Der Einfluß, den die wohlhabenden Leute ausübten, war nicht offenkundig, aber er drang dennoch überall durch.

Die Kooperationsbewegung, die das ganze Land durchzog, ließ sich aber im Dorf nicht aufhalten. So wurden Nachbarschaftshilfen und einfache Kooperative gegründet. Der Konservatismus aber war noch nicht überwunden und bremste die neuen Entwicklungen.

Erst als das Dorf die Kooperation weiterentwickelt hatte, wurden die rückschrittlichen Strömungen allmählich öffentlich verurteilt. Als Parteifunktionäre aus der Stadt ins Dorf kamen, um die Fortentwicklung der Landwirtschaft zu kontrollieren, fanden sie bald heraus, woran der Fehler lag. An den »Altgedienten« wurde offene Kritik geübt, denn sie hatten in der Zwischenzeit dazu beigetragen, die Klassenunterschiede zu verwischen und den Interessen des Klassenfeindes Vorschub geleistet. Ihnen wurden ihre Irrtümer vor Augen gehalten, und sie sollten Selbstkritik üben. Die Brandmarkung und Kritik ging jedoch nicht tief genug. Die neue Führungsschicht vermied zwar, mit dem Gutsbesitzer und den reichen Bauern persönliche Beziehungen anzuknüpfen, aber sie war noch nicht gegenüber ideologischen Verwicklungen gefeit.

Über dieses Stadium der Entwicklung erzählte mir eines Tages der Parteisekretär und jetzige Vorsitzende der Großen Produktionsbrigade des Dorfes Glückseligkeit. Als er mir den Bericht gab, waren auch noch andere Brigademitglieder mit in der Runde. Was er sagte, war den anderen aber nicht neu. Sie hatten diese Angelegenheiten schon in allen Einzelheiten diskutiert, als sie vor kurzem die Arbeit der Brigade erörterten und Selbstkritik im Rahmen der sozialistischen Erziehungsbewegung geübt hatten. Insbesondere hatten sie sich dabei auf den »Kampf zwischen den beiden Klassen und den beiden politischen Richtungen« bezogen, auf die Auseinandersetzung zwischen dem Proletariat und der Bourgeoisie, zwischen dem sozialistischen und dem kapitalistischen Weg und der revolutionären und der reaktionären Richtung.

»Ich hätte die Zusammenhänge besser erkennen sollen, und ich hätte wachsamer sein müssen«, gab er zu. »Schließlich stamme ich aus einer armen Bauernfamilie und habe unter dem alten System gelitten. Wenn eine Dürre oder eine Überschwemmung übers Land kam, mußte meine Familie immer wieder auf die Flucht gehen, entweder nach Schansi oder nach Kiangsu. Ich kann mich noch auf das Jahr 1938 besinnen, als wir zum ersten Mal flüchten mußten. Ich war damals sieben Jahre alt, und mein Vater trug mich in einem Korb am Ende seines Tragestockes, wenn ich zu müde war, um weiterlaufen zu können. Den ganzen Weg bis nach Sutschou in Schantung sind wir gelaufen. Manchmal gelang es uns, Arbeit zu finden, aber oft mußten wir uns durchbetteln. Fünf Jahre später mußten wir wieder fliehen, denn unsere Hütte stand unter Wasser. Dieses Mal zogen wir nach Schansi, und ich kann mich noch daran erinnern, daß ich Brennholz in den Bergwäldern sammelte, um es für unseren Lebensunterhalt zu verkaufen. Mein Vater war ein tüchtiger Landarbeiter, aber wir konnten uns kaum über Wasser halten, obwohl ich eifrig mithalf.

Damals war der Krieg gegen die Japaner im Gange. Es war gefährlich, im Lande umherzuziehen, aber wir waren in einer verzweifelten Lage. Wir versuchten, bis zu dem Dorf durchzukommen, wo mein Vetter wohnte. Der Bezirk wurde von keiner kriegführenden Seite vollständig beherrscht, weder von den Japanern noch von der Kommunistischen Achten Marscharmee. Die Frontverhältnisse waren uns nicht bekannt, aber die Japaner versuchten damals gerade, den ganzen Bezirk zu erobern und die Guerillas durch rücksichtslose Mordbrenner-Kriegführung auszuschalten. In der allgemeinen Verwirrung wurden mein Vater und ich getrennt, und meine Mutter und ich wurden von den Japanern aufgegriffen. Sie verprügelten mich nicht, so wie sie ältere Jungen schlugen oder sogar umbrachten, aber wir mußten zusehen, wie sie ein Dorf in Brand steckten und die männliche Bevölkerung erschossen. Erst nach unserer Rückkehr nach Hause fanden wir meinen Vater wieder. Auch ihm war es gelungen, den Feinden zu entkommen.

Zu Hause arbeitete ich als Schäfer für den Gutsbesitzer, aber drei Jahre später kam wieder eine Überschwemmung, und wir mußten nochmals alles im Stich lassen. Kein Gutsbesitzer und kein reicher Bauern rührten einen Finger, um uns in unserer Not zu helfen.

Dann kam die Befreiung und die Bodenreform. Wir bekamen Land, ich heiratete, und wir bekamen Kinder. Wir konnten endlich in Ruhe arbeiten, und die Verhältnisse wurden besser. Leider starb damals mein Vater, bevor er sich an angenehmere

Lebensumstände gewöhnen konnte. 1958 wurden die ersten Kommunen gegründet. Unsere Kooperative schloß sich mit anderen zusammen und bildete einen Bestandteil der Kommune »Große Glückseligkeit«. Das Dorf Glückseligkeit wurde die Dritte Produktionsbrigade der neuen Volkskommune. Damals wurden sehr viele Strukturverbesserungsarbeiten ausgeführt, und viele Männer wurden aufgeboten, um ein großes Staubecken zu bauen. 1959 wurden diese Arbeiten beendet, und ich schloß mich einer Arbeitsgruppe an, die im Erzbergbau eingesetzt war. Danach arbeitete ich im landwirtschaftlichen Regierungsbüro in der Kreisstadt. Ich wollte aber wieder nach Hause zurückkehren.

In dieser Zeit hatten die politischen Grundsätze Liu Schao-tschis unser Land beeinflußt, die »San Tze I Pao«*. In unserer Kommune waren die privaten Anbauflächen ziemlich groß, ich möchte sagen zu groß. Manche Bauern konzentrierten sich auf diesen Eigenanbau, statt die kollektiv bestellten Felder zu bewirtschaften und die Kooperativen weiterzuentwickeln. Kurzfristige Eigeninteressen wurden den Gemeinschaftsaufgaben vorangestellt. Aber damals durchschaute ich diese Entwicklung noch nicht. Ich verstand nicht, daß dies auch den Kampf zwischen den beiden Wegen, zwischen Kapitalismus und Sozialismus, widerspiegelte. Ich dachte nur daran, wieder nach Hause zu kommen und unser Eigenland gut zu bestellen, vielleicht auch noch etwas mehr Grund zu kultivieren.

Ich wollte für mich selbst Rüben ziehen und diese dann günstig verkaufen, um auf diese Weise mehr Geld zu verdienen als es mir in der Stadt als Kaderangehöriger möglich gewesen wäre.

*) Die Bedeutung dieses Begriffes ist etwa »Drei Freiheiten und eine Garantie«. Die privaten Anbauflächen sollen ausgeweitet werden, der freie Verkauf gefördert und die Anzahl der Kleinunternehmungen erhöht werden, die Gewinne und Verluste in Eigenverantwortung übernehmen. Die bäuerlichen Einzelwirtschaften sollen bei der Festlegung der Ertragsnormen anstelle der Produktionsgruppen als Basiseinheit dienen.

Immer wieder trat ich an den Leiter heran, mich nach Hause zurückzulassen, und schließlich willigte er ein.

Ich war zwar Parteimitglied, aber Liu Schao-tschis Lehren hatten mich so in die Irre geführt, daß ich zu Hause kein Kader mehr bleiben wollte. Sehr viel Zeit verwendete ich dafür, das Eigenland der Familie zu bestellen, und zusätzlich mühte ich mich auch noch damit ab, weiteres Ackerland zu erschließen. Nebenher ging ich noch auf die Gesnossenschaftsfelder, aber ich tat es mit halbem Herzen und konzentrierte mich auf meine eigenen Gärten und Felder.

Diese reaktionären Vorstellungen ließen mich mehr und mehr rückfällig werden, und das ging schließlich so weit, daß ich abergläubischen Gedankengängen anhing. Wie ich schon sagte, war mein Vater gestorben. Er war plötzlich schwer erkrankt, und drei Tage später war er tot. Wir betrauerten ihn noch und hatten ihn noch nicht begraben*, als meine Mutter ebenfalls schwer krank wurde. Wie wir später erfuhren, war mein Vater an Krebs gestorben, und die Erkrankung meiner Mutter hatte damit nichts zu tun. Aber unter dem Einfluß des abergläubischen Geredes der alten Leute glaubte ich daran, daß wir vom Unglück verfolgt würden, und daß der einzige Ausweg aus

*) Einer alten Sitte entsprechend kann eine Leiche draußen auf den Feldern im Sarg liegen und wird provisorisch mit Steinen und Erde eingedeckt, bis ein günstiger Tag für die Beerdigung festgelegt wird. Die Lage des Grabes wurde nach den Vorschriften des »feng-shui« (Wind- und Wasser-Weissagung: Geomantik) bestimmt. Aus diesen Gründen liegen die altchinesischen Gräber scheinbar an Zufallspunkten auf den Feldern und stellen ein Hindernis bei der Landbestellung dar. Nach und nach werden die Gräber auf den Feldern beseitigt, und die Bauern werden überredet, die Ahnengrabstätten zu verlegen. Die Nachfahren müssen natürlich mit diesen Maßnahmen einverstanden sein, und der Staat trägt die Kosten. Die Toten werden neuerdings in Krematorien verbrannt, soweit solche vorhanden sind, oder sie werden an dafür vorgesehenen Stellen beerdigt. Wenn solche Beerdigungsstellen auf Feldern liegen, dann werden die Toten tief bestattet, damit die Särge bei der Feldbestellung nicht beschädigt werden können.

diesem bösen Geschick sein würde, das »feng-shui«, also die Lage des Hauses zu Wind und Wasser, zu ändern.

Damals hatte ich etwas Bargeld in der Tasche. Aus meinem Gartenland hatte ich schon etwas herausgewirtschaftet, und dazu hatte ich eine Abfindungszahlung nach meiner Arbeit in der Stadt bekommen. Ich riß also das alte Haus ab und setzte es auf ein höheres Fundament, baute wieder auf und richtete die Front statt nach Osten diesmal nach Süden.

Ich glaubte damals, daß ich gar nicht so schlecht wirtschaftete. Ich war sogar wieder ein Kaderangehöriger geworden. Damals erging der Aufruf, die bitteren Tage der Vergangenheit nicht zu vergessen und dem Volke zu dienen. Die Versammlungen, die diesem Zweck dienten, weckten mich zwar nicht von Grund aus auf, aber sie ließen mich doch erkennen, daß ich bei der Verfolgung meiner Eigeninteressen niemals ein gutes Parteimitglied werden konnte. Deshalb stellte ich mich auch wieder als Kader zur Verfügung. Sehen Sie, ich kann lesen und schreiben und weiß mit der Organisation etwas Bescheid, und unser Dorf braucht sehr viele gute Kaderleute. Die altgedienten Leute kommen mit den neuen Methoden nicht mehr gut zurecht. Und dann begann vor ein paar Jahren die sozialistische Erziehungsbewegung.«

Der Parteisekretär berichtete uns dann von den Ereignissen, die diese Bewegung im Dorf Glückseligkeit mit sich gebracht hatte. Anfangs ging alles normal vonstatten. Er sagte: »Ich wurde wegen meiner abergläubischen Verhaltensweise unter Kritik genommen. Der Umbau und die Verlegung der Hausfront wurde gebrandmarkt. Ich wußte zwar, daß ich falsch gehandelt hatte, wollte aber die Kritik nicht dulden. Erst allmählich kam ich dahinter, daß ich eine völlige falsche Richtung verfolgte. Wir Kommunisten müssen naturwissenschaftlich ausgerichtet sein. Wir müssen Krankheit und Tod als Naturereignisse hinnehmen. Wir dürfen uns nicht von abergläubischen Vorstellungen beeinflussen lassen. Der Aberglaube bedeutet doch nur, daß wir uns nicht auf unsere eigenen Kräfte verlassen, sondern an Überirdischem hängen und Geistern die Verantwortung überlassen. Jetzt sah ich ein, daß mein Verhalten ein ideologischer Fehlgriff gewesen war.

Die Brigademitglieder übten weiter Kritik an mir, besonders an dem neuen Haus, und sie bemängelten, daß ich dafür zuviel Geld ausgegeben – oder wie sie es ausdrückten, »verschwendet« – hätte. Na ja, man kann verschiedener Meinung darüber sein. Vielleicht hatten sie sogar recht. Aber dann wurde eine Untersuchungskommission von der Partei hergeschickt, um meine wirtschaftliche Lage zu überprüfen, und es wurde sogar die Frage aufgeworfen, ob das viele Geld, das ich ausgegeben hatte, rechtmäßig erworben wurde. Das ging meiner Meinung nach zu weit. (So war es auch. Die Sache gründete sich auf die Liu Schao-tschi-Richtung in der Bezirksleitung.) Vielleicht hatte ich nicht genügend Gemeinsinn gezeigt, und sicher war ich kein mustergültiges Parteimitglied. Das sah ich ein; aber ich verstand nicht, weshalb man auf den Gedanken kommen konnte, ich hätte mein Geld, das ich für den Bau meines eigenen Hauses verwendet hatte, unrechtmäßig erworben. Ich wurde böse und wollte nicht mehr als Kaderangehöriger tätig sein. So reichte ich meinen Rücktritt ein und zog in die Kreisstadt. Die Brigademitglieder und die Kommunegruppe »Arbeitsgemeinschaft zur Förderung des Gedankengutes Mao Tse-tungs« versuchten, mich telefonisch zu erreichen, aber ich meldete mich nicht.

Inzwischen hatte die Phase der sozialistischen Erziehungsbewegung innerhalb der Kulturrevolution eingesetzt. Liu Schaotschis Zehnpunkte-Entwurf wurde unter Beschuß genommen; Mao Tse-tung verfaßte seinen dreiundzwanzigsten Artikel, der die Sachlage klärte. Angemessene Kritik galt von nun an als richtig, aber verleumderische Anschwärzungen von Kadern, die aus armen Bauernverhältnissen stammten, sollten nicht länger geduldet werden.

Im Dorf Glückseligkeit wurde nach Parteimitgliedern gesucht, die vielleicht ein Fehlverhalten gezeigt hatten, die aber im Grunde loyal und kooperativ eingestellt waren und dem Volke dienen wollten. Der Parteisekretär berichtete weiter: »Wen-yüan, mein Bruder, der gleichzeitig Milizanführer war, suchte mich in der Stadt auf. Er sagte mir, daß die Mitglieder mich zum Vorsitzenden wiedergewählt hätten, und daß die Kameraden wünschten, daß ich auch wieder Parteisekretär werde. Diese Erklärung bewegte mich tief. Ich erkannte, daß die Dinge, die über meine Fehler gesprochen worden waren, mich nur läutern sollten, und daß keine Feindseligkeiten in diesen Worten gelegen hatte. Die wahre Feindschaft wurde mir nur vom Klassenfeind, nämlich vom Gutsbesitzer, von den reichen Bauern und ein paar Handlangern entgegengebracht. Ich sah jetzt, was meine Pflichten als Kommunist sind: Ich muß mein ganzes Leben hindurch Revolutionär bleiben und darf mich nicht davor fürchten, daß meine revolutionäre Gesinnung in Zweifel gezogen wird. Wieder dachte ich an die Vergangenheit zurück. Als ich ins Dorf zurückkehrte und sah, daß ich acht Zimmer für mich und meine fünf Kinder zur Verfügung hatte, mußte ich an meine alte Mutter denken, die kaum das Nötigste aufbringen konnte, um sich und ihre beiden Söhne zu ernähren. All dieser neue Wohlstand war der Partei zu verdanken, die uns die Befreiung gebracht und der Kooperation zugeführt hatte. Aber auch jetzt wollte Mutter immer noch nicht, daß ich mich wieder als Kader zur Verfügung stellte. »Warum willst du eine Stellung übernehmen, die dir nur Kritik einbringt?« fragte sie mich. Sie weinte sogar. Da erinnerte ich sie an das frühere, schwere Leben, und verglich damit die neuen Errungenschaften, und so gelang es mir, sie für mein Vorhaben zu gewinnen. Auf einer Versammlung beteuerte ich vor den Mitgliedern, daß ich von nun an hart arbeiten wolle, um dem Volke zu dienen, und daß ich bis ans Ende meiner Tage ein Verfechter der Revolution zu bleiben beabsichtige.

Im Verlauf der Kulturrevolution wurden alle diese Dinge diskutiert, besonders der schlechte Einfluß, den Liu Schao-tschi ausgeübt hatte, und wir begriffen vieles, das uns vorher unklar geblieben war. Wir erkannten, daß wir zwar auf dem richtigen Weg waren, daß wir aber seit der Bodenreform keine wahre revolutionäre Linie verfolgt hatten. So unterzogen wir alles

einer Prüfung vom revolutionären Standpunkt der armen und unteren Mittelbauern aus und nach den Grundsätzen der Arbeiterklasse. Wir verwarfen die Lehre Liu Schao-tschis, nach der der Klassenkampf nach der Bodenreform abgeschlossen sei. Wir stellten fest, daß die Gutsbesitzer und reichen Bauern zwar ihrer herrschenden Rolle entkleidet worden waren, daß sie aber immer noch im Verein mit den Kapitalisten einen schlechten Einfluß auf uns ausübten. Deshalb faßten wir den Mitgliederbeschluß, bei den Gutsbesitzern all das, was wir schon vorher hätten wegnehmen sollen, zu beschlagnahmen, um damit unsere Denkweise von schlechten Einflüssen zu befreien. Und diesmal machten wir reinen Tisch: Wir beschlagnahmten alles überzählige Mobiliar und die Wertgegenstände, überließen ihnen jedoch den lebensnotwendigsten Hausrat wie Kochgeräte und Kleidung. Aber wir nahmen ihnen ihre Betten weg. Die Leute erzählten, daß manche armen Bauern vor der Befreiung keine Betten besessen hätten; also sollten die Gutsherren auch einmal spüren, wie es ist, so ärmlich leben zu müssen. Hierüber bestand keine Direktive der Partei. Das war unsere eigene Idee.
Wir erfuhren damals noch mehr über diese Herren. An einem armen Bauern mußten wir Kritik üben. Der junge Bursche hatte sich mit dem Sohn eines Gutsbesitzers angefreundet, mit dem zusammen er zur Schule gegangen war. Er versuchte, sich die Ansichten seines Freundes zu eigen zu machen, die in Wirklichkeit die Meinung des Vaters waren, nämlich des Gutsherrn. Bei unseren Bemühungen, die beiden jungen Leute umzuerziehen, stellte sich heraus, daß sie und ein weiterer Mann, ein früherer »Pao Chia« oder Dorfältester, Mitglieder einer reaktionären Untergrundbewegung waren, die sich Zentralchina-Partei nannte. Diese Enthüllung machte uns allen klar, daß wir hier in unserer Brigade Klassenfeinde hatten. Sie hörten auf die Parole: »Wenn die Herren Rache nehmen wollen, dann warten sie auch gern zehn Jahre auf diesen Tag!« Sie hatten sich verschworen, mit mir persönlich abzurechnen.
Wir Kaderleute waren auch bereit, uns selbst zur »Zielscheibe

der Revolution« zu machen. Wir übten Kritik untereinander. Aber erst als die Massen begannen, uns zu kritisieren, gingen uns die Augen auf, und wir verstanden allmählich, welche Fehler wir gemacht hatten, als wir den Lehren Liu Schao-tschis anhingen.«

Die jetzigen leitenden Kader der Revolutionskomitees der drei Arbeitsgruppen und der Brigade stellen ein junges, energisches und begeisterungsfähiges Team dar, und sie sind bereit, aus den Erfahrungen der Altgedienten und aus ihren eigenen Erlebnissen im Lichte der Kulturrevolution zu lernen. Sie erfreuen sich auch des Vertrauens der Brigademitglieder, da sie ausgewählt tüchtige Leute sind. In ein bis zwei Jahren werden sie sicher wiedergewählt werden, und ich glaube kaum, daß viele bei der Wahl durchfallen werden. Sie sind bei ihren Kollegen gut eingeführt, da sie zusammen mit ihnen wohnen und arbeiten, und die Erfolge ihres Wirkens sind nicht zu übersehen.

Die oberste Kommuneleitung, also die Mitglieder des Revolutionskomitees, gleichzeitig das Verwaltungsorgan des Ortes, ist nicht durchweg wählbar. Einige der leitenden Leute werden von der Bezirksverwaltung eingesetzt, doch müssen sie in ihren Stellungen von den Massenorganisationen bestätigt werden. Die Partei legt großen Wert darauf, daß sie sich in der praktischen Arbeit bewähren, und deshalb müssen diese Kader regelmäßig innerhalb der Brigadegruppen produktive Arbeit verrichten. Dabei werden sie nicht nur körperlich ertüchtigt, sondern sie lernen bei ihrem Einsatz als »gewöhnliche Arbeiter« ihre Wählerschaft kennen, und umgekehrt wissen die Volksmassen, mit welchen Kandidaten sie es zu tun haben. Wenn sie sich nicht bewähren, können sie ohne weiteres abgewählt werden.

Das Frühlingsfest

Schon Wochen vor dem dreitägigen Frühlingsfest drangen die Propagandisten der Kommune in uns, die Feiertage auf revolutionäre Weise zu begehen. Sie argumentierten, daß die guten

Seiten des Festes beibehalten werden sollten; dagegen müßten alle überalterten Wesenszüge abgeschafft werden, besonders die feudalistischen Gebräuche, wie Verschwendungssucht, übermäßiges Trinken, Glücksspiel und Faulenzerei.

Am Tag vor dem Beginn des Festes nahmen wir an mehreren Versammlungen teil, bei denen unser Verhalten festgelegt werden sollte. Morgens gingen wir zu einer Ausstellung, auf der der Klassenkampf in unserem Bezirk dargestellt wurde. Ling und vier weitere »Hsia fang«-Kader, alles Künstler, hatten mit den Propagandisten des Ortes zusammengearbeitet, um die Ausstellung vorzubereiten. Sie wurde im früheren Herrenhaus des wohlhabenden und schlimmsten Grundbesitzers des Ortes veranstaltet. Das Haus lag mitten im Zentrum des Kommunedorfes und war geräumig, mit mehreren Trakten, ein dreistöckiges graues Mauersteingebäude. Es war schon ziemlich baufällig, da es vorher vielerlei Zwecken gedient hatte. In letzter Zeit waren in ihm die Verwaltungsbüros und die Quartiere einer der großen Brigaden untergebracht gewesen. Die Räume dürften aber nie sehr wohnlich gewesen sein. Sie waren auf traditionelle Art in U-Form angeordnet, wobei die Haupträume nach Süden hin wiesen und am Grundboden dieses U lagen. Alle Zimmer waren niedrig und hatten kleine Fenster, die nur wenig Licht einließen, obwohl sie verglast waren. Auch der Hof war eng, und enge, steile Stufen führten von draußen zu den oberen Räumen.

Der Gebäudekomplex machte den Eindruck einer kleinen Festung, wenn man ihn in seiner wuchtigen Form betrachtete, mit hohen Mauern, die den Hof und den Brunnen umfriedeten. Ein grimmiges Überbleibsel aus der kriegerischen Feudalzeit, aus den Zeiten der Unterdrückung und Ausbeutung des Volkes, den Tagen des Bandenunwesens und der Bauernaufstände.

Die Ausstellung wurde in den oberen Stockwerken gezeigt. Die Gemälde waren sauber mit Kaoliangstielen gerahmt und beschrieben das Leben aus vergangenen Zeiten des Ortes Glückseligkeit: Die Brutalitäten der Gutsherren, Überschwemmungen, Dürrezeiten, flüchtende Menschen, Preßpatrouillen, aber auch

Szenen aus dem Krieg gegen die Japaner und aus dem Freiheitskampf. In einer größeren Abteilung wurden die Pläne der Kommune beschrieben und die Taten von ausgezeichneten Mitgliedern verherrlicht. Einer dieser Volkshelden war ein Freiwilliger, der sich am Koreakrieg gegen den US-Imperialismus beteiligt hatte. Er wohnte ganz in unserer Nähe. Aber auch ein junges Mädchen wurde gefeiert, das sich bei der Feldarbeit hervorgetan hatte.

Die Künstler hatten sich ein wenig dilettantisch bemüht, Tonfiguren zu modellieren, die sie nachträglich angemalt und regelrecht bekleidet hatten. Eine Gruppe stellte eine arme Bauernfamilie dar, die vor einer Hungersnot flüchtete, und die andere einen Gutsherrn mit einigen Leuten. Diese Gruppe sollte zeigen, wie der Unterdrücker die Verabfolgung einer Prügelstrafe beaufsichtigte, und der Geschlagene war ein armer Bauer, der seine Pacht nicht bezahlen konnte oder ein ähnliches »Verbrechen« begangen hatte.

Eine Kadergruppe aus der nahegelegenen Kaderschule »7. Mai« besichtigte die Ausstellung direkt vor uns. Nach dem Rundgang hielten sie eine Versammlung ab. Ein Vertreter der Kommuneleitung sagte ihnen, daß ein armer Bauer ihnen einen Erlebnisbericht von den Leiden geben werde, die der Gutsherr ihm zugefügt hatte, und daß der Grundbesitzer – noch immer ein störrischer Herr – in eigener Person erscheinen werde, damit die Kader den Unterdrücker zu Gesicht bekämen.

Als wir nach der Besichtigung in unser Dörfchen zurückkehrten, fand dort gerade eine weitere Versammlung statt. Alle Angehörigen der Brigade, Männer, Frauen und Kinder, hatten sich auf dem Hof des Verwaltungsgebäudes eingefunden. Einer der Gruppenführer gab einen Bericht über das Frühlingsfest, wie es in den alten Zeiten begangen wurde; er stand vor einem Tisch, der mit einem Bild des Vorsitzenden Mao geschmückt war. Der nächste Redner war der Parteisekretär, der alle dazu aufrief, diesmal das Fest auf wirklich revolutionäre Art zu feiern. Er sprach hauptsächlich davon, daß wir kompromißlos alles ablehnen sollten, was mit der feudalistischen Überlieferung zusammenhing. Das traf besonders auf ihn selbst zu, denn alle wußten, daß er lange Zeit unter dem Einfluß abergläubischer Vorstellungen der Geomantik gestanden hatte. Er hatte deshalb auch sein Haus umgebaut, und es hatte lange gedauert, bis er auf den rechten Weg gefunden hatte. Seine Rede beendete er mit einer Aufzählung von Ermahnungen: »Veranstaltet keine verschwenderischen Feste, und macht keine großen Geschenke. Trinkt nicht, spielt nicht Karten oder Mah-Jong, das Glücksspiel, das euch zugrunderichtet. Laßt nachts kein Feuerwerk los. Faulenzt nicht herum und macht nach dem dritten Feiertag keine Besuche mehr. Kommt pünktlich wieder zur Arbeit! Besucht nicht die Ahnengräber zum Beten und Opfern, verbrennt keinen Weihrauch und laßt die Kinter nicht Kotau machen!« Besonders die letzte Mahnung meinte er ernst. Er sprach die Warnung aus, daß Eltern, die ihre Kinder Kotau machen ließen, einer öffentlichen Kritik unterzogen, und daß die Kinder, die der überlebten Sitte der tiefen Verneigung anhingen, später in der Schule gerügt werden würden. Er kündigte auch an, daß die Milizleute der Brigade zum Streifendienst herangezogen würden und daß sie jeden festnähmen, der nachts Feuerwerkskörper abschießen würde. »Der Klassenfeind schläft nicht, und vielleicht möchte er sich dieses Fest zunutze machen, um uns zu schaden!« schloß er seine Rede.

Ich war zunächst verwundert darüber, daß diese Ehrbezeigung so sehr verpönt war. Diese alte Sitte galt in Peking und in den großen Städten schon seit langer Zeit als überlebt, und natürlich war sie auch in den Dörfern, die ich bereist hatte, verschwunden, da überall Kooperative und Kommunen bestanden. Es war nicht mehr Brauch, die Kinder vor ihren Großeltern und anderen alten Leuten knien zu lassen, und sie brauchten sich auch nicht mehr bis auf den Erdboden zu verneigen. In Peking empfanden Eltern und Kinder diese Sitte jetzt als fremdartig und menschenunwürdig. Ich hörte jedoch, daß es trotz aller Gegenpropaganda im Dorf Glückseligkeit noch im letzten Jahr Familien gegeben haben soll, die diesem alten Brauch weiterhin anhingen. In diesem Jahr wurde aber stark dagegen Sturm gelaufen, da man allgemein der Ansicht war, daß die überholte Sitte in keiner Weise mit dem neuen Geist der Kulturrevolution vereinbar sei. Drei Jahre nach Ausbruch dieser großen proletarischen Bewegung könne man kein Zeichen der Unterwerfung mehr dulden, denn veraltete Vorstellungen und kultische Gebräuche müßten abgeschafft werden. Der Kotau als äußeres Zeichen der Unterwerfung war noch ein letzter Trumpf des Klassenfeindes, um die Macht unbefugter älterer Leute über die junge Generation zu demonstrieren. Deshalb mußte Schluß damit gemacht werden.

Was die anderen Verbote anging, so möchte ich sagen, daß es wohl niemand gab, der Geld für Festessen oder außergewöhnliche Geschenke verschwendete. Ich habe auch nirgends im Dorf bemerkt, daß Mah-Jong gespielt wurde oder daß jemand betrunken war. Auch gefaulenzt wurde nach den Feiertagen nicht.

Das Gebot, an den Ahnengräbern keine Opfer darzubringen, wurde jedoch nicht so strikt befolgt. Nach den Feiertagen kam ich an vielen Gräbern vorbei, auf denen weiße Papierstücke lagen, die mit einem Stein beschwert waren. Es war offensichtlich, daß diese Gräber erst vor kurzem besucht worden waren, und die älteren Dorfbewohner scheuten sich nicht, das auch zuzugeben. Ein paar Leute kamen sogar zu mir, um sich das weiße Seidenpapier geben zu lassen, mit dem ich meine Zeichnungen zu überdecken pflegte. Die jungen Menschen aber ließen den alten Brauch einfach eingehen, da sie derartige Ahnenverehrungen ablehnten. Sie sagten zwar nichts dagegen, um die Gefühle der älteren Leute nicht zu verletzen, nur manchmal machten sie eine Andeutung, daß sie die Sitte als unmodern empfänden.

Einige Tage nach dem Fest wurde jedoch kurzfristig eine Versammlung vor dem Verwaltungshaus der Brigade einberaumt. Drei junge Burschen und ein älterer Mann waren dabei erwischt worden, daß sie mit Geldeinsatz Domino gespielt hatten. Um sie bloßzustellen, hatte man ihnen Zettel um den Hals gehängt, auf denen Papiergeld abgebildet war – Goldpapier, das so gefaltet war, daß es wie das frühere »Goldschuh«-Geld aussah –, und die armen Schlucker machten reuige Gesichter. Ein paar Milizleute führten sie in der Kommune herum, und ihre Verfehlung wurde in den Versammlungen jeder Brigade erwähnt. Diese Lektion vergaßen sie bestimmt nicht so schnell; sie diente aber auch dazu, diese überkommene, verschwiegene dörfliche Sitte des Glücksspiels zu bekämpfen.

Am Abend vor dem Beginn des Festes wurden alle Bauernhäuser gründlich aufgeräumt. Viele Leute stellten neue Bilder des Vorsitzenden Mao auf, außerdem neue Neujahrsbilder (nien hua), und alle malten neue kommunistische Wahlsprüche an ihre Haustüren. Ich gehörte zu einer Kadergruppe, die von Tür zu Tür ging und den Dorfbewohnern Festgrüße ausrichtete, außerdem Maobilder und Abzeichen verteilte und Parolen an die Türen malte: Zwei lange Schriftstreifen an die Türpfosten und einen an den Querbalken. Unsere Gruppe war in Begleitung von Angehörigen der Volksbefreiungsarmee, die schon den Koreakrieg gegen die Amerikaner unter MacArthur mitgemacht hatten. Die Parolen, die wir an die Türen malten, lauteten beispielsweise: »Lang lebe die Kommunistische Partei Chinas!«, »Lang lebe der Vorsitzende Mao!« und »Lang lebe die Volkskommune!« Auch Worte des Vorsitzenden Mao waren darunter: »Habt Selbstvertrauen!«, »Dem Volke dienen!«, »Seid wachsam gegenüber dem Krieg und den Naturgewalten, und tut alles für das Volk!« Auf die Türfüllungen klebten wir größere, rechteckige rote Plakate mit längeren Aussprüchen Maos: »Die Hauptaufgabe der politischen Arbeit ist die Erfüllung der bäuerlichen Massen mit sozialistischer Ideologie und die Kritik an den Tendenzen zum Kapitalismus.« Oder wir klebten einen kurzen Ausspruch, auf dem in großen Buchstaben stand: »Vergeßt niemals den Klassenkampf!«

Ich erinnerte mich dabei an Yenan, wo ich auch mit einer Gruppe herumgezogen war, um »die Familien der Helden zu trösten«. Das lag nun schon zweiunddreißig Jahre zurück, es war mitten in der Zeit, als die Japaner China mit Krieg überzogen. Yenan war damals das Hauptquartier der Kommunistischen Partei. Die Gruppe bestand aus jungen Leuten und nahm ihre Aufgabe ernster. Sie teilte sich in mehrere kleinere Gruppen auf; eine richtete Grüße aus, eine andere sang »Trostlieder«, eine dritte fegte die Höfe gründlich aus und holte Wasser. Ein junger Mann hatte die Aufgabe, die Grüße der Familie an die Männer an der Front zu schreiben. Solche Sonderleistungen wurden jetzt nicht mehr benötigt. Die Bauernhöfe waren alle in sauberem Zustand dank der schon lange Jahre durchgesetzten Massenhygiene. Wasser gab es reichlich dank der Tiefbrunnen, und auf jedem Hof war einer anzutreffen, der schreiben konnte. Wir in unserer »lahmen Veteranentruppe« schenkten es uns, unsere brüchigen Stimmen den besuchten Familien zu Gehör zu bringen ...

Am ersten Feiertag aßen alle Dorfbewohner Chiaotze. Den ganzen vorhergehenden Abend hörten wir das klapp, klapp, klapp der Leute, die das Fleisch und das Gemüse hackten. Zu allen Festtagen gab es im Dorf Glückseligkeit Chiaotze. Nach dem Essen begannen die Leute mit den gegenseitigen Besuchen. Kaum eine Stunde verging, in der nicht Nachbarn zu uns kamen. Die Kinder kamen auch zu mir, um sich meine Zeichnungen anzusehen und ein Stück Süßigkeiten zugesteckt zu bekommen. Auch die Eltern der Kinder sahen zu mir herein, um mir ein Grußwort zu sagen, und gewöhnlich konnten sie überredet werden, eine Zigarette zu rauchen oder für ein Schwätzchen bei mir zu bleiben.

Am Nachmittag gab es auf der großen Dreschtenne neben der Traktoren-Reparaturwerkstatt eine Vorstellung. Hunderte von Besuchern kamen aus allen Richtungen der Kommune herbei. Eine Behelfsbühne war errichtet worden, und die Konzertgruppe der Kommune gab eine Vorstellung mit Gesängen, Tänzen und Vorträgen. Viele der Lieder hatten Texte aus den Werken des Vorsitzenden Mao. Fast alle Leute hatten sich neue Kleidung angezogen, und manche waren von Kopf bis Fuß neu ausstaffiert, besonders die Kinder. Kaum einer war dabei, der nicht ein Abzeichen mit dem Bild des Vorsitzenden trug, und die Kinder hatten rote Plastikrosetten angesteckt. Die kleinen

Mädchen hatten rote Gesichter mit einem runden Koschenillefleck auf jeder Wange und vier kleinen Punkten auf der Stirn. Die größeren Mädchen waren hübsch anzusehen mit ihren leuchtend bunten Haarbändern. Viele Leute schauten zu uns herein auf dem Wege zu der Veranstaltung. Es galt als durchaus angemessen, den Besuchern Zigaretten anzubieten, wenn es sich um Männer handelte, und den Frauen und Kindern Süßigkeiten zu geben. Aber darüber hinaus sollte die Gastfreundschaft nicht gehen.

Der zweite Tag des Festes war der Familienbesuchstag. Die verheirateten Frauen besuchten mit ihren Kindern die Großmütter mütterlicherseits. Es kam auch vor, daß die Männer bei den Besuchen mitkamen. Manche Familien zogen aus, um auswärts Verwandte aufzusuchen. Da konnte man Mütter sehen, die mit ihren Jüngsten in einem Handwagen saßen, der vom Vater oder von den älteren Söhnen gezogen wurde. Jen Ming-fan, eine hübsche junge Mutter, die in einem der Nachbarhöfe wohnte, freute sich schon darauf, uns ihren Ehemann vorstellen zu können. Er arbeitete bei der Eisenbahn in der Provinzhauptstadt und bekam zum Frühlingsfest Heimaturlaub. Schon seit undenklichen Zeiten nahmen alle Chinesen das Frühlingsfest zum Anlaß, die Familienbande zu erneuern. Auch viele andere junge Männer, die auswärts arbeiteten, kamen zum Fest nach Hause. Nicht wenige reisten Hunderte von Meilen, um die Feiertage im Familienkreise zu verleben. Alle brachten Geschenke mit, und es gab viel Lärm und Fröhlichkeit bei den Erzählungen, denn hier war immer etwas Neues zu berichten. Die meisten Urlauber hatten eine oder zwei Wochen frei, und manche konnten sogar noch länger bleiben, wenn sie sich ihren Urlaub aufgespart hatten. Am zweiten Feiertag waren ein paar Aktivisten schon wieder bei der Feldarbeit, und am dritten Tag kamen noch mehr Freiwillige hinzu, besonders die Schulkinder. Nur wenige ältere Leute besuchten die Ahnengrabstätten. Das weiße Votivpapier, das anfangs mit Steinen oder Erdklumpen auf den Gräbern beschwert worden war, vergilbte bald oder wurde von den Winden fortgeweht.

Als das Frühlingsfest vorbei war, wurde Borstenvieh, das große Schwein, in den Stall gesperrt. Nur Schweinchen durfte weiter herumtollen. Borstenvieh grunzte und quiekte vor Mißvergnügen. Aber die Sache hatte auch ihre guten Seiten: Es bekam reichlich zu fressen und wurde zunehmend fetter. Dies ging einen ganzen Monat lang so weiter, bis der Tag kam, wo es seine letzte Reise zur genossenschaftlichen Aufkaufstelle antreten sollte. Borstenvieh wehrte sich mit allen Kräften. Als Ching Chun vorsichtig an es herankam, schien es nichts Gutes zu ahnen, entwand sich verzweifelt seinem Zugriff und raste davon. Die Flucht führte zu der Baumpflanzung am Teich, und Schweinchen rannte getreulich hinter ihm her. Es wurde zwar von Ching Chun wieder in die Enge getrieben, aber mit letzter Anstrengung kletterte es über einen meterhohen Wall und entkam zum zweiten Mal. Ching Chun überholte es nun, und Borstenvieh war dumm genug, kehrtzumachen und zum Stall zurückzurennen, wo es grunzend stehenblieb und aus der dunklen Ecke hervoräugte.

Ching Chun holte Verstärkung herbei. Während er an den Stallwänden Wache stand, näherten sich zwei kräftige Schulkameraden ihrem Opfer, einer von vorn, und der andere von hinten. Als Borstenvieh sich im Kreise drehte, packte der eine von ihnen seinen Schwanz. Der andere ergriff es bei den langen Ohren, während es vergeblich versuchte, sich zu befreien. Mit vereinten Kräften wurde es dann zu Boden gezwungen, und Ching Chun band die Beine mit schnellen Griffen zusammen. Schmachvoll an den Läufen aufgehängt, wurde Borstenvieh gewogen. Über hundert Pfund brachte es auf die Waage. Dann wurde es auf einen Handwagen verladen, wo es noch einmal versuchte, auf die Füße zu kommen, um herunterzuspringen. Daraufhin wurde das Tier fest verschnürt, und endlich lag es still. Lao Man bekam achtzig Yüan beim Verkauf. Später kam ich noch einmal darauf zurück und fragte Lao Man, wieviel Geld er mehr erhalten hätte, wenn er einen Teil des Fleisches an seine Nachbarn verkauft haben würde (dazu war er durchaus berechtigt) und den Rest des ausgeschlachteten Tieres an die genossenschaftliche Ankaufsstelle. Er rechnete einen Augenblick nach und sagte dann: »Vielleicht zehn Yüan mehr. Ich habe es aber lieber im ganzen an den Staat verkauft. Damit leiste ich den Kadern und der Stadtbevölkerung einen Dienst. Es ist ehrenhafter so, und ...« Er lachte in sich hinein: »Dann wird auch nicht Kritik an mir geübt!«

Als das große Schwein weggekarrt worden war, hatte Schweinchen schon wieder kein Interesse mehr an der Angelegenheit und fraß in der Hofecke Mohrrübenabfälle. In den nächsten sieben Monaten war es nun Oberherrin auf dem Bauernhof. Auch als warme Unterlage brauchte es seine große Artgenossin nicht mehr. Die Sonne wärmte schon, und es streckte sich vor der angestrahlten Südwand des Hauses wohlig aus. Borstenvieh, das große Schwein, war auch gar nicht kameradschaftlich zu ihm gewesen, denn es schnappte ihm immer die besten Bissen weg. Ta Sao meinte auch, daß Schweinchen jetzt, nachdem Borstenvieh weg war, bald größer und fetter werden würde.

»Vermutlich hat Borstenvieh es so schlecht behandelt, weil es nicht sein eigenes Junges war«, meinte ich. Ta Sao aber war anderer Ansicht: »Borstenvieh hätte sich als Muttertier auch nicht anders verhalten. Eine Sau läßt ihre Ferkel nur eine bestimmte Zeit lang saugen. Danach kümmert sie sich nicht mehr um die Jungen. Meine Schwester hatte eine Sau, die ihren Wurf recht gut säugte. Dann wurden die Kleinen verkauft. Eines davon wurde an einen Nachbarn weggegeben, und da das Junge schwächlich war, meinte er, es wäre eine gute Idee, das Ferkel noch etwas bei der Alten saugen zu lassen. Die Sau nahm aber das eigene Junge nicht mehr an, und wenn es zu saugen versuchte, dann biß sie zu, und das arme kleine Ding blutete.«

Es kam auch genauso, wie Ta Sao vorausgesagt hatte. Schweinchen wuchs und gedieh von Tag zu Tag besser. Jetzt konnte es ungestört alle Abfälle fressen, und nicht lange, so gebärdete es sich ebenso ungestüm wie Borstenvieh. Wenn die

Küchenabfälle in den Hof geworfen wurden, dann stürzte es sich grunzend auf die Mohrrüben und verjagte die Hühner. Auch auf dem Komposthaufen und zwischen den Ästen auf dem Holzhaufen war es anzutreffen, sogar auf den Nachbarhöfen trieb es sich schnüffelnd herum. Eines Tages beobachtete ich Schweinchen, als es auf dem Hof in der Erde herumwühlte. Es ließ sich durch nichts stören, auch nicht, als ich mich dazustellte. Es wühlte höchstens noch tiefer in der Erde. Als Ta Sao merkte, daß ich über einem großen Loch stand, stieß sie einen Schrei aus und kam gleich zu mir hergelaufen. »Schweinchen frißt mir meine Mohrrüben auf!« Wir jagten die Übeltäterin weg und stülpten eine Schubkarre umgekehrt über die Stelle, wo sich die Rübenmiete befand. Zur Abschreckung legten wir noch einen Dornenzweig darüber. Schweinchen wagte sich nicht mehr an die Mohrrüben heran. Wir hätten zu dieser Zeit auch kaum auf den Rübenvorrat verzichten können, da der Kohl aufgegessen war und wir zusätzlich nur noch Zwiebeln, Knoblauch und getrocknete Steckrüben hatten. Potsai (Spinat), das erste Frühlingsgemüse, gab es noch kaum. Erst drei Wochen später wurde er in ausreichender Menge angeboten.
Schweinchen war von nun an nicht mehr unser kleines, sondern unser großes Hausschwein.

Das Arbeitspunkte-System, Zuteilung und Bezahlung

Da ich mich auch für die Einkommensverhältnisse der Mitglieder der Kommune »Große Glückseligkeit« interessierte, bekam ich nach und nach heraus, daß sie je nach den Familienverhältnissen sehr unterschiedlich waren.
Zunächst einmal sind die einzelnen Brigaden und Arbeitsgruppen der Kommune wirtschaftlich nicht gleichgestellt. Zweitens gibt es Unterschiede im Einzeleinkommen, da manche Familien wirtschaftlich ganz von der Kommune abhängen, während andere über zusätzliche Gelder verfügen, da Familienmitglieder auswärts in Fabriken oder Verwaltungsstellen arbeiten. Man

kann jedoch den Lebensstandard nicht nur an der Höhe der Löhne messen. Vielerlei variable Faktoren müssen dabei berücksichtigt werden: Lebensmittelzuteilungen, ärztliche Versorgung und andere öffentliche Dienstleistungen. Das kann sogar soweit gehen, daß beispielsweise ein altes Ehepaar sein Haus kostenlos renoviert bekommt. Eine werdende Mutter wird kostenlos ärztlich versorgt, und ihr stehen fünfzig Tage bezahlter Urlaub zu, den sie je nach Wunsch vor oder nach der Geburt nehmen kann.

Meine nachstehenden Ausführungen können nur Orientierungshilfen bei der Beurteilung der wirtschaftlichen Lage der fünfhundert Millionen Bauern sein, die das chinesische Land bevölkern. Ökonomisch gesehen liegt das Dorf Glückseligkeit unter dem Durchschnitt. Ich kenne andere Gemeinden, denen es viel besser geht, und andererseits gibt es auch Dörfer, die etwas schlechter daran sind. Nach den Lebensumständen der Familien, die ich im Dorf Glückseligkeit kennengelernt habe, zu urteilen, verfügten sie alle über einen auskömmlichen Unterhalt. Sie waren zweckmäßig gekleidet und untergebracht, hatten genug zu essen, und für die Schulausbildung der Kinder und kulturelle Veranstaltungen war gesorgt. Auch Vorkehrungen für die Alters- und Invaliditätsversorgung waren getroffen, und die Toten wurden auf anständige Weise beerdigt. Aber alle mußten dafür schwer arbeiten, und die Menschen unterwarfen sich freiwillig einer strengen Disziplin. Die Arbeit trug aber auch ihre Früchte, so daß sie sich der Zuversicht hingeben konnten, daß ihr Los von Jahr zu Jahr besser werden würde. Die Gefahren der Überschwemmung und der Dürre waren gebannt. Lange Jahre lag es schon zurück, seitdem sie das letzte Mal durch die Naturgewalten ihrer Existenz beraubt worden waren. Und sollte wirklich wieder einmal eine Naturkatastrophe eintreten, waren sie sicher, daß ihnen nicht nur die eigene Kommune, sondern die ganze Staatsmacht beistehen würde.

Für alle, die sich noch an die alten Zeiten erinnern konnten, war dieser Wandel wie ein Wunder, in wahrstem Sinne des Wortes ein Übergang zur höchsten Glückseligkeit!

Jede Person, die der Kommune zugehört, erhält eine Grundzuteilung an Lebensmitteln, wobei über die Produktionsgruppe abgerechnet wird. Die Getreidezuteilung schließt auch ein Kontingent Bohnen ein. Die zugewiesene Menge wird in folgender Weise errechnet:

Ausgehend von dem Gesamtertrag wird die Getreidesteuer an den Staat in Naturalien abgeführt. Die Höhe dieser Abgabe ist festgesetzt; deshalb ist sie auch von Jahr zu Jahr verschieden und errechnet sich als Prozentsatz des Ertrages einer Produktionsgruppe. Je höher der Ertrag ist, um so niedriger ist, prozentual betrachtet, die steuerliche Abgabe. Im Landesdurchschnitt liegt sie jetzt wahrscheinlich zwischen 3 und 7 Prozent. Im Dorf Glückseligkeit lag sie 1969 bei 5 Prozent und fiel 1972 auf etwa 3 Prozent. Die meisten Steuereinnahmen bezieht der Staat jetzt hauptsächlich aus industriellen, landwirtschaftlichen und Handelsunternehmungen.

Der Nettoertrag der Produktionsgruppe wird nach Abzug der Steuer und nach demokratischen Diskussionen in vier ungleiche Posten aufgeteilt, wobei man den Ansprüchen des einzelnen, des Kollektivs und des Staates gerecht zu werden bemüht ist. Ein Posten im Wert von zwanzig Prozent des Ertrages wird als Reservefond zurückgelegt. Dieser Fond setzt sich zusammen aus der kollektiven Getreidereserve gegen »Notzeiten, Überschwemmungen, Dürre oder Krieg«, ferner dem Investitionsfonds, den Geldern für Staatgut, Verwaltungskosten und schließlich dem Sozialfond, der im Jahr 1969 ein Prozent des Ertrages betrug und für die Krankenversorgung und die Bestattungskosten verwendet wurde.

Der Rest ist zur Verteilung unter die Mitglieder vorgesehen. Wenn keine andere Regelung getroffen wird, dann sollte dieser Rest – so hat es jedenfalls die Partei vorgesehen – nicht weniger als 50 Prozent des Ertrages ausmachen. Ein Teil davon, etwa 20 Prozent des Ertrages, wird zum festgesetzten Preis an den Staat verkauft, und die Bareinnahmen werden den Mitgliedern, von denen diese Erträge stammen, vergütet.

Der Verteilungsfonds wird im Dorf Glückseligkeit in zwei etwa gleich große Posten aufgeteilt. Der Verteilungsschlüssel hängt vom Ergebnis der Diskussion ab; er kann manchmal 40 : 60 sein, in anderen Fällen aber auch 60 : 40 oder anders. Die erste Hälfte wird dann durch die Gesamtzahl der Bevölkerung dividiert, und hieraus errechnet sich die Getreidezuteilung für jede Person innerhalb der Arbeitsgruppe.

Durchschnittlich benötigt jeder Erwachsene wenigstens dreißig Chin Getreide monatlich zum Leben; ein schwer arbeitender Mann braucht noch die Hälfte mehr. Das heißt also, jeder Angehörige der Arbeitsgruppe soll mindestens 360 Chin Getreide im Jahr zugeteilt erhalten. Diese Grundration ist erforderlich, damit die Menschen ihr auskömmliches Essen haben. Im Jahre 1970 betrug die Ration im Dorf Glückseligkeit 380 Chin. Wenn eine Notzeit, beispielsweise eine Überschwemmung, einsetzt, dann kann sich die Arbeitsgruppe an die Brigade oder die Kommune wenden, die ihr dann Hilfe leistet; doch in Verfolg der Parole »Seid selbständig!« wird sie ihr möglichstes tun, um sich selbst zu behelfen. Falls einmal die Grundzuteilung an Nahrungsmitteln nicht ausreichen sollte, dann würde die Arbeitsgruppe weniger an den Staat verkaufen oder den Reservefonds verringern.

Der andere Teil des Verteilungsfonds wird für die Bezahlung der Arbeitspunkte verwendet, die sich die Mitglieder der Produktionsgruppe verdient haben.

Die Zuteilung von Arbeitspunkten ist nicht bei allen Kommunen einheitlich. Im Dorf Glückseligkeit wird die Arbeitskraft eines Erwachsenen mit zehn Arbeitspunkten am Tag bewertet. Diese Anzahl kann sich aber erhöhen oder vermindern, je nachdem, welche Arbeit und wie sie verrichtet wird. Zum Beispiel bekam Lao Man zwölf Punkte am Tag, als er anstrengende Transportarbeiten verrichtete; er hatte Kohlen aus der Stadt ins Dorf zu befördern. Man war sich in der Dritten Arbeitsgruppe darüber uneinig, ob ein Aufseher bei der Drescharbeit – ein sehr verantwortungsvoller Posten während der Erntezeit – zwölf Punkte zugeteilt bekommen sollte. Die Leitung der Arbeitsgruppe bestand darauf, daß diese Arbeit nur zehn

Punkte wert sei. Über diese Entscheidung entstand eine gewisse Unzufriedenheit. Wäre dieser Protest aber offen zutage getreten und hätte er Unterstützung »von den Massen« erhalten, dann würden die zwölf Arbeitspunkte zweifellos bewilligt worden sein.

Als ich einmal die Mühlenanlage der Brigade besuchte und die beiden dort beschäftigten jungen Mädchen nach ihrem Lohn fragte, antworteten sie: »Sieben Punkte am Tag.« Sie haben nicht schwer zu arbeiten und sind vor Sonne und Regen geschützt. Sie müssen nur darauf achten, daß die Maschinen richtig funktionieren, und dazu genügt meist ein Schalterdruck, wenn sie das elektrische Mahlwerk oder die Entkörnungsmaschine in Gang setzen oder abschalten. Für die Instandhaltung und die Reparaturen steht ein Mechaniker zur Verfügung. Einmal begegnete ich zwei jungen Leuten, die vielleicht dreizehn oder vierzehn Jahre alt waren. Sie kamen von der Arbeit auf dem Maisfeld zurück, wo sie die Pflanzen behackt hatten. Sie gingen noch zur Schule und arbeiteten nur während der Ferien oder dann, wenn produktive Tätigkeit für wichtiger erachtet wurde als das Lernen. Sie bekamen fünf Arbeitspunkte am Tag. Als die Weizenernte im vollen Gange war, gingen sogar unsere kleinen Au Chiu und Hsiao Ching auf die Felder, um Ähren zu sammeln. Die Ähren wurden dann gewogen, und sie bekamen zwei Arbeitspunkte für diesen Tag.

Ein erwachsener, kräftiger Mann kann als Mitglied der Arbeitsgruppe mehr als dreitausend Punkte im Jahr verdienen, wenn er an jedem Arbeitstag zehn oder mehr Punkte zugeteilt bekommt. Wenn er an einem Tag einmal nicht arbeitet, verliert er naturgemäß die fälligen Punkte. Und wenn festgestellt wird, daß jemand in seiner Leistung systematisch nachläßt, dann kann seine Punktequote auf neun oder acht reduziert werden. Solche Fälle kommen aber sehr selten vor. Eine Nachlässigkeit innerhalb der Brigade war fast nirgends festzustellen, die meisten Leute waren gewissenhaft. Wenn einmal nicht die volle Anzahl Arbeitspunkte zusammenkam, dann war dies auf Feiertage, Krankheiten oder wichtige Hausarbeiten wie Dachdecken zurückzuführen. Zusätzliche Arbeitspunkte wurden dann zugeteilt, wenn die Arbeitsgruppe Extraarbeiten zu verrichten hatte, die über die Norm der Mitglieder hinausgingen. Die meisten Frauen und Mädchen sowie die größeren Jungen werden nicht als vollwertige Arbeitskräfte angesehen, und deshalb erhalten sie zumeist nicht mehr als siebeneinhalb Arbeitspunkte am Tag. Das ist aber keine Diskriminierung. Die Bewertung beruht auf der tatsächlich vorhandenen Muskelkraft, die für die Landarbeit erforderlich ist. Es gibt aber auch Amazonen unter den hiesigen Frauen, wie die Chefin der Miliz, die zehn Punkte bekommt. Selbstverständlich erhält auch eine Lehrerin die gleiche Punktanzahl wie ihr männlicher Kollege.

Schwierigkeiten bei der Heranziehung der Frauen zur Feldarbeit gibt es kaum. Frauen arbeiten seit jeher in China auf den Feldern. Allerdings habe ich in manchen Gebieten Südchinas festgestellt, daß man es früher als »unheilvoll« betrachtet hatte, wenn Frauen zur Arbeit auf die Felder gingen. Ganz allgemein kann man aber sagen, daß die älteren Frauen kaum Zeit für andere Tätigkeiten als die Hausarbeit finden. Ta Sao konnte niemals ihre Hände in den Schoß legen. Von frühmorgens bis spätabends war sie auf den Beinen: Sie kochte, säuberte die Räume, flickte die Kleidung oder nähte, oder sie versorgte die Hühner oder die Schweine. Wenn sie aber gebraucht wurde, dann ließ sie alles stehen und liegen und beteiligte sich an der Feldarbeit.

Der Wert der Arbeitspunkte wird dadurch bestimmt, daß man den durch die Punkte erwirtschafteten Gesamtertrag durch die Gesamtzahl der erarbeiteten Punkte der Mitglieder dividiert. Der Einzelwert eines Punktes variiert daher von Jahr zu Jahr je nach dem Ertrag, den die Arbeitsgruppe erwirtschaftet hat. Bei der Zweiten Gruppe hatte im Jahre 1971 ein Arbeitspunkt einen Wert von über 7 Mao.

Zusätzlich zu der Getreidezuteilung – ein Kleinkind erhält die halbe Menge – steht jedem Mitglied eine bestimmte Menge Pflanzenöl, Maiskolben und Mais sowie Kaoliang-Stengel für Hausbrandzwecke zu, außerdem Baumwolle. Die Mengen reichen für den täglichen Bedarf aus, wenn man sparsam damit umgeht. 1971 gab es pro Kopf etwas über ein Chin Baumwolle. Das Dorf Glückseligkeit richtete sich nach der Parteidirektive, dem Getreideanbau das Hauptaugenmerk zu schenken, und daher wurde nur soviel Baumwolle angebaut, wie man für den Eigenbedarf brauchte. Die »ausreichende« Menge wurde nach dem normalen Ertrag kalkuliert, und wenn die Ernte höher ausfiel, dann bekam jeder einfach einen größeren Anteil. Die Mitglieder konnten mit ihrer Baumwollzuteilung nach Belieben verfahren. Meistens war es so, daß die Frauen die Baumwolle spannen und daraus Tuch für die Kleidung der Familie webten. Wenn Stoff übrig blieb, dann durfte es an den Co-op-Laden oder an Nachbarn verkauft werden. Junggesellen mußten ihre Kleidung kaufen.

Die Arbeit im Kollektiv ist also die hauptsächliche Einkommensquelle der Mitglieder. Der Lohnanteil hängt von den persönlichen Anstrengungen der Einzelpersonen ab, aber die Grundexistenz jedes Kommunemitglieds ist gewährleistet, sei es nun, daß es ein junger oder ein alter Mensch ist oder daß er körperlich einsatzfähig oder bettlägerig ist.

Im allgemeinen haben die Kommunemitglieder aber noch andere zusätzliche Einkünfte. Praktisch in jedem Haushalt werden Hühner gehalten. Die Anzahl der Hennen richtet sich nach den verfügbaren Futtermitteln, die im allgemeinen knapp sind. Ta Sao hielt ständig sechs bis sieben Hühner, und auch die meisten Nachbarn hatten ein halbes Dutzend. Ein ganzes Dutzend war schon zu viel; das Futter reichte nicht aus. Der Eierverkauf an den Co-op-Laden war eine zusätzliche Einkommensquelle. Für das Ei gab es vier bis fünf Fen. Manche alten Bäuerinnen verkauften ihre Eier auf dem Markt, wo sie höhere Preise verlangen konnten. Je nach Jahreszeit wurden zehn Fen oder sogar noch mehr bezahlt. Solche Privatverkäufe wurden aber nicht gern gesehen. Die Kommuneleitung und die öffentliche Meinung sahen darin eine eigennützige Verhaltensweise.

Auch andere Haustiere wurden fast überall gehalten. Ein bis zwei Schweine auf dem Hof galt als die Regel, und außerdem gab es Schafe und Ziegen, Kaninchen und Gänse. Wenn die Tiere verkauft wurden, floß immer etwas Geld in die Tasche der Bauern. Fast überall gab es Stellen, wo man das Gras wachsen ließ, um später Heu verkaufen zu können, denn das im Kollektiv gehaltene Vieh brauchte Frischfutter. Der Stalldung, ja sogar der Hühnermist wurde abgeholt, und dafür gab es Geld. Wenn man das Haus oder die Außenküche abriß und ein neues Haus aufbaute, dann wurden die alten Erdwälle mit Kunstdünger versetzt, und das Ganze wurde als Düngererde verkauft. Der Erlös aus dem Verkauf der alten Erde deckte sogar die Kosten, die einer unserer Nachbarn für den Wiederaufbau seines Hauses aufzuwenden hatte.

Das Verhältnis zwischen Nahrungsmittelzuteilungen und dem Arbeitspunktefonds war unterschiedlich und richtete sich nach dem politischen und sozialen Bewußtsein der Arbeitsgruppen und deren Mitglieder. Fortschrittlich eingestellte und gut eingearbeitete Gruppen setzen höhere Aufwendungen für Lebensmittel und Sozialfürsorge an, und wenn diese Leistungen angemessen waren, dann verkauften sie mehr Getreide an den Staat. Andere Gruppen waren der Auffassung, daß zur Steigerung der Produktivität und des Lebensstandards eine Erhöhung des Wertes der Arbeitspunkte erforderlich sei. Übereinstimmung bestand darin, daß der Wert des Arbeitspunktes zu steigern, zumindest aber aufrechtzuerhalten sei, aber über die Grundbewertung war man sich nicht einig. Der Arbeitspunkt stellte einen individuellen Anreiz zur Leistung dar. Wie sollte er aber bewertet werden, welche Quote galt als Maßstab für eine »ultralinke« Einstellung, und welche als revisionistisch? Diese Frage galt als wichtig und wurde von Führung und Mitgliedschaft der Arbeitsgruppen lang und breit diskutiert.

Im Dorf Glückseligkeit wurde dieses System der flexiblen Arbeitspunkte in der Zeit der Gründung der Kooperativen eingeführt, und es galt auch weiterhin in der Kommune. Es hieß, daß in anderen Kommunen die Punkte nach einer Bewertung der Gesamttätigkeit vergeben würden, nicht nach der Einzelleistung. In solchen Fällen beschloß man eine Gesamtpunktezahl für das betreffende Projekt, und jeder Mitarbeiter bekam eine dementsprechende Punktezuteilung. Natürlich wurde dabei auch bewertet, ob der Mann zügig oder lässig arbeitete; bei Leistungsabfall bekam er weniger Punkte. Dabei gab es naturgemäß Schwierigkeiten, aber wenn eine Gruppe lange genug dieses System anwendete, bewährte es sich auch. Auch im Dorf Glückseligkeit hatte man den Versuch gemacht, nach dieser Methode zu verfahren; man stellte jedoch fest, daß hierdurch Zeitverluste durch Diskussionen entstanden, da man sich nicht darüber einigen konnte, wie die Gesamttätigkeit zu bewerten war. Das bei uns im Dorf angewandte System brachte einem durchschnittlich arbeitenden, kräftigen Mann etwa zehn Arbeitspunkte am Tage ein, und die Kommunen, die es ebenfalls anwandten, waren mit dem Ergebnis zufrieden, denn es wurde schnell und gründlich gearbeitet.

Nicht weit vom Dorf entfernt gab es eine Brigade, deren Mitglieder neunzehn Punkte am Arbeitstag verdienten. Als ich die Frage stellte, weshalb man ihnen nicht zwanzig Punkte zubilligte, wurde mir gesagt, der Vorsitzende Mao hätte empfohlen, bei der Planung etwas »Spielraum« zu lassen.

Von Zeit zu Zeit kam ein Handwerksbursche zu uns ins Dorf, um Töpfe und Pfannen zu flicken oder um Schlösser zu reparieren. Er brachte seine Kesselflickerwerkzeuge auf einem Handwagen mit: Sägen, Hämmer, Feilen, Bohrer, einen kleinen Schmiedeofen und einen Blasebalg. Ich fragte ihn einmal, weshalb er diese Arbeit übernommen hätte. Ich konnte mir nämlich nicht vorstellen, daß er ein »Angehöriger des privatkapitalistischen Unternehmertums« war, und so war es auch. Er hatte einen guten Ruf als Mitglied der Kommune, aber die Feldarbeit lag ihm nicht, und er hatte schon immer als Kesselflicker gearbeitet. Die alte Sitte war also beibehalten worden, daß fahrende Handwerksleute von Dorf zu Dorf zogen und in ihrem Metier tätig waren. Sie zahlten aber ihrer Arbeitsgruppe pro Tag fünf Mao zurück, als Ausgleich für die Arbeitspunkte, die sie theoretisch verdient hätten, wenn sie auf den Feldern tätig gewesen wären.

Die Arbeitsgruppen im Dorf Glückseligkeit haben zwar Traktoren und andere Maschinen und arbeiten mit elektrischem Strom; die zur Anwendung kommende Technologie ist jedoch sehr geringfügig im Vergleich zu anderen, schon viel weiter entwickelten Gebieten Chinas, ganz zu schweigen von den durchrationalisierten Farmbetrieben in anderen Teilen der Welt. Die gesellschaftlichen Beziehungen in den Produktionsbrigaden der Kommune beruhen aber auf sozialistischen Prinzipien, und die Aufteilung der Erlöse geschieht nach dem Grundsatz, daß jeder das bekommt, was ihm nach seiner Arbeitsleistung zusteht. In mancher Hinsicht aber geht die Zuteilung, die für alle da ist und sich nicht nur nach den Arbeitspunkten richtet, über die sozialistischen Prinzipien sogar hinaus, so wie die Volkskommunen auf dem Grundsatz aufgebaut sind, daß alles von den Volksmassen verwaltet werden soll. Beispielsweise wird der Brennstoff und die Nahrungsmittel an alle verteilt, und hier geht es nicht nach den erarbeiteten Punkten, sondern nach den Bedürfnissen der Menschen.

Ein kleiner Teil des Ertrages – die Getreidesteuer – wird an den Volksstaat abgeführt, das heißt also an die Allgemeinheit, und somit kommt diese Abgabe teilweise dem Dorf wieder zugute. Die Erlöse aus dem Getreideverkauf an den Staat werden den Arbeitsgruppen direkt gutgeschrieben, und diese Gelder werden wieder den Mitgliedern auf die eine oder andere Weise nutzbar gemacht. Auch der Rest geht an das Kollektiv und wird entweder als Reserve festgelegt oder zur Deckung der laufenden Kosten verwendet. Ferner dienen diese Beträge zur Bestreitung der Kosten für die Lebensmittelzuteilungen, für die zur Verteilung kommende Baumwolle oder den Brennstoff, oder für die Sozialfürsorge und die Arbeitspunkte. Zusammengenommen entspricht diese Aufwendung etwa 90 Prozent des Ertrags und dient somit der Verbesserung des Lebensstandards der Mitglieder.

Wieviel verdient nun eigentlich ein Bauer im Dorf Glückseligkeit? Ihm werden etwa jährlich 400 Chin an Getreide zugeteilt, außerdem Gemüse und Kartoffeln, was einer auskömmlichen

Ernährung entspricht. Weitere Dienstleistungen wie Gesundheitsfürsorge und freier Schulunterricht kommen hinzu, und außerdem gibt es Nebeneinkünfte durch den Verkauf von Eiern oder Schweinen und sonstige Tätigkeiten. Für die Unterbringung und die Bekleidung ist gesorgt. Zum Sparen bleibt aber kaum etwas Geld übrig, und es gilt schon als Luxus, wenn man sich Gebrauchsgüter wie Fahrräder, Nähmaschinen, Thermosflaschen oder Taschenlampen anschafft. Manchen Mitgliedern geht es wirtschaftlich etwas besser als dem Durchschnitt, wenn Familienangehörige auswärts arbeiten, aber auch ganz allgemein sind die Verhältnisse etwas unterschiedlich je nach der Leistung der Arbeitsgruppe. Grundsätzlich läßt sich aber sagen, daß die soziale Sicherheit völlig gewährleistet ist, denn jedes Mitglied wird auch bei verminderter Leistungsfähigkeit durch Krankheit versorgt, und bei Naturkatastrophen kommt der Staat zu Hilfe. Die Leute sind sich auch dessen bewußt, daß die Kommune und der Sozialismus für sie sorgt, und sie ahnen, daß diese Sicherheit in der heutigen Welt von ausschlaggebender Bedeutung ist.

Die Ernteerträge liegen im Dorf Glückseligkeit niedriger als die Norm, die für das Gebiet durch die staatliche Planung für die Entwicklung der Landwirtschaft festgelegt wurde. Nach diesem Programm sollte der Ertrag bei vierhundert Chin je Mu liegen. Die tatsächlichen Ernten waren aber geringer. Nur im Jahre 1970 wurden die Sollerträge erzielt. Diese Fortschritte werden dazu beitragen, daß die Brigade allmählich zu Wohlstand kommt, oder mit den Worten des Parteisekretärs »ihren sozialistischen Standort konsolidiert.« Zum Vergleich möchte ich erwähnen, daß in der Musterkommune Yangtan in der Provinz Schansi schon im Jahre 1965 ein durchschnittliches Mitglied einer normalen Arbeitsgruppe eine Zuteilung von 400 Chin Getreide erhielt, dazu noch 130 Yüan Bargeld und die öffentlichen Dienstleistungen und die üblichen Rationen an Baumwolle, Öl und Brennstoff, sowie Gesundheitsfürsorge, Schulausbildung und Unterhaltung. In den südlichen Provinzen Chinas, wo man zwei- bis dreimal im Jahr erntet, sind die

Kommunemitglieder sogar noch besser daran. Somit liegt das Einkommen der Bewohner des Dorfes Glückseligkeit etwas niedriger als der Lohn eines durchschnittlichen Industriearbeiters.

Die Traktoren-Reparaturwerkstatt

Die Produktionsgruppen der Kommune unterhielten mehrere Kollektivbetriebe. Jede der drei Gruppen des Dorfes Glückseligkeit hatte ihren eigenen Stall, der dem Kollektiv unterstand. Unsere Zweite Arbeitsgruppe besaß ein Pferd, drei Maultiere, siebzehn Ochsen und mehrere Esel, auch ein paar Handwagen und altertümliche Karren mit eisenbeschlagenen Holzrädern. Die Dritte Arbeitsgruppe war schon wohlhabender; sie besaß drei Pferde und ein Fohlen, fünf Maultiere, über ein Dutzend Ochsen, dazu noch ein paar Esel. Als wir der Gruppe zugehörten, wurde der nagelneue Pferdewagen mit Gummireifen angeschafft, der achthundert Yüan kostete. Die Geldmittel kamen teilweise aus der Gemeinschaftskasse, und zum anderen Teil kamen sie aus der Tasche der Mitglieder, die ihr Geld dafür ausliehen. Lao Man verborgte achtzig Yüan. Das Geld stammte teilweise aus dem geschenkten Betrag, den ein Onkel anläßlich der Verlobung von Ching Chun gestiftet hatte. Er arbeitete in einem Kohlenbergwerk im nördlichen China.

Die drei Arbeitsgruppen hatten ein paar Kollektivbetriebe gemeinschaftlich unter sich. Dazu gehörte zunächst ein kleiner Mühlenbetrieb mit zwei Mahlwerken, einer Entkörnungsmaschine, den drei elektrischen Antriebsmotoren und drei ständig Beschäftigten. Außerdem gab es eine Schmiede, wo im allgemeinen drei junge Leute teilbeschäftigt waren. Hier wurden Hufeisen, Bolzen, Beschläge und Feuereisen angefertigt; außerdem wurden landwirtschaftliche Geräte repariert. Während des Winters wurden die Schafe und Ziegen der Brigademitglieder im Gemeinschaftsstall versorgt. Die Brigade sorgte auch dafür, daß in den großen Teich Fischbrut eingesetzt wurde, und die Baumpflanzungen wurden gemeinschaftlich gepflegt.

Die Kollektivbetriebe der Kommune waren naturgemäß größer als die Einzelbetriebe der Arbeitsgruppen oder der Brigaden. Da gab es eine Ziegelei, in der große Mengen Ziegelsteine gebrannt wurden, wenn ein größerer Bau errichtet werden sollte. Der große Getreidespeicher diente zur Lagerung von Weizen, Reis und Mais sowie Pflanzenöl für Tausende von Menschen. Außerdem gab es die genossenschaftliche Handelskette, die zur Versorgung der Kommunemitglieder und vieler umliegender Ortschaften da war. Die Kommune und einige der Brigaden hatten eigene Verkaufsläden, doch der Kommuneladen war besser ausgestattet.

Das ehrgeizigste Unternehmen unserer Kommune war aber der Landmaschinenpark und die Traktoren-Reparaturwerkstatt. Die Finanzierung des Betriebes erfolgte durch ein Darlehen der Bezirksverwaltung und durch Beiträge der Brigaden.

Die Brigaden und die Arbeitsgruppen zahlten Gebühren für die Benutzung der Traktoren und Geräte. Die Gebühr richtete sich nach der zu bearbeitenden Fläche und betrug ein Yüan und ein Mao je Mu. Insofern verwendeten die Arbeitsgruppen Traktoren nur dann, wenn sie ein großes Feld zu bestellen hatten, und sie entliehen die Maschinen nur für eine begrenzte Zeit. Alle gingen sparsam mit dem Geld um und warfen es nicht zum Fenster hinaus. Bestimmte Grundflächen wurden von der Kommune in eigener Regie bewirtschaftet, besonders die Versuchspflanzungen. Außerdem war auch noch die Salztonebene im Süden zu erschließen, und hier ging es nicht ohne den Einsatz von Traktoren.

Die Brigade des Dorfes Glückseligkeit war wirtschaftlich nicht in einer besonders guten Lage und konnte deshalb Traktoren nicht in großem Umfang einsetzen.

»Wie sieht es eigentlich mit der Bodennutzung und den Arbeitskräften in der Brigade aus?« fragte ich einmal.

»Wir haben ausreichend Land zur Verfügung«, war die Antwort. »Für uns alle in der Brigade ist genug da, damit wir davon gut leben können. Unsere Arbeitskräfte sind durchweg beschäftigt. Nur zu manchen Zeiten benötigen wir einen Traktor zusätzlich. Wenn unser Wohlstand wächst, dann werden wir mehr Maschinen einsetzen und die Arbeitskräfte für andere produktive Vorhaben beschäftigen.«

Nur wenige Wochen im Jahr gab es außergewöhnlich viel zu tun, so daß manche auch nachts arbeiten mußten. Zu Beginn des Frühlings gab es eine solche Zeitspanne, als man wegen der Trockenheit die Brunnen die ganze Nacht in Betrieb halten mußte und die Männer auf den Feldern beließ, damit sie die Bewässerung kontrollierten. Wenn jemand mehr als acht Stunden am Tage arbeitet, dann stehen ihm zusätzliche Arbeitspunkte zu.

Auch während der Erntezeit wurden die Arbeitskräfte knapp. Man befürchtete Regengüsse, und deshalb arbeiteten die Dreschkolonnen die ganze Nacht hindurch beim Stapeln und Bündeln des Erntegutes und beim Dreschen. Erst nachdem der Betrieb auf den Feldern gut durchorganisiert und das Dränagesystem einschließlich der Berieselung einwandfrei funktionieren würde – viel Gelände war auch noch zu planieren –, würde man daran gehen können, die Salzebene im Süden zu erschließen. Dann würde man auch genügend Maschinen und Traktoren brauchen, denn die Arbeitskräfte allein reichten für ein solches Vorhaben nicht aus. Wenn das auch ein Projekt war, das noch viel Jahre in Anspruch nehmen würde, befaßte sich die Kommune doch schon damit und führte mancherlei Vorarbeiten durch. Ein staatlicher Landwirtschaftsbetrieb hatte einen Teil des Geländes schon erschlossen. Dieses Versuchsland und die dazugehörigen Gebäude wurden dann der Schule »7. Mai« zur weiteren Bearbeitung übergeben, also den aufs Land geschickten Angehörigen des Übersetzungsbüros. Diese staatliche Stelle hatte genügend Geldmittel zur Verfügung, um eigene Traktoren, Lastwagen und Düngemittel einsetzen zu können. Die Kommuneleitung verfolgte die Anstrengungen dieser Gruppe mit besonderem Interesse. Allgemein wurde jedoch die Meinung vertreten, daß sich zwei oder drei Kommunen zusammenschließen müßten, wenn man dieses salzige Gelände wirklich nutzbar machen wollte. Die Brigaden oder die Arbeitsgruppen allein konnten es unmöglich schaffen. Ein sehr umfangreiches Dränage- und Bewässerungssystem war dazu erforderlich, und sehr viel Wasser mußte herangeführt werden, um den salzhaltigen Boden auszulaugen. Dazu mußten aber noch die Anlagen, besonders die Tiefbrunnen, geschaffen werden. Außerdem wurden in der ganzen Gegend noch Windbrecher benötigt, und auch die Anlage von Zufahrtsstraßen war ein großes Zukunftsvorhaben.

Die Traktoren-Reparaturwerkstatt der Kommune lag auf erhöhtem Gelände an der Hauptstraße, die von unserem Dorf nach Süden führte. Sie bestand aus einem großen Gebäudekomplex, der aus Ziegelsteinen errichtet war. In der Werkstatt konnten Traktoren oder Mähdrescher – die Kommune besaß einen Mähdrescher – vollständig überholt werden, und außerdem wurden natürlich alle Arten von Reparaturen an landwirtschaftlichen Geräten vorgenommen. Mehrere ausgebildete Mechaniker wurden beschäftigt, und zur Werkstatt gehörte ein Werkzeuglager, eine Gießerei und eine Schmiede. Weiterhin betrieb die Kommune eine Tischlerei, die ich einmal aufsuchen mußte, als ich einen neuen Griff für meine Hacke benötigte. Daneben gab es noch eine kleine Allzweck-Werkstatt für kleinere Reparaturen, zu der Ta Sao ging, wenn ihre Töpfe oder Pfannen undicht geworden waren. Ich brachte einmal mein Fahrrad dorthin, als der Reifen geplatzt war. Die Werkstatt leitete ein bereits älterer Kesselflicker, dem drei Lehrlinge und ein Mädchen zur Seite standen. Das Mädchen hatte wenig Ahnung von der handwerklichen Arbeit, aber sie war mit ganzem Eifer bei der Sache und machte sich mit Schwung über mein defektes Fahrrad her. Auf der Werkbank lagen Spritzgeräte gegen Insekten und eine Handpumpe, die darauf warteten, in Reparatur genommen zu werden. Draußen stand eine Handkarre, die eine neue Radachse brauchte.

Der alte Werkstattleiter erhielt ebenso wie seine Gehilfen 34 Yüan im Monat. Der niedrigste Lohnsatz war 24 Yüan. Sechs Yüan davon wurden an die Arbeitsgruppe abgeführt, die dafür 30 Arbeitspunkte gutschrieb. Bei der Verteilung am Jahresende wurde der Nettowert dieser Arbeitspunkte unbar oder in Naturalien ausgezahlt. Ein junger Lehrling sagte mir, daß er die übliche Quote von täglich zehn Arbeitspunkten zugewiesen bekäme, daß er aber außerdem Lebensmittelzuteilungen und ein Taschengeld von monatlich acht Yüan erhalte, wovon er sich Zigaretten und andere Kleinigkeiten kaufen konnte. Die Lebensmittelration reichte aber zusammen mit dem Taschengeld für seinen täglichen Bedarf aus, so daß der Gegenwert der täglichen zehn Arbeitspunkte praktisch seiner Familie zugute kam. Die Familien begrüßten es, wenn die Söhne oder Töchter aufgrund der Empfehlungen der Brigade oder der Arbeitsgruppe in den Kollektivbetrieben der Kommune zur Arbeit abgestellt wurden. Die jungen Leute lernten dann nicht nur ein Handwerk oder eine industrielle Tätigkeit, sondern konnten auch zu Hause ihren Lohn abliefern, der dem Familienetat sehr zustatten kam.

Lohnarbeiter

Der Wohlstand einer Familie hing in großem Maße davon ab, ob ein Mitglied außerhalb des Dorfbereichs beschäftigt war und Lohn empfing, wie zum Beispiel ein Industriearbeiter. Besonders die jungen Leute interessierten sich dafür, zusätzlich Geld zu verdienen, und als ein Aufruf zur Mitarbeit an einem Eisenbahnbauprojekt erging, folgten ihm mehrere junge Männer. Nicht nur der gute Lohn lockte, sondern auch die Möglichkeit, etwas Neues kennenzulernen. Von dem Lohn konnte ohne weiteres etwas für den Familienhaushalt abgezweigt werden. Als einmal ein paar Leute kurzfristig für Wachdienste benötigt wurden, wählte man sie aus den Milizleuten aus. Auch bei diesem Sonderdienst erhielten sie die üblichen zehn Arbeitspunkte täglich, dazu die Lebensmittelzuteilung und ein Taschengeld. Wenn das Arbeitsprojekt in einen weiter entfernt liegenden Bereich übergriff, dann wurden die Leute wieder nach Hause geschickt, und neue Arbeitskolonnen aus anderen Kommunen traten an ihre Stelle.

Noch besser ging es solchen Familien, die einen oder mehrere Angehörige ständig außerhalb arbeiten hatten, sei es als Industriearbeiter oder auf einer Baustelle, in einer städtischen Behörde oder einer staatlichen Domäne. Ein Vetter aus der Verwandtschaft einer Nachbarfamilie, ein Junggeselle, arbeitete in einem Kohlenbergwerk im Nordosten des Landes. Monatlich ließ er seiner Mutter eine Unterstützung zukommen, und dazu bekam die Familie noch eine jährliche Zuwendung von mindestens hundert Yüan. Wenn sie nach Hause zu Besuch kommen, dann können solche auswärts arbeitenden Familienmitglieder ihren Angehörigen ein lebendiges Bild von der großen Welt außerhalb des engen Dorfbereichs vermitteln. Es entspricht einer uralten Landessitte, daß alle, die dazu in der Lage sind, einen Teil ihres Lohnes ständig nach Hause schicken. Diese Bindung an die Heimat zerreißt nur selten. Traditionsreich wie sie ist, stellt sie eine Art »Sozialversicherung« der chinesischen Familien dar.

Ein früherer Gutsbesitzer hatte einen Sohn, der eine gute Schulbildung genossen hatte und in einem Büro in der Bezirksstadt arbeitete. Er und seine Frau hatten lange Jahre hindurch ihre fortschrittliche Einstellung unter Beweis gestellt, und ihre Abstammung vom Feudalherrn wurde ihnen nie zur Last gelegt. Sie unterstützten den Vater finanziell, denn er konnte das Geld gut gebrauchen, da es ihm sozial und wirtschaftlich aufgrund seiner Vergangenheit als »Ausbeuter« nicht gutging, wenn er auch nicht »unter Aufsicht« arbeiten mußte.

Es gab auch noch andere Möglichkeiten für die Bauern und Bäuerinnen, sich etwas Nadelgeld hinzuzuverdienen. Viele waren handwerklich sehr geschickt. Wenn man im Garten Besenpflanzen hatte, dann konnte man sie abschneiden und trocknen, um davon kleine Besen anzufertigen, die sich auf dem Markt oder im Laden gut verkaufen ließen. Eine Familie aus unserer Zweiten Arbeitsgruppe besaß ein paar Weidenbäume. Im Herbst wurden die langen, üppigen Zweige abgeschnitten, im Teich eingeweicht und dann zu Körben geflochten. Die Körbe waren zumeist primitiv und dienten zur Beförderung von Erde oder zur Verpackung von Eiern. Wie Ta Sao konnten die meisten Frauen im Dorf starke Sitzmatten aus Koaliang oder Weizenstroh flechten. Wenn sie sie nicht im Hause verwendeten, dann verkauften sie die Matten weiter. Ta Sao hatte die Gewohnheit, auf ihrer Matte zu sitzen, wenn sie Garn wickelte oder nähte. Alle diese handwerklichen Tätigkeiten wurden jedoch nur noch als Nebenbeschäftigungen angesehen. Die Bauern des Dorfes Glückseligkeit hatten durch bittere Erfahrungen gelernt, daß sie ihren Lebensstandard nur dann von Grund auf verbessern konnten, wenn sie sich auf die im Kollektiv betriebene Landwirtschaft konzentrierten, ganz besonders auf die Steigerung des Getreideertrages.

Allen war noch gut die Zeit im Gedächtnis, wo sie die günstige Marktlage ausnutzen wollten und den Gemüseanbau forcierten. Damals hatten sie sehr reichlich Gemüse zum Eigenverbrauch, und sie konnten auch für gutes Geld davon verkaufen. Als aber die Nachbarkommunen ebenfalls ihre Gemüseanbaufläche vergrößerten und außerdem die Getreideerzeugung forcierten, Ländereien planierten und aufforsteten, da befand sich das Dorf Glückseligkeit in der unangenehmen Lage des Grashüpfers in der Fabel vom Grashüpfer und der Ameise. Diese gründliche Lektion blieb den Leuten in Erinnerung, und die Bauern hatten sich fest vorgenommen, den Fehler nicht zu wiederholen. Nebenerwerb darf niemals die führende Rolle spielen, und die Grundlage der Existenz darf auf keinen Fall vernachlässigt werden.

Das Leben der Junggesellen

Naturgemäß ist ein Junggeselle ohne Familienanschluß wie überall, so auch in unserem Dorf benachteiligt. Im Grunde genommen kommt es auf ihn selbst an, wie er sein Leben gestaltet. Wenn er politisch aktiv ist und sich für die Allgemeinheit einsetzt, dann kann er etwas aus seinem Leben machen, und er braucht nicht einsam zu bleiben. Hier im Dorf bleibt ein Mann nicht lange allein; in der Regel heiratet er früh. Der Ehestand wird in China ziemlich pragmatisch gesehen. Wenn ein Junggeselle zu alt geworden ist, um sich ein junges Mädchen zur Frau nehmen zu können, dann sorgen seine Freunde und Nachbarn dafür, daß er eine heiratslustige Witwe kennenlernt. In unserem Dorf gab es zwei solche Fälle. Der eine Mann hieß Kao, ein kräftiger, aber etwas träger Mensch. Seine Mutter hatte es aus irgendeinem Grund versäumt, eine Frau für ihn zu suchen, und schließlich war sie gestorben. Er selbst hatte sich bis kurz vor seinem dreißigsten Lebensjahr nicht für den Ehestand interessiert. Da nahmen seine Verwandten die Sache in die Hand und verheirateten ihn mit einer Witwe, die zwei Kinder mit in die Ehe brachte. Die Frau war energisch und eine gute Hausfrau, und das wirkte sich günstig auf Kao aus. Es gelang ihr, ihn aus seiner Trägheit herauszuführen und ihn zu einem tüchtigen Arbeiter und guten Vater seiner Stiefkinder zu machen. Sie war ihm auch ständig auf den Fersen, und um die Wahrheit zu sagen, hatte sie ihn auch etwas unter dem Pantoffel. Einmal mußte sie den Eindruck gewonnen haben, daß er in seine Lethargie zurückfiel, denn wir konnten vom Nachbarhof ihre laute Gardinenpredigt vernehmen: »Hätte ich dich je geheiratet, wenn nicht die Kinder da gewesen wären? Eine Jungfrau hätte dich nie genommen, du Nichtsnutz!« Übrigens war die Verwendung des Wortes »Jungfrau« recht ungewöhnlich; wir alle waren der Meinung, daß die Frau ideologisch rückständig sein mußte.

Dann gab es noch den alten Pao. Er war seinerzeit zum Dienst in der Kuomintang-Armee gezwungen worden und hatte die Verbindung zu seiner Familie verloren. Als seine Truppe von der Volksbefreiungsarmee geschlagen worden war, wurde es den Soldaten freigestellt, entweder dem siegreichen Heer beizutreten oder nach Hause entlassen zu werden. Er entschied sich dafür, in seine Heimat zurückzukehren; inzwischen lebte aber keiner von seinen Verwandten mehr im Dorf. Niemand wußte, wohin seine Leute verzogen waren. Bei der Bodenreform wurde ihm ein Stück Land zugewiesen, und er nahm sich in vorgeschrittenen Jahren eine Frau, die aber bald darauf starb. Daraufhin heiratete er zum zweiten Mal, diesmal eine Witwe mit zwei Kindern. Wie er mir erzählte, soll diese Frau ebenfalls gestorben sein, und auch die Kinder waren nicht mehr da. Ich erfuhr später, daß es ganz anders gewesen war, nämlich daß die Frau mit den Kindern fortgelaufen war. Warum wußte niemand. Möglicherweise konnte er seine Junggesellenallüren nicht abstreifen. Jedenfalls wohnte er allein in einer kleinen Kate ohne Hof. Er brauchte auch kein richtiges Bauernhaus, denn er hatte auch keine Haustiere. So führte er ein einsames Leben und kehrte abends in seine ungeheizte Hütte nach der Arbeit zurück, um sich selbst sein Essen zu kochen, während die anderen Männer sich auf ihre Frauen und Töchter verlassen konnten, die für sie kochten und nähten, die Wäsche wuschen, die Kleidung webten, Sitzmatten flochten und das Heim gemütlich machten.

Eines Abends kam er zu uns, um sich bei uns zu erkundigen, ob wir nicht vielleicht eine Witwe wüßten, die sich wieder verheiraten wollte. Leider kannten wir keine.

Er hatte die Aufgabe, die Schafe und Ziegen der Dorfbewohner zu versorgen. Allmählich gewannen wir den Eindruck, daß er immer nachlässiger wurde, und als der Sommer kam, sah er wie ein ungepfleger Landstreicher aus. Sein Aussehen hielt auch die Nachbarn davon ab, sich um ihn zu kümmern. Überhaupt war er kein geselliger Mensch, und da sich auch noch sein Gesundheitszustand verschlechterte, lebte er allmählich wie ein Einsiedler. Er war wirklich nicht zu beneiden.

Bei solchen persönlichen Angelegenheiten greift die Gemeinde erst dann ein, wenn sie unhaltbar geworden sind, und das Los des Betreffenden die Allgemeinheit angeht. Zum Beispiel gab es da den Fall des kleinen Jungen, der krank zu Bett lag und hoch fieberte. Als er schließlich wieder aufstehen konnte, stellte sich heraus, daß er einen geistigen Schaden davongetragen hatte. Die Brigade trat an die Eltern heran, um ihn ärztlich behandeln zu lassen, aber die weigerten sich entschieden, ihn aus dem Hause zu geben. »Es geht ihm bald wieder gut«, meinten sie. Sein Schwachsinn war auch eine Zeitlang nicht erkennbar, und er spielte mit den anderen Kindern. Bald aber wurde er größer und zeigte die Angewohnheit, sich im Sommer splitternackt auszuziehen. Seine Eltern versuchten vergeblich, ihm seine Hose so festzubinden, daß er sie nicht abstreifen konnte. Es half nichts; er zerrte sie sich vom Leibe. Die Sache wurde zum öffentlichen Skandal, und die Brigade bestand darauf, daß der Junge in Behandlung kam. Die Dorfmeinung bewog die Eltern schließlich, ihn in ein Kinderkrankenhaus zu schicken.

Familienehrungen

Wenn Familienmitglieder bei der Truppe dienen, dann werden den Angehörigen besondere Ehrungen zuteil. Wird ein Sohn oder eine Tochter einberufen, dann wird der Familie eine hellgelbe Holztafel gebracht, die etwa zwanzig Zentimeter lang und acht Zentimeter breit und an einem Ende zugespitzt ist. Auf ihr steht in roten Lettern die Inschrift: »Ruhmreiche Soldatenfamilie.« Die Tafel wird an die rechte Seite der Tür vor dem Hause angenagelt. Am Tag der Armee, dem 1. August, werden solche Familien auf den Massenversammlungen öffentlich geehrt, und Vertreter der Kommune kommen zu ihnen ins Haus, um sich nach ihrem Befinden zu erkundigen. Undenkbar wäre es, solche Familien in Schwierigkeiten kommen zu lassen; die Gemeinde würde sofort für Abhilfe sorgen.

In unserer Nachbarschaft wohnte ein kräftig aussehender Mann, der sich als Freiwilliger im Koreakrieg gegen die amerikanischen Aggressoren ausgezeichnet hatte. Sein robustes Aussehen täuschte jedoch; er war im Kriege verwundet worden und als Invalide aus der Armee ausgeschieden. Wenn er sich anstrengte, mußte er Blut spucken. Schwierig wurde es aber erst, als seine Frau starb und sechs Kinder hinterließ. Aber diese Familie ließ sich nicht unterkriegen. Die älteste Tochter, die aus erster Ehe ihrer Mutter stammte, war wie ihr Stiefvater von robuster Statur und konnte mit ihren achtzehn Jahren schon kräftig zupacken. Sie übernahm die Mutterrolle im Haushalt. Das zweitälteste Mädchen war fünfzehn Jahre alt und sah wie ein chinesischer Botticelli-Engel aus. Außerdem waren noch vier kleinere Geschwister da: zwei Mädchen, ein kleiner Junge, ein Musterschüler, und schließlich noch das Baby. Alle Kinder, die über sieben Jahre alt waren, besuchten die Schule. Das Haus war tadellos in Ordnung.

In der Zeit vor der Befreiung wäre eine solche Familie fast vor die Hunde gegangen. Jetzt dagegen waren die Leute in der Kommune eine angesehene Familie, die sich gut kleiden und ernähren konnte. Der Vater bemühte sich nach Kräften, für die Kinder zu sorgen, und die Kommune unterstützte ihn dabei. Anläßlich des Frühlingsfestes, als ich mit meiner Gruppe der Familie eine Ehrungsvisite abstattete, wurde uns allen bewußt, in welchem Maße diese Leute geschätzt und geachtet wurden.

Nach den Sittenregeln, die in der alten chinesischen Gesellschaft üblich waren, würde die älteste Stieftocher wahrscheinlich in das Haus der Familie ihres Vaters zurückgekehrt sein. Nach den modernen Lebensregelungen aber hielt die Familie, wie sie nach dem Tode der Mutter bestand, fest zusammen, und möglicherweise besprachen sie die Zukunftsaussichten ganz sachlich, wobei sie zu dem Ergebnis kamen, daß es das Beste war, beim Stiefvater zu bleiben. Das Mädchen hatte einen guten Charakter und war sich ihrer Tochterpflichten durchaus bewußt. Die Familie väterlicherseits kam ebenfalls zu der Einsicht, daß es für das Mädchen nur vorteilhaft sein konnte, sich als junge Hausfrau zu bewähren und noch dazu als Tochter eines Verteidigers des Vaterlandes geehrt und geachtet zu werden.

Der Frühling kommt – und ein »Barfuß-Doktor«

Der Winter war überraschend mild verlaufen. Im November und Anfang Dezember war es zwar sehr kühl, aber der Teich war noch nicht zugefroren. Mittags konnte man noch draußen in der Sonne sitzen. Es wehte kaum Wind. Den Bauern gefiel nur nicht, daß noch kein Schnee gefallen war, aber sie machten sich keine großen Gedanken deswegen. Sie vertrauten völlig darauf, daß ihre Tiefbrunnen genügend Wasser hergeben würden. Erst im Januar setzte ein Kälteeinbruch ein, und wir zogen uns warme Wintersachen an.

Als wir eines Morgens nach dem Frühlingsfest erwachten, sah es draußen so aus, als wäre der Lenz schon eingezogen. Vom wolkenlosen Himmel schien eine milde Sonne, und die Zweige der jungen Pappeln hatten sich schon rötlich verfärbt. Auf den Feldern keimte der Winterweizen, so daß die gelbbraune Erde einen grünlichen Schimmer erhielt, der sich in der Ferne wieder verlor. Wir waren in fröhlicher Stimmung: »Der Frühling ist da!«

»Ja«, sagte ein kleiner Besserwisser, »in drei Wochen werden schon die Blätter heraus sein!«

Aber schon am nächsten Tag wurde im Radio angesagt, daß sich eine Kaltfront von Norden näherte. Der schöne Morgen ging rasch vorbei, und am Nachmittag blies uns ein eiskalter Wind ins Gesicht. Eine kurze Zeit lagen die Luftmassen im Streit, aber die Kaltluft siegte. Zuerst entwickelte sich ein Dunst, und dann fing es an zu graupeln. Die ganze Nacht hindurch wehte ein kalter Nordwind, der Schneeflocken vor sich herblies. Am dritten Tag herrschte wieder tiefer Winter, und die Erde war mit einer dünnen Schneedecke überzogen, die dem Ort ein anheimelndes Aussehen gab. Der Teich fror zu. Jetzt hieß es, sich schnell wieder in warme Sachen zu hüllen. Kein Mensch war auf der Straße zu sehen, und die Kinder und alten Leute scharten sich fröstelnd um die Öfen.

Manche Leute holten sich gleich einen Schnupfen, und überall wurde Erkältungsmedizin ausgeliehen. Eines Abends kam ein junger Mann zu uns ins Haus und fragte uns, ob wir auch Medizin hätten. Zuerst meinten wir, er wolle sich Arznei von uns leihen, aber dann stellten wir fest, daß es sich um den jungen »Barfuß-Doktor« der Brigade handelte. Er ging überall im Dorf herum und wies die Leute an, eine gute Vorbeugungsmedizin einzunehmen.

»Ihr müßt einen großen Metallöffel erhitzen«, sagte er, »und wenn er rotglühend ist, dann müßt ihr etwas Essig darauf gießen und den Dampf einatmen. Wenn ihr kein besseres Mittel im Hause habt und merkt, daß eine Erkältung im Anzug ist, dann ist das eine gute Vorbeugungsmethode!«

In dieser Zeit gingen solche »Barfuß-Doktoren« wie er in den Dörfern herum, um zu behelfsmäßigen Heilmethoden anzuregen. Solche Hausmittel waren billig, und man konnte sie auf einfache Weise anwenden. Die meisten dieser einfachen Heilmethoden hatten sie sich von den Bauern abgeguckt; sie waren teilweise seit Jahrhunderten bewährt, und man hatte sie wiederentdeckt, als medizinische Institute und professionelle Ärzte nach wirksamen Arzneien forschten.

Unser »Barfuß-Doktor« war ein junger Mann, der aus dem Ort stammte. Er hatte sich schon früh für Krankenbehandlungen interessiert, und deshalb wurde er zu einer Ausbildungsstätte geschickt, wo er einen kurzen Heilgehilfen-Kursus absolvierte. Den Kursusteilnehmern wurde hier Erste Hilfe beigebracht, und sie lernten die Grundzüge der Hygiene, Anwendungsmethoden für Arzneien und Richtlinien für die Verwendung von rezeptfreien Heilmitteln. Auch die Grundzüge der Akupunktur und die richtige Verwendung von Hausmitteln wurden gelehrt.

Ihren Namen »Barfuß-Doktoren« hatten die jungen Leute erhalten, weil sie neben ihrer Behandlungstätigkeit auch zur Feldarbeit hinausgingen, wobei sie wie alle anderen ihre Hosenbeine aufgerollt trugen und die Schuhe ausgezogen hatten. Sie sind ein Teil des vielschichtigen Gesundheitsvorsorgesystems, das in den ländlichen Gegenden Chinas verbreitet ist und mit dem man erreichen wil, daß die verhältnismäßig geringe Anzahl praktizierender Ärzte nicht überlastet wird. »Barfuß-Doktoren« kurieren alles, was ihnen möglich ist und nehmen dadurch den Ärzten viel Arbeit ab. Sie haben sogar gelernt, schwerere Erkrankungen zu diagnostizieren. In solchen Fällen wird der Kranke ins Krankenhaus der Kommune eingeliefert, wo es professionelle Ärzte gibt und außerdem Fachkräfte, die nach der chinesischen Naturheilkunde und der Akupunktur behandeln. Wenn es sich dagegen um eine schwere Erkrankung handelt, wird der Patient in das gut ausgestattete Kreiskrankenhaus überführt, wo auch operiert wird oder Spezialbehandlungen möglich sind.

Die Einrichtung dieses ländlichen medizinischen Vorsorgedienstes beruhte auf dem erfolgreichen Kampf gegen die Vorstellungen des abgesetzten Präsidenten Liu Schao-tschi während der Kulturrevolution. Liu hatte nämlich empfohlen, zunächst medizinische Heilanstalten in den Städten zu konzentrieren, wo es auch Ausbildungsstätten für Ärzte gab, und erst später das Land mit einzubeziehen. Er gründete seine Ansicht darauf, daß es in China nur sehr wenig praktische Ärzte gab; zur Zeit der Befreiung waren es dreißigtausend. Mao Tse-tung war demgegenüber der Meinung, daß es besser sei, zunächst ein vielschichtiges und weit verbreitetes medizinisches Vorsorgesystem zu schaffen und dabei auch die Unterstützung der »Barfuß-Doktoren«, also der Heilgehilfen, sowie der Naturheilkundigen und Akupunktur-Spezialisten in Anspruch zu nehmen. Das alles sollte durch den Einsatz von Spezialärzten, die überall im Lande herangezogen werden konnten, ergänzt werden.

Unser »Barfuß-Doktor« hatte die Absicht, nach einem Praktikum auf dem Dorf wieder an einem Kursus teilzunehmen, so daß er nach und nach ein richtiger Mediziner werden konnte.

Nach diesem Wintereinbruch setzte sich aber allmählich wieder die wärmere Luft aus dem Süden durch. Der Nordwind flaute ab, und der Frühling konnte seinen Einzug halten. Von einem Tag zum anderen trocknete die Erde auf den Wegen zu einer harten, festen Kruste zusammen. Wir öffneten weit unsere Tür, um die Frühlingsluft hereinzulassen. Eine Schwalbe flog heran und setzte sich zwitschernd auf den starken Querbalken über die Tür. Sie blickte sich suchend um und flog dann wieder fort. Bald kam sie mit ihrem Bräutigam zurück, und gemeinsam inspizierten sie den Hauseingang im Hinblick auf einen Nestbau. Sie müssen aber dann doch eine bessere Stelle ausfindig gemacht haben, denn sie flogen nicht mehr zu uns. Wir sahen sie dann später eng aneinandergedrängt auf der elektrischen Oberleitung sitzen, und die beiden wurden zusammen mit zwei anderen Schwalbenpaaren die Lieblinge des Dorfes. Überall, in den Baumzweigen und auf den Dächern, konnte man sie zwitschern hören, und dann segelten sie wieder lustig über den Teich hinweg und mitten durch die Höfe hindurch.

Als wir an den Gemüsepflanzungen vorbei spazieren gingen, konnten wir schon sehen, daß die kleinen Blätter, die aus den Zwiebeln hervorsprossen, inzwischen groß und kräftig geworden waren.

Was wir für Kleider tragen

Im nordchinesischen Winter muß man sich warm anziehen. Unser Teich ist gewöhnlich von November bis Februar zugefroren. Die Bauern tragen ein sehr dickes Unterhemd und lange Unterhosen, alles aus Baumwolle. Darüber wird ein Anzug aus schwarzem, dicht gefüttertem Baumwollstoff getragen. Über die Füße werden Wollsocken gezogen, und man trägt schwarze, gefütterte Schuhe aus Baumwollstoff mit fast zwei Zentimeter dicken Sohlen. Auf den Kopf kommt eine Pelzkappe oder eine gefütterte Baumwollmütze mit Ohrenklappen. Auch die jüngeren Frauen und die jungen Mädchen tragen gefütterte Hosen und Jacken, doch sind diese zumeist farbig oder gemustert. Wenn man eine mit Watte gefütterte Jacke waschen will, muß man sie erst auseinandertrennen und die ganze Fütterung herausnehmen. Da dies sehr umständlich ist, tragen die Leute meistens eine lose dunkle Jacke zur Schonung und Sauberhaltung der wattierten Jacke. Die kleinen Kinder sind wie die Mädchen angezogen, nur die Farbe ihrer Kleidung ist meist noch fröhlicher.

Wenn ein Mann im Winter Außenarbeiten zu verrichten hat, dann zieht er sich einen Schafpelz über, den er sich, wenn er keinen eigenen besitzt, ausleiht. Zum Schutz gegen den scharfen Luftzug werden die Jacken fest gegürtet, entweder mit einem breiten Ledergürtel oder einem Baumwollbund, und auch die Hosen werden unten mit einem Band zugeschnürt. Wenn die Leute so angezogen sind, sehen sie sehr stämmig aus. Den Kopfschutz, den manche von ihnen tragen, mochte ich aber nicht: Sie binden sich einfach ein Handtuch um den Kopf und verknoten es unter dem Kinn, wodurch sie wie alte Weiber aussehen. Dagegen sieht ein an der Stirn geknoteter Turban männlich aus, und nach meinem Geschmack kleidet diese Wintertracht die Bauern gut.

Die Frauenjacken werden nicht wie bei den Männern vorn geknöpft, sondern am Rücken und seitlich unter den Achselhöhlen. Ältere Frauen schnüren ihre Hosen mit einem leuchtend farbigen Band über den Knöcheln zu. Dadurch wirken sie bei ihrer sonst sehr nüchternen Kleidung etwas freundlicher. Mädchen tragen gern Kopftücher, entweder hell einfarbig oder mit Blumenmustern oder Karos. Sie werden an den Enden gefaltet, über den Kopf geworfen und unter dem Kinn festgebunden, so daß die Spitze am Genick herabhängt. Zu ihren schwarzen Tuchschuhen tragen sie auch gern farbige Nylonsocken. Im Co-op-Laden gibt es immer eine Auswahl solcher dekorativer Kleidungsstücke zu kaufen, und die Frauen können sich nach ihrem individuellen Geschmack kleiden.

Sehr alte Frauen tragen ihr Haar zurückgekämmt und im Genick zu einem Knoten geflochten, wie es in alten Zeiten üblich war. Wenn das Haar dünn wird, wird ein falscher Knoten zu Hilfe genommen. Frauen in mittleren Jahren, wie Ta Sao, haben eine andere Haartracht. In den zwanziger Jahren, als sie noch Mädchen waren, galt ein kurzgeschnittener Schopf als Zeichen der revolutionären Emanzipation der Frauen. Ich kann mich noch gut an das Jahr 1924 erinnern, als weibliche Propagandagruppen nach Norden zogen und Scheren in ihrem Gepäck bei sich führten. In dieser Zeit wurde übrigens noch häufig von Männern der Han-Nationalität ein Zopf getragen. Ursprünglich galt diese Tracht als ein Zeichen der Unterwerfung und der Unterscheidung von den Mandschus, die damals schon nach der Revolution des Jahres 1911 nicht mehr die

Herrschaft innehatten; der Zopf war jedoch eine Gewohnheitstracht geworden, und viele hingen daran. Demgemäß galt der Zopf als Opfer der Scheren der revolutionären Propagandisten. In dieser Zeit wurde auch kurzgeschnittenes Haar im Dorf Glückseligkeit und im ganzen Gebiet Mode. Ta Sao und andere Frauen trugen ebenfalls ihr Haar geschnitten, aber der Haarschopf hatte trotzdem Schulterlänge, und oben auf dem Kopf war es etwas hochgestülpt und wurde von einem Kamm oder Band zusammengehalten. Durch das starke schwarze Haar bekamen die Frauen ein jugendliches, hübsches Aussehen. Die jungen Frauen und Mädchen trugen auch kurzgeschnittenes Haar oder an den Seiten geflochtene Zöpfe. Das lange, geflochtene Haar hatten sich manche in der Zeit der Kulturrevolution abschneiden lassen, da eine solche Haartracht als übermäßig eitel galt und da überdies Teng To, einer der Erzrevisionisten, dieser Tracht das Wort geredet hatte. Die Kontroverse über die Haartracht war schließlich eingeschlafen, als man sich darauf einigte, daß lange Haarflechten kein Grund zur Erregung waren. Die Mädchen ließen sich die Haare wieder wachsen und banden die Enden so zusammen, daß sie wie kleine Pferdeschwänze an den Hinterköpfen herabhingen.

Eine ganze Anzahl der Kaderleute im Ort trägt khakifarbige Sachen. Manchmal tragen sie diese Kleidung über ihren gefütterten Baumwollanzügen; oftmals ist es aber auch eine Art gefütterte Khakiuniform, wie bei der Volksbefreiungsarmee, und mitunter sind es sogar richtige überschüssige Militärsachen. Dazu gehören Käppis oder runde, gefütterte Hüte mit künstlichem Pelzbesatz und Ohrenklappen. Die ganze Kleidung ist aber in keiner Weise extravagant oder gar elegant. Bauern sind immer sparsame Menschen. Soweit die Kader nicht schon vorher sparsam wirtschaften mußten, haben sie es bestimmt in der Kulturrevolution gelernt. Eigenartigerweise war es sogar so, daß es weniger die Bauern waren, die geflickte Kleidung trugen, sondern daß gerade die Kader mit großen Flicken auf den Hosenböden, den Knien und den Ellbogen herumliefen. Dies waren solche Kaderleute, die zum »Arbeitstraining« oder im

Zuge der Bewegung der »Rückkehr zur Scholle« aufs Land geschickt worden waren und die zum Teil als Studierende der Kaderschule »7. Mai« angehörten.

Wie überall gab es auch hierbei Leute, die ihre Sparsamkeit zur Schau stellten und übertrieben. Eines Tages kam mir auf der Straße ein in Lumpen gehüllter, ungepfleger Bursche entgegen, der mir die Hand entgegenstreckte. »Ein Bettler!« war mein erster Gedanke. Später stellte es sich heraus, daß es sich um einen Künstler gehandelt hatte, den ich von Peking her kannte und der in der Kommune damit beschäftigt war, eine Ausstellung über »Alte und neue Zustände« vorzubereiten. Offenbar vertrat dieser Mann die Ansicht, daß man durch eine Unzahl von Flicken auf der Kleidung am besten zeigen konnte, daß man »von den Bauern gelernt« hätte. Tatsächlich stammten auch alle Leute, die in stark geflickten Sachen herumliefen, von auswärts.

Ich selbst hatte eine wattierte Hose, aber die Oberseite war aus dünnem, also keinem groben Baumwollstoff. Deshalb trug ich darunter eine kurze Kattunhose und zwei Baumwollunterhosen übereinander, und dazu noch eine wollene lange Unterhose, wenn es sehr kalt war. An den Füßen trug ich zwei Paar Socken, eines aus Nylon, das andere darüber aus Wolle, und ich hatte wie die anderen gefütterte Schuhe aus Baumwollstoff an.

Über meinem baumwollenen Unterhemd trug ich eine langärmelige Weste aus Mischgewebe mit Wolle, darüber einen Wollpullover aus leichtem Strickmaterial und noch einen dicken Pullover. Auch dabei war mir noch zu kalt, und deshalb trug ich über diesem Unterzeug eine mit Seidenwatte gefütterte Jacke und zur Schonung eine Überjacke aus blauem Kattun.

In dieser Kluft war es mir draußen und im Hause warm genug. Dennoch zog ich mir sicherheitshalber bei Versammlungen unter freiem Himmel, oder auch im Konferenzsaal der Kommune meinen gefütterten Wintermantel noch darüber, und ich setzte mir meine Pelzmütze mit Ohrenklappen auf. Der Versammlungssaal war nämlich ungeheizt, und die Türen und

Fenster standen immer offen. Als der Winter zu Ende ging und es immer wärmer wurde, ließ ich ein Kleidungsstück nach dem anderen zu Hause. Im Sommer hatte ich schließlich nur noch Shorts an und trug einen Strohhut auf dem Kopf.

Als ich das erste Mal nach Peking kam, trug ich nachts meinen Pyjama. Aber immer wieder erkältete ich mich und sah schließlich ein, daß ein leichter Schlafanzug nicht die geignete Nachtkleidung in Peking und erst recht nicht in nordchinesischen Bauernhäusern ist. Zu guter Letzt machte ich es wie die Bauern und zog nur die Oberbekleidung aus. Das meiste Unterzeug behielt ich über Nacht an. Die meisten Landleute begnügen sich mit einer Steppdecke. Ich dagegen fror und legte noch eine Decke darüber, manchmal sogar noch eine zweite Steppdecke obendrauf. Dabei war ich keineswegs der einzige »Verweichlichte« im Dorf. Da gab es zum Beispiel einen älteren Kaderangehörigen aus der Stadt, der sich vorgenommen hatte, bei sich eine Abhärtung durchzuführen. Aber er bekam so häufig Halsschmerzen, daß er schließlich seinen dicken Wollschal sogar im Bett trug. Da die Öfen keine Abzugskamine haben, kann man nachts nicht alle Haustüren und Fenster schließen, um nicht Kohlenmonoxyd einzuatmen. Auf diese Weise zirkuliert ständig die Luft in den Räumen, und der Luftzug, der übers Kopfkissen streicht, ist oftmals allzu frisch.

Ich zog mich also nie vollständig aus, natürlich mit Ausnahme der Unterwäsche, die man wechseln muß. Vier Monate lang nahm ich kein richtiges Vollbad. Stattdessen wusch ich mich mit dem Schwamm ab. Im Dorf gab es kein Badehaus, und die Badeanstalt in der Kreisstadt aufzusuchen, lag mir nicht. Wenn man dorthin wollte, mußte man siebzig Li hin und zurück mit dem Bus fahren, man hätte morgens abfahren und erst am nächsten Tag zurückkommen können. Das städtische Badehaus war auch veraltet; es hatte nur ein angewärmtes Becken, von dem man sagte, daß so »mancherlei« darin herumschwimme. Ta Sao und Lao Man rieten mir, die Modernisierung des Badehauses abzuwarten, das dann auch mit Duschen ausgestattet sein würde. Als es schließlich wärmer wurde, hatte ich auch gar nicht mehr das Bedürfnis, die Badeanstalt aufzusuchen. Ich kaufte mir ein großes Stück Plastikstoff und montierte es mit hochgehobenen Enden auf dem Tisch, so daß ich mir mein Badebecken selbst gebastelt hatte. Der Stoff war billig zu haben. Er wurde speziell für die Bedürfnisse der Landbevölkerung hergestellt und kostete bei einer Größe und Breite eines Doppelbettes nur etwas über zwei Yüan.

Es ist erstaunlich, wie unterschiedlich die Gebräuche in den verschiedenen chinesischen Provinzen sind. In Tschekiang ist es kein Problem, im Winter ein Bad zu nehmen. In jedem Dorf gibt es mehrere Badehäuser. In einem solchen Haus befindet sich eine zweistufige Anlage aus Mauersteinen mit Lehm. In jede dieser großen Stufen ist eine breite flache Wanne eingelassen, und die obere Wanne wird mit Wasser gefüllt. Darunter liegt ein Hohlraum, und seitlich wird in diesen Heizmaterial eingeführt. Von außerhalb wird Brennmaterial nachgelegt. An der anderen Seite dringt der Rauch durch ein Luftloch nach draußen. Wenn das Feuer brennt, ist es im Badehaus so warm wie in einer Sauna. Man sitzt dann in der unteren Wanne und läßt von der oberen warmes und dann heißes Wasser über sich laufen. Aber Tschekiang liegt Hunderte von Meilen entfernt. Den jungen Leuten im Dorf Glückseligkeit erzählte ich in angenehmer Erinnerung von diesen Badehäusern im Süden des Landes.

Hühnerzucht

Wir gaben uns zwar nicht der Hoffnung hin, daß es uns gelingen könnte, Hühner großzuziehen, um dann mehr Eier essen zu können, aber als wir hörten, daß vier bis fünf Monate alte Hühnchen schon gut schmecken, kauften wir dem Hausierer der Kommune sieben Küken ab. Um den 6. März herum, der Zeit des Erwachens der Insekten, »Chin Chih«, kam er auf seinem Fahrrad ins Dorf und hatte zwei Körbe voller piepender Küken bei sich.

Die Kleinen sahen wie gelbe Wattebäusche aus. Als wir sie ein paar Tage lang hatten, bemerkten wir, daß einer der kleinen flaumigen Bälle seine Lebhaftigkeit verloren hatte; er blieb stehen und schien vor sich hinzuträumen. Ta Sao diagnostizierte akute Verstopfung und träufelte dem kleinen Kerl etwas Öl unter den Bauch. Das half aber nichts; er wollte jetzt nicht mehr fressen oder trinken. Er wurde immer schwächer auf seinen Beinchen, und die anderen Küken fingen an, grausam an ihm herumzupicken.

Ich trennte ihn von den anderen und stellte ihm ein Schälchen Wasser unter den Schnabel. Aber es dauerte nicht lange, bis er in sich zusammensackte und seine Augen für immer schloß. Ich begrub ihn im Komposthaufen.

Die anderen sechs waren gut auf der Höhe. Ich gab ihnen Hirse zu fressen, und ein paar Tage später tranken sie schon Wasser. Sie bekamen kleingehackte gekochte Steckrüben, Spinat und Salat, manchmal auch die Reste unseres Reisgerichts. Schon nach einer Woche streiften sie im Hof herum; sie kratzten und schärften ihre Schnäbelchen und putzten ihr Gefieder. Alles mußten sie selbst lernen, wo sie doch keine Mutterhenne hatten. Wenn ich sie rief, kamen sie bald zu mir, und ich ließ sie tagsüber auf dem Hof laufen. Nachts aber liefen sie von allein ins Haus und duckten sich eng aneinandergeschmiegt in eine Ecke. Jedes Küken bemühte sich, das Nachbartierchen wegzudrängen, so daß es selbst in die Mitte kam. Ich nahm sie dann auf und setzte sie in einen Korb mit einem Gitternetz, den ich an einem Strick am Dachbalken aufhängte. Hier waren sie bis zum Morgen vor Ratten sicher.

Als ich mich mit den Küken angefreundet hatte, wurde mir der Gedanke, sie als Hühnchen einmal aufzuessen, immer verhaßter. Aber mir gefiel andererseits nicht, daß sie in den Räumen so viel Schmutz machten, und auch der Zeitaufwand für die Versorgung der Tierchen paßte mir nicht. Sie sahen jetzt auch nicht mehr hübsch aus. Die Flügel wuchsen, sie stelzten auf langen Beinen herum und reckten ihre dünnen Hälse; als kleine Junghühner gefielen sie mir einfach nicht mehr.

Wir Kaderleute hatten alle Küken gekauft, mit Ausnahme der

Yüans. Ich glaube, Yüan vertrat die Meinung, daß er ohne Küken einen fortschrittlicheren Eindruck als die anderen aus unserer Gruppe machen würde, die wir uns privat mit einer Nebenbeschäftigung abgaben. Wir brauchten somit nicht mit ihm in Züchterkonkurrenz zu treten; aber davon abgesehen hielten wir es für das beste, die ganze Kükenangelegenheit einmal auf einer Sitzung zu erörtern. Wir kamen übereinstimmend zu der Auffassung, daß es zwar ein guter Gedanke gewesen war, uns kleine Hühnchen heranzuziehen; andererseits war es aber abzulehnen, zu viel Zeit für die Aufzucht zu verschwenden, da dies ein Zeichen von Eigensüchtigkeit sein würde. Bei der ganzen Angelegenheit mußten wir auch darauf achten, daß wir uns deswegen nicht mit den Bauern verzankten. Beispielsweise war es wichtig, nicht unnötig zu protestieren, wenn die Hühner unserer Wirtsleute unser Kükenfutter auffraßen. Andererseits war auch darauf zu achten, daß die Küken nicht an das Futter der anderen Hühner herankamen. Mit einem Seitenblick auf Yüan wiesen wir darauf hin, daß unsere Absicht, selbst Hühner zu halten und damit zu unserer Fleisch- und Eierversorgung beizutragen, ein Teil unserer Bemühungen um Selbständigkeit sei. Zudem vermieden wir damit, durch unseren Eigenverbrauch an Eiern die Geflügelwirtschaft des Ortes zu sehr zu belasten.

Die Tangs kauften zehn Küken, aber sie hatten Pech damit. Erst holte sich die Nachbarkatze vier davon, dann fielen zwei in die Dunggrube, und ein siebentes verschwand auf mysteriöse Weise. Auch die Lings hatten kein Glück bei der Kükenaufzucht. Die Tans dagegen kauften überhaupt keine, sondern ließen sich eine riesige weiße Henne aus Peking mitbringen. Sie war doppelt so groß wie die gewöhnlichen Hühner im Dorf Glückseligkeit und kam mir immer wie eine würdevolle Matrone vor. Eine Zeitlang legte sie regelmäßig Eier, worüber ihre Herrin sehr stolz war. Am liebsten hätte sie vor Jubel wie ein Hahn laut losgekräht. Plötzlich hörte die Henne mit dem Eierlegen auf, und Frau Tan machte großen Wirbel darüber. Schließlich kam sie zu der Auffassung, daß das Mißgeschick mit dem schlechten Wetter zusammenhängen müsse und daß die Hühner ihrer Wirtsleute das Futter ihrer Musterhenne weggefressen hätten. Im übrigen müsse die Henne auch »revisionistisch« verseucht sein, denn sie wollte sicher überhaupt nicht auf dem Lande leben.

Die Tsangs versorgten ihre Küken sehr gewissenhaft, so wie ihre Lebenseinstellung war. Sie fütterten sie nach festgelegtem Plan und ließen sie im ganzen Dorf herumlaufen, damit sie auf diese Weise bald Fleisch ansetzten. Jeden Abend gingen die Tsangs auf Kükenjagd, um die Kleinen wie eine Glucke nach Hause zu holen.

Im ganzen Dorf wurde über unsere Aufzuchtbemühungen gesprochen, und naturgemäß waren die Küken auch innerhalb unserer Gruppe ständiges Gesprächsthema. Frau Tan zettelte einen Streit mit den Yüans an, indem sie behauptete, die beiden hätten es gar nicht nötig, Hühnchen aufzuziehen, da sie heimlich bei der Wirtin Eier kauften. Außerdem hätte sie beobachtet, daß die Yüans Hühnerknochen im Küchenabfall hatten. Ein paar Tage lang ging der Streit hin und her, und schließlich wurde die Angelegenheit der Vollversammlung der Gruppe unterbreitet.

Es stellte sich heraus, daß die Yüans sich mit ihrer Wirtin gut verstanden, wie sich das auch für fortschrittliche Kaderleute gehörte. Ein wenig bedenklich aber war, daß die gegenseitige Hilfsbereitschaft etwas übertrieben wurde, was sich deshalb ergab, weil sich ihre Wirtsleute etwas besser standen als die übrigen Dorfbewohner. So tauschten beispielsweise wir und Ta Sao gegenseitig Lebensmittel aus, indem wir ihr eine Schüssel Rettiche und sie uns dafür gedämpfte Akazienblätter gab. Die Yüans dagegen gaben ihrer Wirtin manchmal eine Portion Fleisch, nachdem sie ihnen ein bis zwei Eier für ihren Sohn oder sogar ein Hühnchen abgegeben hatte. Die Anklage gegen die Yüans mußte demnach zurückgezogen werden, wogegen Frau Tan wegen falscher Anschuldigung einen Tadel erhielt. Lang und breit wurde ihr von uns auseinandergesetzt, daß sie die Gedankengänge Mao Tse-tungs nicht nur auf der Zunge tragen

müßte, sondern auch danach zu handeln hatte. Das war ein Aufflackern der Gefühle gewesen, und danach hatten wir in der Gruppe ein besseres Verständnis füreinander, und unser Gemeinschaftssinn festigte sich.
Als meine Küken schließlich zu häßlichen Junghühnern herangewachsen waren, verschenkte ich sie an Frau Ling. Von der Hühnerbrühe habe ich nie etwas gekostet, aber ich habe die komischen Gestalten wenigstens gezeichnet. Dadurch kam ich überhaupt darauf, öfter einmal Hennen und Hähne zeichnerisch festzuhalten, und eine dieser Skizzen gestaltete ich so aus, daß ich einem stolz dreinblickenden Hahn das Aussehen eines Bürokraten gab. Durch diese Karikatur konnten meine Küken bei der Durchsetzung der Kulturrevolution behilflich sein.

Frühjahrsbauten

Zur Zeit von »Li Hsia«, des Tages des Frühlingsbeginns am 6. Mai, sah das Dorf Glückseligkeit unvergleichlich freundlicher aus als bei unserer Ankunft zu Beginn des Winters. Das frische Grün der Blätter war ein hübscher Anblick. Die Kinder spielten im Freien. Sie vergnügten sich mit Hopserspielen und Ringelreihen. Der Teich glitzerte in der hellen Sonne. Auf den Feldern gab es viel zu tun mit der Landbestellung wie Hacken, Erde aufreißen, Dungstreuen und Bewässern. Nicht nur im Dorf, sondern überall in den umliegenden Ortschaften wurde gebaut. Die Feldarbeit wurde aber gegenüber den Bauarbeiten etwas zurückgestellt, da gerade jetzt gutes Wetter für das Bauen herrschte.
Auf den Feldern, die wir als Dritte Arbeitsgruppe zu bewirtschaften hatten, entwickelte sich der Winterweizen gut, die Getreidesorte, die den Hauptertrag lieferte. Dies war in der Zeit von Hsiao Man, wenn der Weizen wächst und Wurzeln treibt. Dreihundert von den vierhundert Mu bestellten Feldern der Arbeitsgruppe waren Weizenanbauflächen, dazu etwas Gerste. Nach den Planziffern sollte die Hälfte der Ernte an den Staat

verkauft werden. Der größte Teil der restlichen hundert Mu – ausschließlich der Gemüseanbauflächen – war tief umgegraben worden und sollte mit Baumwolle bebaut werden. Die hellgelb blühenden Rapsfelder boten einen hübschen Anblick. Auch die frischgepflanzten kleinen Bäume schlugen kräftig aus. Eierpflanzen, Zwiebeln, Ölsaat und Rotblumen, Erbsen, Kürbisse, Gurken und früher Mais waren gesteckt oder ausgesät. Die älteren Männer pflegten die jungen Pflanzen, so daß alle jüngeren und kräftigen Arbeitskräfte für die Bautätigkeit eingesetzt werden konnte. Eine starke Arbeitsgruppe wurde zur Zementierung der neuen Tiefbrunnenanlagen abgestellt. Alle anderen wurden mit Hausbauten beschäftigt. Die trockene und milde Luft konnte die Neubauten durchziehen, und die Adobewände trockneten bei solchem Wetter schnell.

Im Dorf Glückseligkeit waren insgesamt zwanzig neue Räume zu erstellen. Manche dieser Zimmer waren für erwachsene Söhne vorgesehen, die bald heiraten wollten. Zwei Räume sollten für den alten Bänkelsänger und seine Frau gebaut werden. Die uralte Kate der Leute hätte von Grund auf renoviert werden müssen, weshalb man davon absah und sie stattdessen abriß und neu aufbaute. Je ein Raum war zu erstellen für den Heilgehilfen, seine kleine Krankenpraxis, eine Werkstatt der Brigade und ein Büro. Manche Häuser mußten vergrößert werden, da inzwischen kleine Kinder hinzugekommen waren.

Die verwandtschaftlichen Beziehungen zwischen Lao Man und seinem Vetter im Nebenhaus waren zwar nicht mehr ganz so eng wie in den fünfziger Jahren, wo sie im Familienverband zusammen gelebt hatten, und doch war man weiterhin eng miteinander verbunden. Der Vetter und seine Frau wurden von Lao Mans Kindern Onkel und Tante genannt. Jeder der beiden Bauernhöfe hatte zwei Haustrakte, und der Komplex wuchs allmählich zusammen. Nach unserem Auszug und nach der Heirat von Lao Mans ältestem Sohn, Ching Chun, sollte unser Häuschen von dem jungen Paar bezogen werden. Auf dem Nachbarhof schliefen die Eltern in dem größeren, nach Osten gerichteten Haus, während die Tochter das andere Haus bewohnte, dessen Front nach Süden wies. Wenn Au Chiu einmal heiratete, dann sollte er dieses Häuschen mit seiner Frau bewohnen. Die beiden Familien bauten noch immer den Gebäudekomplex gemeinsam aus, der die Form eines doppelten L hatte. Der Vetter hatte die Absicht, noch in diesem Jahr eine gute Außenküche zu errichten, um den einen Strich seines L zu vollenden. Die Bauarbeiten verrichtete er praktisch allein. Er grub Mauersteine aus dem Fundament einer alten, verfallenen Kate aus, die auf seinem Grundstück gestanden hatte, und mit diesen Steinen errichtete er das neue Fundament und einen Teil der Wände seiner neuen Küche. Zur Zementierung verwendete er feuchten Lehm, den er mit kleingeschnittenem Stroh vermischt hatte. Dann schaufelte er die oberste Erdschicht etwa acht Zentimeter tief von seinem Grundstückshof ab und vermischte die Erde wiederum mit geschnittenem Stroh. Dieses ebenfalls angefeuchtete Material formte er zu großen Adobebrocken, die er in der Sonne trocknen ließ. Seine Tochter und sein Neffe halfen ihm bei dieser Arbeit. Die Brocken verwendete er für den Bau der Küchenwände. Für die Dachkonstruktion benutzte er Äste und Zweige des Akazienbaumes, der in seinem Garten stand; der Haupttragebalken war ein starker Ast, während er die kleineren Äste und die Zweige als Dachsparren und Flechtwerk verwendete. Auf das Flechtwerk kam dann noch eine zwanzig Zentimeter starke Adobeschicht. Den Innenraum teilte er mittels einer Art Zwischenwand, die die halbe Länge und zwei Drittel der Höhe der Außenwand hatte. Der Raum war nur zur Hälfte überdacht. Durch die Zwischenwand und das Halbdach wurde der Herd vor Wind und Regen geschützt. Der Herd selbst bestand aus lehmigem Lößmaterial. Der Rauch konnte durch einen Lehmkamin nach draußen abziehen. Da er nachts das Stallvieh zu versorgen hatte, konnte er tagsüber an seiner Küche bauen. Die Arbeitsgruppe gestattete ihm, seine Arbeitszeit auf die Nachtstunden zu verlegen. Somit gingen ihm keine Arbeitspunkte verloren, und er hatte bei seiner Bautätigkeit überhaupt keinen Kostenaufwand. In manchen Kommunen gab es Fürsorgeheime für die alten

Leute. Hier konnten sie ihren Lebensabend verbringen. Eine Betreuungsperson wurde ihnen zugewiesen, damit ihre Wäsche gewaschen und ihre Mahlzeiten bereitet wurden. Zu diesen Häusern gehörte ein Stück Garten, wo sich die alten Leute nach Wunsch betätigen konnten. Sie brauchten aber auch gar nichts zu tun, sondern konnten ihre Hobbies pflegen oder sich einfach in die Sonne setzen und sich unterhalten. Im Dorf Glückseligkeit gab es eine solche Einrichtung nicht, denn man hatte festgestellt, daß die Alten am liebsten zu Hause bei ihren Verwandten lebten. Es gab hier jedoch ein altes Ehepaar, das ohne Verwandtschaft war. Die einzige Tochter war verheiratet und lebte in einem anderen Dorf der Kommune etwa sechs Li entfernt. Die alten Leute wollten in ihrem Hause wohnen bleiben und sahen es am liebsten, wenn sie von Zeit zu Zeit ihre Tochter besuchen konnten und von ihr besucht wurden. Der alte Chao, der Bänkelsänger, war ebenfalls schon über siebzig Jahre alt, und seine Frau war auch nicht viel jünger. Beide waren aber noch voller Lebensmut. Als ein Aufruf zur Erntehilfe erging, zog auch die alte Frau Chao mit ihrer Sichel mit auf die Felder. Sie konnte sich nicht mehr bücken und brachte deshalb einen kleinen Schemel mit, auf den sie sich setzte. Auf diese Weise konnte sie mit den anderen Erntehelfern Schritt halten und eine ganze Reihe Weizenhalme absicheln, indem sie den Schemel mit sich herumtrug. Im allgemeinen blieb sie aber zu Hause und versorgte die Nachbarskinder oder arbeitete in ihrem eigenen kleinen Haushalt. Während der Erntezeit waren jedoch auch die Kinder auf den Feldern und spielten herum, während ihre Eltern das Korn einbrachten. Nur die Babies blieben zu Hause.

Auch der alte Chao war noch immer beschäftigt. Er hatte die Aufgabe, nach den Straßenbäumen zu sehen, und dafür erhielt er auch Arbeitspunkte. Wenn unsere Gruppe hinauszog, war er uns häufig zugeteilt, um uns zu beraten und zu helfen. Dann zeigte er uns, wie man die Straßengräben reinigt, wie man Bäume beschneidet, wie man junge Stecklinge setzt und wie man Baumsamen sammelt. Gewöhnlich hatte er eine kleine

Schaufel und einen flachen Korb bei sich, und wenn er irgendwo auf der Straße einen Dunghaufen entdeckte, dann schaufelte er ihn in den Korb, um damit »dem Volk einen Dienst zu leisten.« Häufig stimmte er auch ein altes Volkslied an, obwohl ihm die neuen Revolutionslieder nicht unbekannt waren. Dann war es auch meist irgendein lyrischer Text oder eine Art chinesisches Liebeslied. Dem alten Balladensänger wurde zwar häufig gesagt, daß es unangemessen sei, von den »Beziehungen zwischen Mann und Frau« zu singen; aber ich sah nicht ein, warum eigentlich diese alte Folklore auszumerzen sei.

Der alte Chao wohnte schon seit über dreißig Jahren in seiner Hütte. Sie war von Anfang an nicht sehr stabil gebaut und mußte jetzt dringend renoviert werden. Er richtete deshalb ein Gesuch an seine Arbeitsgruppe, das auch von der Brigadeleitung bewilligt wurde. Kurze Zeit nach dem Frühlingsfest zogen Lao Man und drei andere Männer zu dem Häuschen, und da sich eine Renovierung nicht lohnte, rissen sie es ab. Durch Witterungseinflüsse, besonders aber durch den Rauch und Ruß der vielen Jahre waren Wände, Herd und Dach porös und völlig unbrauchbar geworden. Das alte Material wurde wieder als Düngemittel verwendet. Hierfür gab es Geld, mit dem Chao die Hilfskräfte bezahlen konnte. Er brauchte die Leute nur zu verpflegen, aber sie waren nicht anspruchsvoll und begnügten sich mit Fladen und Hirsebrei, Kohl und etwas Eingelegtem.

Während der Zeit des Hausbaus wohnte das alte Ehepaar in der Außenküche. Der Hausrat lag inzwischen im Freien auf dem Hof. Das schadete aber nicht, denn das Wetter blieb beständig, und es gab überhaupt keinen Regen.

Die Bauarbeiter verwendeten keinerlei Materialien, die Geld gekostet hätten. Sie fertigten einfach Adobebrocken an, die sie in der Sonne trocknen ließen, und die alten Mauersteine und Balken, die Türen und die Fensterrahmen ließen sich wiederverwenden. Was sie sonst noch brauchten, wie Flechtwerk und Stroh, konnte der alte Chao stellen, denn es stammte aus seinem Hof und Garten. In ein paar Tagen war alles geschafft.

Da war der Neubau des Verwaltungshauses und der Werkstatt

der Brigade schon ein größeres Vorhaben. Auch hier wurde das alte Gebäude zunächst abgerissen. Es gehörte zu den Häusern, die früher dem Gutsbesitzer gehört hatten und hatte in den letzten Jahren als Schafstall gedient. An einem Tage wurde das Dach abgerissen, und die Dachsparren und Balken sowie die Ziegel wurden sorgfältig verwahrt. Dann kamen die Wände an die Reihe, und auch hier wurden die alten Mauersteine aufgehoben und nach Größe sortiert. Auch die Türschwellen und die Eckpfeiler wurden vorsichtig behandelt und beiseite geschafft. Unsere alte Kadergruppe hatte die Aufgabe, die Reinigung, Sortierung und Lagerung der alten Hausteile vorzunehmen. Wir arbeiteten zwei Tage lang daran. Inzwischen waren die kräftigen Männer der Dritten Brigade weiterhin bei den Abrißarbeiten und hoben die Kalkgrube aus.

Am dritten Tag wurden wir nicht gebraucht. Ein paar Leute räumten die Abrißstelle auf. Der Kalk wurde gelöscht und stehengelassen, und die Baufachleute markierten die Fundamentierungslinien. Bauzeichnungen gab es nicht, nur ein paar Rohmarkierungen. Die Zimmerleute der Brigade machten sich an die Arbeit und bereiteten den Rohbau des Versammlungssaales der Brigade vor, indem sie die Balken zurechthobelten und Fensterrahmen und Türen paßgerecht tischlerten. Ein Dutzend Leute gruben die Erdlöcher für die Hauswände aus. Eine Mischung aus Kalk und Lehm kam hinein, und sechs Leute stampften das Material fest. Als Stampfer verwendeten sie einen Steinquader, der über hundert Chin wog. Durch die Mittelbohrung war ein schwerer Holzgriff geführt. Zwei Mann, einer davon der Liedanstimmer, betätigten den Griff, und vier Mann hatten Seile in der Hand, die durch Löcher am oberen Teil des Stampfers gezogen waren.

Lao Man war der Liedanstimmer. Er sang nach der Melodie eines alten Liedes der Bauleute, aber mit einem Text, der der neuen Zeitrichtung entsprach. Jede Strophe wurde von der Mannschaft wiederholt, und dabei wurde der schwere Stampfer betätigt.

Wir bauen ein neues Haus.
»Wir bauen ein neues Haus.«
Baut es dauerhaft!
»Baut es dauerhaft!«
Baut für das Volk!
»Baut für das Volk!«
Baut, baut es besser!
»Baut, baut es besser!«
Lernt von Fei Feng!
»Lernt von Fei Feng!«

Lei Feng war ein junger Kämpfer in der Volksbefreiungsarmee gewesen, der hoch verehrt wurde als ein Mann, der bis zu seinem Tode dem Volke gedient hatte.

Ich fragte Lao Man, woher er den Text seines Liedes wußte. »Manche Worte weiß ich«, sagte er. »Die meisten denke ich mir aber bei der Arbeit aus.« Manchmal wurde fünfundvierzig Minuten lang gestampft, aber er sang niemals eine Strophe zweimal.

Nachdem die Fundamente fertig und auch Kalk und Mörtel vorbereitet waren, ging die Arbeit schnell vonstatten. Ein Dutzend oder mehr Brigademitglieder konnten zugleich Maurerarbeiten verrichten. Die Wände kamen rasch in die Höhe, da Hilfskräfte, junge Männer und Mädchen, einsatzbereit standen und Steine und Mörtel zureichten. Dann, am folgenden Tage, kam auch unsere Gruppe wieder an die Reihe. Wir zogen aus, um Pappelzweige zu schneiden, die für das Flechtwerk des Daches benötigt wurden. Wenn genügend Zweige zusammen waren, wurden sie gebündelt und an einem Strick zur Baustelle gezogen. Am fünften Bautag wurde schon das Dach fertiggestellt, und die fähigsten Maurer bemühten sich, einen ansehnlichen Bogen aus Mauersteinen über dem Haupteingang fertigzustellen. Danach wurden die kräftigsten Leute abgezogen, um weiter an den Tiefbrunnen zu arbeiten, und nur ein paar Mann, dazu einige junge Männer und Mädchen, blieben an der Baustelle zurück, um das Haus zu verputzen und den Bauplatz aufzuräumen. Der Putz bestand aus einer Mischung aus feinem

Lößlehm, geschnittenem Stroh und Kalkmörtel. Schließlich wurden wieder ein paar kräftige Leute bereitgestellt, die den Erdboden in den Räumen feststampften. Mehrere Wochen lang wurden Fenster und Türen offengelassen, damit das Haus in der warmen Sommerluft gründlich austrocknen konnte.

Auch die anderen Neubauten im Dorf wurden auf diese Weise erstellt. Diejenigen, die sich die Ausgabe erlauben konnten, verwendeten gebrannte Mauersteine für die Nordwand ihres neuen Hauses, um damit die Wand gegen die kalten Winde des Winters abzuschirmen. Ein Dreizimmerhaus, für das neue Mauersteine, Dachsparren und Balken sowie frischgezimmerte Türen und Fenster verwendet wurden, hatte einen Baupreis von 400 – 800 Yüan, je nach Qualität des Materials.

Der Frühling kommt wirklich

Als die leuchtende Pflaumenblüte schon längst vorüber war, zeigten sich die kleinen, grünlich-gelben Blätter der Weiden um den Teich herum als das erste Baumgrün. Dann kamen die bräunlich-grünen Pappelblätter heraus und schließlich die weißen Akazienblüten. Schon im April begannen die Frösche im Teich zu quaken, und abends musizierten sie im Konzert. Unser Haus lag weit genug entfernt, so daß wir uns das Froschkonzert bei offener Tür anhören konnten; wir konnten es aber auch verstummen lassen, indem wir einfach die Tür schlossen.

Mitte April, zur Zeit nach dem Tage der Helligkeit und Klarheit, Ching Ming, war die Landschaft schon zartgrün überzogen. Winterweizen und Gerste zeigten ihre kleinen Gräser, die Rapsfelder wurden hellgelb, während die brachliegenden Ländereien im braungelben Schimmer dalagen und jetzt für die neue Einsaat umgestochen oder gepflügt wurden.

An manchen Stellen der Felder gab es noch vereinzelte Grabhügel. In den zwanziger Jahren unseres Jahrhunderts sollen noch zwei Prozent der bestellbaren Ackerfläche Chinas solche Totenhügel gewesen sein. Aber in diesem Jahr wurden manche der älteren Grabstätten einfach untergepflügt. Im Dorf hatte man längst vergessen, wer dort eigentlich begraben war. In solchen Fällen stellte man kleine Särge zur Verfügung, in die die Überreste kamen, die dann anderswo zur Bestattung kamen, wo sie nicht mehr der Feldbestellung im Wege standen. Man nahm jetzt auch keine Rücksicht mehr auf die Ausrichtung nach »Fengshui«, also nach der Geomantik. Früher einmal, als die Bodenbearbeitung noch von Hand erfolgte, konnte man ohne weiteres um den Grabhügel herum umgraben oder hacken. Jetzt aber, wo mit dem Traktor gepflügt wird, ist eine rationelle Felderbewirtschaftung nur dann möglich, wenn die überall verstreut liegenden Grabstätten beseitigt werden.

Die letzte Baumart, die im Frühling Blätter treibt, ist die schlanke Dattel. Das ganze Dorf ist dann um diese Zeit in Grün eingehüllt. Auch das Land nimmt eine sattgrüne Farbe an, wenn der Weizen wächst, und die Rapsfelder verlieren ihre gelben Blüten und verwandeln sich in einen grünen Teppich.

Anfang Mai war unsere »lahme Veteranentruppe« damit beschäftigt, die Straßenbäume zu beschneiden. Die weniger begangenen Straßen und Wege säuberten und jäteten wir. Hier begannen ein paar verstreute Weizengräser hochzuschießen, aber auch das Unkraut wucherte neben niedlichen Gänseblümchen.

Ende der ersten Maiwoche wurde Mais und Kaoliang ausgesät. Nur einzelne Feldabschnitte lagen noch brach. Für die Maisaussaat wurden alle zur Verfügung stehenden Arbeitskräfte eingesetzt, Männer, Frauen und Kinder. Jeder bekam zu tun. Ich zog mit meiner Dritten Gruppe aus, und auch alle Nachbarn waren auf den Feldern. Wir arbeiteten zu zweit; ich war zusammen mit meiner Frau eingesetzt, und wir reihten uns in die lange Linie der Feldsäer ein. Sie trug ein Becken voll Maissaat und streute in die von mir in den Boden gestampften Löcher Saatkörner ein, die ich wiederum mit Erde überdeckte. Es dauerte nicht lange, bis wir alle mit vereinten Kräften ein großes Feld bestellt hatten.

Nachdem die Saat aufgegangen war, zogen wir wieder hinaus,

um die Sprößlinge auszudünnen. Wo zwei zu sehen waren, hackten wir einen davon aus. Wo überhaut keine Saat aufgegangen war, setzten wir die überzähligen Sprößlinge ein. Wenn zwischen den Reihen kleine Maispflänzchen wuchsen, zogen wir sie aus. Beim Durchgang durch die Felder jäteten wir gleichzeitig das Unkraut, damit es nicht unnötig die jungen Pflanzen am Wachsen hinderte.
Als die Maispflanzen schon eine gewisse Höhe erreicht hatten, bekamen sie ein Düngemittel. Hierbei waren wir nur interessierte Zuschauer. Chemischer Dünger ist wertvoll, und deshalb übernahmen die Leiter der Arbeitsgruppen diese Aufgabe selbst. Sie füllten Plastiktüten mit dem Phosphatdünger und schritten an den Saatreihen entlang, wobei sie das verflüssigte Düngemittel durch ein Loch an der Unterseite der Beutel auf die Pflanzen laufen ließen.
Als der Mais schon meterhoch gewachsen war, kam die nächste Arbeit an die Reihe. Jeder von uns bekam ein kleines Becken mit Insektenvertilgungsmittel, ein DDT-Pulver, das mit feinem Sand vermischt war. Dann übernahmen wir jeweils zwei Pflanzenreihen und streuten das Pulver auf den obersten Trieb, wo sich die neuen Blätter noch nicht entwickelt hatten. Diese leichte Arbeit übernahmen auch die älteren Frauen und dic jungen Mädchen; selbst kleine Mädchen betciligten sich daran. Das war eine fröhliche Runde, die Arbeiterinnen schnatterten wie Elstern, als sie durch die Reihen schritten. Als ein paar von ihnen im Handumdrehen mit ihrer Arbeit fertig waren, wurden sie von Lao Tsai, einem alten Bauern, der als Gruppenführer fungierte, scharf gerügt. Als wir uns alle zu einer Pause hinsetzten, hielt er ihnen eine Strafpredigt wegen der Vergeudung von Insektenvertilgungsmitteln. »Ihr müßt das Vertilgungsmittel direkt auf das Herz der Pflanze streuen«, sagte er. »Es hat keinen Zweck, wahllos damit umzugehen. Wenn ihr euch nicht bückt und direkt auf das Herz zielt, wird das Pulver vom Wind weggeweht. Dann hat die Pflanze zu leiden.«
Viele bekamen einen roten Kopf, denn sie wußten, daß sie sich nicht genügend Mühe gegeben hatten.

Nach der Parole des »Lernens von Tachai« legte die Dritte Brigade zum ersten Mal eine Treibpflanzung von Süßkartoffeln an, um eine schnellere und größere Ernte zu erzielen. Unsere Dritte Arbeitsgruppe hob eine Grube aus, baute einen Lehmofen ein und führte die Wärme durch zwei Rohrleitungen, die parallel zueinander unterhalb eines gedüngten, einen Meter mal zweieinhalb Meter großen Erdbodenrechtecks verliefen. Dann wurden die Saatkartoffeln eng beieinander in dieses Treibbeet gesteckt, und die Temperatur wurde durch Regulierung des Ofens ständig bei 30 Grad Celsius gehalten. Ein sachverständiger junger Mann überwachte den Versuch und maß von Zeit zu Zeit die Bodentemperatur. Sie durfte nicht über 36 Grad Celsius ansteigen, sonst wären die Süßkartoffeln zu stark erhitzt worden, anstatt zum Treiben angeregt zu werden. Zu Kontrollzwecken wurden noch zwei andere normale Beete daneben angelegt. Nach dreißig Stunden war das Versuchsbeet schon voller Süßkartoffeltriebe, während sich in den anderen Beeten noch nichts regte. Am dritten Tag war der Unterschied ganz erstaunlich. Das Versuchsbeet war über und über grün, und die beiden anderen Beete zeigten erst ein paar Sprossen. Zur geeigneten Zeit wurden die ausgetriebenen jungen Kartoffelpflanzen dann in besonders vorbereitete Felder versetzt. Sie wachsen dann in aufgehäufelten Reihen, die durch Furchen voneinander getrennt sind. Der Furchenboden war etwa fünfzehn Zentimeter breit, und die erhöhten Reihen hatten einen Abstand von etwa dreißig Zentimetern. Die Jungpflanzen wurden in sauber geharktes Erdreich reihenweise eingesetzt. Der ganze Versuch erwies sich als überaus erfolgreich, und nachdem die Methode von der Brigadeleitung gutgeheißen war, wurde sie als normales landwirtschaftliches Verfahren übernommen.

Nach dem Frühlingsfest war etwa ein Monat vergangen, und alle, die auf Urlaub nach Haus gefahren waren, arbeiteten längst wieder auswärts. Ta Sao, Yüang-tsung und die Tante aus dem Nachbarhaus hielten ihr Schwätzchen im Sonnenschein, und Ta Sao saß dabei zusammen mit Tantchen auf einer

Kaoliang-Matte, und beide waren beim Gemüseputzen. Ein paar Nachbarinnen kamen hinzu; dabei war auch die hübsche junge Frau, deren Mann in einer Fabrik in der Provinzhauptstadt arbeitete. Wenn sie ihre Köpfe so zusammenstecken, dachte ich, dann reden sie bestimmt über eine Frauenangelegenheit. Natürlich war es auch so.

Ich fragte meine Frau später, wovon denn die Rede gewesen war. »Hsiao Ting ist schwanger«, sagte sie. »Aber sie weiß nicht, ob sie das Baby austragen soll. Sie hat schon drei Kinder, und das Kleinste wird noch gestillt.« »Was wird sie tun?« »Sie will die Ärzte im Kommunekrankenhaus bitten, eine Abtreibung vorzunehmen. So etwas wird auch gemacht, wenn ihr Mann damit einverstanden ist.« »Aber warum treiben sie und ihr Mann keine Familienplanung? Das ist doch viel besser!« »Sie haben schon darüber nachgedacht, aber sie wissen, daß die Schwiegermutter nichts davon hält, und sie möchten keinen familiären Zwist entfachen.« Es stellte sich heraus, daß das Dorf Glückseligkeit auch in dieser Beziehung etwas rückständig ist. In der Kommuneklinik und im Bezirkskrankenhaus sind umfangreiche Informationen über empfängnisverhütende Mittel und Familienplanung erhältlich, aber nur wenige der Jungverheirateten machen sich diese Möglichkeit zunutze. Häufig hängt diese Zurückhaltung mit dem Widerstand der Eltern zusammen. Ein paar junge Ehefrauen, die schon drei oder mehr Kinder hatten, kamen zu Yüan-tsung, um mit ihr über diese Angelegenheit zu sprechen, aber nur eine von ihnen entschloß sich, etwas zu unternehmen. Das Wort der alten Mutter gilt noch immer, und wenn sie sich einen Enkelsohn wünscht, dann fügen sich die jungen Eheleute. Alle sagen zwar, wie es moderne Menschen zu tun pflegen, daß eine Tochter ebensogut wie ein Sohn ist, aber alle wissen auch, daß die Tochter schließlich aus dem Hause geht. Die Jungen sind es, die im Hause bleiben und die Familientradition aufrechterhalten.

Naturgemäß sind solche Verhältnisse je nach den örtlichen Umständen unterschiedlich. In den großen Städten und den Dörfern der Umgebung gibt es schon eine weitgehende Familienplanung, besonders in den stärker entwickelten östlichen Gebieten des Landes. Im Dorf Glückseligkeit scheuen sich die jungen Frauen aber noch immer, die Frage öffentlich zu diskutieren. Yüan-tsung gegenüber gaben sie zu, daß es sie in Verlegenheit bringen würde, sich einem Arzt zu offenbaren. Meine Frau mußte darüber lachen. Sie fragte ihre Gesprächspartnerinnen, wie sie denn darüber dächten, schwanger herumzulaufen. Warum brächte es sie nicht in Verlegenheit, wie sie in andere Umstände gekommen sind? Die jungen Frauen verstanden auch, was meine Frau damit meinte, und sie sagten ihr, sie würden mit ihren Ehemännern darüber sprechen.

Meine Frau als Kaderangehörige war auch durchaus berechtigt, diese Fragen aufzuwerfen, da sie damit im Sinne der Regierungspolitik handelte. Das Gebiet wurde jedoch von den Han bewohnt, der in China am weitesten verbreiteten Nationalität. Wenn wir statt dessen in einem anderen Landesteil gelebt hätten, beispielsweise in einem Gebiet einer nationalen Minderheit wie bei den Uiguren oder den Mongolen, dann wäre es politisch unklug gewesen, über solche Fragen zu sprechen. Im Gegenteil, sie hätte mit solchen Reden die regierungsamtlichen Vorschriften verletzt, es sei denn, sie hätte den ausdrücklichen Auftrag zur Aufklärung der Landfrauen gehabt. Es liegt im Sinne der Regierungspolitik, nationale Minderheiten wie die Mongolen zahlenmäßig nicht abnehmen zu lassen, da diese Völker vor der Befreiung von den Han unterdrückt worden waren.

Die hohe Geburtenquote wird allmählich durch Maßnahmen wie die Anwendung von empfängnisverhütenden Mitteln, Abtreibungen, Sterilisation und durch Verhinderung von Frühehen abgebaut. Früher war es Sitte, daß junge Leute schon mit siebzehn oder achtzehn Jahren heirateten. Jetzt treten die jungen Mädchen nicht vor ihrem einundzwanzigsten Geburtstag in den Ehestand.

»Ein Kind ist in den Teich gefallen!« Dieser Schreckensruf wurde von Haus zu Haus weitergetragen. Eine Frau, die gerade ihre Wäsche spülen wollte, sah ein »Bündel« im Wasser treiben. Als sie näher hinsah, erkannte sie als erstes die wattierten Hosenbeine eines kleinen Kindes. Die in der Fütterung verbliebene Luft hielt das Kind über Wasser, aber es trieb mit dem Gesicht nach unten herum. Viele Leute kamen ans Ufer gelaufen, als die Frau erregte Schreie ausstieß. Der Vater des kleinen Kindes stürzte sich ins Wasser und holte es heraus. Er trug es sofort nach Hause, und die Mutter machte Feuer im Ofen, zog es aus und versuchte, es wieder zum Leben zu erwecken. Durch den Qualm hindurch blickten ängstliche Nachbarn auf das leblose Wesen, und ich hörte einen Stimmenwirrwarr von Fragen und Ratschlägen. Ich wußte auch nicht viel mehr als die Bauern über Wiederbelebungsversuche. Künstliche Beatmung war wohl das Beste – aber wie war sie anzuwenden? Mit fliegenden Händen blätterte ich in einem Nachschlagewerk, und schließlich fand ich, was ich suchte. Ich holte mir ein paar Kaderleute zu Hilfe und rannte mit ihnen zu dem Unglückshaus. Wir löschten sofort das Feuer, warfen die Neugierigen hinaus, brachten Flaschen mit heißem Wasser herbei und wickelten das Kind in eine Steppdecke. Ich las Yüan die Anweisungen aus meinem Buch vor, und er machte sich an die Arbeit, indem er die Arme des Kindes hin und her bewegte, um damit Luft in die Lunge zu pressen. Die Mühe schien aber vergeblich zu sein. Es hatte schon zu lange unter Wasser gelegen. Das Kind war eines von den zweijährigen Zwillingen. Die beiden hatten wie immer am Ufer gespielt, und der kleine Bursche war ausgerutscht und ins Wasser gefallen. Die kleine Schwester hatte nichts bemerkt und war einfach weitergelaufen.

Inzwischen war auch der Arzt aus der Klinik angekommen. Frau Yüan war sofort zu ihm gelaufen, und er kam in fliegender Eile zu der Unglücksstelle. Auch er versuchte es mit künstlicher Beatmung, fachkundiger als wir, aber erfolglos.

Schließlich sprach er aus, was wir schon alle geahnt hatten. Die Mutter saß zuerst wortlos da, doch dann stieß sie einen Schrei aus und zitterte am ganzen Körper. Schluchzend verbarg sie ihr Gesicht in den Händen. Draußen standen die Leute noch eine Zeitlang schweigend da. Dann ging einer nach dem anderen, und die Eltern blieben mit ihrem Kummer allein.

Wir hatten uns schon auf den Weg gemacht, um Bäume zu beschneiden, als Ta Sao hinter uns hergerannt kam. Die Mutter des verunglückten Kindes hatte Schaum auf den Lippen des Kleinen bemerkt, und es sah aus, als ob es sich erbrochen hätte. Wir hatten gleich den Verdacht, das es sich um ein trügerisches Lebenszeichen handelte – vielleicht um Gase, die sich aus dem Leib des Kindes lösten –, aber dann rannten doch drei von uns zurück, um zu helfen, wenn es noch etwas zu helfen gab. Wir sahen bald unsere Annahme bestätigt. Dennoch mühten sich die Yüans noch über eine Stunde mit künstlicher Beatmung ab. Es hatte alles keinen Sinn mehr. Der Heilgehilfe kam und setzte sein Stethoskop an, um den Herzschlag abzuhören. Schließlich stach er noch mit einer feinen Silbernadel an einer bestimmten Stelle in den kleinen Arm. Eine Reaktion zeigte sich nicht. Er wies auf einen Text in seinem Buch über Akupunktur, in dem erklärt wurde, daß kein Leben mehr im Körper sei, wenn keine Reaktion auf einen Reiz an dieser Stelle erfolgte. Wir alle gingen traurig weg. Frau Yüan weinte. Die Augen der Kindesmutter schwammen in Tränen, aber sie bot uns Wasser zum Trinken an und dankte uns. Der Vater war untröstlich und saß stumm auf seinem Stuhl da. Draußen auf dem sonnigen Hof spielte das andere Zwillingskind unbeteiligt mit einem roten Ball, den ihm jemand geschenkt hatte. Erst vor wenigen Wochen waren die Zwillinge neu eingekleidet worden, und ihre Eltern hatten die Kleinen zu den Veranstaltungen anläßlich des Frühlingsfestes mitgenommen.

Tiergespanne und Traktoren

Eines Tages, als unsere Arbeitsgruppe mit dem Auseinandersetzen der Maispflanzen beschäftigt war, beobachteten wir ein Pferdegespann, das schwer an einem Wagen zog, um ihn eine leichte Böschung heraufzubringen. Die Ladung war kaum zu bewältigen: Mehrere Verschalungsteile aus betonierten Mauersteinen für die neuen Tiefbrunnen. Die Zugtiere warfen ihre Köpfe hin und her, krümmten vor Anstrengung ihre Hälse und zogen an den Strängen. Der Kutscher trieb sie weiter an, und schließlich gelang es ihnen, über die Böschung zu kommen. Um das Gespann trottete ein langbeiniges braunes Fohlen mit einem weißen Fleck auf der Stirn.

»So einen Pferdewagen sehe ich gern«, sagte Frau Yüan. »Aber Ochsenkarren sind mir verhaßt!« Die Ochsengespanne schritten im Schneckentempo voran, mit gesenkten Köpfen und stumpf blickenden Augen, x-beinig von einer Seite nach der anderen schwankend. Die schweren Eisenräder gruben sich tief in die Wege ein, und eine dicke Staubwolke senkte sich langsam hinter dem Karren. Pferdewagen dagegen laufen auf Gummirädern, und manchmal fallen die Zugtiere sogar in Trab. Wenn man den Gespannen Traktoren gegenüberstellt, so muß man solche mechanisierten Hilfen der Landwirtschaft aus einem ganz anderen Blickwinkel betrachten. Sie sind zwar ein Symbol der neuen Technik und beweisen, daß die sozialistische Wirtschaft zukunftweisend auf dem Lande eingezogen ist. Aber diese Fahrzeuge lassen uns doch im Inneren kalt. Sie sind zweckmäßig rot gespritzt und tuckern unermüdlich über die gelbe Ackererde – unpersönliche Maschinen. Erst dann, wenn wir die Fahrer in ihren blauen Overalls erkennen, junge Männer mit Schirmmützen und weißen Tüchern um den Hals, die sie wie Schals tragen, wenn wir diese gelenkigen und alerten Burschen beim Fahren und bei waghalsigem Manövrieren mit ihren Traktoren beobachten, dann erst werden diese Maschinen richtig lebendig. Mehr noch als die Pferdegespanne vermitteln sie ein Bild kraftvoller Vitalität.

Wechselhaftes Wetter

Der erste Montag in der Mitte des Monats April begann schon morgens wie ein Sommertag. Die erste Fliege summte schon um den Herd herum, und wir freuten uns über diesen Vorboten der warmen Sommerzeit. Vormittags zog ich mir meine Wollsocken aus, und selbst in meinen Nylonsocken war es mir noch zu warm. Da wir zum Markt radeln wollten, zog ich mir meine Flanellhose aus, und statt dessen trug ich eine graue Drillichhose, die vom vielen Waschen fast weiß geworden war. Als wir abfuhren, sah ich zum strahlend blauen Himmel auf, und deshalb trug ich auch meinen großen Strohhut auf der Fahrt. Die Hitze lastete auf uns, und die Luft wurde schwül. Fünfzehn Minuten später, als wir am Marktplatz angekommen waren, kam ein Wind auf. Der Horizont war von Staubwolken verhangen. Als ich mein Fahrrad einen Augenblick lang unbeobachtet ließ, warf es ein scharfer Luftzug um. Die Marktstände wurden von den Windböen fast weggeweht. Abends erschien der Himmel wie eine große Dunstglocke. Der Wind flaute etwas ab, aber dann frischte er wieder stark auf und blies die ganze Nacht hindurch.

Dies geschah um die Zeit von »Ku Yü«, des Tages des Getreidestaubregens am 20. April. Am nächsten Morgen war es so kalt, daß ich mir wieder meine Wollsocken anziehen mußte. Ich trug zwei Pullover übereinander, und dazu noch eine Jacke. Nachmittags kam ein langanhaltender Sprühregen. Es war ein Glück, daß es Niederschläge gab. Einer unserer Tiefbrunnen war nämlich ausgefallen. Es dauerte eine ganze Zeit, bis unser Brigadeelektriker Hilfe von einem Techniker aus der Traktoren-Reparaturwerkstatt der Kommune erhielt, und sie behoben dann den Schaden gemeinsam.

Im April bekamen die Mitglieder der Kommune eine weitere Zuteilung Rohbaumwolle, und bald darauf traten die Spinnräder und die Webstühle wieder in Aktion. Ta Sao hatte den groben Baumwollstoff für den nächsten Winter schon gewebt. Dieses Mal färbte sie nun ihr weißes Garn rosa und blau und webte »hua pu«, farbig gestreiftes Zeug und Futterstoff für ihre Mädchen.

Ich habe sie bei ihrer Arbeit gezeichnet, wie sie den hölzernen Webstuhl mit erfahrenen Händen bediente, den sie mit anderen Hausfrauen gemeinschaftlich besaß. Schon Jahrzehnte hindurch war der alte Webstuhl in Betrieb und war wieder und wieder repariert worden. Hier und dort wurde ein neues Teil eingesetzt, so daß er schließlich vielleicht zum zwanzigsten Mal erneuert worden war. Wenn der Faden abriß, dann verknotete sie ihn mit unbewegtem Gesicht und wickelte ihn weiter. Überhaupt war sie nie lange Zeit hindurch schlechter Laune. Nur manchmal kam es vor, daß sie eine Schimpfkanonade von sich gab, was für eine Frau recht ungewöhnlich erschien; trotzdem wurde im Dorf über ihre Zornausbrüche nicht gesprochen. So etwas konnte passieren, wenn die Kinder sehr ungezogen waren, wenn das Schwein durchging und Schaden anrichtete oder wenn ein Huhn vom Nachbarhof das Futter ihrer Hennen wegpickte. Ihr Zorn flaute aber schnell wieder ab. Vielleicht lag es daran, daß sie trotz der schweren Jahre der Vergangenheit keine Sorgenfalten im Gesicht hatte. Durch ihre lange Haartracht sah sie jugendlich aus, und sie hatte immer ein Lächeln auf den Lippen, das unvermittelt zu einem Gekicher werden konnte. Ihrer ganzen Anlage nach hatte sie ein vornehmes, höfliches und taktvolles Wesen. Wenn sie da war, fühlten wir uns geborgen, denn sie verstand es, mit dem Haushalt fertig zu werden, sei es nun, daß das Feuer auszugehen drohte, daß das Dach undicht wurde, oder daß sie sich um ein kränkelndes Küken kümmerte, wenn es auch trotz ihrer Bemühungen einging. Leider schien ihr ältester Sohn, Ching Chun, weder ihre noch war ihm Höflichkeit ein unbekanntes Wort. Häufig stand er vor uns im Zimmer, ohne sich vorher bemerkbar gemacht zu Lao Mans gute Eigenschaften geerbt zu haben. Anscheinend haben. Die Tür war zwar niemals geschlossen, aber es hätte sich doch gehört, daß er wie andere Leute vorher seinen Kopf durch den Türspalt gesteckt hätte, um nachzusehen, ob wir anderweitig beschäftigt waren, oder er hätte schon von draußen rufen können, ob jemand zu Hause war. Er kam aber einfach herein und stand dann mitten im Zimmer, ohne uns eines Grußwortes zu würdigen. Oder er sah sich um, ob das Fahrrad da war, damit er es sich ausleihen konnte.

Ich vermute, daß er als Ältester etwas verwöhnt worden war. Vielleicht waren Lao Man und Ta Sao damals noch zu jung, um ihn richtig erziehen zu können. Auch wir machten zunächst keine Erziehungsversuche bei ihm. Wir neckten ihn damit, daß er uns nur dann besuchte, wenn er das Fahrrad haben wollte. Daraufhin kam er eine Zeitlang zu uns, ohne ein Wort zu sagen; auch nach dem Rad getraute er sich nicht zu fragen. Nachdem ich mehrere Male das Fahrrad geputzt hatte, das vorher von ihm schmutzig zurückgelassen worden war, begann ich mich darüber zu ärgern und reinigte es mit großem Aufwand direkt vor seiner Nase. Diesen Hinweis begriff er aber überhaupt nicht; wahrscheinlich war er gedankenlos oder gar ein wenig verschroben. Ich gab aber nicht auf und stellte an ihn die Frage, weshalb er der Meinung sei, daß ich das Rad putzen sollte, nachdem er damit gefahren war. Er hörte mit unbewegtem Gesicht zu, und ich dachte schon, ich hätte ihn gekränkt. Aber weit gefehlt: Er sagte nur: »Tsung-ah, Tsung-ah!« Das sollte etwa bedeuten: »Na schön, ich werde es später selbst sauber machen!« Die Sache war damit erledigt, und ich brauchte nie wieder darauf zurückzukommen. Das Rad kam nagelneu aus der Schanghaier Fabrik, aber ihm war es gleichgültig, wie es aussah. Bis er sich schließlich dazu entschloß, es nach Benutzung zu putzen, ließ er es einfach wie seine Hacke in der Ecke stehen und entfernte nur die gröbsten Dreckklumpen. Nach und nach brachte ich ihm bei, daß ein Rad besser als eine

Hacke behandelt werden muß, daß man es nicht klappern lassen darf und daß man auch die Kette reinigen muß, damit sie nicht rostet und das Treten leicht vonstatten geht. Schließlich begriff er es.

Schulausbildung der Kinder

Wir hörten später, daß Ching Chun das Impfen von Haustieren erlernt hätte und daß er entsprechende Aufgaben in den Stallungen übernommen haben soll. Eine solche Übertragung von Aufgaben war typisch für die Einstellung der Kommuneleitung; jeder befähigte junge Mensch – und jeder Heranwachsende hat eine bestimmte Befähigung – bekam eine Chance. Manche wurden in die Traktoren-Reparaturwerkstatt geschickt; andere absolvierten einen kurzen Kursus und arbeiteten dann als Elektriker an den Tiefbrunnen oder im Mühlenbetrieb, und einige junge Leute halfen den Maurern oder wurden zu Zimmerleuten oder Heilgehilfen herangebildet. Auf diese Weise wurde der Kaderstamm der Kommune ständig erweitert. Techniker und Handwerker wurden herangebildet, aber im Grunde genommen blieben sie alle Bauern.

Alle größeren Kinder gingen auf die Grundschule oder auf die Mittelschule. Sie lernten dort lesen, schreiben und rechnen. Ein oberflächlicher Unterricht in Geographie und Geschichte wurde ebenfalls erteilt. Sie befaßten sich mit dem Marxismus-Leninismus; besonders aber mit den Lehren des Vorsitzenden Mao, die sie schon aus dem täglichen Leben kannten. Zum Teil wurden auch seine berühmten »Worte« besprochen und auswendig gelernt. Maos »Ausgewählte Schriften« wurden ebenfalls behandelt. Dazu gehörten seine »drei guten alten Artikel«: »Dem Volke dienen«, »Der törichte alte Mann, der die Berge versetzte«, eine Schrift über den Wert kollektiver Arbeit und Beharrlichkeit, und »Zum Gedenken an Norman Bethune«, der berühmte Artikel über den Internationalismus und den kanadischen Doktor, der sein Leben für das chinesische Volk geopfert hatte. Auch Maos philosophische Werke wurden durchgenommen, wie »Wo kommen richtige Ideen her?«, »Über den Widerspruch« und »Über die Praxis«, ausgezeichnete Zusammenfassungen der materialistischen Weltanschauung, in denen auch auseinandergesetzt wird, wie dieser Standpunkt zur Änderung der Verhältnisse auf der Welt eingesetzt werden kann. Ein weiterer wichtiger Aufsatz Maos, den die Schüler behandelten, hat den Titel »Über die richtige Behandlung von Widersprüchen im Volk«. Das Thema dieses Artikels ist, daß Widersprüche, Probleme oder Konflikte innerhalb des Volkes, das 95 Prozent der Gesamtbevölkerung ausmacht – Arbeiter, Bauern, Intellektuelle und andere revolutionäre Schichten – durch demokratische Mittel beigelegt werden sollen. Diktatorische oder Zwangsmethoden sollen nur zur Beilegung antagonistischer Gegensätze zwischen dem Volk und seinen Feinden, den widerspenstigen Überbleibseln der ausbeutenden Klassen, also Gutsherren, reichen Bauern und reaktionären und imperialistischen Kräften, angewendet werden. Selbstverständlich gab es auch Unterricht über aktuelle politische Ereignisse.

Im Jahre 1970 bestand innerhalb der Großen Proletarischen Revolution noch immer eine Kontroverse bezüglich der Frage, wie die Erziehung in einem sozialistischen Land organisiert werden soll, welche pädagogischen Methoden dazu am besten geeignet sind, wie die Stellung des Lehrers einzustufen ist – kurzum, jeder Aspekt der Erziehung war umstritten. Eine endgültige Lösung war noch nicht gefunden. Man hatte sich zwar darüber geeinigt, daß diese großen Werke Maos gelehrt werden sollten, doch viele waren der Meinung, daß selbst die älteren Schüler keine ausreichende Vorbildung besäßen, um die Lehren Maos zu verarbeiten. Möglicherweise sind aber junge Leute noch gar nicht in der Lage, solche Gedankengänge »gründlich« in sich aufzunehmen. Vielleicht ist es richtig, daß in der Schule, ja sogar in der Oberschule, zunächst ein allgemeiner Überblick vermittelt wird, und daß es dann der Praxis und der Lebenserfahrung überlassen wird, die Lehren in die Tat umzusetzen.

Der kleine Au Chiu ging mit sieben Jahren zur Schule. Nach

ein paar Tagen kannte er schon das Motto: »Seid entschlossen, fürchtet keine Opfer und überwindet alle Schwierigkeiten, um den Sieg zu erringen.« Eines Tages sang er die Strophe: »Die Welt gehört euch. Chinas Zukunft gehört euch.« Er lernte schon, diese Worte zu schreiben. Die volle Bedeutung der Sätze begriff er natürlich noch nicht, aber er verstand schon etwas davon. Viele meinten, daß schon sehr viel gewonnen sei, wenn die Kinder gleich auf den richtigen Weg geführt würden. Andere wieder vertraten die Ansicht, daß es besser wäre, wenn die Schüler zunächst die Schriftzeichen kennenlernten und dann allmählich an die Bedeutung der Worte herangeführt würden, die sie dann später um so gründlicher erfassen könnten. Die Gegner dieser Meinung glaubten, daß dieser Weg zu umständlich sei. Die Wahrheit scheint wohl hier in der Mitte zu liegen. Übrigens, als ich im Sommer 1972 nach China zurückkehrte, war man allgemein der Auffassung, daß es am vernünftigsten sei, die Kinder weder nach der einen noch nach der anderen extremen Methode zu erziehen, sondern einen Mittelweg zu beschreiten.

Jedenfalls besuchten praktisch alle Kinder der Kommunemitglieder die Grundschule und viele auch die Mittelschule, die aber nicht alle Schüler abschlossen. Sie lernten die Grundbegriffe des Lesens und Schreibens, dazu etwas Mathematik und Naturkunde und praktisches Wissen, das mit ihrem künftigen Beruf als Landarbeiter zusammenhing. Darüber hinaus wurden den Kindern die moralischen Wertbegriffe der sozialistischen Revolution nahegebracht. Diese Schulung bedeutete, daß ein großer Schritt nach vorn gegenüber der Erziehung der Landkinder vor der Zeit der Befreiung gemacht wurde. Alle sind davon überzeugt, daß sich die Schulerziehung, so wie alle übrigen Verhältnisse, immer weiter verbessern wird.

Lao Man und Ta Sao hatten wirklich ihr Bestes getan, um ihre drei jüngeren Kinder gut zu erziehen. Die kleine Ta Hsiang war noch ein Püppchen, aber sie entwickelte schon hausfrauliche Eigenschaften. Sie hatte ein fröhliches Wesen und wollte überall schon mithelfen, zum Beispiel als wir die Mohrrüben einlagerten oder Steckrüben zum Trocknen vorbereiteten. Auch bei der Versorgung unserer Küken war sie natürlich dabei. Alle Nachbarn mochten sie gut leiden.

Au Chiu hatte wie ein richtiger Junge Ungezogenheiten im Kopf, aber er war wie seine kleine Schwester immer guter Laune und half im Haushalt mit. Er hatte die Angewohnheit, überall auf dem Hof kleine Pflanzen zu setzen. Manche davon wuchsen sogar an. Wenn ein kleiner Vogel aus dem Nest gefallen war, dann wollte er ihn aufziehen, was natürlich Nachbars Katze merkte und ihn sich holte. Aber er ließ sich dadurch nicht entmutigen. Im Sommer war er abwechselnd dreckverkrustet oder blitzsauber. Sauber war er, wenn er sich mit einem Wasserstrahl abgespritzt oder einen Sprung in den Teich gemacht hatte, und schmutzig kam er nach Hause, nachdem er sich mit anderen Jungen auf dem Erdboden herumgebolzt hatte. Er und Hsiao Ching hatten eine seltsame Angewohnheit. Wenn es im Sommer glühend heiß war, breiteten sie ein Stück Sackleinewand nach dem Abendessen auf dem Hof aus und legten sich darauf zum Schlafen nieder. Wegen der Mücken und des morgendlichen Taus konnten sie zwar nicht durchschlafen, aber sie ließen sich durch nichts davon abhalten, dort liegen zu bleiben. Sie rührten sich nicht von der Stelle, wenn man sie nicht mit Gewalt ins Haus holte. Es gab aber doch eine Möglichkeit, um sie zur Flucht von ihrer Lagerstatt zu bewegen: Man mußte ihnen mit aufgeregter Stimme zurufen, daß es gleich regnen würde. Dann kramten sie ihre Sachen zusammen und gingen mit schalfwandlerischen Schritten ins Haus. Manchmal blieben sie aber auch auf halbem Wege stehen und dösten vor sich hin, bis Ta Sao ihren Alarmruf wiederholte – oder ihnen einen Klaps versetzte.

Hsiao Ching war noch zu jung, um alle ihre Charakterzüge erkennen zu lassen. Zweifellos hatte sie aber ein Bedürfnis nach Freizügigkeit. Nachdem wir sie einmal wegen einer Ungezogenheit aus dem Zimmer gewiesen hatten, wollte sie uns wochenlang danach nicht mehr besuchen. »Da drinnen ist es mir zu heiß!« pflegte sie zu antworten, wenn wir sie zu uns riefen.

Wir mußten uns erst bei ihr wieder einschmeicheln und sie mit Süßigkeiten füttern, bis sie wieder zu uns kam. Den beiden Jüngsten machten wir verständlich, daß sie sich bei uns wie zu Hause fühlen sollten, und sie waren auch ganz zutraulich. Im Winter aßen sie meistens mit uns zusammen. Oftmals brachten sie auch ihre Spielgefährten mit, damit sie sich meine Zeichnungen ansehen konnten, und wenn die Kleinen sich allzu laut aufführten, riefen sie sie zur Ordnung.

Das Ausschachten der Tiefbrunnen

»Wir haben keine Angst mehr vor der Dürre, und bald werden wir sagen können: Im Dorf Glückseligkeit wird es nie mehr Not wegen der Trockenzeiten geben!« sagte Lao Man eines Abends zu mir.

»Wieso?«

»Dann höre dir das mal an!« sagte er und deutete aus dem Fenster.

Einen Augenblick lang war nichts zu hören, aber dann ertönte das Geräusch eines Elektromotors. Wir hatten uns schon so daran gewöhnt, daß wir das Rattern gar nicht mehr hörten. Der Motor war am neuen Tiefbrunnen am Nordende des Dorfes installiert. Durch das vierzöllige Rohr wurde ständig Wasser gepumpt, und die begehrte Flüssigkeit strömte durch die Leitungen auf die umliegenden Felder.

»Unsere Brigade betreibt schon vier dieser Brunnen. Wir werden bald die zwei weiteren, die für dieses Jahr eingeplant sind, ausschachten, und danach kommen noch ein paar weitere Tiefbrunnen an die Reihe. Wenn dann alle in Betrieb sind, braucht es überhaupt nicht zu regnen, und wir können dennoch eine gute Ernte einbringen. Dann haben wir der Dürre ein Ende gesetzt!«

Wir hatten schon soviel über die Vergangenheit des Ortes in Erfahrung gebracht, daß wir verstanden, was er damit meinte. Diese Sicherstellung bedeutete für die Bauern unendlich viel, denn nicht nur die Überschwemmungen, sondern auch die Not durch Ernteausfall wegen der Dürreperioden hatte sie seit jeher in Angst und Schrecken versetzt. Schon jetzt, nachdem wir erst kurze Zeit im Ort waren, konnten wir feststellen, daß sich der Wasserspiegel in den Grundwasserbrunnen immer tiefer senkte und daß die Teiche auszutrocknen begannen. Im Winter hatte es kaum geschneit; nur ein paar Flocken kamen herunter, die den Boden nur kurze Zeit bedeckten. Auch hatte es nur sehr wenig im Frühling geregnet. Nur hin und wieder gab es einen Nieselregen. Der Erdboden war trocken wie Staub, besonders an den Wegstellen, die häufig begangen oder befahren wurden. An anderen Stellen war er wieder steinhart ausgetrocknet. Die Dürre dauerte schon seit dem Juli und August des vergangenen Jahres an. Vor der Befreiung waren die Bauern in einer solchen Situation ratlos gewesen. Jetzt gab die Brigadeleitung einfach die Anweisung: »Pumpen anlassen!«

Wasser wurde in die Baumpflanzungen geleitet, und die jungen Schößlinge und Saaten, die wir dort angelegt hatten, trieben aus. Die Rapsfelder zeigten gelbe Blüten und frisches Grün; auch die Zwiebeln entwickelten sich gut. Tag und Nacht waren Arbeitsgruppen auf den Feldern, um das Wasser in die richtigen Kanäle zu leiten und den Winterweizen und die Gerste zu berieseln. Die Weizenpflänzchen entwickelten sich kräftig und zeigten ein sattes Grün, während die Teiche rund um das Dorf immer mehr austrockneten.

Die vier mechanischen Pumpen waren Tag und Nacht in Betrieb. Der Brunnenbau war keine leichte Aufgabe. Sie mußten tief ausgeschachtet werden bis zu dem riesigen unterirdischen Reservoir, der sich über weite Teile der nordchinesischen Ebene erstreckt. Die Existenz dieses gewaltigen Beckens war vor der Zeit der Befreiung überhaupt nicht bekannt, ja man ahnte nicht einmal etwas davon. Erst nach Gründung der Volksrepublik wurden Geologen mit Forschungsarbeiten beauftragt, und es gelang ihnen, diese bahnbrechende Entdeckung zu machen. Dieses tiefliegende Reservoir, das sich vor Urzeiten gebildet hatte, füllt sich ständig wieder auf. Im Gebiet des Dorfes

Glückseligkeit lag es in einer Tiefe von dreißig bis vierzig Metern. Es mußte also ein meterbreiter Schacht ausgehoben werden, und das Ausschachtungsmaß entsprach vergleichsweise der Höhe eines acht- bis zehnstöckigen Gebäudes. Dazu kam noch die Auskleidung des Schachtes mit betonierten Steinen und die Installation eines elektrischen Pumpwerkes, dessen Strom von einem viele Meilen entfernten Werk geliefert wurde. Erst nach Gründung der Kommunen war eine solche Aufgabe zu bewältigen. Die geologische Wissenschaft war bis dahin ein Buch mit sieben Siegeln für die Dorfbewohner gewesen; auch Elektrizität war ihnen nur vom Hörensagen bekannt, und auch die einfachsten Landmaschinen erschienen ihnen als neumodische, unerschwingliche Anschaffungen.

Die Kommunen brachten diese Neuerungen ins Dorf. Die notwendigen Voraussetzungen schufen der Befreiungskrieg, die Bodenreform und der Beginn der Kooperation. Die Kommunen gingen aber dann an die großen Vorarbeiten, um die Gefahren der Überschwemmungen und der Dürre zu beseitigen. Die Bauern wurden nicht mehr Jahr um Jahr ihrer Existenz beraubt. Ohne diese grundlegenden Strukturverbesserungen hätte sich der Lebensstandard der Landbevölkerung nicht heben lassen, ganz zu schweigen von dem Ziel, auf dem Wege zum Sozialismus zu Wohlstand zu kommen.

In dieser Zeit machte die Kommunistische Partei als Leitungsorgan der Volksrepublik und der Kommunen große Anstrengungen, das Gebiet zu erschließen, indem der Bau der drei großen Staubecken und die Kanalisierung des Flusses Wei in Angriff genommen wurde. Wie uns schon der junge Arbeiter berichtet hatte, waren diese Bauvorhaben im Zusammenwirken mit der Errichtung zusätzlicher Deiche und dem Bau von Abzugskanälen ausschlaggebend bei der Beseitigung der Überschwemmungsgefahren gewesen. Die Landarbeiter wurden im Zuge dieser Maßnahmen weiter ausgebildet, und zusammen mit Technikern organisierten sie die großen Bauarbeiten, lernten den Umgang mit Maschinen und mit der Elektrizität und gewöhnten sich daran, methodisch vorzugehen. Diese auf den

Großbaustellen eingesetzten Dorfbewohner waren es auch, die nach der Rückkehr in ihr Dorf Glückseligkeit an das Ausschachten der ersten Tiefbrunnen gingen, um den Gefahren der Dürrezeiten entgegenzutreten.

Die Kommune hatte ein Verfahren ausgearbeitet, das sich speziell für tiefe Ausgrabungen des Lößbodens eignete. Der Boden besitzt keine Oberschicht aus Kies oder Steinen. Gerade weil er eine lose Beschaffenheit hat – er sinkt leicht in sich zusammen –, müssen die Bauarbeiter sorgfältig und mühsam mit ihm umgehen, und sie müssen schnell und nach der Uhrzeit arbeiten; ganz neue Methoden, wenn man einen Vergleich mit den alten Gewohnheiten der Landbevölkerung anstellt. Die Bauern, die sich am Brunnenausschachten beteiligten, befanden sich somit zum ersten Mal auf dem Wege zu organisierter Arbeit, wie es beim Industrieproletariat üblich ist. Kein Wunder, daß sich selbst die jüngsten Leute für den Tiefbrunnenbau im Dorf Glückseligkeit interessierten und aktiv mitarbeiten wollten.

Lao Tsen war ein erfahrener Brunnenbauer und einer der dreißig- bis vierzigjährigen Männer, die schon bei den Staudammarbeiten eingesetzt waren, wie auch unser Lao Man. Mehrere Wochen lang war eine Arbeitsgruppe unter seiner Leitung auf dem unbenutzten Dreschboden damit beschäftigt, Schachtverkleidungen anzufertigen. Hierfür verwendeten sie besondere Ziegel, die in der Ziegelei der Kommune gebrannt wurden. Die Steine waren etwas gebogen, damit sie später ringförmig eingesetzt werden konnten. Diese Steinringe im Durchmesser von etwas über einem Meter wurden betoniert, so daß sie zylinderförmig in den Schacht eingepaßt werden konnten, wobei der Boden und der Kopf des Schachtes ganz aus Beton war und die Seiten betonierte Streben erhielten. Diese zylindrischen Teile wurden reihenweise angefertigt, damit genügend Material beim Bau der beiden Brunnen zur Verfügung stand.

Danach wurde die Baustelle für den ersten Brunnen vorbereitet. Sie lag etwa dreißig Meter außerhalb des Dorfgeländes im Nordosten. Bevor man mit dem Ausschachten begann, wurde ein großes dreibeiniges Gerüst errichtet mit einer Arbeitsplattform in zweieinhalb Meter Höhe über dem Erdboden. Auf der obersten Sprosse befand sich eine Winde. Darüber lief ein Stahlkabel, das mit der Bohrfördertrommel verbunden war. Weitere Geräte wurden herangeschafft, und ein Graben wurde ausgehoben, der Wasser vom nächstgelegenen Tiefbrunnen heranleiten sollte. Sehr viel Wasser wurde bei den Ausgrabungsarbeiten benötigt, denn der Schacht mußte ständig durchfeuchtet werden.

Nachdem alle Vorbereitungen getroffen waren, wurden zwei Arbeitsgruppen zu je achtzehn Mann zusammengestellt. Eine Woche lang sollte in zwei Schichten rund um die Uhr gearbeitet werden. Die Kommune stellte die Gerätschaften für die Ausschachtung zur Verfügung, die dann je nach Bedarf an die Brigaden ausgeliehen wurden. Die drei Arbeitsgruppen der Dritten Brigade stellten sämtliche Arbeitskräfte. Solche Tätigkeit eignete sich nur für junge, kräftige Leute. In den Mannschaften war kaum einer, der die Vierzig überschritten hatte, mit Ausnahme der Schichtleiter, die sich, so gut sie konnten, an den Arbeiten selbst mitbeteiligten. Der Zeitpunkt für den Beginn des Brunnenbaus war gut gewählt. Die Hausbauten waren erstellt, und das Wetter vor der Sommersonnenwende »Hsia Chih« war beständig und warm, aber nicht zu heiß, denn die Julihitze hatte noch nicht begonnen. Jede Schicht arbeitete sechs Stunden lang und legte sich dann sechs Stunden zur Ruhe. Die meisten der Bauarbeiter schliefen und aßen in der nahegelegenen Hütte der Dritten Arbeitsgruppe neben dem Dreschboden, oder sie legten sich einfach unter die dort stehenden Bäume. Die Brigade sorgte für die Verpflegung der Schichtarbeiter. Die Baugeräte waren einfach zu bedienen; Winde und Trommelbohrer wurden durch Muskelkraft betätigt.

Unterhalb des Gestells wurde zunächst ein flacher Schacht ausgehoben, der den gleichen Durchmesser wie der Brunnenschacht hatte. Bei einem Meter Tiefe wurde Wasser durch die Zuleitung eingelassen, und der Trommelbohrer wurde über die Winde heruntergeführt.

Der Trommelbohrer ist ein trommelartiger Behälter mit einer flachen, kegelförmigen Unterseite. Die Seitenlänge beträgt etwa sechzig Zentimeter. Das Ganze ist aus starkem Stahlblech. Der Durchmesser des Gerätes entspricht der Breite des Schachtes. Am unteren Ende liegen zwei Löcher mit Klappen einander gegenüber. An der Kegelspitze sind zwei Schlitzöffnungen, aus denen etwa zehn Zentimeter lange Zähne aus gehärtetem Stahl herausragen. Jeder Schlitz hat das Aussehen eines länglichen Mundes, aus dem die Zähne über die Unterlippe hervorstehen. Der Trommelbohrer hat eine fast zwei Meter lange hohle Achse, die durch die Kegelspitze hindurchragt. Diese hat am oberen Ende ein Gewinde und wird durch Kreuzstangen rechtwinklich über der Trommel festgehalten. Wenn der Trommelbohrer sich in den Boden einfrißt, kann ein neues Rohrstück auf die Achse geschraubt werden. Auch dieses Stück hat ein oberes Gewinde und kann wiederum verlängert werden. Solche Bohrrohre werden in Längen von etwa zwei Metern auf dem Arbeitsplatz gelagert.

Wenn der Trommelbohrer auf die Ausschachtung herabgelassen worden ist, werden zwei Stahlstangen kreuzweise in rechteckige Aussparungen am oberen Ende der Achse eingeführt. Dann kommt eine Arbeitsschicht von sechzehn Mann zum Einsatz, vier Mann für jeden Stangengriff. Die Männer beginnen dann, die Achse mit der Trommel in Rotation zu versetzen. Zwei Mann achten auf die Winde und springen bei der Arbeit ein, wenn es erforderlich wird. Manchmal helfen sie bei der Bohrarbeit aus; in anderen Fällen regulieren sie den Wasserzufluß und achten darauf, daß die Arbeitsstelle gut durchtränkt ist, aber nicht überläuft. Die Zähne der Trommelspitze bohren sich in den aufgeweichten Löß und schaufeln ihn durch die beiden Schlitze in den Behälter.

Wenn der Behälter sich mit dem schlammigen Löß gefüllt hat, winden vierzehn Mann den Trommelbohrer an die Oberfläche. Sobald er sich etwa einen Meter über der Schachtöffnung befindet, wird ein Holzdeckel aus roh zugeschnittenen und vernagelten Brettern über den Schacht gelegt und ein U-förmiger

Holztrog unter den Behälter gestellt. Dann werden die Bolzen, die dessen Seitenteile zusammenhalten, herausgezogen, und der Lößschlamm dringt durch die Öffnungen hindurch und fällt in den Trog. Der Trommelbohrer ist dann leer, und der Trog wird weggeschafft und auf einen Haufen ausgeschüttet. Der Schlamm wird dann später zur Bodenverbesserung verwendet. Die geöffneten Teile und Löcher am Trommelbohrer werden wieder geschlossen, die Bolzen befestigt, ein paar Schaufeln Erde werden als Ballast hineingeworfen, und dann wird der Behälter nochmals in den Schacht herabgelassen. Die Stahlstangen werden wieder in die Achse eingeführt, die Bauarbeiter gehen an ihre Plätze und rotieren wiederum den Trommelbohrer, um dessen Zähne sich tiefer in den Erdboden eingraben zu lassen. Wieder stimmen sie ein Lied an, und Lao Man singt die ersten Zeilen der Strophen:

Ein Mann hat nur wenig Kraft. Vereint aber sind wir stark!
Faßt an! Tut euer Bestes!
Refrain: Tiefer! Tiefer! Hei-ja! Hei-ja!
Erfaßt die Revolution! Steigert die Produktion! Befolgt die Parteipolitik!
Faßt an! Tut euer Bestes!
Refrain: Tiefer! Tiefer! Hei-ja! Hei-ja!

Die Trommel war wieder voll. Kaum hatten die letzten harten Stöße sie in den Grund getrieben, ließen die Männer die Stangen los und eilten zu den Winden, um keine Zeit zu verlieren. Die Trommel wurde wieder hochgewunden, ausgeleert, nochmals herabgelassen, und ein neues Rohrstück wurde eingeschraubt. Der Vorgang wiederholte sich ohne Pause, bis die erforderliche Bohrtiefe erreicht war.

Am fünften Tag, als die Sachverständigen der Kommune bestätigt hatten, daß der Wasserspiegel erreicht wurde und nicht tiefer gebohrt zu werden brauchte, begann die Auskleidung des Schachtes. Auch diese Arbeit wurde pausenlos vorangetrieben. Der Trommelbohrer wurde beiseitegeschafft. Ein Bauteil der Verkleidung wurde mit der Winde emporgezogen und festgehakt. Vier Bambusstangen wurden mit Kaoliang-Stricken an

den Seiten des Bauteiles befestigt, und dann wurde es so tief herabgelassen, daß etwa die Hälfte über der Öffnung des Schachtes zu stehen kam. Ein zweites Bauteil wurde dann fertiggemacht, um paßgerecht auf das erste herabgelassen zu werden. Die Baumbusstangen sollten als Führungspfeiler dienen. An jedem Bauteil befanden sich Vorsprünge, damit man leichter mit ihm umgehen konnte. Auf den oberen Rand des ersten Bauteiles kam eine Schicht Zement, und das nächste Teil wurde sorgfältig aufgepaßt. Die beiden Teile wurden so betoniert, und an der Fuge wurde Baupappe aufgelegt und mit Kaoliang-Schnur festgemacht. Vier weitere Bambusstangen wurden dann mit dem zweiten Bauteil verbunden, und beide Bauteile wurden zusammen in den Schacht abgelassen. Schließlich kam ein drittes, viertes und weitere Bauteile dazu, bis das erste Bauteil fest auf dem Brunnengrund lagerte. Als der gesamte Schacht verkleidet war, war die Hauptarbeit geschafft.
Die meisten Arbeiter konnten jetzt von der Baustelle abgezogen werden. Nun kamen die Mechaniker an die Reihe. Sie setzten ein vierzölliges Rohr in den Schacht ein, installierten eine Motorpumpe, schlossen sie an Kabel und Schaltungen an, die mit einer elektrischen Hauptleitung verbunden waren, und als alles startklar war, schalteten sie den Strom ein. Zunächst lief schlammiges Wasser in den Trog, der eigens dafür unter die Rohröffnung gestellt wurde, aber bald danach strömte schon das klare, kalte Wasser aus dem unterirdischen See in die Leitungen.
Die gesamte Arbeit war in weniger als sieben Tagen vollendet, ohne daß eine Pause eingelegt worden war. Die Bauern konnten stolz auf ihre Leistung sein, und sie waren es auch. Sie freuten sich über das Aquarell, das ich nach Fertigstellung des Tiefbrunnens malte, und auch die Skizzen, die ich während der Bauarbeiten zeichnete, gefielen ihnen.
Bei dieser Art einer systematischen und technisch durchdachten Tätigkeit paßten sich die jungen Bauern schnell an eine Arbeitsweise an, die für das Industrieproletariat typisch ist. Hierzu gehörten nicht nur die Ausschachtungsarbeiten selbst, sondern

auch die Zusammenfügung der Auskleidungsteile und die Installation der Pumpenanlage. Alle diese Arbeiten wurden von Angehörigen der Dritten Brigade vorgenommen, und die Kader der Kommune brauchten nur wenige Techniker zur Verfügung zu stellen. Sehr häufig ging ich zum Bauplatz und beobachtete den Fortgang der Arbeiten. Es wurde schnell und teilweise bis zur Erschöpfung gearbeitet, aber immer waren die Leute eifrig und frohgestimmt bei der Sache. Niemals nörgelten sie, und jeder bemühte sich, als erster mit Hand anzulegen. Als das Werk fast vollendet war, kam Lao Man zu uns zu Besuch. Er wollte aber nicht rauchen und trank nur einen Schluck angewärmtes Wasser. Seine Stimme war rauh geworden, und dann war sie kaum noch zu hören. Nach dem stundenlangen Singen war das auch nicht verwunderlich. An seine Stelle mußte ein anderer Liedanstimmer treten. Dies war der einzige »Unfall« bei den ganzen Ausschachtungsarbeiten.
Sobald der sechste Brunnen fertig war, wurde das ganze Gerät an einen anderen Bauplatz geschafft, wo der siebente und letzte Brunnen dieses Frühjahrs gegraben werden sollte. Die Stelle lag etwa eine Meile östlich des Dorfes, mitten in den Feldern, wo Weizen und Mais angebaut werden sollten. Auch hier ging die Arbeit ebenso schnell und frohgemut voran wie beim sechsten Brunnen. Eines Morgens war ich zu dieser Stelle unterwegs, als mir zugerufen wurde:
»Lao Chen! Hier gibt es etwas zu sehen!«
Ich eilte zu den Leuten hin. Das »Etwas« waren Tonscherben. Es handelte sich um Teile einer Schüssel, einer Vase oder eines Gefäßes, zwei Zentimeter stark und mit einem Durchmesser von etwa acht Zentimetern. Die Teile waren aus einer Tiefe von dreißig Metern heraufgeholt worden. Viele Zeitalter müssen seitdem dahingegangen sein, und wie viele Überschwemmungen müssen dazu beigetragen haben, daß diese riesigen Mengen Lößschlamm auf diese Überreste aufgetürmt werden konnten! Die Ecken der Scherben waren gut abgestumpft. Das Material war auch noch von guter Beschaffenheit; aber was mich am meisten interessierte, war die Tatsache, daß die Innenseite gla-

siert und craqueliert war. Es war klar, daß es sich hierbei nicht um Bauerntöpferware handeln konnte, sondern daß sie aus einem wohlhabenden Haus stammen mußte. Sicherlich mußten noch weitere Artifakten in dieser Tiefe vorhanden sein. Wir befanden uns nämlich im Gebiet des Staubeckens des Gelben Flusses, wo die »Wiege der chinesischen Zivilisation« liegen soll. Nicht weit entfernt lag die Stelle, wo einst eine der Städte der Shang gelegen hatte, der ältesten chinesischen Dynastie, über die es historische Belege gibt. Die Scherben wurden mir von der Brigade übergeben, und ich versprach, sie an die zuständige wissenschaftliche Stelle in Peking weiterzuleiten. Überhaupt ist es den Landleuten und den Bauarbeitern bekannt, daß sie alle aufgefundenen Artefakten abliefern sollen. Nach ihrer Fertigstellung waren die Tiefbrunnen ständig in Betrieb. Bis Juli gab es keinen Regen, und die frühen Saaten würden ohne künstliche Bewässerung verdorrt sein. Mit Hilfe der Tiefbrunnen und durch andere zusätzliche Maßnahmen gelang es, im Dorf Glückseligkeit nicht nur die Frühjahrstrockenzeit zu überbrücken, sondern sogar eine Rekordernte im Sommer zu erzielen.

Alle Teiche trockneten aus, wenn kein Regen fiel. Der Wasserspiegel des großen Teiches war so niedrig, daß man unter der Oberfläche die Wasserpflanzen sehen konnte, sogar in der Mitte. Einige Jahre zuvor war der Teich tiefer ausgehoben worden, und man hatte Fischbrut eingesetzt. Dann kam eine lange Trockenperiode, und die Fische gingen ein. In diesem Jahr wurde jedoch eine Zuleitung von einem der Tiefbrunnen zum Teich gegraben. Nachdem man das Wasser angestellt hatte, war der Teich innerhalb eines Tages wieder gefüllt. Es ist beabsichtigt, wieder Fischbrut einzusetzen, und wenn man dann die gefangenen Fische der Bevölkerung zur Verfügung stellt, kann man die einseitige Ernährung durch Eiweißstoffe verbessern.

Im Dorf Glückseligkeit ist man nicht sehr kalorienbewußt. Die Ernährung ist reich an Kohlehydraten. Die Nährstoffe stammen aus den landesüblichen Gerichten, wie Hirsebrei, Mais, Kartoffeln und Süßkartoffeln, Mantou aus Weizen, Fladen und Chiaotze. Früher einmal litt die Bevölkerung an Vitaminmangelkrankheiten wie Skorbut. Seitdem aber reichlich Gemüse angebaut wird, sind solche Krankheiten sehr selten geworden. Zu den vitaminhaltigen Sorten zählen Steckrüben und Mohrrüben, die auch über Winter eingelagert werden, außerdem Kohlarten, und im Sommer fallen reichlich Zwiebeln, Erbsen, Salat, Spinat, Gurken, Melonen und Kürbisse an. Dazu kommen noch die Obstsorten. Proteine enthalten Schweine- und Rindfleisch, Eier, Ziegenmilch und Fisch, der aber nur sehr selten auf den Tisch kommt. Die Eier werden zum größten Teil verkauft, doch einmal im Monat leistet man sich ein Eiergericht. Auch Fleisch ißt man nur etwa einmal monatlich, doch an den Feiertagen wie zum Frühlingsfest, dem Nationalfeiertag sowie zu Geburtsfeiern, Hochzeiten und Verlobungen gibt es einen Braten. Manchmal schlachtet ein Nachbar auch ein Schwein und verkauft etwas von dem Fleisch. Ein oder zweimal sahen wir Lao Man mit einem erlegten Hasen ankommen, den er mit seinem Spaten niedergeschlagen hatte. Es gibt sogar einen Jäger, der von Zeit zu Zeit mit seinem uralten Vorderlader loszieht. Das Schießeisen hat einen Lauf von über einem Meter Länge, aber er soll gut damit treffen können. Wenn man ständig Fleisch essen wollte, brauchte man genügend Geld dazu. Bargeld ist aber immer knapp, und Lao Man und die anderen Dorfleute können sich einfach nur selten einen Happen Fleisch leisten. Die meisten Leute haben kleine Ersparnisse, aber alle sind sehr sparsam und greifen nur dann auf das Geld zurück, wenn sie etwas Besonderes anzuschaffen haben.

Mir fiel es nicht leicht, mich an die vegetarische Kost zu gewöhnen. Deshalb kaufte ich mir öfter etwas Zusätzliches, wie Schweinefleisch in Büchsen zu 1,4 Yüan, oder ich radelte in die

Stadt oder zu einer Nachbarkommune, wo es Frischfleisch zu kaufen gab. Schweine- oder Rindfleisch kostete dort etwa sieben Mao das Pfund, und den gleichen Preis hatte auch der Fisch aus dem Gelben Fluß. Jeden Tag aß ich auch ein Ei. Für unsere »lahme Veteranentruppe« bedeutete es ein besonderes Entgegenkommen, daß wir im Co-op-Laden die etwas angeschlagenen Eier kaufen konnten. Wenn wir uns krank fühlten, durften wir sogar ein ganzes Pfund gute Eier kaufen. Eine Brigade, deren Land sich am Ufer des Wei-Flusses erstreckte, hielt viele Enten. Die hundert Enteneier, die wir dort aufkauften, reichten eine ganze Weile. Jeden Tag gab es zusätzlich ein Entenei, und da es allmählich wärmer wurde, legten wir etwa fünfzig Stück ein. Dadurch hielten sie sich lange frisch, und kein einziges Ei war faul.

Die Bauern hingegen betrachteten unsere Kost als reichlich üppig. Was mich betraf, so hatten sie zwar nichts dagegen einzuwenden, da ich als alter, kränklicher Mann angesehen wurde. Aber in ihren eigenen Reihen hätten sie eine solche »Schlemmerei« nicht zugelassen. Der wahre Grund war natürlich ein anderer – sie konnten sich gutes Essen nicht erlauben. Wenn sie schwere Arbeiten zu verrichten hatten, beispielsweise in der Erntezeit oder bei Transportarbeiten, aßen sie mehr Weizenprodukte als Hirse. Lao Man aß fast täglich Hirse. Im Sommer, wenn er schwer arbeiten mußte, gab es jeden Tag Mantou, und manchmal aß er zwei bis drei Pfund davon.

Kinovorführungen und Opern

Eines Tages zu Beginn des Frühlings hörten wir, daß ein Filmvorführungstrupp des Bezirks abends eine Kinoveranstaltung abhalten wollte. Wie es auf dem Dorf die Regel ist, ging die Nachricht von Mund zu Mund, und bezeichnenderweise war es der kleine Au Chiu, der uns davon erzählte. Die Vorführung sollte auf der Hauptstraße vor dem Verwaltungsbau der Kommune stattfinden. Als der Abend kam, füllten sich die Straßen und Wege mit herbeiströmenden Landleuten, und manche trugen sogar ihr Baby auf dem Arm. Einige brachten ihre Schemel oder kleine Trittleitern mit.

Die Leinwand war über die Straße gespannt und mit Schnüren an den seitlich stehenden Bäumen aufgehängt. Die Zuschauer saßen auf beiden Seiten der Leinwand mitten auf der Straße. Als ein paar Karren und Wagen herankamen, konnten sie nicht weiterfahren. So stiegen die Fahrer einfach aus, um sich den Film anzusehen. Hinter der Leinwand saßen nicht so viele Leute wie davor. Natürlich sahen sie die Bilder umgekehrt, und auch die Schrift war verkehrt. So etwas macht aber jemandem, der die chinesischen Schriftzeichen kennt, nicht viel aus. Wenn man weiß, wie die Schrift verläuft, kann man sie auch entziffern. Manchen der älteren Landleute war es auch völlig gleichgültig, auf welcher Seite sie saßen, denn sie konnten ohnehin nicht lesen. So kam es, daß die Zuschauerschaft auf der rückwärtigen Seite der Leinwand entweder gut oder überhaupt nicht zu lesen verstand.

Die Vorführapparate und die Filme selbst waren von sehr guter Qualität; Bild und Ton waren einwandfrei. Der Film hieß »Kriegführung im Untergrund«, und er begann sofort nach Einbruch der Dunkelheit. In dem Streifen wurde dargestellt, wie die Guerillakämpfer in der Ebene von Hopeh unter ihren Dörfern ein Labyrinth von Tunneln angelegt hatten und auf diese Weise der japanischen Invasionsarmee entschlüpften. Hierbei sollte auch das Argument derjenigen entkräftet werden, die behauptet hatten, daß in ebenen Gebieten, wo es keine Berge oder Wälder und somit keine natürliche Deckung gibt, keine Partisanenkriegführung möglich sei. Der Film war nicht neu, und wir hatten ihn schon mindestens sechsmal in den zurückliegenden Jahren gesehen. Hier in dem ebenen Gebiet war er aber für die Leute von großem Interesse, da die Miliztruppen für eine Kriegführung gegen eine mögliche Invasion ausgebildet wurden.

Alle zwei Monate gab es eine solche Kinovorführung. Zum Jahrestag des Todes Lenins im Februar wurde der sowjetische

Film »Lenin im Jahre 1918« gezeigt. Manche Episoden aus diesem Film müssen den Zuschauern aus dem Dorf Glückseligkeit sehr seltsam erschienen sein, wie die Szene in der Marinsky-Oper in Petrograd, wo »Schwanensee« gegeben wurde. Andere Geschehnisse wurden aber bestimmt verstanden, wie die Szene, wo ein reicher Bauer, ein Kulak, sich bei Lenin über die sowjetische Politik beschwert und zu seinem Ärger hinausgeworfen wird.

Der Vorführungstrupp suchte sich offenbar immer wieder andere Stellen für die Filmveranstaltungen aus. Der zweite Film, den ich mir ansah, wurde auf einem Dreschboden im zentral gelegenen Dorf der Kommune gezeigt. Ein anderes Mal gab es eine Vorführung zwischen den Teichen vor dem Co-op-Laden. Das war für die Zuschauer bequem, denn sie konnten sich am Teichufer hinsetzen. Auch im großen Versammlungssaal der Kommune wurde einmal ein Film gezeigt. Hier war es aber reichlich ungemütlich, denn der Saal war wie eine große Scheune und wurde vordem von Soldaten bewohnt. Die Fenster fehlten fast völlig, und ständig herrschte eine unangenehme Zugluft, was bei den Vorführungen unter freiem Himmel natürlich nicht der Fall war.

Ich sah noch zwei weitere Filme. Der eine handelte von der Kulturrevolution, während der andere dazu dienen sollte, die revolutionäre Pekingoper »Einnahme der Banditenfestung mit Hilfe der Strategie« den Landleuten nahezubringen. Bei dem Film über die Kulturrevolution konzentrierte sich das Interesse der Landleute naturgemäß auf die epochemachenden Kämpfe gegen den »bourgeoisen Führungsstab« des Renegaten Liu Schao-tschi und die Wiedereinsetzung der politischen Führung des Vorsitzenden Mao, die Fortsetzung der sozialistischen Revolution zur Ausschaltung von Revisionismus und zur Verhinderung eines Rückfalls in den Kapitalismus und Semikolonialismus. In ausgezeichneten Bildfolgen wurde der Vorsitzende Mao auf dem Tien An Men-Platz gezeigt, wie er Millionen von Rotgardisten an sich vorüberziehen ließ. Auch der Premierminister Tschou En-lai sowie Kang Scheng, Mitglieder des ständigen Ausschausses des Politbüros des Zentralkomitees der Kommunistischen Partei, Tschiang Tsching (die Frau des Vorsitzenden Mao), Yao Wen-yüan und viele andere waren zu sehen.

Der zweite Film, »Einnahme der Banditenfestung«, gefiel besonders den Kindern. Diese Oper ist schon allgemein bekannt. Die Erzählung, die der Oper zugrundeliegt, wurde schon häufig im Radio gebracht, und auch das Buch ist weitverbreitet. Viele Kinder kennen die Melodien vom Radio her, so daß sie die Musik mitsummen oder die Texte singen können. Jetzt wurde nun der Farbfilm gezeigt, und tagelang sprach man im Dorf über die gute Aufführung, bei der das Ensemble der Schanghaier Pekingoper mitwirkte.

Anläßlich des Frühlingsfestes wurde eine Pekingoper in vollständigen Kostümen von einer Agit-Prop-Gruppe der Jugendpropagandatruppe zur Verbreitung der Gedanken Mao Tsetungs aufgeführt. Dies geschah am Abend nach der großen Versammlung, die wegen der Plandiskussion zur Erzielung von 25 Millionen Chin Getreideertrag einberufen worden war, und später noch einmal, als die Aktivisten der Studienvereinigung der Lehren Maos zusammenkamen, und die Veranstaltungen fanden im Versammlungsraum der Kommune »Große Glückseligkeit« statt. Die Gruppe brachte Lieder zu Gehör; außerdem gab es Rezitationen, und die Mitwirkenden traten teilweise in Kostümen auf. Manche Gesänge waren vertonte Texte aus Maos Werken; andere Mitwirkende führten Szenen auf, die mit solchen Parolen in Zusammenhang standen. Die Bauern sahen sich solche Aufführungen gern an, denn sie verstanden, um was es sich handelte. Viele kannten diese Worte Maos und die anderen Mottos. Sie waren aber mit der ganzen Thematik durch die vielen Aufführungen dieser Art und die Radiosendungen so vertraut, daß sie die Bemühungen der Laientruppe aus dem eigenen Dorf kritisch unter die Lupe nehmen konnten. Dies traf auch bei einer weiteren Veranstaltung zu, als die revolutionäre Pekingoper »Die rote Laterne« gezeigt wurde.

Die Erzählung bezieht sich auf die Zeit der Besetzung des

Nordostens Chinas durch die Japaner. Einem revolutionären Eisenbahner wird die Aufgabe zuteil, eine Nachricht der Partei an eine Partisanengruppe auf dem Lande weiterzuleiten. Er wird aber von den Japanern dabei ertappt und verhaftet. Allen Drohungen und Schmeicheleien widersteht er. Auch seine Mutter und seine Adoptivtochter werden aufgegriffen, und alle drei werden zur Hinrichtung abgeführt. Er und seine Mutter wurden erschossen, aber der Tochter geschieht nichts. Die Japaner vermuten sehr richtig, daß sie die revolutionäre Aufgabe ihres Vaters weiterführen soll, und sie meinen, daß sie sich leicht verfolgen lassen würde, wenn sie die versteckte Nachricht den Partisanen übergeben will. Dennoch gelingt es ihr, sie zu überlisten. Die Partisanen greifen den Feind an und vernichten ihn.

Eine solche heroische Erzählung kann durch diese Art des Singens, der Deklamation und der Schauspielkunst hervorragend dargestellt werden. Zweifellos übt eine solche Vorführung eine erzieherische Wirkung aus. Noch Tage danach spielten die Kinder die Szenen im Stil der Pekingoper nach. Aber nicht nur die Gestik und die Musik spielte dabei eine Rolle; der revolutionäre Mut des Eisenbahners und seiner Tochter hatten in den Seelen der Kinder Eingang gefunden. Die Oper ist sehr eindrucksvoll, und die Landleute fanden auch an der spannenden Handlung Gefallen.

Die Musik dieser Oper wird noch auf die überlieferte Art mit traditionellen Instrumenten gespielt. Was dagegen die Radiosendungen anging – viele Leute im Dorf Glückseligkeit besaßen einen Empfänger –, so konnte ich feststellen, daß sie mit westlicher Musik durchaus vertraut waren. Die Instrumentierung der volkstümlichen neuen revolutionären Ballette geschieht auch ganz neuzeitlich, wie bei »Das weißhaarige Mädchen« und auch beim Klavierkonzert »Gelber Fluß«.

SOMMER

EINE ZEIT DES WACHSENS UND REIFENS

ERNTEZEIT

Im Mai war es schon warm; noch wärmer aber wurde es im Juni, zur Zeit des Kornrauschens, »Mang Chun«. Jetzt, als die Erntezeit näherrückte, gab es im Dorf viel Arbeit. Alle Vorbereitungen, mußten getroffen sein, bevor die eigentliche Ernte und die Drescharbeit einsetzte, wofür alle verfügbaren Männer und Frauen gebraucht wurden. Während der Ernte kommt es manchmal auf Stunden oder gar Minuten an. Das Getreide muß geschnitten, zusammengelesen und eingebracht werden; dann kommt das Dreschen, Aufschichten, Auslesen und Einsacken des Kornes, und alles muß schnell vonstatten gehen, denn auf die sonnige und trockene Jahreszeit folgen die feuchten und unbeständigen Tage des Monsuns. Dann brechen unvermittelt Gewitterstürme und Regenschauer herein. Morgens scheint das Wetter zumeist schön zu bleiben, und wenn dann die Garben des frischgeschnittenen Getreides auf den Feldern liegen, überzieht sich der Himmel unvermittelt mit dunklen Wolken, ein Sturm macht sich auf, und Wassermassen stürzen hernieder, die die Ernte im Nu vernichten können. Die Anführer der Arbeitsgruppen hören dann ständig die Wetterberichte im Radio ab oder bemühen sich, telefonisch über die Wetteraussichten unterrichtet zu werden. Darüber hinaus müssen sie aber den Himmel mit Argusaugen beobachten; als Landleute kennen sie ja auch zumeist die Anzeichen schlechten Wetters. Wenn sie sich verschätzen und aus Furcht vor einem Monsuneinbruch den Dreschboden nicht benutzen, kann kostbare Zeit vergeudet werden. Und wenn sie schwere Regengüsse nicht einkalkulieren und die Ernte vorantreiben, dann kann das kostbare Korn völlig unbrauchbar werden.

Vor dem Beginn der Ernte mußten noch die Bauarbeiten an den Häusern beendet werden. Zumindest mußten die Dächer gedeckt werden. Die Gemüsepflanzungen waren ständig zu überwachen; sie mußten ausgejätet und gehackt werden, dann waren junge Pflanzen zu versetzen oder zu beschneiden, und besonders kam es auf die Bewässerung an. Die Maispflanzen brauchten Pflege, und das Verziehen und Behacken war unerläßlich. Die besten Arbeitskräfte der Gruppe wurden an den Dreschböden beschäftigt. Sie bekamen eine frische Oberfläche aus gesiebtem Löß mit kleingeschnittenem Stroh, die festgestampft wurde und eine gewisse Neigung erhielt, damit Regenwasser abfließen konnte. Kornsäcke mußten geflickt und Sicheln mußten geschliffen werden, und Karren und Wagen für den Abtransport hatten einsatzbereit zu sein, Rechen, Besen und Schaufeln hatten auf den Dreschböden bereitzustehen. Versammlungen wurden einberufen, um alle Gruppenmitglieder auf die Bedeutung des Ernteeinsatzes aufmerksam zu machen und um jeden zu veranlassen, pünktlich zur Arbeit zu erscheinen. Die Brigadekader und die Gruppenleiter kamen oft zusammen, um alle Vorbereitungen zu besprechen.

Eines Morgens läutete Kao, der Leiter der Dritten Arbeitsgruppe, die Glocke lauter und kräftiger als sonst üblich und zu ungewohnt früher Stunde. Das war der Start zur Erntearbeit, und er war entschlossen, gleich den ersten Tag zum Erfolg zu führen. Die Männer waren noch mit den Hausbauten beschäftigt, und deshalb mußten die Frauen und die Halbwüchsigen die Feldarbeit verrichten. Mit dem kleinen Gerstenfeld wurde der Anfang gemacht. Um neun Uhr wurde zur Frühstückspause geläutet. Man war übereingekommen, die Pausen für die Mahlzeiten abzukürzen.

»Es ist schon nach neun Uhr!« rief er mit lauter Stimme, so daß er überall im Dorf zu hören war. »Und wie viele sind schon hier? Einer, zwei, drei, na kommt schon her, ihr beiden! Das sind erst fünf! Beeilt euch!« Und wieder läutete er die Glocke. Von überall strömten die Schnitter herbei, wischten sich ihren Mund ab, zogen sich ihre Jacken über und fuhren mit dem Finger über die Sichelschneide, um den Schliff zu prüfen. Als eine ansehnliche Gruppe beisammen war, setzte er sich an die Spitze und zog mit den Leuten hinaus aufs Land, ohne sich um Nachzügler zu kümmern.

Es sah so aus, als ob er eine Familiengemeinschaft anführte. Mit entschlossenen Schritten ging er voran in seinen weißen Drillichshorts, die seine kräftigen Waden frei ließen. Seine Jackenschöße wehten im Winde und sein runder, kahlrasierter Kopf glänzte im Sonnenschein. Direkt hinter ihm gingen die größeren Mädchen, die sich laut schwatzend und kichernd unterhielten. In kleineren oder größeren Gruppen folgten die Mütter mit ihren Kindern. Zur letzten Gruppe gehörte auch die alte Oma Chao, die mit umwickelten Füßen lief. Sie wollte sich nicht ausschließen, bei der Einbringung der Rekordernte mitzuhelfen. Ich begleitete Yüan-tsung, Ta Sao und Lao Tangs hübsche junge Wirtin, ohne mich um den Brauch zu kümmern, der vorschreibt, daß Männer und Frauen getrennt zur Arbeit zu marschieren haben. Die kleine Tochter der Frau, unsere Kinder und Au Chiu und sein Schwesterchen Hsiao Ching tollten um uns herum. Ihr kleines Baby trug sie auf dem Arm. Sie wollte es in der Nähe des Gerstenfeldes in den Schatten legen, damit sie es zur nächsten Versorgung in der Nähe hatte.

Am Rande des Feldes verteilten wir uns entlang der Furchen, und jeder Schnitter übernahm eine, zwei oder drei Reihen, je nach seiner Leistungsfähigkeit. Ich wollte zwei Reihen schneiden, aber eine Reihe wäre genug für mich gewesen. Ta Sao zeigte mir, wie ich die Sichel benutzen mußte. Man nimmt eine Handvoll Halme in die linke Hand, drückt die etwas nach unten und schlägt sie am Grunde mit einem kräftigen Sichelhieb ab. Man legt dann die Handvoll Halme hinter sich nach links rechtwinklig zur Furche, so daß alle Ähren in die gleiche Richtung zeigen und von den nachfolgenden Ährensammlern aufgenommen werden können. So sichelt man sich durch das Feld hindurch.

Ein guter Schnitter geht gebückt durch die Furchen und läßt drei bis vier Reihen gemähte Halme hinter sich, die säuberlich nach einer Richtung liegen. Das strengt die Rückenmuskeln an, und manche Schnitter ziehen es vor, sich bei der Arbeit hinzuhocken. Die alte Oma Chao setzte sich dabei auf ihren kleinen Schemel und schnitt drei Reihen um sich herum. Dann rückte sie weiter vor und setzte sich wieder hin. Als die Arbeit zu Ende ging, war sie mehrere Reihen im Rückstand, so wie auch andere alte Leute mit dem Tempo nicht mithalten konnten. Ihnen wurde aber geholfen; diejenigen, die mit ihren Reihen schon fertig waren, kamen den alten Leuten entgegen, so daß jeder seinen Arbeitsanteil beendet hatte, als die Pause begann. Erstaunlich schnell war das große Feld heruntergesichelt. Ein paar jüngere Frauen arbeiteten um die Wette, und sie stürzten sich mit solcher Vehemenz auf die Halme, daß wir alle vor Verblüffung stehenblieben und bewundernd ihre Leistung anerkannten.

Als der Tag zu Ende ging, begleitete die ganze drei Dutzend Schnitter starke Arbeitsgruppe – Männer, Frauen und Kinder – den neuen Pferdewagen, um die Gerstenernte einzubringen und zum Dreschboden zu schaffen. Der Wagen wurde aber nicht von Pferden gezogen, da sie für die Beförderung von Kohlen gebraucht wurden, und auch die Zugochsen konnten nicht eingesetzt werden, da sie an diesem Tage vor den Pflug gespannt waren. Wir zogen den leeren Wagen selbst, schafften ihn mitten auf das Feld und verteilten uns nach allen Richtungen, um die Ähren einzuholen. Als der Wagen hoch mit Garben beladen war, machten wir uns mit vereinten Kräften an die Arbeit, um ihn vom Feld wegzuschaffen. Ein paar Leute zogen vorn an der Deichsel, andere schoben von hinten, und einige drückten die Räder nach vorn. Es war nicht einfach, den Erntewagen durch die Furchen und über den Feldgraben hinwegzubefördern. Normalerweise wäre ein solcher Wagen von drei Pferden gezogen worden; zwei davon wären seitlich an Zügeln gelaufen, und das dritte, das stärkste, hätte man in der Mitte zwischen die beiden Deichseln eingespannt. Man hätte den Pferdewagen über das Feld gefahren, wobei zwei Mann die Garben hinaufgeworfen hätten und der dritte oben als Stapler gearbeitet haben würde. Es war immer ein erfreulicher Anblick, einen solchen hochbeladenen Erntewagen zu betrachten, der langsam mit seinen Weizengarben zum Dreschboden zuckelte. Am nächsten Tage ging es auf den Weizenfeldern weiter. Ich hatte mich etwas später als die anderen eingefunden und ordnete mich zwischen die Schnitterfrauen und Kinder ein. Eine ganze Zeit arbeitete ich verbissen, in der richtigen Landarbeiterweise, wie ich meinte. »Lao Chen!« rief mir ein rotbackiges Mädchen zu, »wieviele Halme schaffen Sie denn in der Stunde?« Ich hatte mich ganz auf das Sicheln konzentriert gehabt und hinkte doch weit hinter den Kindern hinterher. Die jungen Dinger kicherten wegen meiner Unbeholfenheit.

Der »kleine Doktor« hatte sein Feldbett und seine medizinische Ausrüstung in einem der Räume aufgestellt, die die Brigade für ihr neues Verwaltungshaus gebaut hatte. Er selbst war aber, wie es bei diesen »barfüßigen Doktoren« üblich war, zumeist bei der Feldarbeit anzutreffen, wenn er nicht gerade mit seinem Rotkreuzkasten die Runde machte. In einer sterilisierten Aluminiumschachtel bewahrte er seine Akupunkturnadeln auf. In der Tasche trug er eine Anleitung über Erste Hilfe; aber auch das Büchlein mit Maos »Worten« hatte er stets dabei. Wenn Pause gemacht wurde, setzte er sich dann etwas abseits von den laut redenden Erntearbeitern auf den Boden und nahm sein kleines Buch zur Hand. Im Nu war er von jungen Leuten und Kindern umringt, denen er die passenden Sprüche vorlas, und erst dann kümmerte er sich um die kleinen Verletzungen. Bei solchen Erntearbeiten waren es zumeist Schnitte, die zu behandeln, oder Splitter, die zu entfernen waren. Bei den älteren Leuten mußte er sich mehr um schmerzende Glieder kümmern, und er behandelte sie dann mit Akupunktur. Die aus der Stadt gekommenen Kader bekamen manchmal leichte Sonnenstiche. Diese Fälle behandelte er mit kleinen Silberpillen, oder er gab den Kranken einen Kräuterextrakt.

Yüan-tsung und ich verstanden uns gleich mit ihm. Als einmal eine leichte Erkältungswelle ausgebrochen war, kam er zu uns und brachte uns eine Substanz, die wie ein altes Stück Holz aussah und von uns zur Vorbeugung in unser Wasserbecken gelegt werden sollte. Wir folgten auch seinen Anweisungen und gingen schlafen. Am nächsten Morgen dachte Yüan-tsung aber nicht mehr daran und sah das braune Ding im Wasser schwimmen.

Sie stieß einen Schrei aus, denn sie glaubte, es wäre eine Ratte. Ta Sao kam gleich zu Hilfe gelaufen.

Als wir uns wegen der Mäuseplage beklagten, brachte uns unser barfüßiger Doktor eine Art weißes Pulver, das wir dann in allen Winkeln unseres Häuschens verstreuten. Unsere kleine Hausmaus war aber gut genährt und kümmerte sich nicht um das Pulver. Als er davon erfuhr, half er uns bei der Aufstellung einer einfachen, aber sehr wirksamen Falle. Er stellte eine kleine, umgestülpte Schüssel auf den Ofen und placierte eine größere so darauf, daß sie bei der geringsten Berührung niederfallen mußte. Die Fallenanlage wurde durch ein Stückchen Fleisch am Rand der kleinen Schüssel vervollständigt. Schon am gleichen Abend naschte unsere Maus von dem Fleisch, und die kleine Schüssel fiel auch promt herunter. Am nächsten Morgen schob ich ein Stück Papier unter die Schüsseln. Da ich aber noch nie eine Maus gefangen hatte, fiel mir nichts Besseres ein, als meine Beute zum Teich zu tragen und hineinzuwerfen. Mäuschen war aber schlauer als ich. Sie war noch nie im Wasser gewesen, aber sie schwamm um ihr Leben und war im Nu entwischt.

Als die Sommerregen einsetzten und die Grundwasserbrunnen nur noch schlammiges Wasser abgaben, gab uns unser barfüßiger Doktor ein weißes, kreideartiges Zeug, das wir in die Wasserschüssel legen sollten, damit sich der Schlamm unten absetzte. Mir kam zwar nie in den Sinn, ihn nach der Herkunft dieser Hilfsmittel zu fragen, aber er sagte von selbst, daß es sich um ortsübliche Methoden handelte. Später erfuhr ich, daß der Wasserreiniger Alaun war. Jedenfalls waren alle diese Mittel wirksam, und dazu kosteten sie nichts.

Als Yüan-tsung und ich am Ende des ersten Erntetages nach Hause kamen, stand einer der alten Männer, die sich um die Gemüsegärten kümmerten, vor der Tür. Er hatte zwei große Gurken in der Hand, die er uns schenken wollte. Wir weigerten uns aus Höflichkeit, doch er bestand darauf, daß wir die Gurken entgegennahmen. Zur Erklärung sagte er, daß uns als Erntearbeiter diese Zuteilung zustand. Wir nahmen sie schließlich an; aber Yüan-tsung wollte zumindest dem kleinen Enkel, der den Alten begleitete, einen Bonbon anbieten. Der Junge lehnte höflich ab. Wieder war es der Alte, der uns die Zusammenhänge erklärte: Es sei seine Aufgabe, das Gemüse auszuteilen, und er könne dafür keine Geschenke entgegennehmen. Er brachte das so ernst und würdevoll hervor, daß wir uns wegen unserer Taktlosigkeit schämten.

Auf diese Art wurden wir während der ganzen Zeit unseres Aufenthaltes mit Gemüse versorgt. Als wir im Dorf Glückseligkeit Lebewohl sagten, war es keine leichte Aufgabe für uns, den Gruppenleiter dazu zu überreden, daß er uns das Gemüse bezahlen ließ.

Wir empfanden es als viel angenehmer, als reguläre, wenn auch nicht ganz vollwertige Hilfskräfte innerhalb der Arbeitsgruppen der Brigade eingesetzt zu werden, als gesondert als »lahme Veteranentruppe« zu arbeiten. Eigentlich hätte uns das schon viel früher einfallen müssen. Naturgemäß hatten wir uns anfangs darüber Gedanken gemacht, ob wir auch mit den Bauern mithalten könnten, wenn wir innerhalb ihrer Arbeitsgruppen tätig waren. Das Argument war auch stichhaltig; die Bauern waren aber weitaus hilfsbereiter, als wir sie eingeschätzt hatten. Wenn wir nicht Schritt halten konnten, sprangen sie ein und halfen uns, wo sie konnten. Hinzu kam auch noch, daß es bei jedem Kollektiv Tätigkeiten zu verrichten gibt, die weniger mühevoll sind, und wenn es sich auch nur um das Trinkwasserholen handelt. So etwas konnte jeder bewerkstelligen und galt trotzdem als reguläres Mitglied der Gruppe.

Die Führung unserer alten Kadergruppe hatte außerdem Bedenken wegen unseres langsamen Arbeitstempos, das sich vielleicht nachteilig auf die Arbeitsmoral einer ganzen regulären Brigadegruppe auswirken könnte. Wir machten jedoch die Feststellung, daß es verschiedene Abstufungen der Arbeitsdisziplin gab. Bei wichtigen Gemeinschaftsaufgaben wie beim Ausschachten der Brunnen oder bei anderen Bauarbeiten wurde auf strenge Einhaltung der Arbeitszeiten geachtet, und alle hielten sich gewissenhaft daran. Kein Vorarbeiter brauchte die Leute zur Arbeit anzutreiben, denn die Bautrupps bestanden aus zuverlässigen älteren Bauern und arbeitsfreudigen jungen Männern und Mädchen. Solche Trupps bestanden fast ausschließlich aus Aktivisten, und sie hatten sich vorgenommen, »im Geiste von Tachai« zu arbeiten. Ich konnte mich an derartigen Vorhaben nicht beteiligen, denn die Arbeit wäre zu schwer für mich gewesen. Bei anderen Arbeiten wurde die Disziplin jedoch längst nicht so strikt gehandhabt, besonders dann nicht, wenn auch ältere Frauen oder Kinder mit dabei waren. Wenn ein Baby nicht zu schreien aufhören wollte, dann verließ die junge Mutter selbstverständlich ihren Arbeitsplatz und kümmerte sich um das Kleine. Dann übernahm ohne weiteres ein anderer ihre Arbeit und beendete den Ernteschnitt, den sie angefangen hatte. Wir Alten bedeuteten für die Erntearbeiter keine große Hilfe, denn länger als zwei oder zweieinhalb Stunden konnten wir nicht hintereinander arbeiten. Trotz allem freuten sie sich über unseren guten Willen.

»Hier kommen die beiden Chens!« riefen sie uns zu, wenn sie uns ankommen sahen. Vielen kam es eigenartig oder sogar komisch vor, daß wir beide Chen hießen: Chen I-fan und Chen Yüan-tsung. Nach der Eheschließung behalten die Eheleute hier ihre Namen und Heiraten zwischen Partnern mit dem gleichen Zunamen sind unbekannt. Wenn über meine Frau gesprochen wurde, so geschah dies offiziell unter dem Namen Chen Yüan-tsung; Bekannte nannten sie jedoch »Lao Chens Frau« oder »Au Tis Mama« (die Mutter des kleinen Bruders). Auf chinesisch klingt das »Au Ti-ti Mama«, und es hört sich wie ein Singsang an. Hier werden Kinder als so wichtig betrachtet, daß selbst ich oftmals »Au Ti-ti Papa« bezeichnet wurde.

Als komisch wurde es bei uns auch empfunden, daß wir »immer zusammen« waren. Wenn die Leute so etwas unter sich aussprachen, stellten sie unser »Beisammensein« aber etwas übertrieben dar. Wir faßten uns in der Öffentlichkeit niemals an und hätten nie daran gedacht, uns etwa vor den Leuten einen Kuß zu geben oder andere Zärtlichkeiten auszutauschen.

Aber wir gingen sehr häufig miteinander aus. Eines Tages, als wir zur Erntearbeit gingen, begegneten wir einem pflügenden Bauern. Als er sein Ochsengespann am Ende der Furche wenden wollte, hielt er an, betrachtete uns eine Zeitlang und sagte dann: »Lao Chen, du gehst immer mit deiner Frau zusammen! Es sieht so aus, als ob ihr ineinander verliebt seid! Die Lius gehen immer zusammen, aber das sind alte Leute. Die Tangs gehen aber jeder für sich, sie halten sich an die Sitten. Wenn sie gehen, dann schreitet der alte Tang drei Schritte vor seiner Frau einher. Aber ihr zwei seid wie Liang Shan-po und Chu Ying-tai!« Wir lachten, und auch er grinste über seinen Witz. »Kennt ihr die Geschichte?« fragte er. Er erzählte uns mit kurzen Worten von dieser Liebesgeschichte aus dem alten China. Die zwei jungen Leute hatten sich verliebt und hatten sich den alten Heiratssitten aus der Feudalzeit entgegengestellt. Sie gingen zugrunde, aber ein gütiges Geschick verwandelte sie in zwei Schmetterlinge. Danach lebten sie glücklich für alle Zeiten weiter. Als er endete, machte er noch immer ein verschmitztes Gesicht und fuhr dann fort, seinen Acker zu pflügen. Er winkte noch fröhlich hinter uns her.

Wir kamen dann an der Stelle vorbei, wo Ta Sao zusammen mit Tantchen und den beiden Kleinen im Schatten der Maispflanzen im Grase saßen. Au Chiu hatte ein winziges Kaninchen bei sich, das er an einer Leine am Bein festgebunden hatte. Das kleine Ding war noch zu jung, um Angst empfinden zu können. Es hatte ein lohfarbenes Fell mit weißen Streifen, was ihm in der Lößebene perfekte Deckung gab. Ich fragte mich, wie diese Kreaturen die früheren schweren Notzeiten durchgestanden haben; sie müssen eine sehr genügsame und schlaue Rasse gewesen sein. An uns vorbei fuhr ein hochbeladener Ochsenkarren voller Weizengarben. Oben saß ein hübsches Mädchen mit einem großen Strohhut. Sie nickte mir ein wenig ehrerbietig zu. »Lao Chen ist am Werk!« meinte der Kutscher grinsend. Er bezog sich dabei natürlich auf meinen Zeichenblock, den ich in der Hand hielt und auf dem ich die Szene festhielt. Unsere Nachmittagsschicht absolvierten wir an diesem

Tage mit der Ersten Produktionsgruppe. Wir hatten Ähren zu lesen. In dieser Gruppe gab es nicht genügend Hilfskräfte, und der Weizen wurde deshalb mit Hilfe einer besonderen Vorrichtung geschnitten. Ein solches Gerät gab es nur in bestimmten Gebieten Nordchinas. Es handelte sich um eine Sense mit gerader Schneide, die mit beiden Händen geschwungen wurde: Mit der linken Hand faßte man am Griff an, während man mit der rechten Hand einen Strick festhielt, der am Ende der Sense und an der Unterseite eines flachen Korbes befestigt war. Der Korbrand war aus Bambus, und der Korb hing unten an der Sense herab. Der Schnitter schwang die Sense von rechts nach links, und die Weizenähren fielen in den flachen Korb hinter der Sense. Mit einem nachfolgenden Schwung entleerte der Schnitter dann den Korb in einen aus Stricken geflochtenen Karren, der hinter ihm von einem zweiten Mann hergeschoben wurde. Zwei Mann, die auf diese Weise zusammenarbeiteten, konnten ohne weiteres einen normalen Vier-Mann-Trupp durchschnittlicher Schnitter ersetzen. Der Nachteil hierbei war allerdings, daß viele Ähren stehenblieben, und daß manche Halme danebenfielen. Solche Ähren konnten aber von Frauen und sogar von kleinen Kindern aufgehoben werden. Auf diese Art konnte die Arbeitsgruppe ihre Erntearbeit rechtzeitig zu Ende führen, obwohl sie nicht über genügend voll einsatzfähige Arbeitskräfte verfügte.

Bei der Arbeit redeten die Männer nur wenig und konzentrierten sich auf ihre Tätigkeit. Die Frauen und die Kinder liefen dagegen häufig in der Gegend herum, und manchmal schwatzten sie so laut, daß es sich wie ein Hühnergegacker anhörte. Für das Ährenlesen bekamen die Kinder schulfrei. Sogar Sieben- oder Achtjährige konnten sich schon ihre Arbeitspunkte verdienen. Die gesammelten Ähren wurden an Ort und Stelle gewogen, und ein paar Schulkinder machten die Eintragungen in ein Heft. Ein Mädchen rechnete, und ein Junge wog die Ähren ab.

Das war das erste Mal, daß wir bei dieser Gruppe arbeiteten. Alle waren natürlich sehr neugierig, Näheres über uns zu erfahren: wie alt wir waren, wie viele Kinder wir hätten, wo unsere Eltern wohnten, ob wir Geschwister hätten, was wir in der Stadt machten, woher meine Frau ihre Socken hätte, ob sie ihre Kleider selbst nähte, und warum ich diese ganzen Zeichnungen anfertigte ...

Auf dem Lande hat eine junge Mutter keine Hemmungen, wenn sie ihr Baby vor anderen Leuten stillen muß. Unverheiratete junge Frauen und Mädchen laufen jedoch immer hochgeschlossen herum, und ihre Hosenbeine rollen sie auch nie übers Knie hinauf. Meine Frau war als Städterin daran gewöhnt, ihren Büstenhalter zu tragen, der durch ihre leichte Baumwollbluse zu sehen war. So etwas interessierte die Leute, und sie wollten gerne wissen, wie denn ein solches Kleidungsstück beschaffen war, denn die Landfrauen kannten so etwas offenbar nicht. Als verheiratete Frau und Stadtbewohnerin wurde ihr aber diese Extravaganz nachgesehen, und niemand zeigte sich schockiert darüber. Wenn sie dagegen unverheiratet gewesen wäre, dann hätte man diese Tracht bestimmt als einen Skandal angesehen.

Sommerliche Kleidung

Als die Sommerhitze einsetzte, trugen die männlichen Dorfleute weiße Drillichshorts oder lange Hosen, deren Beine sie bis über die Knie hochrollten. Dazu trugen sie lose Jacken ohne Knopfverschluß. Bei der Arbeit zogen viele auch ihre Jacke aus. Auf dem Kopf hatten die Leute breitkrempige Strohhüte oder die landesüblichen flachen, nach oben konisch zulaufenden Sonnenhüte. Dennoch waren sie schon nach kurzer Zeit tief gebräunt. Manche von den jungen Leuten trugen auch engere kurze Hosen, die auf moderne Art zugeschnitten waren. Sie sahen gut aus, wenn sie auf dem Dreschboden kräftig Hand anlegten. Die Kleidung der älteren Männer wurde von ihren Frauen auf die herkömmliche Art angefertigt; die Männer wirkten in ihren lose herabfallenden Sachen immer etwas plump. Auch die Mädchen trugen wagenradgroße Strohhüte.

Manche banden sich jedoch statt dessen weiße Tücher um den Kopf, und die Fransenenden hingen seitlich herunter. Ihre Jacken und Hosen waren aus hell bedrucktem Kattun, und so wirkten sie wie Farbtupfen auf den Feldern. Au Chiu zog sich ebenso wie die anderen kleinen Jungen splitternackt aus. Wenn er zur Schule ging, mußte er sich aber ordentlich kleiden. Im nächsten Jahr sollte er auch auf dem Feld Shorts tragen. Die fünfjährige Hsiao Ching trug geblümte Höschen aus Baumwollstoff, die ihr immer herunterrutschen wollten. Andere kleine Mädchen trugen dreieckige Schürzchen. An einer Ecke wurden sie um den Nacken gebunden; hinter dem Rücken waren die Schürzenbänder verschlungen, und das untere Ende hing frei über den kleinen Bäuchen. Manche von diesen kleinen Schürzen waren kunstvoll mit Blumenmustern oder springenden Löwen bestickt. Die junge Frau aus der Nachbarschaft, die mich gebeten hatte, ein neues Strickmuster für sie zu entwerfen, fertigte diese Schürzchen an. Die meiste Zeit lief ich in kurzen Hosen herum und hatte einen Strohhut von Wagenradgröße auf. Nur bei besonderen Anlässen zog ich mir eine weiße Jacke über.

Auf dem Dreschboden

Von Juni an und den ganzen Juli über war der Dreschboden ein Brennpunkt des dörflichen Lebens. Sobald die Gerste und der Weizen geschnitten waren und der Abtransport von den Feldern abgeschlossen war, wurden die Äcker schon wieder umgepflügt. Die Felder wurden neu eingesät, um später Mais, Kaoliang, Bohnen und Baumwolle ernten zu können.
Alle Leute, ob jung oder alt, wurden in die Arbeiten eingespannt. Die Ähren mußten geschnitten und die Garben gebunden werden, und wenn die Ernte abtransportiert war, erfolgte noch die Ährennachlese. Diese Arbeit oblag fast nur den Kindern. Außerdem mußten die jungen Maispflanzen verzogen und behackt werden. Die Gemüsegärten mußten ständig gepflegt werden. Eine ganze Zeit hindurch wurden fast alle ver-

fügbaren Frauen der Dritten Arbeitsgruppe auf das Gelände im Osten des Dorfes geschickt, wo sich die Rotblumenpflanzungen befanden. Die Mädchen brachten die roten Blütenblätter körbeweise zum Dreschboden und breiteten sie wie einen Teppich zum Trocknen aus. Die leuchtend orangefarbenen und gelben Blüten verwendet man als Medizin gegen mancherlei Frauenbeschwerden. Auch die Samen werden gesammelt und ausgepreßt; aus ihnen wird ein gutes Öl gewonnen. Schließlich werden auch noch die Stengel verwendet, die hanfartige Stränge enthalten, die zu Schnur oder Taschen verarbeitet werden.

Auf den Dreschböden wurde ständig gearbeitet, bis hin zu den Zeiten »Hsiao Shu« und »Ta Shu«, der Kleinen und Großen Sommerhitze. Die kräftigsten Leute der Arbeitsgruppen wurden hier zusammengefaßt. Es kam vor, daß sie schichtweise Tag und Nacht arbeiten mußten.

Während der heißen Vormittagsstunden und bis gegen drei Uhr nachmittags wurde auf der freien Fläche des Dreschbodens der Dritten Arbeitsgruppe der Weizen zum Trocknen ausgebreitet, damit er noch am Nachmittag gedroschen werden konnte. Bis diese Zeit heran war, schliefen die Männer in der Hütte, die neben dem Dreschboden stand und eigens für diesen Zweck instandgesetzt und gesäubert worden war. Um drei Uhr wurden dann die steinernen Dreschwalzen herangeschafft. Sie haben etwa die Form und Größe eines kleinen Bierfasses. Die Walzflächen haben Einkerbungen, damit sie die Weizenkörner besser fassen können, und sie sind auf Gestelle montiert, deren Achsen durch die Mittelbohrungen der Walzen führen. Die Gruppe verfügte über vier Walzen, die von Zugtieren in konzentrischen Kreisen über den ausgebreiteten Weizen gezogen wurden. Den äußersten Kreis zogen zwei Maultiere, die am schnellsten und besten laufen konnten, etwas weiter nach innen zog ein Gespann aus einem Ochsen und einem Maultier, noch weiter nach innen und etwas weiter nach hinten kamen zwei Ochsen, und schließlich ganz innen ein einzelner Bulle. Der Gespannführer stand mit seiner Peitsche in der Mitte und dirigierte die Zugtiere so, daß sie gleichmäßig zogen. Ein Helfer stand immer bereit, der seine Schaufel im richtigen Moment in Aktion setzte, wenn eines der Tiere Dung ablassen wollte. Er schien einen sechsten Sinn dafür zu haben, diesen Augenblick vorhersehen zu können, denn der Dung durfte nicht auf das Getreide herabfallen und es verschmutzen. Er hielt auch einen Bambusbesen bereit, um die Ähren immer wieder unter die Walze zu fegen.

Dieses Walzendreschen dauerte den ganzen Nachmittag an, bis die Arbeit des Worfelns begann. Die hiermit Beschäftigten hatten lange, sehr leichte flache Holzschaufeln in der Hand. Sie schaufelten die gedroschenen Ähren auf und warfen sie hoch in die Luft, wo der Abendwind die Spreu erfaßte und wegwehte, während die schweren, goldenen Körner niederfielen. Dieses Worfeln wurde auf dem ganzen Dreschboden durchgeführt. Hinter den Männern, die mit dem Worfeln beschäftigt waren, kamen andere, die die Spreu mit feinen Besen wegfegten und das Korn nochmals zusammenfegten, damit die Worfeler es zum zweiten, dritten und vierten Mal in die Höhe werfen konnten. Weitere Drescharbeiter hatten lange, leichte Bambusharken, mit denen sie das Stroh aus dem Wege räumten und aufhäuften.

Dann wurde die elektrische Beleuchtung angestellt. Die Arbeit ging weiter, während die weite Ebene bald in Dunkel gehüllt war und am Horizont noch ein letztes Abendrot leuchtete. Die Milchstraße zeichnete sich am Himmel ab, und der Große Bär und der Zentaur leuchteten. Das Worfeln und das Strohschichten dauerte die frühen Morgenstunden hindurch, bis die nächste Weizenschicht für die Drescharbeit des neuen Tages ausgebreitet wurde und die Nachtschicht sich zur Ruhe legen konnte.

Lao Man hatte die Arbeit auf dem Dreschboden unter sich, und er nahm es mit seiner Verantwortung sehr ernst. Erst wenige Wochen zuvor war er als Delegierter seiner Arbeitsgruppe zu einer Aktivistenkonferenz berufen worden, die sich mit dem Studium der Lehren Mao Tse-tungs befaßte. Dieses dreitägige Treffen wurde in unserer Kommune abgehalten; es war vom Bezirkskomitee der Partei einberufen worden. Diese Tagung war eine von den vielen hundert Veranstaltungen, die zur gleichen Zeit im ganzen Lande abgehalten wurden, um bei der Landbevölkerung Maos Gedankengänge populär zu machen. Die praktische Anwendung des Marxismus war das Hauptanliegen. Die Teilnehmer befaßten sich damit, wie Lenin durch den Marxismus zur Russischen Revolution geführt wurde, und wie der Vorsitzende Mao die Marx'schen Lehren ausgedeutet hat, um der Revolution in China zum Siege zu verhelfen. Insbesondere wurde hierbei auf die Verhältnisse der chinesischen Landbevölkerung Bezug genommen. Auf der Konferenz wurde sofort lebhaft diskutiert, und Erfahrungen wurden ausgetauscht. Sie bot außerdem eine Gelegenheit zum gegenseitigen Kennenlernen, soweit die Funktionäre der Kreisverwaltung noch nicht mit den Leitern der Brigaden bekannt waren.

Lao Man war möglicherweise mit der historischen Analyse nicht vertraut; er hatte jedoch weitreichende praktische Kenntnisse von den örtlichen Problemen in der Provinz Honan, und er wußte auch, wie die Kooperativen und die Kommunen diese Probleme angepackt hatten. In einer kleinen Diskussionsgruppe konnte er seine Erfahrungen auch gut weitervermitteln. Häufig sah ich ihn auch zu Plenarsitzungen gehen. Manchmal sah ich ihn auch inmitten einer kleinen Gruppe von Delegierten der Konferenz im Schatten eines Baumes oder eines Heuschobers sitzen und mit diesen diskutieren. Die Resolutionen, die auf den Plenarsitzungen gefaßt wurden, ließen sich auch am besten in solch kleinen Gruppen durchsprechen. Zu einem späteren Zeitpunkt legte er auch seine Gedanken in einem Artikel für die Provinzzeitung nieder, den er mit Hilfe eines Kaderangehörigen verfaßte, der ihn zu diesem Zweck besuchte. Auf der Tagung wurden vielerlei Fragen besprochen, von der richtigen Methode zur Anpflanzung von Bohnen angefangen bis zu den Heiratssitten. Die Tagungsteilnehmer gingen auch aufs Land, um persönlich in Augenschein zu nehmen, wie die Kommunen, die Brigaden und die Arbeitsgruppen ihre Probleme praktisch in Angriff genommen hatten, zum Beispiel die Bewässerung, die Aufforstung oder die Einsaat.

Kurz nach der Konferenz wurde Lao Man zum Leiter des Dreschtrupps ernannt. Wie die anderen Delegierten hatte auch er die Selbstverpflichtung übernommen, sich bei der bevorstehenden Ernte voll einzusetzen. Er war Tag und Nacht bei der Arbeit. In der Rasthütte neben dem Dreschboden legte er sich zur Ruhe nieder, und Ta Sao brachte ihm oft sein Essen dorthin. Wenn es regnete oder wenn sich dunkle Wolken zusammenzogen, dann oblag es ihm als dem Projektleiter, sich nach Konsultation mit den Erfahrensten seiner Mannschaft zu entscheiden, ob der auf dem Dreschboden ausgebreitete Weizen hochgestapelt werden sollte, oder ob man einfach das Ende des Gusses abwarten wollte. Wenn es nachts zu regnen anfing, sprang er sofort auf und sah nach dem Rechten. Zusätzliche Arbeitspunkte gab es für diese Tätigkeit nicht; sie wurde als ein Ehrenamt angesehen. Allerdings wurde seitens eines Verwandten von ihm die Frage zusätzlicher Arbeitspunkte aufgeworfen, und die Leitung der Arbeitsgruppe beschloß, die Angelegenheit auf der nächsten Sitzung zu behandeln. Als die Drescharbeiten ihrem Höhepunkt zustrebten, kam er kaum einmal nach Hause. Manchmal schaute er nur für einen Sprung hinein, aß dann hastig und ging gleich wieder weg. Ta Sao war um seine Gesundheit besorgt und gab ihm besonderes gutes und reichliches Essen, zum Beispiel Mantou aus Weizen statt der Suppe aus grobem Mehl. Mitunter wurde aber ihre Geduld auf eine harte Probe gestellt. An einem Abend hatte sie Mantou für Lao Man mit dem Gemüse lange warmgehalten. Er kam aber nicht nach Hause, und schließlich schickte sie Au Chiu nach draußen, um den Vater zu holen. Auch der Junge kam nicht zurück. Endlich, gegen zehn Uhr stolperten beide durch die Haustür, und es gab einen heftigen Wortwechsel. Lao Man aß seine Abendmahlzeit bei uns. »Kann sie denn das nicht verstehen?« klagte er. »Von dieser Ernte hängt doch alles ab! Ich habe doch die Verantwortung, wenn ein Feuer oder sonst etwas Unvorhergesehenes auf dem Dreschboden ausbricht! Und ich arbeite auch nicht gern mit leerem Magen!« »Aber warum hast du nicht Au Chiu heimgeschickt und ihm eine Nachricht mitgegeben?« »Wir gehen abwechselnd zum Essen, damit immer jemand auf dem Dreschboden ist. Die zwei jungen Burschen, die mich hätten ablösen sollen, sind einfach weggeblieben. Als Au Chiu zu mir kam, schickte ich ihn weiter, um die beiden zu holen, aber er konnte sie nicht finden. Siehst du, das ist auch der Grund, weshalb ältere Leute wie ich zu dieser Art Arbeit geschickt werden. Wenn ich bei der Tagung nicht die Selbstverpflichtung übernommen hätte, dann wäre mir diese Verantwortung auch nicht übertragen worden. Verpflichtung bleibt Verpflichtung.«

»Du mußt aber auch an Ta Sao denken«, warf Yüan-tsung ein. »Du weißt doch, daß sie nicht zur Ruhe kommt, bis alle gegessen haben. An den zwei jungen Leuten sollte aber heftige Kritik geübt werden.«

Nach dem Dreschen und Worfeln wurde das Korn in schmale, etwas über einen Meter hohe Säcke gefüllt, die man gut auf der Schulter transportieren konnte. Die gefüllten Säcke wurden im Schuppen der Dreschtenne gestapelt. Die Landleute essen gern frischgemahlenes Korn. Aus diesem Grunde wurde ein Teil des Weizens gleich an die Angehörigen der Arbeitsgruppe verteilt. Lao Man kam eines Tages freudestrahlend mit einem dicken Kornsack nach Hause.

Als die Drescharbeit zu Ende war, belud die Arbeitsgruppe den neuen Pferdewagen hoch mit Kornsäcken. Oben wurde ein rotes Banner aufgepflanzt, und ab ging die Fahrt zum Kornspeicher mit diesem Beitrag des Dorfes Glückseligkeit für die Versorgung der Bevölkerung. In diesem Falle war es die Abgabe in Naturalien, die der Staat erhob. Auch der Getreidespeicher der Kommune füllte sich, und jeden Tag konnte man die vollbeladenen Karren beobachten, die das Korn zur Sammelstelle verfrachteten.

Als am Nachmittag des ersten Erntetages Schauerwetter einsetzte, redete man im ganzen Dorf nur noch über die Wetteraussichten. Die alten Leute sagten, daß man dieser Zeitspanne zwischen den trockenen und klaren Frühsommertagen und dem Einsetzen des Sommermonsuns mit seinen plötzlichen Schauern und Gewittern einen besonderen Namen gegeben hatte, nämlich das »Wegschnappen der Ernte aus dem Rachen des Drachens«. Am Abend dieses ersten Erntetages klarte der Himmel aber wieder auf, und bis zum Ende des Getreideschnittes blieb das Wetter schön. Der Weizen war um den Dreschboden herum aufgeschichtet, und ein großer Teil des Getreides war schon gedroschen, bevor der Drachen ein zweites Mal zupacken konnte. Wir kamen gerade von der Feldarbeit, als wir eine drohende, dunkle Wolkenbank über dem Bergmassiv wahrnahmen, das sich im Halbkreis von Westen nach Norden erstreckte. Sie sah wirklich wie der drohend geöffnete, dunkle Rachen eines Drachen aus, der sich anschickte, die Tiefebene zu verschlingen. Die Wolken dehnten sich weiter nach der Himmelsmitte aus. Von den Bergen war nichts mehr zu sehen, nur im Norden war noch die pyramidenförmige Gipfelspitze auszumachen. Während die eine Himmelsseite noch klar war, versank die andere in einer düsteren Dunstschicht. Die ersten Donnerschläge waren zu hören, und Blitze zuckten über den Horizont. Dann hatten wir den Eindruck, als ob sich eine große Wolke zwischen uns und den Bergen auf einen Schlag entleerte, denn wir konnten durch den Dunstschleier plötzlich wieder die Bergkette erblicken, die nun wieder im Sonnenlicht erstrahlte und klarer zu erkennen war, als wir sie sonst jemals bei normaler Beleuchtung sehen konnten. Wir rannten, um noch trocken nach Hause zu kommen, und Frau Tsang sagte atemlos: »Das sieht ja hier wie im Kino aus!« Die schwarze Wolkenmasse über uns schien ihre Zugrichtung zu ändern, und wir hofften schon, daß sie sich nicht über uns, sondern über dem Nachbardorf entladen würde. Als wir die ersten Regentropfen auf unseren Gesichtern spürten, rannten wir noch schneller. Aber das Gewitter war schon über uns. Zuerst fegte uns ein Windstoß um die Nase, und wir waren in Staub und lose herumfliegende kleine Zweige und Strohhalme eingehüllt. Wir drückten uns die Strohhüte fest auf den Kopf und hielten die andere Hand übers Gesicht, um uns vor den Staubwolken zu schützen. Dann fielen schwere, kalte Regentropfen, und keine Minute verging, bis der Wolkenbruch einsetzte. Bei dem Gewittersturm konnten wir uns gegenseitig nicht mehr verständigen, so sehr tobte das Unwetter. Über eine Viertelstunde dauerte der wolkenbruchartige Regen. Die Gräben liefen voll, und die Wege waren im Nu eine glitschige Schlammasse. Auf einmal hörte es auf zu regnen. Die Sonne brach durch die Wolken, und das Gewitter zog nach Südosten ab.

Durch die starke Sonneneinwirkung verdampfte ein großer Teil des Wassers aus der feuchten Erde sofort. Der Regen war nicht tief in den Boden eingedrungen, denn man konnte auf den Wegen weitergehen ohne auszurutschen. Die Unebenheiten der Wege aber standen noch voll Wasser, und wenn man dort hindurch mußte, staken die Schuhe im Schlamm fest, und der Morast lief zwischen den Fußzehen hindurch.

Der Gewittersturm war nur kurz gewesen und hatte sich nicht verheerend ausgewirkt. Es hätte viel schlimmer kommen können. Das Unwetter hätte auch tagelang andauern können, wurde uns gesagt. Dann wäre alles vernichtet worden – die Weizenähren hätten auf dem durchtränkten Boden gelegen, die Getreidestapel wären weggeschwemmt worden, die Straßen wären unpassierbar und die Hütten unbewohnbar geworden. Bei solchen langanhaltenden Gewittern vermindert sich der Ernteetrag um 20 Prozent oder mehr, denn das reife Getreide wird nicht nur durch den Regen, sondern auch durch Hagelschlag stark in Mitleidenschaft gezogen.

Die Hitze

Ende Juni lastete schon die Sommerhitze auf uns. Mittags wurde es so glühend heiß, daß wir es den anderen Dorfbewohnern gleichtaten und uns in den Häusern zur Ruhe legten. Bis in den Nachmittag hinein wurde geschlafen. Die Nachmittagsschicht begann nach zwei Uhr, und in der allerheißesten Zeit manchmal auch erst um drei. Um den Zeitverlust auszugleichen, fingen die Bauern sehr früh morgens mit ihrer Arbeit an. Schon gegen vier Uhr dreißig begannen sie in der Morgenfrische, und auch abends arbeiteten sie bis zur Dämmerung.

In unserem Häuschen, dessen Front nach Süden gerichtet war, war es im allgemeinen kühler als draußen. Am frühen Morgen machten wir schon die Türen und die Fenster auf, damit die kühle Luft einströmen konnte. Dann schlossen wir die Tür, als die Sonne herauskam. Gegen Mittag stieg aber die Temperatur im Hause an. An solchen Tagen konnte ich einfach nicht arbeiten und fühlte mich schlapp, wie es bei älteren Menschen üblicherweise der Fall ist. Ich stellte dann meine selbstgebastelte Badewanne auf dem Tisch auf, und wenn ich abends vom Feld zurückkam, nahm ich ein erfrischendes Bad. Abends nach Sonnenuntergang, wenn der Abendwind aufkam, öffneten wir wieder die Haustür. Aber das eigentliche Leiden kam erst später, als die Hitzewellen über der Ebene lasteten und kein Tropfen Regen fiel. Dann drang die Wärme in das Hausdach und die Wände ein, und innen war es heiß wie in einem Backofen. Wir hatten Glück, daß es von Zeit zu Zeit doch etwas regnete, und ein kräftiger Guß kühlte das Haus eine gewisse Zeit ab. Die Bauern machten sich nicht die Mühe, Türen und Fenster abwechselnd zu öffnen und zu schließen, so wie wir es taten. Sie ließen die Haustür immer offen und spannten nur einen Bambusvorhang davor, damit die Hühner und die Schweine nicht hineinliefen. Das Papier wurde von den Fenstern entfernt, und die Leute holten sich einfach Kaoliang-Matten nach draußen und schliefen nachts darauf, wenn sie es nicht vorzogen, aufs Dach zu steigen und dort zu schlafen.

Wir selbst schliefen nicht im Freien, denn es gab immer wieder Stechmücken – nicht viele, aber doch genug, um einen Schläfer belästigen zu können. Daß sie nicht in Schwärmen auftraten, lag vielleicht daran, daß sie die Nachtbrisen nicht vertrugen. Der Hauptgrund für ihr Verschwinden war aber darin zu sehen, daß im Dorf die Hygienevorschriften streng gehandhabt wurden. Wir brauchten uns nie unter ein Moskitonetz zu legen. Wir brannten in unserem Schlafzimmer Räucherwerk ab, was die Insekten vertrieb. In unserem Haus bekamen wir auch nie eine Wanze zu Gesicht. Obwohl um unser Haus herum viele offene Toiletten standen, gab es doch nur sehr wenig Fliegen. Im Dorf wurde die Anti-Fliegen-Kampagne mit großem Erfolg durchgeführt, indem man die Latrinen regelmäßig entleerte und reinigte. Auf jedem Hof gab es eine Dunggrube, in die der Unrat hineingefegt wurde. Alle paar Tage wurde darauf eine Schicht Löß geschaufelt. Es wurde auch darauf geachtet, daß die Teiche nicht zu Mückenbrutstätten werden konnten, und kleine Tümpel gab es überhaupt nicht. Wenn man noch die Verhältnisse in den chinesischen Dörfern vor der Befreiung kennt, kann man erst richtig ermessen, welche umwälzenden Verbesserungen eingetreten sind.

Unseren großen Herd hatten wir inzwischen ganz ausgehen lassen. Da wir nicht wie die anderen Bauern über eine Außenküche verfügten, stellten wir unseren nach japanischer Art gebauten »Bienenkorb«-Ofen an die Wand vor die Tür, um darauf zu kochen. Als Regenschutz baute ich einen kleinen Wall aus Adobesteinen um ihn herum. An zwei Wandhaken befestigte ich ein kleines, kaum quadratmetergroßes Wellblechdach über diesem Kochherd, das schräg nach hinten zur Hauswand hin verlief. Bei einem leichten Gewitter hatte der Herd und das Dach einen festen Stand.

So ein »Bienenkorb« ist eine großartige Erfindung. Der Herd hat etwa zwölf Zentimeter Durchmesser, eine zylindrische Eisenröhre. Unten hat er eine Schiebetür, mit der man die Luftzufuhr regulieren kann, und oben befindet sich ein Deckel. Die »Bienenkörbe« werden von oben eingeführt. Das sind kurze, zylinderförmige Stücke aus gepreßtem Kohlenstaub, etwa zehn Zentimeter breit und sechs Zentimeter lang, und jedes Stück hat etwa zehn einen Zentimeter breite Löcher. Wenn erst das unterste Stück einmal durchgebrannt ist, dann setzt sich die Glut allmählich nach oben durch, und man wirft einfach ein neues Stück nach. Zwei »Bienenkörbe« genügen, um die ganze Nacht durchzubrennen, und man braucht nicht nach dem Ofen zu sehen. Morgens öffnet man das untere Luftloch, und in wenigen Minuten züngeln die Flammen nach oben und erfassen die Löcher im darüberliegenden »Bienenkorb«. Diese Art Feuerung ist äußerst leicht zu handhaben und zudem sehr billig. In den Städten, wo es noch nicht überall Gasöfen gibt und auch die Gasversorgung noch nicht richtig klappt, wo auch Elektroherde noch weithin unbekannt sind, werden solche einfachen Kohlenstauböfen sehr häufig verwendet.

Die Bewohner des Dorfes Glückseligkeit begutachteten unseren Bienenkorbofen mit großem Interesse. Alle Nachbarn strömten herbei und ließen sich ihn erklären. Von ihrem Standpunkt aus hatte der kleine Herd einen Nachteil: Bei einer Kopfzahl von vier oder fünf Personen reichte er aus, aber wenn es galt, für sechs oder gar acht Familienmitglieder zu kochen, dann paßte der große Topf nicht auf die kleine Herdöffnung. Hierüber wurde diskutiert, und es wurde der Vorschlag gemacht, daß man vielleicht größere Herde dieser Art bauen müßte. Hinsichtlich der Fabrikation größerer Preßkohlestücke sah man keine Schwierigkeit. Die Kommunen des Bezirks hatten bereits die Absicht, Kohle im Tagebau zu fördern, und aus einer Entfernung von vierzig Li könnte man dann das Brennmaterial heranschaffen.

Ein solcher Plan, in der Umgebung des Ortes Kohle zu fördern, wirft ein bezeichnendes Licht auf die Verhältnisse im heutigen China. Nur wenn es sich um große Kapitalinvestitionen handelt, beispielsweise in einer Größenordnung von etwa zwanzig Millionen Yüan, wird die zentrale staatliche Planungsorganisation in Anspruch genommen. Bauvorhaben kleineren Umfangs, die von den örtlichen Stellen finanziert werden können, dürfen auch in eigener Regie der Provinzen, der Bezirke oder der Kommunen in Angriff genommen werden. Selbstverständlich muß der Kapitaleinsatz und der Zweck der Bauvorhaben nach oben weitergemeldet werden; es ist jedoch nicht erforderlich, daß die untergeordneten Behörden zuvor wegen der Genehmigung bei der staatlichen Plankommission vorstellig werden müssen. Die Beschlüsse werden vielmehr in den örtlichen Gremien gefaßt. Auf diese Art helfen sich die Gemeinden selbst, und die Eigeninitiative wird gefördert. Im Jahre 1970 wurden beispielsweise in chemischen Werken, die den Gemeinden unterstanden, sieben Millionen Tonnen künstliche Düngemittel hergestellt, die Hälfte der chinesischen Produktion.

Wenn eine Kommune einen kleinen Kollektivbetrieb eröffnen will, wie eine Mühle oder ein Bergwerk für den Tagebau, dann kann sie die erforderlichen Mittel als Darlehen der Brigaden aufnehmen, oder sie kann als örtliche Behörde die Zuweisung des Startkapitals bei der Bezirksverwaltung beantragen. Die Landwirtschaftssteuer würde in einem solchen Falle erlassen werden. Die Arbeitskräfte würden von den Brigaden gestellt werden, und das Geld, das die Brigaden vorgestreckt hätten, könnte aus dem Ertrag der neuen Unternehmungen zurückgezahlt werden.

In ähnlicher Weise kann auch eine Brigade Gelder für die Errichtung neuer Anlagen durch die Aufnahme von Darlehen aus Mitteln der ihr zugehörigen Arbeitsgruppen beschaffen. Auch hier werden die Gelder aus dem späteren Ertrag der Anlagen zurückgezahlt. Danach befindet sich die betreffende Anlage im Kollektivbesitz der Brigade.

Die Sommerernte fiel recht gut aus. Die Dorfbewohner hüteten sich jedoch, bestimmte Vorhersagen bezüglich des Gesamtertrages zu machen, obwohl sie im allgemeinen zuversichtlich waren. Nach den Planziffern sollte sich das Pro-Kopf-Einkommen der Brigademitglieder ganz erheblich bis zu dreißig Prozent über dem Vorjahresstand erhöhen. Die Leute wußten, daß sich solch eine Steigerung nur dann erzielen lassen würde, wenn die Herbsternte gut ausfiel. Man durfte deshalb in seinen Anstrengungen nicht nachlassen. Es kam alles darauf an, nach der Einbringung der Sommerernte unter Einsatz aller verfügbaren Arbeitskräfte sofort die Herbsteinsaat vorzubereiten. Die neue Saat sollte noch vor dem Einsetzen der Sommerregenfälle aufgehen.

Nach der Kornernte wechselte das Wetter häufig. Diese Zeit hat die Bezeichnung »Hsiao Shu«, Geringe Hitze, und sie reicht bis »San Fu«, also bis zur Dritten Hitze, dem »Herbsttiger.« An manchen Tagen ist es tropisch heiß; an anderen wiederum ist es so kühl, daß man sich eine Jacke überziehen muß. Nach einem starken Gewitterregen bemerkte ich eines Abends, daß die Nässe durch unser Dach hindurchsickerte, und ich dichtete die Stelle behelfsmäßig durch das Spannen einer Kunststoffolie ab. Sicherheitshalber spannte ich auch noch einen Regenschirm über unserem Bett auf, damit es nicht auf unsere Köpfe tröpfelte.

Am nächsten Tag dichtete Ching Chun die schadhafte Stelle des Daches ab. Das dort gelagerte Heu hatte das Regenwasser daran gehindert, vom Dach abzufließen. Auf diese Weise hatte sich eine Lache gebildet, die allmählich ins Haus durchsickerte, obwohl die Decke fünfzehn Zentimeter stark war. Aber nur eine kleine Stelle war wirklich defekt. Ching Chun warf das ganze Heu herunter und meinte, das ganze Dach müsse eine frische Erdbeschichtung bekommen, damit es dem Monsunregen widerstehen könne.

Dank für Erste Hilfe

Eines Tages kam ein großer Bursche zu uns ins Haus, und hinter ihm kam eine ganze Schar Kinder hergelaufen. Auf seinem Kopf trug er einen blutdurchtränkten Verband. Er war bei dem Bautrupp, der das neue Verwaltungsgebäude der Brigade zu erstellen hatte, beschäftigt, und bei der Arbeit traf ihn unversehens ein Spaten am Kopf. Glücklicherweise hatte ihn das Spatenblatt nur gestreift. Die Wunde war vielleicht acht Zentimeter lang und blutete stark; doch nur die Kopfhaut war aufgeplatzt. Wir standen in dem Ruf, etwas von Erster Hilfe zu verstehen. Deshalb war er auch gleich zu uns gelaufen, zumal wir ganz in der Nähe der Baustelle wohnten. Zur Klinik hätte er zehn Minuten gebraucht.

Wir wuschen und reinigten die Wunde mit einer antiseptischen Flüssigkeit. Als wir damit fertig waren, kam auch schon der »barfüßige Doktor« mit seinem Sanitätskasten angerannt. Er verstrich eine Salbe gegen Tetanusinfektion auf die Wunde und verband sie dann mit sauberer Gaze. Wir ließen ihn dann sein Gesicht in einer Schüssel mit heißem Wasser abspülen und wuschen ihm sein blutiges Taschentuch aus. Er fühlte sich etwas benommen, deshalb schickten wir ihn nach Hause, damit er sich dort ausruhen konnte. Der Unfall war nicht schlimm; aber da die Wunde verschmutzt war, hätte sie auch gefährlich werden können. Wir vergaßen den Vorfall schnell. Der große Bursche ging am nächsten Tag schon wieder zur Arbeit.

Ein paar Tage danach kam aber seine alte Mutter zu uns mit einer großen Schüssel voller Bohnenschößlinge. Sie drängte uns die jungen Pflanzen förmlich auf und duldete keine Widerrede. Wie wir später erfuhren, waren diese Schößlinge die dritten, die sie aus ihren Bohnen für uns gezogen hatte. Das erste und das zweite Mal hatten ihr die Triebe nicht gefallen; sie waren nicht gut genug für uns. Wir hatten ihrem einzigen Sohn beigestanden, und sie war entschlossen, ihrem Dank auf diese besondere Art Ausdruck zu verleihen.

Als der Frühling heran war, schossen die Gemüsepflanzen in den Gärten um das Dorf in die Höhe. Unser Schweinchen – es war jetzt nicht mehr klein, sondern schon recht ansehnlich – durfte nicht mehr durch die Gegend streunen, sondern blieb im Stall. Es hatte nämlich im Gemüse herumgewühlt und den jungen Spinat aufgefressen. Das war natürlich eine verabscheuungswürdige Tat, denn die Gemüsepflanzungen gehörten dem Kollektiv. Ta Sao sperrte den Übeltäter ein, damit er nicht noch mehr Unheil anrichten konnte, und tagelang konnte man ihn im Stall grunzen und rumoren hören. Ich ging hin, um ihn mit schmackhaften Gurkenschalen zu trösten, aber er starrte mich nur aus seiner Ecke traurig an und wollte nichts von den Schalen fressen, die er sonst so gern mochte. Ein paar Tage später hatte er sich doch an sein Stallgefängnis gewöhnt. Er lag fortan nur faul herum und wurde von Tag zu Tag größer und fetter. Ich selbst war auch froh, daß das Schwein nun eingesperrt blieb. Im Dorf gab es nur wenig Blumen, und ich faßte den Entschluß, Sonnenblumen zu ziehen, wie ich es von Peking her gewohnt war. Direkt vor unserer Haustür grub ich ein paar Löcher und setzte die kleinen Sonnenblumenpflanzen hinein, die ich in Marmeladengläsern hochgezogen hatte. Im ganzen waren es fünfzehn Stück, und ich malte mir schon aus, wie hübsch unser Haus aussehen würde, wenn es von strahlenden Sonnenblumen umgeben sein würde. Um meine Pflanzungen herum häufte ich einen Erdwall auf, und um die kleinen Triebe legte ich Dornenzweige. Es dauerte aber nicht lange, bis die Hühner und Schweine meine Pflanzung entdeckt und durchwühlt hatten. Nur sieben Pflänzchen blieben übrig.

Diesem Angriff trat ich jedoch mit erhöhten Verteidigungsmaßnahmen entgegen, und auch Ta Sao griff zu meiner Unterstützung ein, indem sie das Schwein in den Stall sperrte. Noch zwei weitere kleine Pflanzen wurden angeknabbert, und ein Trieb versank nach einem Regenguß. Vom Dach lief das Wasser nämlich in meine Pflanzung herunter, und durch den

Erdwall hatte es keinen Abfluß. Vier Pflanzen waren mir noch geblieben, eine von ihnen verschwand eines Nachts auf mysteriöse Weise. Doch alle drei übrigen, die schließlich stehengeblieben waren, wuchsen schnell in die Höhe. Als sie einen Meter hoch, aber noch etwas zerbrechlich waren, zwängte eines Tages das fette Schwein vom Nachbarhof seinen dicken Leib zwischen den hochgeschossenen Blumen und der Wand hindurch. Eine Blume knickte ab, und das Schwein war auch noch frech genug, die Blätter abzufressen, so daß es keinen Zweck hatte, die Pflanze neu einzusetzen. So bewachte und behütete ich die beiden letzten, und sie wuchsen zweieinhalb Meter hoch, bis sie im September in voller Blüte erstrahlten. Als ich abreiste, vermachte ich die Blumen Au Chiu und Hsiao Ching. Ich wußte jetzt, aus welchem Grunde im Dorf Glückseligkeit keine Blumen an den Straßenrändern gezüchtet werden konnten.

Die alten Männer

Wir bemerkten eines Tages, daß mehrere alte Männer rote Abzeichen an den Rockaufschlägen trugen, die von der Kommune an sie ausgegeben worden waren. Durch die Abzeichen sollten die Träger kundtun, daß sie »im Dienste des Volkes« einen Straßenreinigungstrupp gegründet hatten. Die Männer waren durchweg über sechzig Jahre alt. Sie gehörten zwar nicht den regulären Arbeitsgruppen an, bekamen jedoch wie alle anderen Kommunemitglieder ihre regelmäßigen Getreidezuteilungen und brauchten nur dann zu arbeiten, wenn sie Lust und Laune verspürten. Zu ihren Aufgaben gehörte es, die Straßenbäume zu beschneiden, die Wege zu jäten und leichte Reparaturarbeiten zu verrichten. Größere Ausbesserungsarbeiten vorzunehmen war nicht ihre Aufgabe; in solchen Fällen benachrichtigten sie aber die Leitung der Brigade, die dann einen Arbeitstrupp aussandte, um die Schäden zu beheben. Nicht nur der Balladensänger, sondern auch ein paar andere alte Männer trugen einen leichten Korb bei sich, und wenn sie einem Häufchen

Dung begegneten, dann schaufelten sie ihn brav in den Korb. Für ihre Tätigkeit wurden den alten Leuten Arbeitspunkte gutgeschrieben.

Die meisten der anderen älteren Männer, die noch körperlich auf der Höhe waren, aber nicht mehr kräftig genug, um schwere Arbeiten verrichten zu können, wurden in den Gemüsepflanzungen beschäftigt. Diese Gärten lagen durchweg in der Nähe des Dorfes, so daß niemand weit zu laufen hatte. Solche Arbeiten brauchten nicht nach der Uhr durchgeführt zu werden, und die Männer konnten auch etwas langsamer sein. Wenn sie die Arbeit nicht schafften, dann wurden ihnen Hilfskräfte zugeteilt.

In der regnerischen Zeit wurde auch unsere »lahme Veteranentruppe« zur Straßenarbeit eingeteilt. Wenn ein Traktor oder ein anderes schweres Fahrzeug nach einem Regenguß die Straßen befährt, dann hinterläßt es tiefe Rillen in der Wegoberfläche, die bei Trockenheit hart wie Stein werden. Wir hatten die einfache Aufgabe, die Kanten der Rillen wieder abzutragen.

Aber gar so einfach war die Sache denn doch nicht. Es ist kaum zu glauben, wie viele Komplikationen hierbei eintreten können. Yüan wollte die Sache schnell erledigen, da er der Meinung war, daß der nächste Guß die ganze Arbeit ohnehin zunichte machen würde. Tsang war anderer Ansicht; er wollte gründliche Arbeit leisten, ob es nun regnete oder nicht. Bei der Diskussion hierüber ging es heiß her; die beide waren eben sehr verschiedene Naturen, was sich jetzt wieder erwies. Yüan war ein guter Koch und arbeitete überhaupt gern in der Küche. Am vorhergehenden Tag hatte er die Meinung vertreten, daß für das Kochen einer Mahlzeit wenigstens eine Stunde erforderlich sei, und daß demnach diejenigen, die für die Familie das Essen bereiteten – er selbst gehörte auch dazu – zumindest eine Stunde vor Arbeitsschluß nach Hause gehen müßten. Darüber geriet Tsang, der unseren Einsatz zu organisieren hatte, in Erregung. »Ein einfaches Gericht braucht nicht mehr als eine halbe Stunde Kochzeit«, rief er aus, und zur Erhärtung seiner Worte führte er die Ermahnungen der Partei zur Sparsamkeit und zum einfachen Leben an. Bei den Straßenarbeiten war Lin darauf bedacht, weder für den einen noch für den anderen Partei zu ergreifen. Manchmal arbeitete er mit Yüan zusammen, und beide ebneten die Straße nur sehr oberflächlich ein. Dann wieder war er bei Tsang, der als Schlußlicht von uns arbeitete und sorgsam jeden Spalt in der Wegoberfläche ausfüllte. Der alte Tang arbeitete für sich allein und beteiligte sich nicht an dem Streitgespräch. Natürlich machte er auch hier wieder alles verkehrt. Ich arbeitete eine Weile mit ihm zusammen, aber dann konnte ich das verrückte Zeug, das er anstellte, nicht mehr mit ansehen. Er füllte die Schlaglöcher mit flüssigem Schlamm und schaufelte dann trockene Erde von den Baumwurzeln darüber, so daß seine Arbeit den Anschein bekam, als ob das ganze Loch mit Erde zugestampft wäre. Eine bessere Fallgrube für einen unaufmerksamen Fußgänger hätte er gar nicht schaffen können. Wäre ich Lao Man gewesen, dann hätte ich ihm bestimmt zugerufen: »Kamerad, sieh her, so muß es gemacht werden!« Lao Man hätte ihm dann die richtige Arbeitsweise gezeigt, so wie es alle machten, auch Frau Tsang, Frau Yüan, meine Frau und ich. Vernünftigerweise konnte man es doch nur auf eine Art tun: Wir trugen die Kanten der Rillen ab und füllten die lose Erde in diese Furchen, und wo es Schlaglöcher gab, füllten wir sie mit dem bereitstehenden Sand.

Ling, der Künstler, verbarg wie immer seine Frustrationen, indem er sich auf die Arbeit konzentrierte. Seine Frau beteiligte sich nie an solchen Außenarbeiten. Tan lehnte sich entrückt auf seine Schaufel und blickte starr in die Landschaft, ohne sich um das zu kümmern, was um ihn vorging. Seine Frau aber war ganz bei der Sache, wenn es eine Auseinandersetzung gab. Sie genoß es förmlich, wenn andere sich stritten, und sie hörte genau zu, damit sie später darüber klatschen konnte. Das war eigentlich schade; es hatte schon fast so ausgesehen, als ob sie Fortschritte auf ideologischem Gebiet machen könnte. Nun wurde sie wieder abtrünnig.

Vom Juli an gibt es im Dorf Glückseligkeit reichliche Mengen und vielerlei Sorten Gemüse: Lange köstliche Gurken, Auberginen in dreierlei Farben, nämlich schwarzrot, hellgrün und weiß, sogenannte spanische und Frühjahrszwiebeln, sehr schmackhafte Tomaten, Knoblauch und schließlich sehr lange und pralle grüne Bohnen. Manchmal gab es neue Kartoffeln, dann wieder Markkürbis. Bevor es diese Sorten gab, aßen wir die frühen Sommergemüse: Salat, Spinat und Chotsai. Die Dorfbewohner aßen die Auberginen roh; Tomaten mochten sie jedoch nicht besonders gern, da diese in der Gegend noch nicht sehr lange angebaut wurden. Die Leute fanden es komisch, wenn sie sahen, daß ich mir bei der Zubereitung von Salaten große Mühe gab. Die Tomaten und den grünen Salat spülte ich in einer Permanganatlösung ab, und dann machte ich den Salat mit duftendem Pflanzenöl, Pfeffer und Salz und einem Spritzer Sojabohnensauce an. Schließlich kam noch ein Schuß eiskaltes Wasser aus dem Tiefbrunnen hinzu, und der Salat schmeckte herrlich an heißen Nachmittagen.

Manchmal kochen wir uns auch Nudeln ab, spülten sie dann mit dem klaren Brunnenwasser ab und aßen sie abgekühlt. Die Hausfrauen im Dorf machten sich selten so große Mühe mit der Zubereitung des Essens. Zu dem üblichen Brei, den Fladen oder Mantou gab es eine rohe oder gekochte Aubergine oder Gurke. Weitere Kochkünste wurden im allgemeinen nicht entwickelt. Es kam aber auch vor, daß Ta Sao ein besonderes Mantou zubereitete, das sie mit gehacktem, gemischtem Gemüse füllte und mit Zwiebeln oder Knoblauch garnierte. Yüan-tsung machte das gleiche Gericht, doch sie bereitete die Füllung aus gehacktem Fleisch. Dadurch wird aus »Mantou« ein anderes Gericht, nämlich Paotze. Man kann statt dessen auch die Mantoufüllung mit braunem kubanischem Zucker zubereiten. Dann sind es Zuckerklöße, die man »Tang Paotze« nennt. Ein Gericht schmeckte uns besonders gut, nämlich gehackte Frühjahrszwiebeln mit Toufu, Sojabohnenbrei.

Wir aßen im Sommer auch mehr Obst. Jetzt brauchten wir nicht mehr auf die teuren Fruchtkonserven aus Schanghai zurückzugreifen, die eingelegten Birnen oder Pfirsiche. Übrigens leisteten sich die Bauern diesen Luxus nie. Im Co-op-Laden gab es die Obstkonserven nur für die Kader aus der Stadt zu kaufen. Als erste Frischobstzuteilung gab es im Juni zwanzig Pfund rote Pflaumen, die in einer Nachbarbrigade gezogen wurden, die sich auf den Obstbaumanbau spezialisiert hatte. Nicht nur die Kinder, sondern wir alle freuten uns über diese unverhoffte Gabe. Allmählich wurden auch andere Obstsorten reif. Vor dem Co-op-Laden stand zumeist ein fliegender Händler, der Aprikosen, Pfirsiche, oder einige Zeit später, Wassermelonen und Mienkua, die watteartigen Melonen, für seine Brigade oder die Arbeitsgruppen verkaufte. Dieser Händler war zumeist ein großer, ernsthaft aussehender Bauer, der die marktschreierische Art eines Obstverkäufers ablehnte. Da er ein zuverlässiger Mann war, hatte man ihn zum »Händler« gemacht, nicht etwa, weil er gute Verkaufserfolge versprach. Seine Arbeitsweise war sehr reell: Er legte seine Ware aus, staubte das Obst mit einem kleinen Pinsel ab und legte die angestoßenen Früchte beiseite, um sie dann zu einem billigeren Preis zu verkaufen. Er stand dann einfach da und wartete auf die Käufer. Die Kunden wußten, daß sie sich auf seine Beschreibung der Ware verlassen konnten. Wenn er sagte, das Obst sei süß, dann stimmte das auch. Die Leute konnten ohne Bedenken bei ihm einkaufen. Es machte Spaß, bei solchen Händlern Obst zu besorgen.

Die im Ort gezogenen Pflaumen schmeckten besonders gut. Sonst gab es im Dorf Glückseligkeit nur noch Datteln. Die Leute sagten, daß sich der Boden nicht besonders für Obstbaumkulturen eignete. Ich glaube aber, daß sich dies in Zukunft ändern lassen wird. Erst Anfang August wurde unserer Arbeitsgruppe die neue Maiszuteilung ausgegeben. Man konnte den Mais gut mahlen und als Mehlsuppe essen. Da der Mais aber so spät geerntet wird, läßt er sich nicht gut rösten oder kochen.

Wenn der Obstverkäufer nicht vor dem Laden stand und auch kein fliegender Händler ins Dorf kam, radelte ich in eine der Kreisstädte oder fuhr auf die Märkte, um frisches Obst zu holen. Das Revolutionskomitee des Landkreises hatte die Aufsicht über die Märkte. Sie wurden aber einem alten Turnus entsprechend abwechselnd in bestimmten Dörfern abgehalten. Wenigstens einmal in vierzehn Tagen fuhr ich zum Markt in ein nahegelegenes Dorf. Unser Dorf Glückseligkeit war zu klein, um zur Abhaltung eines Marktes geeignet zu sein. Zweimal im Jahr fand jedoch ein Markt im Nachbardorf an der Westbrücke statt, und es gab viermal einen Markt im Dorf »Große Glückseligkeit« und drei im östlichen Dorf Li, das an der Hauptstraße zwischen zwei größeren Landstädten liegt. An einem Ort, der etwa zwanzig Li entfernt liegt, wurde ein besonderer Obstmarkt abgehalten. Wenn ich zu den Märkten fuhr, dann war der Anlaß, daß ich mir einen Pinsel oder eine Matte kaufen wollte, daß ich ein Ersatzteil für meinen Füllfederhalter brauchte oder daß neue Spatengriffe, Zwirn für Ta Saos Schuhanfertigung, Eier, Obst oder Gemüse benötigt wurden.

Auf den Märkten gab es mancherlei Gebrauchsgegenstände zu kaufen. Die Kesselflicker hatten ihren Stand aufgestellt und gingen ihrem Handwerk nach. Außerdem verkauften sie alle erdenklichen Sorten von Töpfen und Pfannen, Eimer und sonstigen Hausrat. Es wurden auch Körbe in allen Größen, von kleinen Einkaufskörben bis zu großen Kiepen für die Einlagerung von Korn angeboten. Vielerlei Materialien gab es außerdem zu kaufen, wie landwirtschaftliche Geräte, Baumaterial, Dachsparren, Fensterflügel, Türen sowie bearbeitetes und unbearbeitetes Bauholz. Oftmals kam es auch vor, daß die Handwerker der Kommunen ihre Erzeugnisse zum Kauf anboten. Wenn ein Kommunebauer Bargeld brauchte, dann verkaufte er mitunter das Holz eines geschlagenen Baumes, der auf seinem Grundstück gestanden hatte, oder er bot Teile seines abgerissenen alten Hauses zum Kauf an. Manche alten Weiber, die auf den Märkten Eier verkauften, verstanden nicht viel vom Handel. Einmal kaufte ich zehn Eier bei einer alten Oma. Sie wußte wohl, wieviel Geld sie für ein Ei verlangen wollte, aber sie konnte nicht ausrechnen, was die zehn Stück kosten sollten. Auf den Märkten wickelte sich aber keineswegs ein »freier Handel« im westlichen Sinne ab. Fast alle Transaktionen erfolgten direkt durch oder im Auftrag von Kommunen, Brigaden und Arbeitsgruppen, wenn nicht die staatlichen Handelsorganisationen unmittelbar in Erscheinung traten. Wenn man privat etwas kaufte oder verkaufte, so war dies immer als Einzelaktion zu werten. Jede Art von Hortung oder spekulativer Handel war nicht durchführbar. Die Märkte erwiesen sich als geeignete zusätzliche Glieder der staatlichen Handelskette und sie waren Umschlagplätze für Überschußerzeugnisse der Kommunen, Brigaden und Arbeitsgruppen. Darüber hinaus ergab sich natürlich auch für das einzelne Kommunemitglied eine Gelegenheit zum Einkauf oder Verkauf, wenn er einen besonderen Anlaß dazu hatte.

Auf den Märkten gab es beondere Verkaufsstellen für Pferde, Rinder, Schweine und Ferkel, Ziegen, Schafe und Lämmer, Kaninchen, Enten, Hühner und Küken. Schon von weitem hörte man es dort gackern, blöken und grunzen.

Der Kader kennt den Ausspruch: »Der Kampf zwischen zwei Richtungen, zwei Wegen und zwei politischen Überzeugungen spielt sich in fortdauernder Folge ab und ist sehr vielgestaltig.« Man will hiermit sagen, daß es zwei verschiedene Wege gibt: Der eine ist der Weg des Sozialismus, der Weg aller anständigen Menschen, die »dem Volke dienen«, die Linie, die der neue Moralkodex der Revolution vorschreibt; im Gegensatz hierzu stehen die althergebrachten Methoden, wie die Übervorteilung im Handel, die Selbstsucht und der Gruppeneigennutz, die Unterdrückung und die Ausbeutung, die der Entwicklung der Gesellschaft im Wege stehen. Und diese Auseinandersetzung zwischen den beiden Wegen kam selbst bei einer solchen Lappalie wie dem Einkauf von Wassermelonen auf dem Markt zum Ausdruck.

Die jungen Verkäufer aus der Kommune, die einen ehrlichen

Eindruck machten, verkauften mir auch immer gute Melonen. Hin und wieder kam es aber auch vor, daß ein älterer, gerissener Händler dabei war, der aus einer Brigade herkam, die eine »proletarische Gesinnung« noch nicht bei allen Mitgliedern durchgesetzt hatte. Wenn ein junger Verkäufer zusammen mit solch einem alten »Hasen« am Gemüsestand verkaufte, dann war es fraglich, welche »politische Richtung« die Oberhand gewann.

Der alte Tang fiel auf die althergebrachten Händlermethoden herein. Er lief bis zu dem zwanzig Li entfernt liegenden Dorf Li, um dort eine schöne Melone zu kaufen. In seiner naiven Art fragte er den alten Händler, ob er auch eine schön süße Melone da hätte. Dann ließ er sich eine Frucht geben, ohne sie in Augenschein zu nehmen, und trottete die zwanzig Li nach Hause zurück. Einen halben Tag brauchte er für den Hin- und Rückweg in der glühenden Sonne mit seiner zwanzig Pfund schweren Melone, und als er heimkam, war er zu müde, um die Frucht noch genießen zu können. Seine Frau aber schnüffelte daran und befühlte sie, und ihr kamen sofort Bedenken. »Woher weißt du, daß die Melone auch gut ist?« fragte sie ihn.

»Der Händler hat doch gesagt, daß sie schön süß ist«, meinte Tang. »Außerdem hat er mir versichert, daß er sie zurücknehmen würde, wenn sie mir nicht gefiele, und daß ich dann das Geld zurückbekommen würde.« »Aber im Dorf Li ist morgen kein Markt, und du kennst noch nicht einmal seinen Namen!« Der alte Tang wollte die versteckte Kritik nicht hinnehmen und ging zum Gegenangriff über. »Du darfst nicht vergessen, daß wir in einem sozialistischen Land leben.« »Das bedeutet aber, daß du als Sozialist auch vernünftig handeln mußt«, entgegnete sie. Er legte die Melone in einem Eimer mit eiskaltem Brunnenwasser und lud uns ein, sie am nächsten Tag gemeinsam mit ihm zu essen. Als wir am darauffolgenden Abend von der Arbeit kamen, wuschen wir uns schnell und zogen uns um, um die schöne Melone bei ihm genüßlich zu verspeisen. Tang holte sie aus dem Eimer, legte sie auf eine Zinnschale, machte dann aber eine Pause, bevor er sie aufschnitt. Er betrachtete sie bedenklich. Er hatte vergessen, den Eimer über Nacht zuzudecken, und so hatte auch prompt eine Ratte den Leckerbissen entdeckt und daran genagt. Tang ließ sich aber nicht beirren. Er schnitt die angenagte Stelle heraus und machte sich dann daran, die Frucht zu zerteilen. Das Messer ging glatt wie durch ein Stück Butter hindurch, und vor uns lagen zwei verfaulte Melonenhälften. Wir brachten die Angelegenheit später natürlich zur Diskussion. Wir kamen zu dem Ergebnis, daß der alte Händler nicht auf der Linie Mao Tse-tungs gelegen hatte, als er die Melone zum Verkauf anbot; aber auch Tang war kein Nacheiferer Maos, als er sich unbesehen zum Kauf entschloß.

Die Nächte

Die Winternächte waren erhaben in ihrer windstillen, klaren Kälte; die Sommernächte hingegen zeigten einen eigenen Charme. Nach der brütenden Tageshitze empfand man die Abendkühle wie eine Erholung. Der azurblaue Himmel verwandelte sich in tiefblaues Indigo. Wenn die Nacht hereinbrach, erstrahlte das Himmelsgewölbe durch das Firmament unzähliger Sterne. Oben, etwas nach Westen hin, ging der Große Bär auf, während sich mehr im Osten die etwas verschwommenen Sternhaufen der Milchstraße erstreckten.

Im geisterhaften Widerschein des Sternenlichts schimmerte die Oberfläche des Teiches durch die belaubten Baumwipfel. Bis Mitternacht quakten die Frösche unentwegt. Dann war es unendlich still im ganzen Dorfbereich. Nur hin und wieder konnte man ein Baby weinen hören oder die gedämpften Trostworte einer jungen Mutter – das waren die einzigen Laute in der weiten, schweigenden Ebene.

Die Winde und Wolken

In der zentralchinesischen Ebene kämpfen die Winde um die Vorherrschaft. Sie blasen aus Nordosten und Nordwesten, aus Süden oder aus Südosten. Die Nordwinde sind immer kalt oder kühl, während die Südwinde warme Luft heranführen. Im Nordwesten und Westen des Dorfes erstreckt sich die Bergkette, die einzige Unterbrechung der sonst eintönigen Landschaft. Über diesen Bergen befindet sich die Hexenküche der Windströmungen. Hier entscheidet es sich, ob es im Dorf klar und schön oder bedeckt und trübe wird; ob es drückend heiß oder froststarrend sein wird. Die Wolken können aber auch so ziehen, daß sich ein Unwetter zusammenbraut und sich über dem Dorf entlädt. Da hier über den Bergen warme und kalte oder trockene und feuchte Luftmassen zusammenstoßen, entwickeln sich merkwürdige Wolkengebilde, und es gibt Sonnenuntergänge, die in den eigenartigsten Farbschattierungen erstrahlen, von rot über orangefarben bis zu gelb und smaragdgrün und tiefem Purpur.

Mitte Juni wehte ein beständiger Südwind, der heiße Luft zu uns brachte, aus der es weder bei Tage noch bei Nacht ein Entrinnen gab. Über den Mais- und Kaoliangfeldern flimmerte die Luft; sie schimmerten nicht mehr hellgrün, sondern nahmen einen metallischen Glanz an. Der große Teich begann auszutrocknen. Die auf dem Grunde wachsenden Wasserpflanzen waren schon an der Oberfläche zu sehen. Es blieb keine Zeit, den Teich durch Wasserzufuhr von den Tiefbrunnen aufzufüllen, denn alles verfügbare Wasser wurde zur Berieselung der ausgetrockneten Felder benötigt.

Eines Tages aber drehte der Wind nach Norden. Zuerst hatte es den Anschein, als ob keine Abkühlung eintreten würde. Es war nur ein Wechsel der Luftströmungen; die heiße Luft wurde nach Süden abgedrängt. Nachmittags spürten wir aber doch einen Temperaturrückgang, den wir wie eine Erlösung empfanden. Der Nordwind gewann endgültig die Oberhand, und es wurde auf einen Schlag um mehrere Grade kühler. Am Abend des darauffolgenden Tages drehte der Wind wiederum etwas nach Nordwesten. Große Wolkengebilde zogen über uns hinweg, und man konnte beobachten, wie sie in der untergehenden Sonne einen rötlichen Schimmer annahmen. Der kräftige Wind zerstreute die Wolken aber schnell über der weiten Ebene. Durch einen leichten Dunstschleier hindurch wirkten die hinwegziehenden Wolkenfetzen wie durchsichtige Gebilde. Im Norden gab es etwas Regen, und wir spürten am Luftzug, daß es etwas feuchter wurde. Bei uns fiel aber kein Tropfen. Dann nahm der Kampf der Winde wieder eine andere Wendung. Nochmals setzte sich die Strömung aus dem Süden durch, und es wurde wieder drückend heiß. Selbst nachts war die Luft so stickig, daß wir auf unseren Matten in Schweiß gebadet waren. Morgens konnte man spüren, daß die Bettunterlage feucht war. Schon im Juli hätte der Sommermonsun einsetzen sollen. Die Leute erzählten, daß es dann manchmal vier Tage hintereinander regnete, oder daß wolkenbruchartige Güsse herunterkamen. »Die Teiche füllen sich wieder mit Wasser, und man kann direkt darauf warten, wie die Saaten heranwachsen!« sagten sie. Es hatte auch den Anschein, als ob der Wetterablauf sich normal entwickeln würde. Es gab ein paar Regengüsse, und einmal regnete es auch den ganzen Tag. Die Feuchtigkeit war ein Segen für die Saaten, aber sie reichte bei weitem nicht aus, um die Teiche wieder aufzufüllen. Sie waren nur noch flache Wasserlachen. »Das gibt ein trockenes Jahr«, meinten die alten Leute. Der Himmel war weiterhin klar und wolkenlos. Am 19. Juli begann kalendermäßig die heißeste Jahreszeit, »Tou Fu«, die Erste Hitze. Ich änderte meinen Tagesablauf. Um sechs Uhr stand ich schon auf, und ab sieben Uhr begann ich zu malen oder zu zeichnen. Gegen zwölf Uhr mittags war ich von der Hitze so ermattet, daß ich mich nach dem Essen zur Ruhe legte und bis in den Nachmittag hinein schlief. Nach drei Uhr wachte ich dann auf, wenn die Glocke läutete und die Bauern ihre Nachmittagsschicht antraten. Ich mußte feststellen, daß ich auf den Feldern nur eine, höchstens eineinhalb Stunden hintereinander arbeiten konnte. Wenn ich draußen länger ausharrte, war ich abends völlig erschöpft und war selbst am nächsten Morgen noch ein Wrack. Gewöhnlich ging ich gegen sechs Uhr nach Hause, wusch mich und aß zu Abend. Dann saßen wir meistens noch im Schatten der Bäume und unterhielten uns, bis es Zeit zum Schlafengehen war. Bei der stickigen Luft hatte man keine Lust, etwas zu lesen. Unsere Sturmlampe, die im Winter ein so gemütliches Licht ausstrahlte, gab jetzt im Sommer zusätzliche Wärme ab. Wir steckten sie nur noch an, wenn es unbedingt erforderlich erschien. Statt dessen griffen wir zurück auf die kleinen Lampen, die die Bauern verwendeten – einfache Kerosinflaschen mit einem Docht. Man kann sich eine kleine, geldstückgroße Blechscheibe zurechtschneiden, ein Mittelloch für den Docht hineinstechen und sie auf die Flaschenöffnung setzen.

Manchmal war es schon um neun oder zehn Uhr morgens zu heiß, um noch zeichnen zu können. Die Farbstiftmasse verbog sich, wenn ich den Stift auf das Papier drückte. Dann hörte ich mit dem Zeichnen auf und las statt dessen.

Die Teiche waren jetzt völlig ausgetrocknet. Nur der große Teich war mit Brunnenwasser aufgefüllt worden, ein Labsal für unsere nach Frische lechzenden Augen, besonders aber zum Vergnügen der Kinder und der jungen Leute, die sich nachmittags hineinstürzten, um zu schwimmen und sich abzukühlen. Die übrigen Teiche enthielten keinen Tropfen Wasser mehr. Die Frösche hörten dort auf zu quaken; sie hatten sich wohl tief im Erdreich eingegraben. An schattigen Stellen bauten sich die Bauern offene Unterstände aus Kaoliang oder Stroh, wo sie sich tagsüber niederlegen konnten, nämlich in der Zeit von zwölf bis drei Uhr am frühen Nachmittag, wo niemand arbeitete. Selbst die Schweine wühlten um diese Zeit nicht mehr überall herum, und die Hühner verdrückten sich in eine schattige Ecke.

Wenn ich einmal vergaß, meine Sonnenblumen morgens und abends zu gießen, dann hingen die Blätter schlaff herunter, und die Blattränder verfärbten sich schon bräunlich unter der gnadenlosen Sonneneinstrahlung.

Wenn man selbst auf den Feldern mitarbeitet und bei der Einsaat und Pflege der jungen Pflanzen mithilft, bekommt man eine praktische Vorstellung vom Leben auf dem Lande. Bevor ich aufs Land ging, empfand ich ein Gefühl der Bewunderung für die weiten Felder; jetzt aber wurde ich eins mit ihnen, wenn ich die Mais- und Kaoliangpflanzungen betrachtete und wenn ich meine Blicke über die grünen Baumwollfelder schweifen ließ, deren Blätter in der flimmernden Hitze einen metallischen Glanz annahmen.

Instandsetzung der Häuser

Zehn Tage vor »Li Ch'iu«, dem Tag des Herbstbeginns am 8. August, wurde die Hitze fast unerträglich. Das Wetter war zwar wolkig, aber tagelang regnete es überhaupt nicht. Die Hitze brütete über dem Dorf. Erst spät abends kam ein leichter Wind auf, der etwas frische Luft in die Häuser hineinwehte. Bis um halb sieben Uhr am nächsten Morgen blieb es einigermaßen kühl, aber dann erstrahlte wieder alles im hellen Sonnenlicht, und das ganze Dorf stöhnte unter der Glut. Die nachmittägliche Ruhepause wurde bis um vier Uhr ausgedehnt. Alle Hände hatten jetzt mit der Bewässerung zu tun. Das aus den Tiefbrunnen durch Rohre auf die Felder geleitete Wasser mußte über Behelfsgräben über alle bestellten Äcker verteilt werden. Durch Behacken und Behäufeln wurde das Unkraut entfernt und die jungen Pflanzen zum Wachstum angeregt. Der Mais hatte schon Schulterhöhe. Bald war die Erntezeit heran, und es gab wieder viel zu tun. In der Zwischenzeit nahmen sich jedoch viele Dorfleute frei, um notwendige Instandsetzungsarbeiten an ihren Häusern vorzunehmen. Sie machten Adobesteine, besserten die Wände aus, reparierten die Dächer, damit beim Einsetzen der Regenperiode alles in Ordnung war. Lao Man, Ta Sao und ich mischten uns lehmigen Löß mit Wasser und geschnittenem Stroh zu einem schlammigen Brei und stiegen dann aufs Hausdach. Ching Chun schaufelte den Lehmbrei in die Höhe, Ta Sao und ich reichten ihn an Lao Man weiter, und dieser hatte eine Maurerkelle in der Hand und schichtete ihn auf dem Dach auf. Als wir mit unserer Arbeit fertig waren, konnten wir gewiß sein, daß ein ganzes Jahr lang kein Wasser ins Haus durchsickern würde.

Eine weitere Gemeinschaftsaufgabe war es, Gras und Unkraut zu schneiden und zu großen Komposthaufen aufzustapeln. Die Haufen hatten einen Umfang von drei mal sechs Meter, und das Gras wurde bis in die Hüfthöhe aufgeschichtet und mit Erde eingedeckt. Es bildete sich also ein Hohlraum, in den das Wasser einsickern sollte. Man ließ die Haufen einige Wochen hindurch faulen und verteilte den Kompost dann auf die Felder. Die Gemüsepflanzungen hatte man auf diese Art schon lange Zeit erfolgreich gedüngt. Jetzt ging man dazu über, auch die Äckerböden durch Kompostdüngung zu verbessern. Man war überhaupt allen Landverbesserungsmethoden gegenüber aufgeschlossen, denn man hatte ja eine große Zukunftsaufgabe – die Erschließung des salzigen Geländes im Süden.

Familienzwist

Die langanhaltende Hitze ging jedem an die Nerven. Kleine und große Leute wurden immer reizbarer, als »San Fu«, die Große Hitze, einsetzte. Meine Frau fing an, mit mir zu schelten, und auch ich fuhr sie manchmal ohne ersichtlichen Grund an. Nach solchen Auftritten war ich verstimmt, stellte mir mein Transistorradio laut an und vergrub mich hinter einem Buch. Nebenan aber gab es einen noch heftigeren Streit. Wir hörten, wie Lao Man und Ta Sao laut miteinander zankten, und als wir aus dem Fenster blickten, stand Ta Sao auf der Türschwelle, und Lao Man drohte ihr vom Hof aus mit der Faust. Ta Sao wollte wohl, daß er im Hause etwas in Ordnung bringen sollte, und Lao Man hatte die Sache immer wieder verschoben. »Du denkst bloß immer an deine dauernden Versammlungen!« kreischte sie ihn an. Er ließ sich das nicht gefallen und schrie zurück: »Was machst du eigentlich den ganzen Tag?« Bevor uns der Gedanke kam, beschwichtigend einzugreifen, schrien sich die beiden gleichzeitig an. Lao Man fluchte laut. Inzwischen war die Nichte vom Nebenhaus hinzugekommen und ergriff Ta Saos Partei. »Du darfst hier niemand anbrüllen!« rief sie ihm zu. »Frauen haben die gleichen Rechte!«

Auch der alte Onkel kam angelaufen und schimpfte Lao Man aus. Lao Man, von Kindheit an daran gewöhnt, ältere Verwandte zu respektieren, wagte keine Entgegnung. Er ging weg und verbrachte den Rest des Abends mit seinen Freunden. Die Männer setzten sich neben dem Stall nieder und unterhielten sich. Als er an diesem Abend spät nach Hause kam, fand er die Tür verschlossen. Er pochte ein paarmal an die Tür, aber es kam keine Antwort. Wir kamen schließlich hinzu und überredeten Ta Sao, die Haustür zu öffnen. Als aber Lao Man ins Haus trat, schrie sie ihn an, daß sie »mit solch einem Mann nicht im selben Hause wohnen« wolle. Die Kinder wachten auf und fingen an zu weinen. Lao Man drehte den Spieß um und sperrte Ta Sao aus. Wieder kamen Onkel, Tante und Nichte angelaufen. Die Kinder schlossen sich die Tür auf und liefen ins Freie. Lao Man versperrte wieder die Haustür und schloß sich ein. Auf dem Hof herrschte ein tolles Durcheinander. Endlich gelang es uns, Lao Man zum Öffnen der Tür zu bewegen. Fluchend kam er heraus. Er war so erregt, daß er schon zum Schlag gegen Ta Sao ausholte. Der Onkel warf sich dazwischen. Einen Augenblick lang herrschte betretenes Schweigen.

In früheren Zeiten würde in einer solchen Situation ein Bauer seine Frau nicht nur angeschnauzt, sondern auch geschlagen haben. Sie würde sich schweigend unterworfen haben, und nicht nur die Familie, sondern das ganze Dorf würde gesagt haben, daß sich der Mann sein gutes Recht verschaffte. Jetzt war es aber grundlegend anders. Lao Man wurde von allen Seiten kritisiert; ein ganzer Haufen Leute hatte sich inzwischen angesammelt. »Wißt ihr überhaupt«, rief die Tante den anderen zu, »daß er seine Hand gegen sie erhoben hat?!« Lao Man verzog sich schleunigst zum Stall.

Den ganzen folgenden Tag über ließ sich Ta Sao kaum blicken. Sie war nun schon zwanzig Jahre verheiratet, und doch machte sie Andeutungen, daß sie zu ihrer Mutter zurückkehren wolle. Abends kam Lao Man mit niedergeschlagenem und reuigem Gesicht nach Hause. Er kam zu uns und zog schweigend an seiner Pfeife. Als wir ihm Fragen stellten, gab er nur Ja oder Nein zur Antwort. Lange Zeit hindurch berührten wir den Streit zwischen den Eheleuten überhaupt nicht, obwohl wir wußten, daß er eigentlich nur zu uns gekommen war, um sich auszusprechen. Wir wollten andererseits aber verhindern, daß er sich nur selbst rechtfertigte.

Endlich brachte er eine Art Entschuldigung über die Lippen. Er meinte, Ta Sao habe sich auch in ihren Ausdrücken vergriffen. »Sie hat über mich und meine tote Mutter geflucht! Das kann ich mir nicht gefallen lassen!«

»Lao Man«, sagte Yüan-tsung feierlich, »ich habe nichts davon gehört, daß Ta Sao deine tote Mutter verflucht hat. Aber selbst wenn sie es getan hätte, so wäre das nicht so schlimm wie dein Verfluchen der Mutter deiner Kinder! Was sagst du dazu? Und was sollen deine Kinder davon halten?«

Es war ganz offensichtlich, daß Lao Man Gewissensbisse bekam. Die ganze Sache tat ihm leid. Am nächsten Morgen stand er besonders früh auf und holte einen großen Armvoll frisches Gras für das Schwein; er hatte nämlich Ta Sao angeschuldigt, das Tier nicht gut zu versorgen, was nicht stimmte. Zu Mittag und zu Abend aß er allein unter dem Akazienbaum auf dem Hof. Er kochte sich sein Essen selbst, und die große Tochter half ihm dabei. Ta Sao ließ sich immer noch nicht blicken; sie spann Baumwollgarn in ihrer Stube. Nichts war von ihr zu hören, nur das Surren des Spinnrades tönte aus dem Hause.

Erst am Abend des darauffolgenden Tages fand die Versöhnung statt. Es dämmerte gerade, und wir aßen unsere Abendmahlzeit auf dem Hof. Ta Sao saß unter dem Dattelbaum, und die drei kleineren Kinder hockten um sie herum. Lao Man kam von der Arbeit nach Hause, ging in die Küche und machte sich eine Schüssel Suppe mit Gemüse zurecht. Er saß da und aß

allein; nur das Geplapper der Kinder war zu hören. Nach dem Essen setzte er seine Schüssel auf den Tisch, holte sich eine Matte nach draußen und legte sich zur Ruhe. Hsiao Ching und Au Chiu gingen zu ihm und legten sich neben ihm nieder. Damit war das Eis gebrochen. Wir halfen über die ersten schwierigen Minuten hinweg, indem wir ganz unbefangen redeten, als wäre nichts geschehen. Meine Frau sagte lachend: »Kinder sind wie kleine Öfen. Wenn beide bei dir schlafen, dann wird dir nachts bestimmt nicht kalt! Wenn im Winter unser Didi bei uns schläft, brauchen wir nur eine Decke!« Schnell kam eine Unterhaltung in Gang, und die Jüngsten spielten mit ihrem Vater.
Der Mond war inzwischen aufgegangen und ließ sein Silberlicht über der Landschaft glänzen. Die Blätter glitzerten im Schein der Sterne. Die beiden waren wieder versöhnt. Wir hatten das Gefühl, daß Lao Man sich nicht so leicht wieder zu Flüchen hinreißen lassen würde und daß er erkannte, was seine Frau ihm wert war.

Das Problem der »Katze« wird gelöst

Im Hause der »Katze« wurden die Zustände allmählich unhaltbar, so daß die Arbeitsgruppe einschreiten mußte, um die langandauernden Familienzwistigkeiten zu schlichten. Jeder im Dorf kannte die Geschichte der »Katze«. Sie hatte den ältesten von drei elternlosen Brüdern geheiratet, und vom ersten Tag der Ehe an ließ sie keinen Zweifel aufkommen, daß sie die Hosen anhatte. Ihr Mann machte vergebliche Versuche, sich bei ihr durchzusetzen und das Familienoberhaupt zu werden; bald jedoch mußte er einsehen, daß er der Katze nicht beikommen konnte. Der jüngere Bruder hielt es nicht lange bei dem zerstrittenen Ehepaar aus und zog zu einem anderen Junggesellen. So blieb nur noch der jüngste Bruder zu Hause und mußte die Krallen der Katze spüren. Inzwischen hatte sie Kinder bekommen und wollte ohne Rücksicht auf den Einspruch der anderen Gemeindemitglieder ihre Herrschaft über die Familie, einschließlich ihres Schwagers, ausüben. Ihre Herrschsucht wurde oftmals einer Kritik unterzogen, aber sie ließ sich nicht beirren. Die Leitung der Arbeitsgruppe wollte das Problem dadurch lösen, daß sie sich für den Eintritt des Schwagers in die Volksbefreiungsarmee einsetzte, in die er als Freiwilliger eintreten wollte. Das ließ sich aber nicht bewerkstelligen, denn er hatte nicht die erforderliche Größe und war auch nicht kräftig genug. Nach einem Jahr wiederholte er den Versuch, Soldat zu werden. Seine Schwägerin machte ihm inzwischen das Leben zur Hölle, gab ihm sehr wenig zu essen, so daß er noch schwächlicher wurde.

In dieser schwierigen Situation zeigten die Tsangs, die auf dem Hof der Katze wohnten, wieder einmal, was in ihnen steckte. Sie ergriffen ganz offen die Partei des jüngeren Bruders und luden ihn regelmäßig zu Tisch ein. Für alle Kader, die aufs Land verschickt werden, gilt die strikte Regel, daß sie mit ihrem Gastgeber und ihrer Gastgeberin auf gutem Fuß leben müssen. Andere Kaderangehörige hätten sich vielleicht aus der Sache herausgehalten und sich um die Sorgen des jungen Mannes nicht gekümmert, um sich mit der Katze gutzustellen. Die Tsangs hielten dagegen an ihren Prinzipien fest. Die Mißstände mußten bloßgestellt werden. Also trugen sie die Angelegenheit der Leitung der Arbeitsgruppe vor, und der junge Mann bewarb sich um eine Stellung als Eisenbahnbauarbeiter, was von der Gruppe befürwortet wurde. Er wurde auch angenommen; doch war er noch so eng mit den althergebrachten Familienbindungen verflochten, daß er die Katze um Erlaubnis bat, das Haus verlassen zu dürfen. Sie galt als die »Hausherrin«. Nach einer alten chinesischen Lebensregel soll man auch eine ältere Schwägerin wie seine Mutter achten, besonders dann, wenn die Mutter schon verstorben ist.

Der Katze hätte man keinen größeren Gefallen erweisen können. Sie meinte, ihr wäre es gleichgültig, was er machte, und so verließ er das Haus noch in diesem Sommer und verzog zu seiner neuen Arbeitsstelle. Sie verabschiedete sich von ihm nur sehr flüchtig; er dagegen schickte, wie es der Brauch ist, einen

Teil seines ersten Monatslohns nach Hause, damit das Geld seinen kleinen Neffen zugute komme. Vielleicht gab das der Katze doch zu denken.

Die Transportkolonne

Da nach Beendigung der Drescharbeiten im Dorf keine schweren Arbeiten zu verrichten waren, entschloß sich die Leitung der Arbeitsgruppe, für das Kollektiv eine Transportkolonne zusammenzustellen, um mehr Bargeld einzunehmen. Vier Mann wurden hierfür ausgewählt, davon zwei erfahrene ältere Männer – einer von diesen war Lao Man – und zwei stämmige junge Burschen. Sie wurden zur Arbeit in der Kreisstadt abgestellt und nahmen sich ihr Arbeitsgerät und ihre Sachen mit: Zwei Handkarren, die der Arbeitsgruppe gehörten, eine Luftpumpe für die Gummireifen, Kleidung zum Wechseln, Regenmäntel und Bettzeug. Die Strecke von etwa fünfunddreißig Li war in ein paar Stunden zu bewältigen, und am nächsten Morgen konnten sie schon mit der Arbeit anfangen. Jeder steckte sich etwas Taschengeld ein und nahm einen Kornsack mit, damit er zumindest für eine Woche eine Grundnahrung bei sich hatte.

Es war eine schwere Arbeitsleistung, die ihnen bevorstand. Sie wollten sich selbst und ihre Handkarren für Gütertransporte zur Verfügung stellen. Es gab immer Waren von einer Dienststelle zur anderen zu befördern, und selbst Privatpersonen hatten solche Aufträge zu vergeben. Es war vorgesehen, daß sie täglich acht Stunden arbeiten sollten, ohne Rücksicht auf die Witterungsverhältnisse, und bei jeder Ladung sollten sie tausend Pfund befördern. Vierzig Prozent des Lohnes sollten für Unterkunft und Verpflegung aufgewendet werden, während der Rest dem Konto der Arbeitsgruppe gutgeschrieben wurde. Außerdem sollten jedem der Männer statt der üblichen zehn Punkte nunmehr täglich zwölf Arbeitspunkte vergütet werden. Nach meiner Schätzung würden sich die Lebenshaltungskosten auf monatlich etwa zwanzig Yüan belaufen. Der größte Teil davon würde auf Nahrungsmittel entfallen; der Rest wäre für Nebenkosten aufzuwenden, wie für den Haarschnitt, die Reinigungsbäder, Zigaretten und Unterkunft. Bei der schweren Arbeit würden auch mehr Lebensmittel verbraucht werden als zu Hause. Übrigens bekommen die Kommunebauern keine Korngutscheine wie die Stadtbewohner. Das Korn wird ihnen nach der jeweiligen Höhe der Gesamtzuteilung der Arbeitsgruppe zugewiesen. In diesem Falle mußte also die Transportkolonne ihr Korn zu dem vom Staat festgesetzten Handelspreis kaufen, der höher lag als der Getreidepreis, den die Städter aufgrund ihrer Gutscheine entrichteten. Um solche Preise zahlen zu können, mußten sie monatlich etwa hundert Yüan verdienen, und das ganze Unternehmen mußte sich insofern für sie selbst und für ihre Arbeitsgruppe lohnen. Ein solcher Lohn erschien mir recht hoch, denn nur ein hochqualifizierter Kaderangehöriger bekommt in der Stadt einen dementsprechenden Monatslohn. Als ich mich nach den Zusammenhängen erkundigte, wurde mir gesagt, daß es in der Stadt noch immer nicht genügend Lastwagen gäbe. In ländlichen Gebieten würden viele Kleintransporte immer noch mit handgezogenen Karren abgewickelt. Demnach würde die Transportkolonne immer reichlich zu tun haben, und die Männer könnten bis zu zweihundert Yüan verdienen. Die Männer gingen auch mit der Erwartung in die Stadt, daß sie dort als Hilfskräfte in einer Fabrik regelmäßig beschäftigt werden würden, und daß sie auf dem Werksgelände oder im Schlafsaal unterkommen könnten. Sie stellten ja auch keine hohen Ansprüche: Eine einfache Schlafstelle, einen Wasserhahn, unter dem die sich abwaschen konnten, schließlich noch Zugang zu einem Heißwasserspeicher, damit sie sich abgekochtes Trinkwasser zapfen konnten. Bei der warmen Witterung würden sie es ohnehin vorziehen, im Freien zu schlafen.

Unter der alten Wirtschaftsverfassung war es schon öfters vorgekommen, daß manche Dorfleute sich als Transportarbeiter verdingt hatten. Dies war aber das erste Mal, daß die Produktionsgruppe sich entschlossen hatte, eine solche Kolonne in die Stadt zu entsenden. Um das Kollektiveinkommen nicht zu belasten, war von der Gruppenleitung festgelegt worden, daß die Kolonne mindestens hundert Yüan monatlich und je Mann verdienen mußte. Wenn die Männer weniger verdienten, dann würden die Arbeitspunkte wieder von zwölf auf zehn zurückgeschraubt. Wenn es mit der Transportkolonne nicht erwartungsgemäß klappen sollte, dann wollte man das Unternehmen vorzeitig abblasen.

Die vier Männer verließen das Dorf voller Erwartungen. Man war aber nicht allgemein der Ansicht, daß das Unternehmen erfolgreich verlaufen würde; vor allem glaubte man, daß die beiden älteren Männer keine genügende Ausdauer für eine solche Arbeit haben würden. Am Tage ihrer Abfahrt regnete es in Strömen, und auch am folgenden Tag wurde das Wetter nicht besser. Die Straßen wurden unpassierbar, und Transportarbeiten ließen sich vorläufig nicht durchführen. Die Kolonne kam wieder nach Hause, um eine Wetterbesserung abzuwarten. Als der Regen aufhörte und die Wege wieder befahrbar wurden, zogen die Männer endgültig los, um mit doppeltem Eifer ihre neue Tätigkeit aufzunehmen.

Nahezu zwei Monate lang beförderten sie Güter, und die Gesamteinnahme belief sich auf fast tausend Yüan. Als Lao Man wieder zu Hause ankam, hatte er sich sechzig Yüan gespart, und er war mit dem Erfolg des Unternehmens zufrieden. Er gab aber auch zu, daß die Arbeit sehr anstrengend gewesen war. Im nächsten Jahr wolle er sich nicht mehr als Transportarbeiter zur Verfügung stellen, meinte er.

Im Kampf mit den Wasserfluten

Im Radio war eine Unwetterwarnung durchgesagt worden. Als aber der Gewittersturm tatsächlich einsetzte, war er noch viel gewaltiger als wir befürchtet hatten. Den ganzen Tag hindurch war es schwül gewesen, und wir empfanden es als angenehm,

als gegen Abend die Temperatur zu sinken begann. Im Nordwesten ballten sich dunkle Gewitterwolken zusammen; über der Bergkette formten sich bizarre Gebilde in blauen, schwarzen, grauen und geisterhaft weißen Farbtönungen. Über unseren Köpfen blieb der Himmel zwar noch wolkenlos, aber ein schwerer, undurchdringlicher Dunst verhüllte den Blick zum Sternenhimmel. Von weither war Donnergrollen zu hören – das erste Anzeichen des Gewittersturms. Dann zuckten weiße, flammende und verzweigte Blitze über den Himmel im Südosten, wo sich das Gewitter zuerst entlud. Es zog weiter nach Süden, Südwesten und dann nach Westen, Norden und Nordosten. Von allen Seiten waren wir jetzt von Gewittern umgeben. Wir saßen auf dem Hof und sahen uns das großartige Schauspiel an. Die Blitze zuckten so hell, daß man in ihrem Feuerschein hätte lesen können. Als gegen zehn Uhr der erste Schauer niederging, flüchteten wir ins Haus.
Wir gingen schlafen, und das leichte Rauschen der Blätter lullte uns ein. Das Blitzezucken aber wollte nicht aufhören, bis wir von einem gewaltigen Donnerschlag hochschreckten und aufsprangen. Der Sturm heulte um unsere Hütte, und der Regen peitschte gegen die Wände. Das Blechdach über unserem Außenherd riß ab und segelte polternd über den Hof. Ta Sao rief uns etwas zu, was wir aber nicht verstehen konnten. Ich rannte in kurzen Hosen und Sandalen hinaus und machte das Blechdach wieder fest. Der Regen schlug gegen die Kunststofffolie, die wir vor unsere Fenster gespannt hatten, und das Wasser lief hindurch und sammelte sich auf dem Fußboden. Es kam auch unter dem Türspalt hereingelaufen, und bald war der Erdboden an der Tür ein klebriger Schlamm. Die Bäume wurden so sehr vom Sturm geschüttelt, daß sie abzubrechen drohten. Der Orkan blies aus allen Richtungen gleichzeitig, und wir konnten uns nur noch durch laute Zurufe verständlich machen. Wir überlegten fieberhaft, wie wir die Wassereinbrüche an den Fenstern und an der Tür eindämmen sollten, aber bevor wir zu einem Ergebnis gekommen waren, flog das Blechdach über dem Herd zum zweiten Mal davon. Es gab ein zi-

schendes Geräusch, als der Regen in das offene Herdloch hineinprasselte. Wir überlegten, ob wir ihn ausgehen lassen sollten oder ihn ins Haus hereinholen müßten, um ihn vor dem Unwetter zu schützen. Schließlich entschieden wir uns für die Rettung des guten Stückes. Wir zogen unsere Regenmäntel über, wateten durch die Pfützen und holten ihn nach drinnen. Dann ließen wir die Rolläden herab, um die Wassereinbrüche durch die Fenster zu stoppen. Ich hatte aber dabei Bedenken, denn die Rolläden aus Papier hätten dabei auch völlig durchweichen können, und dann wäre es noch schlimmer gewesen. Glücklicherweise flaute der Sturm aber etwas ab, und es goß jetzt senkrecht vom Himmel. Der Regen trommelte die ganze Nacht lang auf das Dach. Die Fensterläden blieben aber intakt.

Ende Juli, während der Zeitspanne zwischen »Tou Fu«, »Ta Shu« und »Erh Fu«, der Ersten, Großen und Zweiten Hitze, hatte es verschiedentlich geregnet oder genieselt. Jetzt aber regnete es wolkenbruchartig. Alle Teiche um das Dorf herum waren bis oben hin voll Wasser, und das Grundwasser in den Brunnen stieg bis in eine Tiefe von drei Metern an. Tiefgelegene Wege und manche Felder standen schon unter Wasser. Die Fluten srömten die Gräben und Kanäle hinab, aber es ging nicht schnell genug. Der alte Wallgraben um das Kommunezentrum herum war bis zum Überfließen voll Wasser. Als Vorsichtsmaßnahme öffnete die Kommune einen Abflußkanal, der das aus den Teichen überfließende Wasser aufnehmen sollte. Die Kinder machten sich ein Vergnügen daraus, diesen Abflußkanal zeitweilig einzudämmen und dann Körbe oder geflochtene Taschen durch das Wasser zu ziehen und die aus den Teichen herausgespülten Fische zu fangen.

Der Wei-Fluß stieg besorgniserregend an. Wenn er über seine Ufer trat, dann wären alle Mühen zur Eindeichung und zur Verbreiterung und Vertiefung des Flußbettes vergeblich gewesen. Viele Kommunen, auch unsere, hätten dann schweren Schaden erlitten. Tag und Nacht standen nun Wachtposten am Flußufer, und die bedrohten Kommunen wurden ständig über den Wasserstand auf dem laufenden gehalten. Man beratschlagte schon, was bei einer Überschwemmung zu tun wäre. Die Brigadeleitung sagte zwar, sie habe keine Befürchtung, daß das ganze Gelände unter Wasser geraten würde; ich hielt aber dennoch die Gefahr für sehr groß, denn die großen Abzugskanäle, die sich in einer Breite von sechs und einer Tiefe von drei Metern durch unsere Felder hinzogen, glichen schon reißenden Bächen. Die Kaderschule »7. Mai«, die inmitten der tiefgelegenen Salzebene stand, war schon von einer großen Wasserlache umgeben. Die Studierenden hatten ihre Sachen gepackt und waren abreisefertig. Sie hatten Loren und Traktoren bereitgestellt und Flöße aus leeren Benzinfässern, die auf allen Dachbalken befestigt waren, angefertigt, damit sie bei Einbruch der Flut notfalls auf den Flößen entkommen konnten.

Als der Regen etwas nachgelassen hatte, begleitete ich die Leiter der Brigade auf die Felder, um die Schäden am Getreide zu begutachten. Der Mais stand noch recht gut, wenngleich Regen und Sturm an einigen Stellen doch beträchtliche Schäden angerichet hatten. Die Auberginen dagegen drohten zu verfaulen, deshalb beschlossen wir, die Früchte sofort zu ernten, soweit sie noch verwendbar waren. Das schien noch möglich, aber mehr Regentage konnte diese Gemüsesorte nicht vertragen. Wir bemühten uns, die Gräben und den Wasserabfluß zu beobachten, damit nicht noch weitere Schäden eintraten. Viel konnten wir in diesem Stadium nicht unternehmen.

Da wurde telefonisch die Warnung durchgegeben, daß eine Flutwelle den Wei-Fluß herabgeströmt käme. Die Gefahr der Überflutung des Geländes war nicht auszuschließen, da ja die Gräben nicht mehr aufnahmefähig waren. Die am Ufer des Flusses liegenden Kommunen wurden aufgefordert, Mannschaften zur Stützung der Deiche auszusenden. So zog auch Ching Chun mit anderen jungen Leuten der Brigade mit Spaten und anderem Gerät bewaffnet zum Flußufer. Zur Stärkung hatten sie sich Mantou in Plastiktüten mitgenommen.

Manche von den jungen Männern gehörten dem Jugendverband der Jungkommunisten an, also den heranwachsenden Mitgliedern der Kommunistischen Partei. Andere gehörten zu den Roten Garden, die im Krisenjahr 1966 nach Peking gegangen waren und die dort den Vorsitzenden Mao bei den großen Vorbeimärschen der Garden auf dem Tien An Men-Platz gesehen hatten. Die Kommuneschule hatte eine Rotgardistengruppe, deren Führer Mitglieder der Jungkommunisten waren. Die Mitgliedschaft in den Roten Garden unterlag keinen so strengen Kontrollen wie bei den Jungkommunisten, doch konnten nur tüchtige und disziplinierte Schüler Rotgardisten werden. Bei solchen Noteinsätzen sollten die Gardisten und die Jungkommunisten ihren Mut unter Beweis stellen. Sie erwiesen sich auch wirklich als mutig und einsatzbereit.

Am folgenden Tag wurden auch Yüan-tsung und ich zur Bekämpfung der Überschwemmung eingesetzt. Früh morgens zogen wir mit unseren Spaten in der Hand los, zusammen mit Angehörigen der Ersten und der Dritten Produktionsgruppe. Vier Mann trugen Stangen über den Schultern, an denen große Körbe mit Stricken und Zeltbahnrechtecken hingen, die zum Transport von Erdreich dienen sollten. Für das Mittag- und Abendessen wurden ein paar große Kürbisse mitgenommen. Die Kommune wollte dafür sorgen, daß an der Arbeitsstelle Suppe oder Nudeln für uns gekocht wurden, und auch abgekochtes Trinkwasser sollte bereitstehen. Die meisten von uns nahmen sich ein paar Fladen oder Mantoustücke mit, die wir in den Pausen essen wollten. Meine Frau und ich wollten schon nachmittags wieder heimkehren; deshalb nahmen wir uns auch nicht viel mit. Die jungen Männer aus unserer Kolonne hatten die Absicht, notfalls zweimal zu übernachten, aber auch sie hatten nur leichtes Gepäck. Es hatte jetzt ganz aufgehört zu regnen, und die Erde dampfte. Die Leute wollten im Freien schlafen und sich einfach auf Strohbündel legen, die für die Versteifung der Flußdeiche verwendet wurden.

Als wir uns dem Wei-Fluß näherten, sahen wir aus allen Richtungen Arbeitskolonnen anmarschiert kommen. Einige Gruppen gingen ungeordnet, andere dagegen marschierten im Gleichschritt mit roten Fahnen an der Spitze der Kolonne. Ein Propagandateam kam an uns vorbei; die Männer führten einen

Handkarren mit, in dem sie eine Lautsprecheranlage und ein gerahmtes Bild des Vorsitzenden Mao bereithielten. Wir hörten, daß die Dorfkommune Li dreitausend Männer und Frauen aufbieten wollte, um die Flußdeiche zu verstärken. Das Dorf Li liegt zwar auf erhöhtem Gelände und befand sich nicht in Gefahr, aber die Kommunemitglieder wollten es sich nicht nehmen lassen, ihre Solidarität mit den anderen Kommunen unter Beweis zu stellen.

Direkt am Flußufer befanden wir uns inmitten eines kilometerlangen Zuges von Hilfskräften, die auf der Zufahrtsstraße zusammengeströmt waren. Die Deichspitze liegt etwa sechs Meter über dem Geländeniveau. So weit wir blicken konnten, war der Deich schwarz von Menschen. Zehntausende von Arbeitern machten sich ans Werk, um den Deich einen halben Meter zu erhöhen und über einen Meter zu verbreitern.

Als wir oben auf dem Deich standen, konnten wir erkennen, daß uns tatsächlich unmittelbare Gefahr drohte. Das reißende Wasser strömte nur etwa dreißig Zentimeter unter uns vorbei. Die Höhe des bisherigen Deiches hätte bei weitem nicht ausgereicht, um der Gefahr zu begegnen. Am anderen Flußufer hatten die Fluten den Deich bereits überschwemmt, und das Gelände stand unter Wasser. Auch ein großer Teil unseres Kommunelandes war überflutet, und nur an einigen Stellen konnte man Inseln erhöhten Geländes erkennen. Auf eine solche Insel hatte sich ein Hase gerettet. An anderen Stellen sah man von den Bäumen nur die Kronen, die über die Wasserfläche ragten. Nach Süden hin erkannte man solche Baumgruppen inmitten von Hausdächern und den Dachspitzen einiger Schuppen. Es sah so aus, als liege das ganze Dorf unter Wasser; doch gerade diese Ansiedlung war nicht gefährdet. Das Dorf hatte nämlich einen hohen Runddeich, der die Hofanlagen schützte. Bei meinen Fahrten über Land habe ich verschiedentlich solche Dörfer sehen können. In manchen Fällen hatte solch ein Deich doppelte Haushöhe und war mit Bäumen und Sträuchern zur Verstärkung bepflanzt. Normalerweise konnte man durch die Deichöffnungen hindurchgehen; wenn aber Gefahr drohte, dann verbarrikadierte man diese Öffnungen rasch mit Hilfe von Strohmatten, Schilf und Erdreich.

In unserem Bereich des Flußdeiches war das Arbeiterheer damit beschäftigt, dem um einen halben Meter erhöhten Deich nun eine Breite von etwa zwei Metern zu geben, damit auch Traktoren auf ihm fahren konnten. Jede neue Kolonne bekam einen Abschnitt zugewiesen, hißte die rote Fahne an der Arbeitsstelle und begann dann sofort mit der Aufschüttung. Wir von der Arbeitsgruppe des Dorfes Glückseligkeit halfen überall an solchen Stellen aus, wo wir sahen, daß Hilfskräfte fehlten. Manche von uns holten von dem neben dem Deich gelegenen Feld frisches Erdreich. Zwei Mann gingen hintereinander mit einer geschulterten Stange, von der ein mit Erde gefüllter Korb herabhing. Die auf den Deich geschaffte Erde wurde dann von den dort stehenden Männern und Mädchen gleichmäßig verteilt. Statt der Körbe wurden auch viereckige Zeltbahnstücke verwendet, die man an den Ecken zusammengebunden hatte. Manche der Deicharbeiter hatten auch behelfsmäßig geflochtene Weidenrutenkörbe, die sie sich an Ort und Stelle zurechtgebastelt hatten.

Der Erdboden war überall feucht und schwer. Wenn man ein paarmal mit dem Spaten hineingestochen hatte, klebte die Erde wie Leim am Spatenblatt, und auch die Körbe waren dick verschmiert. Wir zogen unsere Sandalen aus und arbeiteten barfuß im knietiefen Schlamm. Die Mittagssonne glühte über der dampfenden Erde. Wir arbeiteten schichtweise; eine Gruppe schaufelte, während sich die andere im Schatten des Deiches ausruhte oder unter die Bäume legte. Um Schatten zu haben, stellten wir auch Strohmatten senkrecht auf und lehnten unsere Spaten dagegen, damit sie nicht umfielen.

Während der Pause um zehn Uhr gesellte ich mich zu den jungen Leuten, die in den Fluß sprangen und bis zum anderen Ufer schwammen, um sich abzukühlen. Von der gegenüberliegenden Seite war nur ein schmaler Grasstreifen in etwa dreißig Metern Entfernung zu erkennen. Der Heilgehilfe des Dorfes war natürlich auch bei uns, um Abschürfungen und Sonnenstiche zu behandeln. Die Leiter der Kommune kamen auf ihrem Inspektionsrundgang vorbei. Manche von ihnen waren schon ältere Männer, aber sie wollten zeigen, was noch in ihnen steckte. Sie zogen die Schuhe aus, rollten die Hosenbeine hoch und schaufelten, schleppten oder verteilten die Erde.

Während Korb um Korb angeschleppt wurde, konnte man zusehen, wie der Deich allmählich höher und breiter wurde. Es ist unglaublich, wie auch mit primitiven Mitteln eine solche Arbeit im Kollektiv zuwege gebracht wird. Nach zwei Tagen Dauerregen hatte die Kommune vor einer Katastrophe gestanden. Jetzt, nachdem fünf Tage lang alle verfügbaren Kräfte und die Mitglieder anderer Kommunen zugepackt hatten, war die Überschwemmungsgefahr gebannt. Doch wenn es noch einmal fünf Tage hintereinander geregnet hätte – was jedoch unwahrscheinlich war –, dann wäre der Fluß erneut hoch angeschwollen, und die Gefahr hätte weiterbestanden. Man machte sich aber jetzt keine unnötigen Gedanken darüber. Alle wußten, daß auch bei zehnfach größerer Gefahr durch den Einsatz eines zehnfach größeren Arbeiterheeres die Flut bekämpft werden würde.

Ich fragte Lao Man und die anderen, wie es den Brigaden ergehen würde, deren Felder unter Wasser standen. Alle meinten, man müsse die Schäden einfach hinnehmen, denn solche Kommuneeinheiten, die in Eigenverantwortung wirtschafteten, würden sich schon zu helfen wissen, indem sie nach dem Abzug des Wassers einfach wieder neu einsäten. Bei größeren Schäden würde ihnen die Landwirtschaftssteuer erlassen werden. Zerstörte oder beschädigte Häuser würden von der Brigade wieder aufgebaut werden, und wenn die Schäden sehr umfangreich sein sollten, würde die Kommune mit einspringen. Wenn eine Familie alle ihre Habe verloren hätte, dann würde sie öffentliche Mittel erhalten, um wieder auf die Beine zu kommen. Allen Kommunemitgliedern waren diese Bestimmungen bekannt, und die Leute waren daher nicht mehr wie in früheren Zeiten in Angst und Schrecken, denn das Problem des »danach« existierte nicht mehr.

Als wir von der Deicharbeit zurückgekehrt waren, sammelte unsere Dritte Brigade 1000 Pfund »Nankua« (Kürbisse) und schickte die Ladung der Brigade »Rote Fahne«, deren Felder überflutet waren. Wir verfaßten auch ein Schreiben, das gleichzeitig unser Mitgefühl und unseren Optimismus ausdrücken sollte. Unser bester Graphiker schrieb es auf einem großen Blatt rotem Papier. Auch von anderen Kommunen kamen Geschenke und ermutigende, revolutionäre Briefe.

Die Schäden in den Ländereien der Brigade »Rote Fahne« hielten sich wegen der von den Brigademitgliedern selbst getroffenen Maßnahmen in Grenzen; nur das auf dem Halm stehende Getreide hatte schwer gelitten. Auf den Feldern hatte sich eine Schlammschicht gebildet, die dazu beitragen würde, daß sie die Ernteerträge noch im laufenden Jahr und auch im nächsten erhöhten. Übrigens war es diese Brigade, die ihre Wirtschaftskraft auf der Entenzucht und den Eierverkauf gegründet hatte. Trotz der Naturkatastrophe büßte die Brigade keine einzige Ente ein.

Nach all der Aufregung wegen des Unwetters und der Überflutung kam wieder schönes Wetter. Der Wasserstand wurde wieder normal. Wir waren stolz darauf, daß wir mit vereinten Kräften die Gefahr gebannt hatten. Durch die Verstärkung der Deiche brauchte man sich auch in den kommenden Jahren keine Sorgen mehr zu machen.

Ich verglich in Gedanken diese disziplinierten und gut organisierten Deicharbeiterkolonnen mit den in Panik geratenen Menschenmassen früherer Jahre. Das Unglück brach damals mit voller Wucht über die Familien herein, die verzweifelt ihre Habe und sich selbst zu retten versuchten. Jetzt gab es einen Wetterdienst mit Wasserstandsmeldungen, und man konnte am Radio oder am Telefon die Ansagen abhören. Die Regierung der Volksrepublik und die Kommunen sorgten dafür, daß bei Gefahr alle verfügbaren Kräfte zum Einsatz kamen. Die Bauern konnten sich der Gewißheit hingeben, daß alles Erdenkliche für sie getan wurde. Die Zeiten der Angst und Sorge gehörten der Vergangenheit an.

Nach den Regenfällen im August wuchsen die Getreidefelder um das Dörfchen zu besonderer Pracht empor. Meine Sonnenblumen wurden von Tag zu Tag größer, und unser Schwein konnte sie nicht mehr anknabbern. Die kräftigen Knospen befanden sich außerhalb der Reichweite unseres Borstenviehs und seiner Artgenossen. Die beiden überlebenden Sonnenblumen erreichten die beachtliche Höhe von fast zwei Metern, und Ende August entfalteten sie ihre prächtigen gelben Blütenstände.

Die Kinder tummelten sich in der warmen Luft und im Wasser der Teiche. Wenn es ihnen zu heiß wurde, sprangen sie einfach ins Wasser. Sehr viele konnten schwimmen. Sicherlich hing dies mit der Kampagne für das Schwimmenlernen zusammen, die sich im ganzen Lande ausgebreitet hatte, nachdem der Vorsitzende Mao in seinem einundachtzigsten Lebensjahr den Jangtsefluß durchschwommen hatte.

Die Pflanzen schienen die Mühen der Bauern zu belohnen. Nach den Regenfällen schossen überall an den Wegrändern einzelne Weizenhalme hervor. In den Abzugskanalbetten wuchsen Melonenranken, nachdem jemand Melonenkerne dort hingespuckt hatte. Der Mais ist eine besonders zähe Pflanze. Selbst wenn man den Sämling versehentlich niedertritt oder wenn er nach einem Regenguß unter dem Schlamm vergraben ist, entwickelt er neue Wurzeln und wächst von neuem.

Am meisten hatten wir jetzt mit den Gemüsepflanzungen zu tun. Rotblumen, Gurken und Kürbisse waren abgeerntet, und wir pflügten die Erde um und säten Rübensamen oder andere späte Sorten ein.

HERBST

EINE ZEIT DER NACHLESE UND AUSSCHAU

HERBSTTIGER

Während der Zeit, als der Nordwind und der von Süden kommende Monsun miteinander im Streit lagen, und in der Regenzeit im Juli und August gab es immer wieder kühle Perioden mit angenehmer Temperatur am Morgen und am Abend. Zur Zeit des »Herbsttigers« hingegen gewann der Monsun die absolute Oberhand. Die Wetterlage änderte sich rapide. Morgens blieb es zwar noch recht kühl, aber die Bauern prophezeiten, daß die frische Luft nicht mehr lange vorherrschen würde und daß abrupt eine Hitzeperiode einsetzen müßte. Ich hoffte, daß der Sommer allmählich in einen angenehm frischen Herbst übergehen würde. Statt dessen hätte ich dem Wetterkalender Glauben schenken sollen, der die Erfahrungen von Jahrhunderten widerspiegelte. An einem Nachmittag spürten wir den plötzlichen Wechsel. Die gewohnte frische Abendbrise blieb aus, und statt dessen wehte uns zuerst warme und dann heiße Luft aus dem Süden um die Nase. Die Feldarbeiter, die nach Feierabend nach Hause kamen, stürzten sich zur Abkühlung in den Teich, und wir konnten schon von weitem ihr fröhliches Lachen hören. Im Dorf Glückseligkeit ist es bisher nicht Sitte, daß Frauen und Mädchen öffentlich baden; deshalb blieb ich auch mit Yüan-tsung zu Hause. Nur im Hause selbst war es noch kühl geblieben. Im Baumschatten dagegen war es nicht mehr erfrischend, denn selbst am Abend stand die Luft still. Wir setzten uns deshalb auch nicht mehr zu unserem abendlichen Plausch auf den Hof, sondern blieben in unserem Häuschen.

Am folgenden Tag wurde es noch unerträglicher. Die Kinder gingen zwar baden, aber wenn sie aus dem Teich herauskamen, empfanden sie es um so drückender in der heißen Luft. Nur die notwendigste Arbeit wurde an diesen Tagen verrichtet. Bei der geringsten Anstrengung war man schon in Schweiß gebadet. Man hatte einfach keine Energie mehr.

Es war ein Glück, daß man sich wenigstens um den Mais nicht viel zu kümmern brauchte. Der Erdboden war noch vom Regen durchtränkt, und die Feuchtigkeit hielt sich. Der Mais stand in Schulterhöhe; die Felder erstreckten sich weithin an den Wegrändern entlang. Man nennt die Maispflanzungen den »Grünen Vorhang«. In alten Zeiten nannte man die Banden »Ritter des Grünen Vorhangs«. Tatsächlich hätte sich ein ganzes Regiment in den Maisfeldern um das Dorf verstecken können, und selbst von einem Ausguck hätte ein Posten keinen einzigen Mann entdeckt. Während des Krieges gegen die Japaner war dies die geeignete Jahreszeit für den Beginn der Guerillatätigkeit gewesen. Der Feind wurde in seinen Igelstellungen überraschend angegriffen und wagte sich, soweit es sich um kleine Abteilungen handelte, kaum noch heraus, denn die grünen Vorhänge aus Mais und Kaoliang verbargen die Partisanenkämpfer.

Selbst den Kindern machte die Hitze schwer zu schaffen. Au Chiu kam eines Nachmittags von der Schule nach Hause und ließ sich auf den Boden im Schatten des Bauernhauses fallen. Auch als die Sonne unterging, ließ die Schwüle nicht nach. Bald war er fest eingeschlafen. Hsiao Ching sollte ihn zum Abendessen hereinholen. Sie ließ sich aber dabei Zeit. Erst betrachtete sie ihn, dann holte sie sich einen kleinen Hocker, setzte sich darauf und kitzelte ihren kleinen Bruder mit der Fußzehe. Als er keinen Laut von sich gab, kitzelte sie ihn überall und knuffte ihn in den Rücken. Au Chiu ließ einen Schnarchlaut hören, rieb sich die Augen und schlief gleich wieder ein. Wenn das Wetter kühler gewesen wäre, dann hätte er um diese Zeit bestimmt noch um das Haus herumgetollt und zwischen dem Bauernhof und dem Teich wie ein junger Hammel herumgesprungen, bis er schließlich mit Gewalt ins Haus und in sein Bett geholt wurde.

Auch im Haus gab es jetzt keine Abkühlung mehr. Wenn die Sonne mehrere Tage hindurch geschienen hatte, waren auch die dicken Wände und das Dach durchgewärmt, und nachts gaben sie Wärme nach innen ab. Soweit es möglich war, verbrachten wir unsere Zeit deshalb im Freien, wir kochten, aßen, arbeiteten und ruhten außerhalb des Hauses. Wenn Leute vorbeikamen, fragten sie oftmals, was wir denn auf dem Herd hätten, und sie hoben sogar den Topfdeckel hoch, um zu schnuppern. Das regte mich ebenfalls zur Neugierde an, und so interessierte ich mich für die Kochkünste der Nachbarn und guckte ihnen auch in den Topf. Das war eigentlich auch nicht verwunderlich, denn jeder konnte bei dem Leben unter freiem Himmel beobachten, was der andere kochte oder was er gerade machte.

Der Herbsttiger dauerte glücklicherweise nicht lange an. Das unerträglich heiße und schwüle Wetter war auf die üblichen zehn Tage beschränkt. Im letzten Augustdrittel war es nachts wieder kühl, und auch morgens war es angenehm. Im Kalender stand zwar, daß der 23. August der Tag der anhaltenden Hitze, »Chu Shu« war, doch die eigentliche Tageswärme hielt nur von etwa zehn bis vier Uhr an. Späterhin setzte allgemein kühles Herbstwetter ein. Am Himmel zogen weiße, watteartige Wolkengebilde vorbei, die bald in alle Winde zerstoben.

Morgens und abends trugen wir wieder unsere Köperjacken. Nachts deckten wir uns mit einem Laken zu. Die Laute des frühen Herbstes umgaben uns: Ununterbrochen rauschten die Baumkronen, und Insekten schwirrten und summten durch die Luft.

Für die Zubereitung unserer Salate gab es jetzt reichlich Gemüse. Mitte August gab es überall noch Tomaten und Gurken, aber sie wurden schon etwas teurer. Der Preis für Melonen hatte sich verdoppelt. Die Trauben in dieser Gegend waren klein und alles andere als süß. Die Birnen hatten eine harte Schale; süß und saftig waren sie auch nicht. Auch die Aprikosen waren klein und sauer, aber sie hatten ein gutes Aroma. Ich schmorte sie mir mit Zucker, was den Dorfleuten als sehr seltsam, zumindest aber als luxuriös vorkam. Der alte Volksliedersänger gab uns einen Hinweis, wo man im Dorf Glückseligkeit eine delikate Leckerei bekommen konnte. Ich hatte vorher nicht gewußt, daß die Brigade bei der Sesampflanzung ein Bienenhaus unterhielt. Daraufhin beantragten wir bei der Arbeitsgruppe eine Zuteilung Sesamhonig, den wir uns noch wochenlang schmecken ließen.

Wir konnten auch noch die Früchte eines Versuchs genießen, dessen Anfänge noch auf die frühere staatliche Domäne zurückgingen und der dann von der Kaderschule »7. Mai« erfolgreich zum Abschluß gebracht wurde: Die jungen Apfelbäume, die hier zum ersten Mal angepflanzt worden waren, trugen eine reiche Ernte. Die Äpfel hatten eine grüne Schale, waren fest und nicht zu süß, und man konnte sie mit Genuß essen oder geschmort zubereiten.

Diskussion über die Staatsverfassung

Vollversammlungen der Mitglieder der Brigade oder der Arbeitsgruppen wurden häufig in sehr formloser Weise abgehalten. Man traf sich da, wo es gerade geeignet erschien oder wo die Leute sich gern versammelten. An einem warmen Abend sollte eine Versammlung in dem neuen Verwaltungsbau der Brigade stattfinden. Die zuerst angekommenen Teilnehmer setzten sich aber vor dem Eingang auf das Steinpflaster, und so fand die Versammlung einfach im Freien statt. Gewöhnlich bringt man die Kinder mit, wenn sie nicht zu Hause eine Betreuung haben, und wenn die Kleinen noch nicht verstehen können, wovon die Großen reden, dann spielen sie einfach herum. An diesem Abend stand etwas Besonderes zur Debatte: Die Brigade begann mit der Diskussion über die neue Verfassung der Volksrepublik China, die im ganzen Land der Bevölkerung nahegebracht werden sollte.

Die erste Verfassung war im Jahre 1954 vorgelegt und verkündet worden. Damals nahmen 150 Millionen Menschen an den Diskussionen teil, die zur Abänderung des Entwurfs und schließlich zur Inkraftsetzung der Verfassung führten. Diese Verfassung sollte zur Weiterentwicklung der neuen demokratischen Revolution und zur Einführung der sozialistischen Staatsform dienen. Jetzt aber war der Aufbau des Sozialismus

schon fortgeschritten, und das Land hatte in den drei Jahren der Großen Proletarischen Kulturrevolution Erfahrungen gesammelt. Vieles aus der ersten Verfassung erschien schon überholt. Der Staat brauchte ein neues Grundgesetz, das die neue Gesellschaftsordnung widerspiegeln sollte, und das im Einklang mit der Entwicklung der Volkskommunen und der Revolutionskomitees Grundlagen für die Verwaltung unter der Volksregierung schaffen sollte.
Auf der Versammlung wurde über diese Grundgedanken diskutiert. Der erste Diskussionsleiter war der Parteisekretär, während ein leitender Kaderangehöriger das anschließende Referat hielt. Man wollte anfänglich nur einen allgemeinen Überblick über die Problematik schaffen, doch es wurde vom frühen Abend bis fast elf Uhr nachts diskutiert. Bis zur Verkündung der neuen Verfassung mußten noch viele Millionen Menschen die Artikel erörtern, um sie dann mit Abänderungsanträgen zu versehen, damit sie schließlich den Belangen der breiten Volksmassen gerecht wurden.

Die Bauweise der Häuser im Dorf

Während der heißen Jahreszeit machte ich mir Gedanken wegen der Eigenart der Hausbauweise. Die Häuser im Dorf Glückseligkeit sind durchweg im gleichen Stil erbaut. Manchmal haben sie nur einen größeren Raum ohne Trennwände, größtenteils jedoch sind sie in zwei Räume unterteilt. Ihre Eigenart besteht darin, daß die Tür und die beiden Fenster auf der gleichen Seite liegen. Kein Haus im Dorf hat Fenster nach den Seiten hin oder nach rückwärts. Alle Häuser sind ebenerdig; selbst der Gutsbesitzer hatte in seinem Haus kein Stockwerk. In anderen Dörfern gibt es dagegen aufgestockte Häuser, die ebenfalls alle im gleichen Stil sind. Bei ihnen enthält der Oberstock nur einen einzigen Raum mit drei Fenstern, die alle nach der gleichen Richtung weisen. So ist ein nach Westen gerichtetes Bauernhaus im Winter ziemlich kalt und bekommt nur die Nachmittagssonne ab; auch für den Sommer ist diese Bauweise ungünstig, da sich die Räume nachmittags zu stark erwärmen und nachts nicht durchkühlen. Ein nach Osten gerichtetes Haus ist dagegen nachmittags und nachts kühler. Morgens ist es jedoch schon sehr warm im Hause, während es andererseits im Winter von mittags bis nachts zu kalt ist.

Wie ich schon früher ausführte, ist es am günstigsten, das Haus nach Süden hin zu richten. Wie in unserem, so war es auch in allen anderen Häusern im Winter sehr angenehm, und man brauchte nicht stark einzuheizen. Im Sommer wurde es nie so heiß wie in den Häusern, die ihre Front nach Westen oder nach Osten haben. Ich fragte mich aber die ganze Zeit hindurch, warum man wohl an der anderen Hausseite kein Fenster eingebaut hatte, um damit die Möglichkeit für eine Durchlüftung zu schaffen. Als ich schließlich die Nachbarn danach fragte, erklärten sie mir, daß es in einem solchen Haus zu zugig sein würde und daß ein rückwärtiges Fenster den Blick auf den Hof des Nachbarn freigeben würde, was sich nicht gehöre, da es ein Eindringen in die Privatsphäre sei. Der Zusammenhang war aber noch komplizierter. Es gab Fälle, wo noch der alte Aberglaube eine Rolle spielte, daß es »nicht gut« sei, das Fenster gegenüber der Haustür zu öffnen, solange der Hausherr noch lebte. Nach dem Tode des Hausherrn galt dieses Tabu zwar nicht weiter, es wurde aber nach wie vor befolgt, in der Hoffnung, bald wieder einen neuen Mann ins Haus zu bekommen. Auch dieser Aberglaube hing noch mit den alten Vorstellungen über Geomantik zusammen, und es wird noch einige Zeit dauern, bis durch Überzeugungskraft und Belehrung die Leute auf einen vernünftigen Weg geführt werden würden. Diese Sitte gehörte zu den »Vier überholten Vorstellungen«, die durch die Kulturrevolution abgeschafft werden sollten. Als ich jüngere Leute nach dem Grund des Fehlens eines Rückfensters befragte, stellte ich fest, daß sie die Angelegenheit nur als traditionelle Bauweise betrachteten. Sie waren der Meinung, daß damit bald Schluß sein würde, »wenn im Dorf Glückseligkeit endlich moderne Häuser gebaut würden«.

Von den Kaderleuten, die mit uns aufs Land geschickt worden waren, freundeten sich einige in solchem Maße mit ihren Gastgebern an, daß sie sie dazu überredeten, ein kleines Fenster nach rückwärts durchzubrechen. Der Unterschied zu früher war dann auch gewaltig, denn die Luft in solchen Häusern war unvergleichlich viel frischer. Man kann solche Erscheinungen auch unter dem Blickwinkel betrachten, daß überholte Traditionen und Bräuche so lange weiterbestehen, bis sie kritisch unter die Lupe genommen werden. Wenn sie nicht mehr zweckmäßig erscheinen und die Kommunen entsprechende Beschlüsse fassen, dann verschwinden sie auch.

In den Küchen war es während der Kochzeit immer ungemütlich. Hinzu kam die unnötige Arbeit, die man für die Kocherei aufwenden mußte. So wie Ta Saos Herd bestanden auch die anderen Kochstellen aus einem einfachen Würfel aus Adobesteinen ohne Abzug. Nur durch einen Fensterspalt konnte der Rauch entweichen. Wenn Ta Sao kochte, dann war die ganze Küche sogleich mit beißendem Rauch erfüllt, und ihre Augen fingen an zu tränen. Es gab aber auch Ausnahmen; manche Bauern hatten sich schon modernere Küchen gebaut, aus denen der Rauch gut abziehen konnte. Die meisten Dorfbewohner hielten jedoch an dem alten Brauch fest, die Küchen auch bei einem Neuaufbau des Hauses wieder in der alten, unzweckmäßigen Art einzurichten. Das Kochen war und blieb eine erschöpfende, ungesunde und unangenehme Arbeit.

Probleme, wie die Lage der Fenster und die Einrichtung der Küchen, erscheinen auf den ersten Blick zwar unbedeutend. Sie sind es aber nicht, denn eine grundlegende Änderung der Landessitten kann auch hier etwas mehr Komfort schaffen. Ich fragte mich häufig, warum eigentlich solche Fragen nicht zur Erörterung anstanden. Ich glaube, daß es einfach daran liegt, daß der alte Schlendrian im Dorf noch nicht ganz ausgestorben ist. In anderen Gebieten Chinas, wie in der Provinz Tschekiang, gibt es Entwürfe für moderne Bauernhäuser nicht nur auf dem Reißbrett. Dort wohnen manche Bauern schon in recht modernen Häusern und fühlen sich wohl in ihnen.

Mitte August radelte ich mit ein paar Freunden in die Kreisstadt, um mir eine neue Brille zu besorgen und um unsere Speisekammer aufzufüllen. Yüan-tsung war schon einige Male in der Stadt gewesen, sie war aber mit Ta Sao mit dem Bus gefahren.

Wir entschlossen uns, schon um halb fünf Uhr morgens abzufahren und hatten uns ausgerechnet, daß wir die Entfernung von etwa fünfunddreißig Li in rund einer Stunde bewältigen könnten. Auf diese Weise würden wir rechtzeitig in der Stadt ankommen und könnten uns vor dem staatlichen Fleischerladen in die Käuferschlange einreihen, um noch ein gutes Stück Fleisch zu bekommen. Auch die ärztliche Konsultation im Krankenhaus wegen meines Brillenattestes und der Gang zum Optiker würden nicht lange Zeit in Anspruch nehmen. Wir wollten auf dem Markt noch Gemüse einkaufen und vor Einsetzen der Nachmittagshitze wieder zu Hause eintreffen.

Als wir losradelten, umgab uns noch die frische Nachtluft. Es wurde gerade hell, und es war ein Vergnügen, die Straße entlangzufahren.

Die Straße war in ihrer ganzen Länge von Pappeln und Weidenbäumen umgeben. Die meisten Bäume schienen nicht älter als zehn Jahre zu sein; es waren auch ganz junge Pflanzungen dabei. Beiderseits der Straße erstreckten sich hochgeschossene Mais- und Kaoliangfelder. Manche Äcker waren aber schon abgeerntet, und hier konnte man weit über die nordchinesische Ebene blicken. Auf einem der abgeernteten Felder beobachteten wir einen roten Loyang-Raupenschlepper, der den Boden für die Einsaat des Winterweizens vorbereitete.

Wir begegneten nur wenigen Leuten. Die paar Passanten waren entweder Kaderleute wie wir, die in die Stadt radelten, oder es waren Bauern, die ihre leeren Handkarren zur Stadt schoben, um dort einzukaufen. Manche hatten auch Kürbisse auf ihren Karren, die sie verkaufen wollten, und Frau, Großmutter und Kinder saßen mit auf dem Wagen, um in der Stadt

Besuche zu machen. Auch an Arbeitsgruppen kamen wir vorbei. Eine Gruppe jätete an den Wegrändern und brachte die Gräben in Ordnung. Solche Arbeiten hatte unsere alte Kadergruppe oftmals verrichtet. Eine andere Arbeitsgruppe von jungen Männern schnitt Zweige von den hohen Pappeln, möglicherweise um Bauholz oder Flechtwerk für ein Bauvorhaben zu beschaffen. Einzeln arbeitende Bauern und Kinder sichelten das Gras von den Wegrändern ab, um Grünfutter für die Tiere nach Haus zu holen. Lange Strecken hindurch hatten wir aber die Straße ganz für uns. Wir radelten so schnell wir konnten und freuten uns über den Fahrtwind, der uns um die Nase wehte.

Die Straße war in ausgezeichnetem Zustand, obwohl die Oberfläche nur aus einer Lößschicht über einer Schotterunterlage bestand. Sie ließ sich gut befahren, natürlich mit Ausnahme der Stellen, an denen die Busräder oder ein Traktor tiefe Rillen hineingegraben hatten, und da es in letzter Zeit viel geregnet hatte, wirbelten wir auch kaum Staub auf.

Ein langer Straßenabschnitt verlief auf dem Deich auf dem linken Ufer des Wei-Flusses. Manche der Landbewohner nannten dieses Gewässer auch tatsächlich »Fluß«, andere bezeichneten es als »Kanal«. Beide Bezeichnungen waren zutreffend. Ursprünglich war der Wei auch ein Fluß, doch später, nach der Befreiung und besonders nach Gründung der Kommunen im Jahre 1958 wurde der Lauf des Flusses völlig umgestaltet. Man konnte deutlich erkennen, wieviel Arbeit geleistet worden war, um der Überflutungsgefahr zu begegnen. Jetzt war es sogar möglich, den Wei als Abzugskanal für große Wassermengen einzusetzen, wenn der Fall eintreten sollte, daß der Gelbe Fluß über seine Ufer trat und die Fluten einen Abfluß zum Meer suchten. Die Flußeindeichung war auch für einen solchen Katastrophenfall vorgesehen, und unendlich viele Vorarbeiten waren geleistet worden. Das Flußbett war verbreitert und vertieft worden, und die ausgehobene Erde wurde an den Flußrändern aufgeschichtet. Windungen im Lauf des Flusses waren durchschnitten worden, damit sich die Wassermassen nicht stauen konnten. An scharfen Flußbiegungen waren die Böschungen versteift worden; Steine und Beton wurden eingefügt, damit sich die Ufer nicht aushöhlten. Das alte Flußbett war an manchen Stellen noch zu erkennen, wo man Windungen durch Kanalisierung des Laufes stillgelegt hatte. Vielerorts wurden auch seitliche Abzugskanäle gegraben, die von Brücken überspannt wurden. Überall am Flußlauf hatten die Kommunen Pumpstationen errichtet, um das Wasser auf die umliegenden Felder zu leiten.

Durch diese Verbesserungen ergab sich auch die Möglichkeit, den Fluß für die Schiffahrt geeignet zu machen. In früheren Zeiten war es für die alten Dschunken schwierig gewesen, um die Sandbänke und gefährlichen Uferstellen herumzusegeln. Die neuerbauten Lastdschunken konnten jetzt ohne gefahrvolle Manöver navigieren. Erst vor wenigen Wochen war der Wei hoch angeschwollen gewesen; ein dreißig Meter breiter, an den Böschungen hochgurgelnder Kanal. Jetzt, nach dem Ende der Sommerregenfälle, war der Wasserspiegel um über zwölf Meter abgesunken, und tief unter uns flossen die Wassermassen wieder träge dahin.

Auf unserer Fahrt auf der Höhe des Deiches sahen wir viele Dschunken, die mit landwirtschaftlichen Erzeugnissen oder Kohlen beladen waren, und zwischen dem bäuerlichen Hinterland und dem bedeutenden Seehafen Tientsin an der Ostküste verkehrten. Manche davon waren die gewöhnlichen, träge dahinsegelnden breiten Schiffe, die man auf allen größeren Flüssen Chinas sehen kann und die an einem einzelnen Mast ein einziges, rechteckiges Segel führen. Manche waren aber auch besonders lang, mit einer Fuge in der Mitte, damit sie durch die vielen Windungen des Kanals leichter hindurchkamen. Wenn Wind aufkam, benutzten sie natürlich ihre Segel; da aber ein Kreuzen in dem engen Flußlauf nicht möglich war, stand die Mannschaft jederzeit bereit, um das Schiff zu schleppen oder mit Schifferstangen weiterzustoßen. Auf jeder Dschunke gab es dafür einen zwanzig Zentimeter breiten Gang auf den Schiffsseiten. Die Mannschaft lief auf diesem Gang im

Gleichschritt zum Heck, einer hinter dem anderen, und die Männer stießen dabei ihre Schifferstangen kräftig in das Flußbett oder gegen die Böschung. Dann hoben sie die Stangen gleichzeitig aus dem Wasser, gingen schnell zum Bug zurück und wiederholten den Arbeitsgang, Meile um Meile. Auf anderen Dschunken verlief ein breites Brett um den Bug herum, so daß es aussah, als ob diese Schiffe abgeschnittene Flügel hätten. Hier standen seitlich zwei Ruderer, die das Schiff mit weitausholenden Ruderschlägen in Fahrt hielten. Einer von der Mannschaft führte die Ruderpinne am Heck.

Auf den Dschunken hatte man sich für mehrwöchige Fahrten eingerichtet. Mittschiffs, gewöhnlich gleich hinter dem Mast, befand sich eine Luke, und darunter lagen die Kombüse und die Schlafkojen. Die Decken und Kleidungsstücke waren säuberlich verstaut, und in der Kombüse hantierte zumeist ein vierter Mannschaftsangehöriger. Wenn man genügend Zeit zur Verfügung hatte, konnte man für ein paar Yüan auf solch einer Dschunke mitfahren; die Reise bis zur Küste dauerte allerdings zwei oder drei Wochen.

In der Kreisstadt

Wenn man sich der Kreisstadt näherte, sah man zuerst das mächtige alte Westtor und den Glockenturm, die einzigen Überbleibsel der einstigen Befestigungsanlagen und des Stadtwalles, die die Ortschaft noch ein Jahrzehnt zuvor umgeben hatten. Dann konnte man aber auch Schornsteine und einen Wasserturm erkennen, und durch die Baumwipfel zeichneten sich die Umrisse der neuen Textilfabrik ab, die nach der Befreiung aufgebaut worden war. Man wollte die Textilindustrie auch aufs Land verlegen, wo die Baumwolle erzeugt wurde und wo Absatz für die Erzeugnisse vorhanden war. Die übervölkerten Stadtgebiete von Schanghai, Tientsin und Wuhsi sollten entlastet werden.

Die Textilarbeiter wohnen in der Nähe des Werkbereichs. Wir

kamen durch das Gelände der Schlafsäle hindurch, die man vernünftigerweise auf dem gegenüberliegenden Flußufer erbaut hatte. Eine breite Betonfahrbahn führt zu den einstöckigen Schlafsaalgebäuden und den Wohnungen hin, wo die verheirateten Arbeiter mit ihren Familien untergebracht sind. Auch Läden und ein Postamt sind vorhanden; außerdem gibt es ein Theater und ein Kino, einen kleinen Marktplatz und Werkstätten, eine Wäscherei, Schneider, Friseur und all das, was für das Funktionieren der Lebensführung einer Fabrikarbeiterschaft erforderlich ist. Der ganze Komplex ist ein typisches Beispiel für die moderne Planung einer Industrieansiedlung in einem ländlichen Gebiet des heutigen China.

Viele der hier beschäftigten Textilarbeiter sind junge Leute aus Schanghai, die, um die neue Fabrik in Betrieb zu setzen, freiwillig aufs Land gekommen und schließlich hier geblieben waren. Als wir durch die Leute hindurchradelten, wurde mir sofort klar, daß sie ihre städtische Art beibehalten hatten. Sie unterhielten sich angeregt und gingen mit lebhaften Schritten ihren Geschäften nach, ganz anders als die Landleute, die gemächlich, aber beständig auf den Beinen sind. Manche von den Mädchen waren wohl gerade aus der Badeanstalt gekommen und trugen ihre langen Haare offen, was bei ihren frischen Gesichtern hübsch aussah. Viele hatten auch kurze Hosen an – eine geradezu wahnwitzige Kühnheit für ein junges Mädchen im Dorf Glückseligkeit. Hier achtete aber niemand auf die »gewagte« Kleidung. Die schlanken Beine der Mädchen waren für uns Männer ein ungewohnter, erfreulicher Anblick. An den Straßenrändern waren Platanen angepflanzt, deren Kronen sich zu einem Dach wölbten. Die Kühle im Baumschatten empfanden wir wie eine Erholung nach der Fahrt über die sonnige Landstraße.

Wir radelten an der Industrieanlage vorüber, kamen an einem von Bäumen umstandenen See vorbei und gelangten schließlich in die eigentliche Stadt. Wir passierten Häuserreihen, die ähnlich wie die Dorfhäuser halb aus Adobe, halb aus Mauersteinen gebaut waren; doch schon die Existenz eines Bürgersteiges aus behauenen Steinen auf beiden Seiten der Straße machte deutlich, daß wir uns in einem städtischen Bereich befanden. Plötzlich gelangten wir in den Ortsmittelpunkt. Hier stand an einer Straßenkreuzung das große Kaufhaus und gegenüber ein ähnlich großes Gebäude. Es handelte sich um zweistöckige stabile Hausbauten aus Stein und Beton mit dekorativen Fassaden, wie man sie in den Wohnvierteln von Großstädten wie Peking oder Schanghai ebenfalls antreffen kann. Das Kaufhaus war erst im Erdgeschoß fertiggestellt. Hier spielte sich schon ein lebhafter Kaufbetrieb ab; darüber waren noch die Bauhandwerker bei ihrer Arbeit.

Die anderen beiden Eckgebäude an der Kreuzung sahen nicht viel anders aus, als sie sich vielleicht schon seit Jahrhunderten dem Beschauer dargeboten hatten; ihre Bestimmung hatte sich jedoch grundlegend geändert. Das eine dieser Häuser beherbergte ein Restaurant, in dem man billig essen konnte; in dem anderen war ein Laden, wo es hauptsächlich Konserven zu kaufen gab: Schweinefleisch in Büchsen, Bohnen mit Fleisch, eingelegte Bambussprossen nach der berühmten Schanghaier Geschmacksrichtung, Melonenmus, Fruchtkonserven wie Äpfel, Pfirsiche und andere Obstsorten, Bananen, kondensierte Milch, außerdem Biskuits, Süßigkeiten und verschiedene Sorten Zigaretten. Es gab hier auch mancherlei sauer Eingelegtes zu kaufen und viele Sorten Wein, vom milden Reiswein angefangen bis zum feurigen »Maotai«, einem klaren Likör, der aus Kaoliang hergestellt wird und stärker ist als Gin und Wodka. In der Stadt wird bei Geselligkeiten getrunken, aber nirgends in ganz China kommt es vor, daß Saufgelage stattfinden.

In den vom Stadtmittelpunkt ausgehenden Straßen gibt es viele Restaurants und Läden. In den Lokalen konnte man gut essen. Es gab ein paar billige Imbißstuben; in anderen konnte man aber auch bessere Gerichte bestellen, die einen Yüan oder mehr kosteten: Fisch, Huhn, Schweinefleisch, Rindfleisch oder Eierspeisen. Es gab auch ein neuerbautes Postamt aus roten Ziegelsteinen und einen »Hsinhua«-Buchladen, wie in jeder chinesischen Stadt. Hier gab es marxistische Literatur in reicher

Auswahl, die Werke des Vorsitzenden Mao, Mao-Plaketten und Bilder; außerdem Plakate mit den zeitgemäßen Schlagworten: »Erfaßt die Revolution und steigert die Produktion!«. Zur Steigerung der Verteidigungskraft gab es auch Plakate, die einen Soldaten der Volksbefreiungsarmee zeigten, oder auf denen ein Matrose, ein Pilot oder ein Milizsoldat abgebildet war. Auf einem sah man auch einen kommunistischen Arbeiter, der mit wachsamem Auge über die Grenze des Landes blickte. Dazu gab es auch die üblichen Plakate, auf denen »Lernt von Tachai!« stand. In einer Buchabteilung wurde technische Literatur verkauft, die für Bedürfnisse der ländlichen Kaderangehörigen bestimmt war, beispielsweise über Bewässerungs- und Bautechniken, Entwässerungsanlagen, Aufforstungsmöglichkeiten, Nebenerwerbsquellen, Mechanisierung und Elektrifizierung, Traktoren-Technologie und dergleichen. Es gab auch eine Abteilung für »schöne Literatur«; die Regale standen aber fast leer, da man sich im Zuge der Kulturrevolution über die Begriffsbestimmung noch nicht einig geworden war. Hier wurden nur Kinderbücher, Opern- und Ballettexte und Erzählungen über die Helden des revolutionären Befreiungskampfes verkauft.

Darüber hinaus gab es manche Spezialgeschäfte. In einem dieser Läden wurden Trockenfisch und Meeresprodukte angeboten, in anderen gab es landwirtschaftliche Geräte, Bambuserzeugnisse aus dem Süden, Eingemachtes, Eisenwaren, Seile und Körbe. Frischgemüse und Frischfleisch wurden in staatseigenen Läden verkauft. Ein gewissenhafter Kaderangehöriger ließ es sich nicht nehmen, zunächst im Staatsladen einzukaufen und danach erst den Markt zu besuchen.

Als wir etwa um 6 Uhr 45 früh am staatlichen Fleischerladen ankamen, stand schon eine Käuferschlange davor. Wir stellten uns in die Reihe, und als wir nach etwa einer Stunde bedient wurden, konnten wir gerade noch ein Stück Fleisch von der Sorte erwischen, die wir kaufen wollten. Es war jedoch gerade Sonntag, wo viele Leute sich ein Festtagsmahl schmoren. An anderen Wochentagen gab es hier nicht übermäßig viele Käufer, und man konnte noch lange nach acht Uhr ein gutes Stück

Fleisch bekommen. Die Leute kauften im allgemeinen Schweinefleisch; Rindfleisch wurde seltener verlangt. Es gab zwei Schlachterläden, die sich im Staatsbesitz befanden. Außerdem gab es im Ort noch einen Fleischverkäufer, der mit seinem Handwagen unterwegs war. Das Fleisch befand sich unter einer großen Glasglocke, und man konnte vor dem Einkauf seine Wahl treffen. Der Verkäufer fuhr in den städtischen Wohngebieten herum, und gegen zehn Uhr hatte er meistens alle Ware verkauft. In der Stadt gab es keine Eisfabrik, weshalb man sehr darauf bedacht war, verderbliche Ware wie Fleisch schnell loszuwerden. Man hielt auch nie große Vorräte im Laden.

Der städtische Markt hatte keinen festen Standplatz, sondern wurde immer wieder improvisiert. Wenn Bauern oder Verkäufer der Kommunen ihre Waren absetzen wollten, dann schlugen sie einfach an einem ihnen günstig erscheinenden Ort ihren Stand auf, vielleicht vor dem Kaufhaus oder dem Bahnhof, auch vor dem Unterkunftshaus, wo die Stadtverwaltung auf Besuch in der Stadt weilende Kaderleute unterbrachte. Im August gab es vielerlei Lebensmittel zu kaufen. Es gab Tomaten, verschiedene Sorten Zwiebeln, Chotsai, Auberginen, alle Obstsorten wie Äpfel, Birnen und Trauben. Der Zeitpunkt der besten Wassermelonen war schon überschritten, doch waren sie noch immer gute Durststiller in der Hitze. Unter einer Zeltplane konnte man entweder ganze Melonen oder für fünf Fen große Schnitten kaufen, die ein Händler eines landwirtschaftlichen Genossenschaftsbetriebes aus dem Ort feilbot. Lebende Fische aus dem Gelben Fluß gab es ebenfalls zu kaufen. Die großen, fast achtzig Zentimeter langen Fische schillerten silbrig oder schwärzlich. Sie stammten auch aus dem Wei-Fluß, wo sie ein geschickter Fischer gefangen hatte. Ein anderer Verkäufer aus der Kommune bot kleinere Fische an, die in einem Becken herumschwammen. Sie waren in den Staubecken und in den Fischteichen des Bezirks gefangen worden. Wenn es tagsüber wärmer wurde, begann ein Verkäufer, mit lauter Stimme sein »Eis am Stiel« anzupreisen.

Die meisten Verkäufer waren von ihren Kommunen, Brigaden oder Arbeitsgruppen zum Absatz der Erzeugnisse in die Stadt geschickt worden. Es kamen aber auch ein paar private Händler, zumeist Bauern, die ein paar Eier oder Gartenerzeugnisse zu einem guten Preis loswerden wollten. Die Preisentwicklung auf den Märkten war dem Spiel von Angebot und Nachfrage unterworfen. Dabei gab es nicht sehr viel Spielraum, denn die landwirtschaftlichen Genossenschaften und die Staatsläden hatten festgesetzte Preise. Kommunemitgliedern war es nicht ausdrücklich verboten, ihre privaten Erzeugnisse hier zu verkaufen. Es setzte sich aber jeder, der hierbei den »Weg des Kapitalismus« einschlug und vom Handel leben wollte, öffentlicher Kritik aus und erhielt eine Verwarnung. In diesem Sinne gingen Kommunemitglieder auch nur in Ausnahmefällen auf den Markt, um dort einzukaufen. Sie taten es dann, wenn sie einmal Fisch, Fleisch oder ein gutes Gemüse für eine Hochzeit oder Verlobungsfeier beschaffen wollten. Man hütete sich aber davor, Lebensmittel normalerweise auf eine so umständliche Art zu besorgen. Man hatte ja auch selten das erforderliche Bargeld zur Hand; besonders aber fand man kaum Zeit, um zu den Märkten zu fahren. Die privaten Verkäufer waren zumeist alte Männer oder Frauen, die ihre Kinder bei sich hatten. Die Käufer kamen meistens aus der Stadt. Auch aus der Umgebung kamen manche Marktkunden; Kaderleute und Studierende der Schule »7. Mai«. Zu den Käufern zählten außerdem Kaderangehörige und Köche von Werkskantinen oder Behörden, die auf den Markt fuhren, um einmal etwas Besonderes auf den Tisch bringen zu können. Sie kauften manchmal einen ganzen Gemüsekarren und ließen sich die Ware ins Werk liefern. Es kamen auch komische Zwischenfälle vor. Ich beobachtete einmal eine Gruppe von drei Männern, offenbar Beauftragte einer landwirtschaftlichen Brigade, die einen Handkarren voller welker Salatköpfe vor sich herschoben. Sie machten auf der Straße eine Pause, und ein paar Hausfrauen blieben stehen, um sich die Ware anzusehen. Als sie hörten, was der Salat kosten sollte, begannen sie zu lamentieren. Immer mehr

Leute kamen zusammen, und die Protestrufe über den unverschämten Preis wurden immer lauter. Schließlich entspann sich eine lautstarke Debatte zwischen dem Wortführer der Salatverkäufer und einer Frau, die sich zur Sprecherin der empörten Kundinnen gemacht hatte. »Ihr wollt fünf Fen für die alten Salatköpfe haben! Ihr wollt uns wohl zum Narren halten!« Die anderen Frauen pflichteten ihr mit schriller Stimme bei.
Der Verkäufer war durch den »Druck der Massen« schon etwas eingeschüchtert. »Na ja, was wollt ihr schon für fünf Fen verlangen! Sollen wir euch den Salat etwa schenken?«
Ein Kadernangehöriger aus der Stadt schaltete sich ein. Er trug eine saubere Uniform und einen Vollbart, der ihn wohl würdevoller erscheinen lassen sollte. »Ihr sollt doch einen sozialistischen Handel betreiben! Ihr dürft die Massen nicht übers Ohr hauen!«
Der Brigadeverkäufer schien ärgerlich zu werden; er wußte sich jetzt keinen Rat mehr und wollte nicht in den Ruf kommen, »den Massen nicht dienen zu wollen«. »Also gut!« stieß er hervor. »Wir werden woanders hingehen! Wenn ihr unsere Ware nicht haben wollt – andere Leute nehmen sie gern!« Wütend faßte er die Griffe des Handkarrens an und schob ihn weiter. Aber anstatt zum Marktplatz zu fahren, brachten die drei Männer den Karren in eine Seitenstraße. Sobald die empörten Hausfrauen außer Sicht waren, brachten sie ihre Ladung zum Stehen, um sich zu beratschlagen. Als ich an ihnen vorbeiradelte, hörte ich einen von ihnen sagen; »... wenn wir dem Volke dienen sollen, dann ...« Wahrscheinlich war bei dem Mann die wirtschaftliche Notwendigkeit und die Ideologie ineinandergeflossen, so daß er sich dazu entschloß, mit dem Preis herunterzugehen.

Das Warenangebot im Kaufhaus war mehr oder weniger mit der Auswahl vergleichbar, die man auch in ähnlich großen Häusern in Peking oder Schanghai vorfand. In Peking gab es zwar größere Warenhäuser, doch erschien mir die Auswahl in diesem Kaufhaus größer als in anderen Warenhäusern des Bezirks. Es gab hier alle Artikel des täglichen Bedarfs zu kaufen:

Kleidung, Strickwaren, Schuhe, Schals, Mützen, Tücher und Stoffe, außerdem Papierwaren, Füllfederhalter, Radios und Transistoren und Ersatzteile, Plastikmaterial, Seife, Zahnpasta, Zigaretten, Kinderspielzeug, Taschenlampen und Batterien. Ferner gab es Werkzeuge und Materialien für die Tischlerei, für die Metallbearbeitung und für die Elektroinstallation. In einer Abteilung wurden »Kulturerzeugnisse« angeboten: Chinesische Violinen, Trommeln, Zimbeln, Flöten, Grammophonplatten und Lautsprecheranlagen für Veranstaltungen der Kommunen, Schauspieltexte und Gesangsnoten. Mitten im Kaufhaus befanden sich Regale mit Sportartikeln: Turngeräte, Volleybälle und Federballschläger, außerdem Tischtennisgeräte. Es gab auch Kameras und Fotoausrüstungen zu kaufen. Der Verkauf ging gut und schnell vonstatten, obwohl die Bedienung nicht mit Schanghaier Verhältnissen zu vergleichen war. Die Preise waren, wie überall in China, behördlich festgesetzt; es spielte keine Rolle, ob man in Peking oder in einem Bergdorf einkaufte.

Ich ging in einen Optikerladen in der Hoffnung, ein neues Glas für meine Brille zu bekommen. Als mir gesagt wurde, daß das Attest zu alt sei, ging ich in eine Klinik, um meine Augen untersuchen zu lassen und eine neue Verordnung zu bekommen. Der Optiker sagte mir, daß ich die neue Brille in zwei Wochen abholen könne.

Die Klinik lag ganz in der Nähe. Sie war früher ein protestantisches Missionshaus gewesen, gehörte jetzt aber natürlich zur staatlichen Gesundheitsfürsorge. Die alten Gebäude standen noch, aber man hatte ein paar neue Trakte hinzugebaut. Die dort tätigen Ärzte waren sehr tüchtig und bei den Landleuten allgemein beliebt. Zum Krankenhaus gehörten alle notwendigen Spezialabteilungen: Nasen und Ohren, Augen, Zahnheilkunde, Gynäkologie und Entbindungsstation, außerdem ein moderner Operationssaal.

Ich zahlte eine Eintragungsgebühr von zwei Fen – weniger als den halben Preis einer Busfahrkarte in Peking. Im Warteraum der Augenstation waren vielleicht ein halbes Dutzend Patien-

ten vor mir. Der diensttuende Augenarzt hatte aber drei Assistenten, tüchtige junge Mediziner, und einer von ihnen untersuchte meine Augen. Dann wurde das Rezept ausgeschrieben, und in weniger als einer halben Stunde war ich schon fertig. Ich brachte die Verordnung zum Optiker, und in zwei Wochen hatte ich auch tatsächlich meine neue Brille in der Standardausführung mit einem Gestell aus Kunststoffmaterial, das nur ein paar Yüan wert war. Die ganze Anschaffung kostete mich nur den Gegenwert von etwa zwei US-Dollars.
Auf unserer Rückfahrt sahen wir uns das Unterkunftshaus für Kaderangehörige an, die besuchsweise in der Stadt weilten. Das Gebäude ist doppelstöckig und aus Mauersteinen und Beton errichtet. Das Haus machte einen sauberen Eindruck; es gab aber keine Bettwäsche. Die Einzelübernachtung kostete 5 Mao; für ein Doppelbett mußte man 1 Yüan zahlen. In jedem Zimmer standen zwei Holzbetten mit sauberem Überzug, Stühlen und einem Tisch. An den Wänden hingen Plakate mit Parteimottos und ein Bild des Vorsitzenden Mao. Weitere Einrichtungsstücke gab es nicht; man richtete sich nach der Parteilinie, die ein spartanisches Leben anempfahl. In der Kantine gab es einfache Gerichte zu einem sehr billigen Preis. Die Herberge wurde von solchen Kaderleuten in Anspruch genommen, die mit der Eisenbahn in der Kreisstadt angekommen waren und mit dem Bus weiter zur Schule »7. Mai« wollten oder die den Kommunen mit ihren Familien zugeteilt wurden, damit sie auf dem Lande aushelfen konnten.

Der Umdenkungsprozeß in der Kaderschule »7. Mai«

Im allgemeinen paßten sich die aufs Land geschickten Kader gut an. Sie taten ihr Bestes, um von den Bauern zu lernen. Das bezog sich nicht nur auf die Landarbeit allein, sondern auch auf die sparsame und karge Lebensführung der Landleute und auf den Willen der Bauern, sich in die neue Gesellschaft einzuordnen. Aber auch die Bauern gewöhnten sich an das Zusammenleben mit den Stadtleuten. Es gab natürlich wie überall ein paar Leute, die sich danebenbenahmen, sei es aus Dummheit oder aus Böswilligkeit. Da gab es einen Kaderangehörigen, der sich bei einem Bauern bitter über seine Frau beklagte, nachdem diese ihn besucht hatte. Er wollte sich sogar von ihr scheiden lassen. Als die Frau das nächstemal zu Besuch kam, schlug der Bauer vor, die geschiedene Frau dann selbst zu heiraten. Es gab auch einen Städter, der übergroßen Luxus trieb, indem er fünf Pfund Eiergebäck auf einen Schlag kaufte und den Kuchen dann nur für sich und seine beiden Kinder verbrauchte.

Eines Tages trat sogar Frau Yüan in den Streik. Sie hatte sich größte Mühe gegeben, uns mit Wintergemüse, Kohlen und Eiern zu versorgen und war mehrmals in der strengen Kälte in die Stadt gefahren, um Waren für uns einzukaufen. Ihr wurde aber nicht von allen Seiten gedankt: Frau Tan beschwerte sich, daß das Fleisch zu wenig Gewicht hätte und daß »jemand« ihr verraten hätte, daß die andere Frau die besten Fleischstücke für sich behalten wollte. Das war einfach zuviel – Frau Yüan trat in den Streik. Sie nahm auch nicht an der Versammlung teil, auf der Tsang den Vorschlag machte, Kohlen nachzubestellen. Kein anderer wollte sich für Besorgungen zur Verfügung stellen; Yüan sagte, er müsse weiterstudieren, und Ling entschuldigte sich damit, daß sein Fahrrad defekt sei. Tsang war zwar krank, aber als gewissenhafter Mensch tätigte er den Einkauf für uns. Als er zurückkam und wir uns in seinem Hause versammelten, sah er finster und erschöpft aus. Frau Tan schämte sich und äußerte keine falschen Anschuldigungen mehr. Wir alle hatten das Gefühl, daß auch sie das »Umdenken« lernen würde.

Der Zusammenhalt und die Disziplin innerhalb jeder Kadergruppe war deren eigene Angelegenheit. Praktisch hing es jedoch von dem Korpsgeist und der Fähigkeit der Gruppenführung ab, ob der Zusammenhalt sich festigte. Die dreißig Familien, die im Nachbardorf an der Westbrücke untergebracht waren, hatten eine Zeitlang Pech mit ihrer Kaderleitung. Nach verschiedenen Manipulationen in ihrer Pekinger Dienststelle und in der Kaderschule »7. Mai« hatte hier eine extremistische, »ultralinke« Kadergruppe die Oberhand gewonnen.

Während der Kulturrevolution hatte sich eine Extremistenorganisation gebildet, die als das »Fünf-Eins-Sechs-Korps« bekannt wurde. Diese Organisation strebte zur Macht und wurde von hochgestellten Funktionären unterstützt. Erst Ende 1971 wurde bekannt, daß zu den Förderern auch der Verteidigungsminister Lin Piao gehörte, der auf dem Neunten Kongreß der Chinesischen Kommunistischen Partei im Jahre 1969 zum Nachfolger von Mao Tse-tung ausersehen worden war. Die Machtergreifung der Gruppe schlug fehl; es war ihr aber gelungen, in mehreren Organisationen die Oberhand zu gewinnen. Hierzu gehörte auch das Übersetzerbüro. Im Untergrund wirkende Angehörige der Vereinigung »Fünf-Eins-Sechs« kontrollierten die Tätigkeit der Übersetzungsorganisation und hielten sich in ihren Stellungen. Überall waren Helfershelfer am Werk. Ein solcher »Abweichler« war der Kaderchef im Dorf an der Westbrücke, und mehrere Angehörige dieser Gruppe hatten die Leitung der Kaderschule »7. Mai« inne. Naturgemäß verschafften sich diese Leute auch Vorteile aufgrund ihrer Stellungen. Die Frau eines solchen Helfershelfers wurde dabei ertappt, als sie mehr als 150 Yüan auf einmal ausgab; die Familie bestand nur aus ihr, ihrem Mann und einer kleinen Tochter. Sie war auch eigens nach Tschengtschou gefahren, um Delikatessen wie eingemachte Pilze und Krabben zu kaufen. Ein anderer Abweichler beleidigte seinen bäuerlichen Gastgeber dadurch, daß er den von ihm bewohnten Raum völlig neu einrichtete. Solche Skandale führten dazu, daß sich die Disziplin der Kaderleute im Dorf an der Westbrücke immer mehr lockerte. Die Situation in der Kaderschule »7. Mai« war aber noch schlimmer, da die »Fünf-Eins-Sechs«-Gruppe dort im Verborgenen wirken konnte, wo sie nicht von den Dorfbewohnern und Kommunemitgliedern beobachtet wurde. So konnte die Bande insgeheim ihre Herrschaft ausüben.

Damit die Leute ihren Mund hielten, setzte die Führungsclique sie unter Druck und verhängte Strafarbeiten. So war es auf anderen Schulfarmen eine Ehre, auch zu Schmutzarbeiten herangezogen zu werden, wie zum Stallausmisten, zum Latrinenreinigen oder zum Schweinehüten. In der örtlichen Schule hingegen, die von den »Fünf-Eins-Sechs«-Leuten beherrscht war, galten solche Tätigkeiten als Strafen für »undisziplinierte« Kaderleute.

Im Endstadium der Kulturrevolution befaßte man sich schließlich unter anderem auch mit dieser Situation, die die Kommunistische Partei zu regeln hatte. Zunächst wurden einige erfahrene Parteimitglieder nach Peking entsandt, um die Lage in der Dienststelle zu erkunden. Die Mißstände waren unschwer zu durchschauen, und die dort Verbliebenen stellten daraufhin die Gruppe der »Fünf-Eins-Sechs«-Leute bloß. Die Nachforschungen dehnten sich dann auch auf die Kaderschule »7. Mai« aus.

Den Abweichlern wurde eine Chance gegeben, den »Weg der Revolution« aufs neue zu beschreiten. Von Peking aus erging eine Anweisung, in der zum Ausdruck gebracht wurde, daß gewisse Leute im Verlauf der Kulturrevolution den Versuch gemacht hätten, die Bewegung zu zersplittern und in die Irre zu leiten. Ferner wurde erklärt, daß eine kleine Gruppe Parteimitglieder ihre Autorität falsch eingesetzt hätte, und statt das Fehlverhalten der Revisionisten, die den »kapitalistischen Weg« beschritten hätten, öffentlich zu geißeln, die Kritik unterdrückt hätte. In Fällen, wo ihnen dies nicht gelang, hätten sie die Volkswut sogar gegen unbeteiligte Menschen gelenkt. Die Leitung der Kaderschule »7. Mai« wurde aufgefordert, dieser Frage nachzugehen.

Die Anführer der Gruppe »Fünf-Eins-Sechs« versuchten jedoch unbeirrt, ihr früheres Fehlverhalten zu rechtfertigen, und stachelten die Studierenden an, weiterhin solche Kaderleute zu kritisieren, die vorher schon ungerechtfertigterweise von ihnen angeschuldigt worden waren. Sie unternahmen sogar Erpressungsversuche. So war ein junger Mann angeschuldigt worden, ein »auswärtiger Agent« zu sein, da er im Ausland aufgewachsen war und noch manche fremdländischen Manieren an sich hatte. Jetzt war er wiederum die Zielscheibe der Beschuldigungen, was jedoch nur von den in Wirklichkeit Betroffenen ablenken sollte.

Wang Pei-yung war ein leitender Kaderangehöriger gewesen. Zwar hatte auch er Fehler begangen, aber er hatte sein Bestes in seinem Aufgabenbereich geleistet. Er hatte früher in der Volksbefreiungsarmee gedient und war verwundet worden. Da er wegen seiner Verwundungen leidend war, hatte die Armee ihn entlassen, und er bekam eine Stellung bei einer Zeitung. Schwere Arbeiten konnte er nicht mehr verrichten; die Ärzte rieten ihm aber, zu seiner Gesunderhaltung zu schwimmen und zu tanzen. Für die jungen Extremisten der übereifrigen »Linken« bedeutete das Tanzen aber eine Verbrüderung mit dem Teufel der Bourgeoisie. Im Verlauf der Kulturrevolution wurde dieser Mann dann von den Linksextremisten auf einer Versammlung öffentlich gebrandmarkt, von jungen Burschen, die noch in Babysachen herumgelaufen waren, als er seine Gesundheit für die gemeinsame Sache hingab.

Nun machten diese Leute einen erneuten verzweifelten Versuch, von den Mißständen in der Kaderschule abzulenken, indem sie Wang Pei-yung wiederum angriffen. Es half nichts, daß er sagte, er könne wegen seiner Krankheiten nicht schwer arbeiten; sie trieben ihn doch zur Feldarbeit hinaus.

Zwei andere Männer, die wie er unter öffentlicher Kritik standen, bezeugten zwar, daß er kaum laufen, geschweige denn arbeiten könne. Er verlor alle Farbe im Gesicht. Sein Zögern brachte die jungen Eiferer aber noch mehr in Wut. »Ihr konterrevolutionäre Bande! An die Arbeit!«

Zähneknirschend machte sich Wang auf den Weg. Er konnte die Anstrengung aber nicht aushalten. Als die Männer auf dem Weizenfeld angekommen waren, wo sie arbeiten sollten, bekam er einen Ohnmachtsanfall und stürzte nieder. Zufällig war ein Arzt in einer in der Nähe arbeitenden Gruppe, der sofort zu dem Ohnmächtigen hinlief.

»Dieser Mann muß sofort ins Bett gebracht werden«, ordnete er an. Die anderen »üblen Elemente«, die zu Wangs Arbeits-

gruppe gehörten, erklärten dem Arzt die Zusammenhänge, und er übernahm den Kranken zur weiteren Behandlung.
In diesem kritischen Moment erhielt die Kaderschule »7. Mai« Besuch von einem Propagandateam zur Verbreitung der Gedanken Mao Tse-tungs, das aus Peking aufs Land gekommen war. In diesem Team waren auch solche Leute, die die »Fünf-Eins-Sechs«-Gruppe in dem Übersetzerbüro bloßgestellt hatten und andere, die ursprünglich Anhänger dieser Richtung gewesen waren, jetzt aber wieder »an der Seite der Revolution« kämpfen wollten. In der Schule wurde eine große Massenversammlung abgehalten. Alle Mitarbeiter des Büros aus der ganzen Gegend wurden zusammengerufen. Die Mißstände, an denen die »Fünf-Eins-Sechs« in Peking schuld gewesen war, wurden bloßgestellt. Die ehemals von ihnen Verführten ergriffen das Wort. Alles war bis zum Bersten gespannt. So wie in Peking war es auch hier die richtige Methode, daß die Irregeleiteten und Untergeordneten die Bloßstellung der Schuldigen vornahmen, um reinen Tisch zu schaffen. Nur auf diese Weise wurde gewährleistet, daß sich die Vorkommnisse nicht wiederholten. Erst war es einer, dann mehrere, die das Wort ergriffen und die üblen Machenschaften die Gruppe entlarvten. Die »Fünf-Eins-Sechs«-Leute gerieten in Panik und in einem tumultartigen Ausbruch beschuldigten sie sich schließlich gegenseitig. Die Anführer dieser Bande, die sogar zu Morden aufgefordert hatten, wurden festgenommen, während man die »kleinen Fische« und die Mitläufer nicht in Gewahrsam nahm, sondern laufenließ und sie zu ihren ursprünglichen Arbeitsstellen zurückschickte, damit sie dort Selbstkritik üben konnten. Es oblag dann ihren Kollegen, diese Leute wieder auf die richtige Bahn zu bringen, indem sie ihnen ihre Fehler vor Augen führten. Durch die Selbstkritik sollten die Abweichler sich wieder ein reines Gewissen verschaffen, und sich dann durch den »Dienst am Volke« rehabilitieren. Auf diese Weise sollte die »Angriffsfläche auf ein Minimum reduziert« werden. Man war allgemein der Auffassung, daß sich im Verlauf der gespannten Zeiten der Kulturrevolution schwache Charaktere zu unüberlegten

Handlungen hatten hinreißen lassen, zu Handlungen, die sie normalerweise nie begangen haben würden. Man tat alles, um solche Leute zu rehabilitieren.

Nach dieser Säuberung in der Kaderschule war die Luft wieder rein. Die Leute standen jetzt nicht mehr unter dem Druck der Gruppe »Fünf-Eins-Sechs« und wählten sich eine neue Kaderleitung in der Schule und auch in den Gemeinden. Die Helfershelfer der Abweichlergruppe wurden von ihren Posten abgewählt, und in manchen Fällen kamen diejenigen an die Spitze, die zuvor unter dem Druck der Gruppe gestanden hatten. In den Gemeinden wurde wieder diszipliniert gearbeitet, und auch die Bauern verspürten bald den Wechsel zum Guten, denn es waren vorher unerlaubte Handlungen der Gäste vorgekommen. Im Dorf an der Westbrücke hatte ein Kaderangehöriger in Verletzung des ausdrücklichen Verbots Hühner und Kleiderstoff bei den Bauern aufgekauft. Als Lao Man davon erfuhr, meinte er: »Die Leute im Dorf an der Westbrücke sagen, daß sich manche Kader wie Gutsherren aufführen!«

Derartigem Fehlverhalten wurde jetzt ein Ende gesetzt. Auf kurzfristig einberufenen Versammlungen wurden die Kaderleute eindringlich daran erinnert, daß sie aufs Land geschickt worden waren, um »Mao Tse-tungs Gedankengänge zu verbreiten« und »von den armen und unteren Mittelbauern zu lernen«.

Im Verlauf dieser Ereignisse wurde mir jetzt klar, welche Rolle Lin in seiner bescheidenen Art gespielt hatte. Er mag sich vielleicht bei Straßenbauarbeiten oder bei Baumpflanzungen schwergetan haben, aber er hatte den Einflüsterungen der Gruppe »Fünf-Eins-Sechs« widerstanden, und als die Machenschaften dieser Leute aufgedeckt wurden, war er in der Lage, eine in sich geschlossene Arbeitsgruppe im Sinne der Kulturrevolution zu leiten. Manchmal war es nötig, stundenlang über verschlammte Wege mit der Gruppe zur Kaderschule und wieder nach Hause zu laufen; an den langen Diskussionen wurde immer teilgenommen, ob es nun regnete oder ob die Sonne schien. Tan überspielte seine Rheumaschmerzen, und seine Frau ließ dann von ihrer Schwatzhaftigkeit ab und beteiligte sich ganz sachlich an den politischen Aussprachen. Yüan riß sich von seiner Küchenarbeit los, Ling überspielte sein Phlegma, Tang wurde lebhaft und die Tsangs und Frau Yüan waren natürlich ganz bei der Sache.

Spätsommer und Frühherbst

Gegen Ende August war es in den Mittagsstunden immer noch sommerlich heiß. Im Dorf war dann kaum ein Laut zu hören. Die kleinen Kinder schliefen fest auf ihren Matten, müde vom Spiel und vom Mittagessen. Im Dämmerlicht in der Kühle ihrer Häuser machten sich die Frauen an ihre Nachmittagsarbeiten. Die Geräusche der Webstühle und das unterbrochene Surren der Spinnräder waren immer wieder zu hören.
Auf vielen Höfen waren frühgeerntete Maiskolben und Kaoliang-Matten zum Trocknen ausgebreitet, und die orangefarbenen und gelben Teppiche gaben einen hübschen Anblick. Eine Großmutter oder ein Kind saß immer wachsam in der Nähe, um mit einem Weidenzweig die auf den Mais erpichten Hühner zu vertreiben. Manche ließen ihren Mais auch auf dem Dach trocknen, doch auch hier war er nicht vor den Hühnern sicher. Trotz ihrer gestutzten Flügel flatterten sie bis aufs Dach.
Ta Sao wunderte sich darüber, daß wir in dieser Zeit gern ein kaltes Gericht zu Mittag aßen. Meistens war es Mantou oder gekochter und abgekühlter Kürbis, da es keine Gurken mehr gab. Dazu gab es Tomaten und Salat von neuen Kartoffeln.
In diesen Spätsommernächten zirpten die Grillen laut und zufrieden über das schöne Wetter.

Am 8. September war der Tag des Weißen Taues, »Pai Lu«. Zu diesem Zeitpunkt war die Aussaat aller Feldfrüchte, die noch im Herbst geerntet werden sollten, längst beendet. Jetzt setzte auch wieder angenehmes und kühles Wetter ein, und ich konnte meinen gewohnten Tagesablauf wieder aufnehmen. Ich stand frühzeitig auf, und nach dem Frühstück zeichnete oder malte ich den ganzen Vormittag hindurch. Nach dem Mittagessen legte ich mich zur Ruhe, um dann nachmittags noch einmal zu arbeiten. Da es erst gegen sieben Uhr dunkel wurde, konnte ich bis zum Abend zeichnen und spät zu Abend essen. Dann hielten wir unser Dämmerschwätzchen, und gegen zehn Uhr gingen wir schlafen.

Die Dorfnachbarn verloren nie ihr lebhaftes Interesse an meinen Zeichnungen. Täglich kamen Erwachsene oder Kinder zu mir, um mich bei der Arbeit zu beobachten. Wenn ich Skizzen nach der Natur anfertigte, sahen sie mir auch im Freien über die Schulter. Gern blätterten die Leute in meinem Skizzenblock. Sie stellten auch Fragen; beispielsweise wollten sie wissen, weshalb ich mir ein bestimmtes Motiv ausgewählt hatte. Dann erklärte ich ihnen, daß ich den Werdegang der Entstehung oder des Zusammenbaus einer Handkarre festhalten wollte oder daß ich ein bestimmtes Ereignis oder einen Bewegungsablauf bildlich darstellen wollte. Sie verstanden auch, was ich damit auszudrücken beabsichtigte. Wenn sie es für richtig hielten, übten sie an meiner Arbeit auch Kritik. Dann sagten sie vielleicht: »Das Geschirr der Zugtiere liegt anders, es geht durch ein Loch im Joch hindurch«, oder: »Die Rolle am Webstuhl muß höher liegen als auf der Zeichnung«. Als ich während einer Arbeitspause die Schwenksichel zeichnete, die die Leute der Ersten Arbeitsgruppe in Gebrauch hatten, erklärten mir die Feldarbeiter ungefragt, wie dieses Arbeitsgerät hergestellt wurde.

Überall, wo ich mit meinem Skizzenblock herumlief, wurde mir fröhlich zugerufen: »Lao Chen! Bitte zeichne mich!« Dann stellten sich alle um mich herum, und während ich ein Porträt skizzierte, hieß es: »Ja, das stimmt so!« Sie sagten auch frei heraus, was sie bei meinen Zeichnungen erwarteten. Das Bild sollte »stimmen«, was aber nicht gleichbedeutend mit einer naturgetreuen Wiedergabe wie auf einem Foto sein mußte. Als Ta Sao mir einmal zusah, wie ich ein Mädchen mit einem Korb in der Hand zeichnete, stellte sie die berechtigte Frage: »Was enthält der Korb?« Das stimmte insofern, als der Inhalt des Korbes Aufschluß über die Tätigkeit des Mädchens geben konnte. Also war der Inhalt des Korbes wichtig für die Aussage des Bildes. Diese Fragestellung habe ich mir zu Herzen genommen. Nicht alle konnten sich so deutlich wie Ta Sao ausdrücken, doch ich gewann ganz allgemein den Eindruck, daß die Leute verstanden, was ich mit meinen Arbeiten aussagen wollte: Ich beabsichtigte, das tägliche Leben auf dem Lande darzustellen. Als Lao Man zufällig den großen, würdevoll wie ein Bürokrat dreinblickenden Hahn sah, den ich einmal gezeichnet hatte, meinte er lachend: »Der ist gelungen.« Er verstand die Anspielung, die ich mit der grotesken Karikatur zum Ausdruck bringen wollte.

Es machte meinen Kritikern nichts aus, wenn ich manchmal Nebensächlichkeiten oder den Hintergrund wegließ und mich nur auf den Bewegungsrhythmus konzentrierte. Wenn der zeichnerische »Schnörkel« die Bewegung erfaßt hatte, riefen sie zustimmend aus: »So ist's richtig!«

Ich gewann immer neue Inspirationen, wenn die Leute sich so lebhaft für meine Arbeiten interessierten. Wenn ich mit meinem Skizzenblock mit den Leuten auf die Felder ging und ein interessantes Motiv sah, dann arbeitete ich zunächst eine Zeitlang mit den anderen zusammen, bevor ich zu zeichnen anfing. Die Leute hätten es mir zwar nicht übelgenommen, wenn ich, ohne einen Handschlag zu arbeiten, gleich zum Zeichenblock gegriffen hätte – und doch, ich wollte nicht die Rolle des unbeteiligten, die Arbeitsleistung beobachtenden Ausbeuters spielen. Die Landleute mit ihrem praktischen Sinn machten sich Gedanken darüber, wie sich mein Zeichentalent wohl am besten anwenden lasse. So baten sie mich, eine Serie Zeichnungen anzufertigen, die den Klassenkampf auf dem Lande darstellten und die dann in der Mittelschule ausgehängt werden sollten. Ich tat ihnen den Gefallen und zeichnete achtzehn Bilder, auf denen die Ausbeutung durch die Gutsbesitzer, die Preßpatrouillen der Kuomintang, die Not der Bauern bei Überschwemmung und Dürre und schließlich eine Volksversammlung während der Bodenreform mit dem unter Anklage stehenden Gutsherrn dargestellt wurden. Den Dorfleuten gefielen die Zeichnungen, und sie baten mich daraufhin, auch noch ein paar Bilder für ihre Büroräume zu malen. Sie verstanden sofort, was ich meinte, als ich ihnen erklärte, daß ich erst das Leben im Dorf richtig kennenlernen wollte, bevor ich ans Malen ging.

Außenpolitik – vom Feldgraben aus betrachtet

Unsere »lahme Veteranentruppe« bekam ständig Zeitungen zu lesen. Besonders die Leitartikel der »Volkszeitung« und der »Roten Fahne« wurden eifrig studiert. Auch Radiosendungen hörten wir uns an. Außerdem erhielten wir vertrauliche Mitteilungen, die uns aus Peking geschickt wurden, und Propagandisten hielten in Versammlungen Referate über politische Ereignisse. In diesem Sommer gab es eine besonders interessante Unterrichtung über außenpolitische Entwicklungen. Der Referent erläuterte die internationale Lage und sprach über die amerikanische Politik in bezug auf Vietnam und China. Auch über die Sowjetpolitik im Fernen Osten wurde gesprochen. Aktuell war auch die kambodschanische Frage, denn die CIA konspirierte ganz offensichtlich mit reaktionären Elementen wie Siri Matak und Lon Nol, um die Abwesenheit des Prinzen Sihanouk für einen Staatsstreich auszunutzen.

In China haben die Worte »Propaganda« und »Propagandist« eine andere Bedeutung als im Westen. Im chinesischen Sinne versteht man unter Propagandaarbeit die Erläuterung oder Verständlichmachung von politischen Gedanken und Vorstellungen. Ein Parteipropagandist erklärt und verdeutlicht somit die Politik der Partei. Ein Hygiene-Propagandist erklärt und lehrt Methoden der öffentlichen Hygiene. Ein Propagandateam zur Verbreitung der Ideen Mao Tse-tungs erläutert die Lehren Maos und diskutiert praktische Anwendungsformen.

Ich kann mich noch gut daran erinnern, auf welche Weise wir über auswärtige Politik diskutierten. Wir hatten uns so in die Diskussion hineingesteigert, daß wir die Aussprache noch am Abend fortsetzten, während wir uns in einem Graben ausruhten, mit dem Rücken gegen den Grabenrand und den Füßen an die andere Seite der Böschung gelehnt. Wir sprachen über die Weigerung der Sowjets, die neue Regierung Sihanouks anzuerkennen. Auch von der amerikanischen Außenpolitik war die Rede, und viele andere Themen wurden angeschnitten.

Diese Art der Aussprache war ganz anders als frühere »Diskussionen« in Peking mehrere Monate zuvor, als das »Fünf-Eins-Sechs«-Korps noch die Oberhand hatte. Damals war es keine wirkliche Diskussion gewesen, sondern eine leidenschaftliche Volksrede eines jungen Ultra-Linken. Dieser junge Mann hatte die Stirn gehabt, uns aufzufordern, die Fahne der Revolution nicht nur auf den Zinnen des Kreml, sondern auch auf der Spitze des Empire State Building zu hissen.

Dieser jugendliche Unfug war ebenso wie andere extremistische »Fünf-Eins-Sechs«-Vorstellungen einer schonungslosen Kritik unterzogen worden. Im Gegensatz hierzu machten wir einfachen Leute »im Graben« uns jetzt unsere ehrlichen Gedanken über die Aussichten der chinesischen Außenpolitik. Wir stimmten darin überein, daß Demagogie und Dogmatik beiseitegeschoben werden müßten, damit China nicht diplomatisch auf einem toten Gleis landete. Alle waren wir der Meinung, daß China diplomatisch aktiv werden müßte, ganz im Sinne der fünf Grundsätze der friedlichen Koexistenz: Achtung der Souveränität und der territorialen Unverletzlichkeit aller Staaten, Verurteilung aller Aggressionen, Nichteinmischung in die inneren Angelegenheiten anderer Staaten, Gleichheit und Wohlstand sowie friedliche Koexistenz. Diesen Grundsätzen

wurde auch im amerikanisch-chinesischen Kommunique zugestimmt, das ein Jahr später Präsident Nixon und Premierminister Tschou En-lai unterzeichneten.
Die Zusammenhänge der Außenpolitik wurden in Studiengruppen im ganzen Lande diskutiert. Berichte über diese Diskussionen wurden zusammen mit den Meinungsäußerungen und Vorschlägen der Teilnehmer nach Peking weitergeleitet. Auf diese Weise waren Partei und Regierung stets über die öffentliche Meinung im Bilde. So funktioniert im neuen China der demokratische Meinungsbildungsprozeß und die Einwirkung der Massen auf die Politik.
Als ich viele Monate später zum ersten Male etwas über die »Ping-Pong-Diplomatie« hörte, mußte ich sofort an diese lebhafte Diskussion im Feldgraben beim Dorfe Glückseligkeit denken.

Alles dreht sich ums Schwein

Das Schwein riß immer wieder aus. Anfangs sprang es über die Stallwand. Die Wand wurde aufgestockt. Dann grub es sich ein Loch unter der Schubkarre, die vor die Stalltür gestellt worden war. Als Gegenmaßnahme wurde das Loch wieder zugestopft und eine dicke Matte aus Kaoliang-Stengeln darübergelegt. Jetzt machte das Schwein aber die Feststellung, daß es auch über die erhöhte Wand springen konnte, wenn es den Trog als Sprungbrett benutzte. Ta Sao schalt die Ausreißerin aus und blockierte die Stelle, wo sie über die Wand zu springen pflegte, durch eine weitere Barrikade, nämlich eine noch größere Schubkarre. Zwei Tage lang lag daraufhin unser Schwein im Schmollwinkel. Um es zu trösten, warf ich ihm zerstückelte Auberginen in den Stall. Es schnüffelte nur daran herum und drehte dem Leckerbissen beleidigt den Rücken. Aber eines Tages durfte es wieder ins Freie, was die Schweinelaune mit einem Schlag verbesserte.
Mitte August gab es auf den Feldern nicht viel zu tun, und die Dorfbewohner hatten nun Zeit, überall in der Umgebung

Viehfutter für den Winter zu sammeln. Die Kinder brauchten nicht zur Schule zu gehen. Sie sammelten den ganzen Nachmittag und kamen schließlich so mit Gras vollbeladen nach Hause, daß sie wie wandelnde Heuhaufen aussahen. Sie warfen das frische Gras zum Trocknen auf den Hof, und es dauerte nicht lange, bis die Schweine, Ziegen und Hühner angelaufen kamen, um sich bis an den Hals mit dem Grünfutter vollzustopfen. Das getrocknete Gras wurde dann später in einer Hofecke oder auf dem Dach gestapelt. Die Haustiere sollten aber zuvor ein Festmahl vorgesetzt bekommen. Das Schwein wurde aus dem Stall gelassen. Mit einem Satz war es draußen und stand dann wie versteinert vor Freude über den großen grünen Grashaufen auf dem Hof. Bald war es bis zu den Ohren im Grünzeug vergraben, und nur das wackelnde Schwänzchen war noch zu sehen. Das Vergnügen war so groß, daß es vergaß, den gewohnten Gang zum Schnüffeln im Misthaufen zu machen.

Wenn das Heu an die Kommune verkauft wird, dann gibt es einen Yüan für dreißig Chin. Ta Sao hatte zusammen mit den Kindern schon über hunder Yin nach Hause gebracht, und bis zum Herbstende würden es noch viele weitere hundert Chin werden. Das hierfür erzielte Taschengeld war nicht zu verachten.

Als Lao Man sah, daß das Schwein dick und fett geworden war, sagte er: »Das Schwein ist schon ordentlich gewachsen!« Das arme Schwein ahnte nicht, daß mit diesem Ausspruch sein Schicksal bald gekommen war. Anstatt durch Fasten sein Leben zu verlängern, fraß es immer weiter.

Herbsternte

Die Gemüsepflanzungen waren jetzt abgeerntet, und die letzten Kürbisse waren als Zuteilung an die Bevölkerung ausgegeben worden. Die Felder wurden umgepflügt, und nun ging es an die letzte Aussaat des Jahres. Steckrüben, Süßkartoffeln, Möhren und Kohl wuchsen schon. Jetzt wurden alle Kräfte gebraucht, um den Mais zu ernten. Ende August begann man damit.

Man brauchte sich hierbei aber nicht so zu beeilen wie im Frühsommer bei dem Weizen. Die Maisaussaat war nach und nach erfolgt, und er wurde dann geschnitten, wenn die Kolben zur Reife kamen. In dieser Zeit regnete es nicht, und das Wetter blieb beständig. Auch nach der Ernte war noch genügend Zeit, den Boden umzupflügen und den Winterweizen einzusäen. Auch Bohnen und Baumwolle standen gut, überall auf dem kollektiv von der Brigade bewirtschafteten Land. Obwohl die Zeit also nicht mehr drängte, wurden alle verfügbaren Arbeitskräfte für die Ernte mobilisiert. Für jeden gab es etwas zu tun, auch Kinder und alte Leute konnten sich Arbeitspunkte verdienen.

Die erwachsenen Männer und die jungen Burschen und Mädchen übernahmen den Schnitt der Maispflanzen. In rhythmischen Bewegungen schwangen sie ihre Sicheln und hackten die Pflanzen dicht über dem Erdboden ab. Die abgehackten Stengel ließen sie hinter sich und schritten weiter zur nächsten Pflanze. Manche Arbeitsgruppen arbeiteten auch um die Wette, und dann bildeten sich kleine Mannschaften von drei oder vier Schnittern, die nach Zeit arbeiteten. Auf manchen Feldern wurde auch die Pflanze mit der Wurzel herausgezogen. Die Kinder klopften dann die Erde von den Wurzeln ab, damit später die Stengel vom Wurzelwerk abgetrennt werden konnten und die Wurzeln getrocknet als Brennmaterial verwendet wurden. Die Ernte der Maiskolben war unterschiedlich; in manchen Fällen lösten Frauen und Kinder die Kolben von den Stengeln gleich auf dem Feld, sonst wurde die Ernte zum Dreschboden geschafft, wie bei der Dritten Arbeitsgruppe. Hier machten sich Frauen und Kinder gleich an die Arbeit, trennten die Kolben ab und schichteten sie in Haufen, die von hellgelben bis zu goldbronzenen Farbtönen in der Sonne glänzten. Auf den Dreschböden wurden dann auch die Körner von den Kolben abgelöst, und alle halfen dabei mit. Das machte auch keine besonderen Schwierigkeiten, denn die Dreschböden befanden sich durchweg in der Nähe der Ortschaften, und mithelfende Mütter konnten sogar ihre Jüngsten mitbringen, die gern über die Maiskolbenhaufen krabbelten.

Einmal kam ich an einer Feldarbeitergruppe vorbei, die gerade eine Pause machte. Die meisten rasteten direkt auf dem Feld, nur die lustige Frau Kuai saß mit ihrem Baby am Wegrand. Das Kind lutschte an einem süßen Kaoliangstengel. Sie gab mir ein Stück Stengel ab, und als wir uns unterhielten, sah ich, daß ein kleiner Maiskolben in der Nähe lag. Ich holte ihn für das Baby. »Nein, nicht doch! Den Kolben können Sie behalten!« rief sie aus. »Sie können ihn doch mit nach Hause nehmen und für das Kind abkochen«, sagte ich. »Ich werde mich hüten«, meinte sie lachend und nahm dem Kind den Kolben wieder weg. »Warum?« »Weil ich eben nicht will«, sagte sie etwas verlegen. »Ich will ihn auch nicht haben«, erwiderte ich und warf ihn zu den Maisstengeln, die zum Dreschboden gefahren werden sollten. »Was ist aber hiermit los?« fragte ich sie schließlich, als ich an die Zuckerrohrstengel dachte, an denen wir lutschten. »Ach so«, meinte sie gedankenvoll. »Das geht schon in Ordnung. Wir machen es ja alle.« Da war er wieder, der alte Schlendrian im Dorf Glückseligkeit! Der Brigade war auch bekannt, daß alle Leute gern frisches Korn aßen, weshalb ein Teil der neuen Ernte gleich zur Verteilung kam. Die Bauern holten sich in Körben oder Schubkarren ihren Anteil Maiskolben nach Hause, und die ganze Familie half dabei mit. Überall waren jetzt die goldgelben Kolben zu sehen, auf den Dreschböden, aber auch auf den Höfen und den Hausdächern. Auch Ta Sao machte sich zum Dreschboden auf, und die beiden Jüngsten begleiteten sie, um ihr beim Heimholen der Maiszuteilung zu helfen. Nachdem sie die Körner von den Hülsen befreit hatte, machte sie den Versuch, sie auf dem Erdboden zu trocknen, aber sie hatte ihre liebe Not mit den Hühnern, die sich immer wieder an die Körner heranmachten. Schließlich schichtete sie den Mais auf dem Dach auf. Hier oben war es schon besser, aber hin und wieder mußte sie doch von ihrer Spinnarbeit ablassen, um mit einer langen Stange das Geflügel vom Dach zu scheuchen. Die abgezogenen Maisstengel wurden neben dem Dreschboden aufgeschichtet. Das Weizenstroh war inzwischen schon kunstgerecht zum Trocknen hochgeschichtet worden, und die Strohhaufen sahen wie kleine Häuschen mit einem Dach aus.

Inzwischen waren auch die Datteln beinahe reif geworden, und die Kinder angelten zu den Bäumen hoch, um sich die grünen Leckerbissen zu holen. Die Bündel, die zuunterst hingen, waren bald verschwunden. Mit Stöcken oder mit Steinwürfen kamen die Kinder aber nicht an die höhergelegenen Fruchtstände heran. Sogar ganz junge Bäume trugen schon Früchte. Erst Ende August wurden sie dunkelgrün bis braun, so daß man sie abernten konnte. Meistens wurden die Datteln roh gegessen. Manche Leute verkochten die Früchte auch mit etwas Zucker oder verwendeten sie als Teigeinlage. Die Datteln, die im Dorf Glückseligkeit wuchsen, konnte man jedoch nicht in Alkohol legen, denn sie schmeckten dann nicht so gut wie andere Sorten, die man in Schansi zieht.

Die Dreschmannschaften schliefen draußen an ihrer Arbeitsstelle. Nachts war es noch mild, und die Leute bauten sich Wigwams aus Maisstengeln, unter denen sie schliefen. Abends zirpten die Grillen ununterbrochen in dieser schönen, friedvollen Jahreszeit. Auf den Maisfeldern wurde geerntet, und ein ständiges Kommen und Gehen herrschte auf den Dreschböden. Die farbenprächtigen Maiskolben sahen aus wie bunte Tupfen in dem kräftigen Grün der Dorfszenerie.

Die Ranken der Süßkartoffeln bildeten einen grünen Teppich, der sich ununterbrochen über die Pflanzstellen hinzog, so daß der darunterliegende Erdboden unsichtbar blieb. Die Baumwolle stand in Blüte. Wenn ich durch die Felder ging, mußte ich daran denken, daß auch ich mitgeholfen hatte, die Pflanzen zu diesem Gedeihen zu bringen. Ja – man ist und bleibt doch ein Individualist!

Abendstimmung

Eine hellrosafarbene Wolke zieht zum kobaldblauen Abendhimmel. Allmählich nimmt sie eine purpurfarbene Tönung an und vermischt sich dann mit dem Blau, bis sie eine schwarzblaue Färbung gewinnt. Von weither tönt Musik aus einem Kommunelautsprecher, und die schwachen Töne sind so unwirklich, daß man zu träumen glaubt. Dann hört man eine Ziege meckern und ein kleines Kind weinen. Die Frösche im großen Teich quaken ihr Abendkonzert. Der Mond hängt wie eine aufgeschnittene Melone über dem indigofarbenen Himmel. Im Zenit und nach Westen hin ist der Große Bär zu erkennen und der helle, wunderbar scheinende Stern – die Wega.

Eine kühle Brise weht über das Land. Es ist die Zeit des Weißen Taus, »Pai Lu«, der 8. September. Der Dattelbaum auf dem Hof hängt voller schwerer Früchte. Die Kinder wollten noch im Freien übernachten, wurden dann aber mit Gewalt ins Haus geholt. Ching Chun dagegen übernachtete noch auf dem Dach. Man kann hören, wie er hin und wieder nach den Mücken schlägt, die ihn stechen wollen.

Die Nacht senkt sich, und jeder geht zur Ruhe, die die Tagesmühen vergessen macht.

Ernteabrechnung

Anfang September war der Mais abgeerntet, und gegen Ende des Monats kamen die Bohnen und die Baumwolle an die Reihe. Im Oktober war dann die Ernte der wichtigsten Feldfrüchte abgeschlossen. Am 9. Oktober kam dann »Han Lu«, und nach dem 24. Oktober, dem Tag des ersten Reifs »Shang Chiang« machte sich die Brigade an die Abrechnung der Ernte. Die Erfahrungen des Erntejahres wurden ausgewertet, und erste Pläne für das neue Jahr wurden erstellt. Die Naturalienabgabe war pünktlich abgeliefert worden. Die restliche Ernte wurde aufgeteilt in Übereinstimmung mit dem Produktionsplan. Ein Teil des Erlöses wurde für Investitionen und den Sozialfonds zurückgestellt. Der Rest war das eigentliche Einkommen der Brigademitglieder. Ein Teil des Getreides wurde an den Staat verkauft. Dieser Erlös und der Rest des Überschusses wurde aufgeteilt, so daß nach dieser Abrechnung jeder Brigadeangehörige fast 30 Prozent mehr als im Vorjahr erhielt. Dies war natürlich nicht Getreide im wörtlichen Sinne, sondern der Verkaufsgegenwert, wozu auch neben Weizen und Mais andere Feldfrüchte wie Bohnen, Baumwolle, Baumwollsaat und andere Ölfrüchte sowie Gemüse zählten. Hinzu kam auch noch etwas Bargeld. Der sehr ehrgeizige Produktionsplan wurde zwar nicht ganz erfüllt, aber das Ergebnis war doch recht zufriedenstellend, und die Landleute konnten sich dazu beglückwünschen.

Maos Weg, die Entwicklung der Volksrepublik China und die Kulturrevolution im Dorf Glückseligkeit

Ich hatte lange Zeit in den grünen Tälern von Tschekiang südlich von Hangtschou verbracht; ich hatte mich mit dem Leben in den Bergkommunen im Lößgebiet von Schansi befaßt; auch die berühmte Turfan-Oase in Singkiang hatte ich besucht, wo die »Fünf-Sterne«-Kommune wirtschaftete. Außerdem war ich Besucher eines neuen landwirtschaftlichen Betriebes, den Angehörige der Volksbefreiungsarmee am Rande der Wüste Taklamakan errichteten. Alle diese Landwirtschaften steigerten ihren Ertrag, und so war es auch im Dorf Glückseligkeit, wo in der Ebene von Honan in früheren Zeiten Hungersnöte gewütet hatten. In allen diesen Orten war die Zielsetzung die gleiche. Jeder einzelne Fall, den ich beobachten konnte, spiegelte die praktische Anwendung von Mao Tse-tungs Ideen und Methoden wider. Jeder dieser Fälle war auch ein Beispiel dafür, wie die Menschen und die Natur umgeformt werden können, um das dringende Problem des menschlichen Überlebens und Wachstums zu lösen, in einer begrenzten Welt mit unendlichen

Möglichkeiten. Bei diesem Entwicklungsprozeß mußte zunächst das Hauptproblem, oder nach Maos Worten der Hauptwiderspruch, erfaßt werden. Durch die Umwandlung und Verbesserung der Natur, seiner Umgebung, sollte sich der Mensch schließlich selbst verändern. Im Gebrauch seiner Kenntnisse der Natur und der Gesellschaft im progressiven Sinne sollte er die Befreiung aller Menschen vorantreiben.

Lenins Theorie und Praxis einer revolutionären Veränderung der modernen Welt wurde von Mao weiterentwickelt, unter besonderer Berücksichtigung der chinesischen Verhältnisse. Hier, im heutigen China, zeigten sich die praktischen Auswirkungen von Maos Methodologie und Revolution. Sie werden von Millionen von Bauern mit Erfolg und Einfühlungsvermögen in die Tat umgesetzt. Dies ist einer der großartigsten Erfolge der dreiundzwanzigsjährigen Volksrepublik China.

Maos Methodik liegt darin begründet, daß das zu lösende Problem zunächst präzis analysiert wird. Bei dieser Analyse findet man den wesentlichen Aspekt heraus und kann sich mit diesem auseinandersetzen, wobei man aber die Nebenaspekte im Auge behält, die dann anschließend geprüft werden.

In Maos Werken gibt es eine Unmenge Hinweise auf die Praxis dieser Methodologie. Er führt konkrete Beispiele an, wie die Ideen richtig oder falsch in die Tat umgesetzt werden, zitiert zahlreiche Aphorismen und hebt besondere Punkte hervor. Viele dieser Aussprüche sind in dem »roten Büchlein« zusammengefaßt worden, in »Maos Worten«. Zum Beispiel schreibt er in seinem Artikel über die Verbesserung der Studienmethoden: »Bei einer solchen (marxistisch-leninistischen) Haltung bedient man sich der Theorie und Methode des Marxismus-Leninismus, um systematisch und lückenlos die Umwelt zu untersuchen und zu erforschen. Bei der Arbeit verläßt man sich nicht allein auf den Enthusiasmus, sondern vereinigt, wie Stalin sagt, revolutionären Schwung mit Sachlichkeit.« (Unser Studium umgestalten. Mai 1941, Ausgewählte Werke Bd. III, Peking 1969 S. 21)

Maos Autorität als Schriftsteller liegt darin begründet, daß seine Methodologie die siebenhundert Millionen Menschen durch die Revolution zum Erfolg geführt hat.

Die maoistischen Bauern im Dorf Glückseligkeit machten sich diese Methodologie bei der Erkenntnis ihrer Situation zunutze. Dann gingen sie daran, den Hauptanlaß ihrer Verarmung zu beseitigen: die Ausbeutung ihrer Landlosigkeit durch den Feudalismus. Dieser »Hauptwiderspruch« wurde durch die Beschlagnahme der Ländereien der Gutsbesitzer und durch Verteilung des Landes an die Bauern im Zuge der Bodenreform gelöst. Aus der neuen Situation heraus ergab sich dann ein weiteres Hauptproblem: die Unmöglichkeit für die Einzelbauern, das neuerworbene Land rationell zu bewirtschaften, da Arbeitskräfte und Geräte fehlten. Die Lösung war die Kooperation durch Nachbarschaftshilfe, die sich in der gemeinschaftlichen Benutzung von Ackergerät und im Gemeinschaftseinsatz von Arbeitskräften ausdrückte. Schritt um Schritt wurden auch die Gemeinschaftsaufgaben angepackt, die in der Bekämpfung von Überschwemmungen und Trockenheitsgefahren lagen. Hierzu gehörte besonders der Bau von Staudämmen, die in gemeinsamer Anstrengung von Millionen Menschen errichtet wurden. Die Bauern waren mit fortschrittlichem Geist erfüllt und erklärten sich bereit, für das Gemeinwohl zu arbeiten. Außerdem gab es jetzt auch Gemeinschaftsorganisationen wie die Kommunen, die sich den Grundsatz zu eigen machten, daß auch die Schwachen stark sein können, wenn sie vereint arbeiten. In diesem Geist wurden Staubecken gebaut und Kanäle gezogen, Tiefbrunnen ausgeschachtet und somit den Nöten des Hungers und der Überflutung ein Ende gesetzt. Die Grundlagen für ein allgemeines Wohlergehen waren geschaffen.

Der grundlegende Wandel änderte auch das ganze Gesellschaftssystem: Die neue Art der Produktion schuf ein neues Arbeitsethos, und der alte, feudalistisch-kapitalistische Eigentumsbegriff wurde durch das kollektiv-sozialistische Gemeineigentum abgelöst. Die neuen Aufgaben, die die Landleute zu bewältigen hatten, umfaßten hauptsächlich die Fragen der Ertragssteigerung. Hiermit verknüpft waren aber viele neue Probleme, wie die Umwandlung der Produktionskräfte, besonders der Technologie, und die Mechanisierung der Landwirtschaft, künstliche Düngung und vieles andere, was schließlich zur Durchführung der Ziele des Sozialismus und des Kommunismus hinführen sollte.

Auf welche Weise kamen nun die Direktiven der Partei zustande, und wie gelangten sie in das Dorf Glückseligkeit, wo sie diskutiert und in die Praxis umgesetzt werden?
Das oberste Organ der Partei ist der Parteikongreß, der in Abständen von mehreren Jahren zusammentritt und aus Abgeordneten der vierzehn Millionen Mitglieder besteht. Der Kongreß beschließt die Generallinie und das Programm der Partei und gibt Richtlinien für die Politik. Damit die Partei zwischen den Sitzungsperioden eine Führungsspitze hat, wählt der Kongreß ein Zentralkomitee. Dieses Gremium ist jedoch zu groß, um ständig tagen zu können. Viele der wichtigsten Mitglieder sind Vorsitzende der Parteikomitees in den Provinzen und leben daher gewöhnlich nicht in Peking. Nur wenn der Vorsitzende des Zentralkomitees, Mao Tse-tung, das Gremium einberuft, kommen sie in die Hauptstadt. Aktuelle Parteientscheidungen werden von einem kleinen Ausschuß, dem Politbüro des Zentralkomitees, getroffen, das fünfundzwanzig Mitglieder und Stellvertreter hat. Diese Männer und Frauen stehen ständig zur Verfügung, wenn sie von dem einflußreichen Ständigen Ausschuß des Politbüros konsultiert werden müssen, der fünf Mitglieder hat.
Unterhalb dieser Spitzenorgane der Partei liegen die neunundzwanzig Parteikomitees der Provinzen, der autonomen Regionen des uigurischen Sinkiang sowie von Tibet und der Inneren Mongolei und schließlich der großen Stadtregionen von Peking und Schanghai. Diesen untergeordnet sind wiederum die Parteikomitees der etwa zweitausend Kreise, dann Parteikomitees der Distrikte und Kommunen und schließlich Parteimitgliedergruppen in den Brigaden und Arbeitsgruppen der Kommunen sowie in Fabriken, Büros, Schulen, Hochschulen.

Jedes Parteimitglied kann die Initiative ergreifen und Vorschläge in seinem Gremium einbringen. Es kann auch vorkommen, daß ein Vorschlag von einer Einzelperson oder einer Gruppe eingebracht wird, die nicht der Partei angehört. Begründete Vorschläge werden jedoch auf jeden Fall weitergeleitet und von einem höheren Parteigremium diskutiert. Wenn es sich um Angelegenheiten handelt, die nur den betreffenden Ort angehen, werden diese natürlich von der örtlichen Parteiorganisation diskutiert.

Wenn ein guter Vorschlag der Partei zu Ohren kommt, dann wird er normalerweise der Beurteilung durch die »Massen« unterworfen. Diese Methode hat der Vorsitzende Mao wie folgt begründet: »Wir müssen in die Massen gehen, von den Massen lernen, ihre Erfahrungen zu besseren, systematisierten Erkenntnissen und Methoden verallgemeinern, diese sodann wieder in die Massen tragen (sie propagieren), die Massen aufrufen, diesen Erkenntnissen und Methoden gemäß zu handeln, und die Probleme der Massen lösen, damit die Massen Befreiung und Glück erlangen.« (Organisieren! 29. 11. 1943, Ausgewählte Werke Bd. III, Seite 181)

Auf diese Massenpolitik kommt der Vorsitzende Mao immer wieder zurück. Er kritisiert solche Leute in führenden Positionen scharf, die »glauben, daß es genügt, wenn allein die Führer die Parteipolitik kennen, und daß die Massen sie nicht zu wissen brauchen.« Und er führt aus: »Es gut verstehen, die Politik der Partei in die Aktion der Massen umzusetzen und zu bewirken, daß jede unserer Bewegungen und jeder unserer Kämpfe nicht nur von den leitenden Funktionären, sondern auch von den breiten Massen begriffen und gemeistert wird – das ist eine marxistisch-leninistische Führungskunst. Und hier liegt auch die Wasserscheide, wo es sich zeigt, ob wir in unserer Arbeit Fehler machen oder nicht.« (Ansprache an die Redaktionsmitglieder der Zeitung Chin-sui jih-pao. 2. 4. 1948, Ausgewählte Werke Bd. IV, Seite 259)

Wenn den leitenden Organen der Partei ein guter Vorschlag unterbreitet wird, wird er normalerweise zur Diskussion gestellt, und eine Resolution wird gefaßt. Diese Resolution oder Instruktion wird dann an die Massen weitergeleitet, die darüber diskutieren. Manchmal, wie in einem landwirtschaftlichen Betrieb, wird das praktisch experimentiert; es kommt auch vor, daß ein ganzes »Versuchsgebiet«, wie eine Kommune, ein Kreis oder sogar ein noch größerer Bereich, in dieses Experiment miteinbezogen wird. Die Versuchsergebnisse werden der Führung mitgeteilt. Wenn sich Abänderungen ergeben, wird der Versuch möglicherweise wiederholt, damit praktische Erfahrungen vorliegen, bevor endgültige Entscheidungen getroffen werden. Sind die Resultate zufriedenstellend, ergeht ein entsprechender Durchführungserlaß an die betreffenden Regierungsabteilungen oder Parteistellen.

Wenn es darum geht, ein wichtiges, das ganze Land betreffendes Vorhaben in die Tat umzusetzen, dann werden alle Partei- und Regierungsstellen mobilisiert, um den »Willen des Volkes« durchzusetzen. Eine solche Partei- oder Regierungsresolution oder Anweisung wird dann überall in der Presse publiziert, in Organen wie in der »Volkszeitung«, dem parteiamtlichen Blatt, und in der »Roten Fahne«, der Monatsschrift der Partei. Die überregionale und die örtliche Presse druckt dann die Instruktionen ab, und solche Zeitungsauszüge werden überall an den Wänden in Stadt und Land angeschlagen. Die Direktiven werden auch im Radio angesagt, im Fernsehen übertragen und in Flugblättern verteilt. Die ganze Bevölkerung nimmt an den Diskussionen über neue Parteiresolutionen teil, und man bespricht den Inhalt in kleineren Studiengruppen in Fabriken und Büros, in Schulen und Universitäten, und auf dem Lande nicht nur auf der Ebene der Kommunen, sondern auch innerhalb der Brigaden und Arbeitsgruppen.

Der Entwurf der neuen Verfassung der Volksrepublik wurde auf diese Art zur Diskussion gestellt. Nachdem das Entwurfskomitee die Formulierung abgeschlossen und den Entwurf dem Zentralkomitee zugeleitet hatte, wurde er von diesem in einer Plenarsitzung diskutiert und dann an die Massen, an das Volk weitergegeben. So kam der Verfassungsentwurf auch zur Dritten Brigade der Kommune »Große Glückseligkeit«. Als die Diskussionen stattfanden, waren Lao Man, Ta Sao und die Kinder dabei.

Die Diskussion über die Verfassung wurde zu einer eindrucksvollen Kundgebung der chinesischen Demokratie.

Solche im ganzen Land stattfindenden Diskussionen können sich zu großen Massenbewegungen entwickeln. Seit der Gründung der Volksrepublik im Jahre 1949 hat es viele derartige Massenbewegungen gegeben. Da gab es zum Beispiel eine Bewegung zur Ausschaltung von Korruption, Verschwendungssucht und Bürokratie, die sogenannte »Drei Anti«-Bewegung, »San Fan«; außerdem gab es eine Bewegung zur Bekämpfung von Fliegen, Moskitos und anderem Ungeziefer, im industriellen Bereich die Bewegung zur Umwandlung privatkapitalistischer Unternehmungen in gemischt staatliche und private Firmen, die Bewegung zur Bildung von landwirtschaftlichen Nachbarschaftshilfen und später zur Gründung von Kooperativen und Kommunen, und viele andere vergleichbare Kampagnen.

Jede dieser Bewegungen stellte einen großen Feldzug zur Erziehung der Massen dar, in dem die Volksmassen aller Altersgruppen die staatlicherseits angeregte Politik diskutieren, ihre eigene Meinung dazu bilden sollten. Die größte Kampagne der letzten Zeit war die Bewegung zur sozialistischen Erziehung, die schon 1962 ihren Ursprung genommen hatte, sich aber dann zur Großen Proletarischen Kulturrevolution entwickelte, die bis heute andauert.

Vor der Kulturrevolution hatte die Staatsführung die Form einer Pyramide. Von der Basis her gesehen, kam als erstes die Kommune oder der Distrikt, dann der Kreis und schließlich die Provinzverwaltung. Die Kommune als unterste Verwaltungsbehörde hatte ihre Delegiertenkonferenz und ihren geschäftsführenden Ausschuß. Die Distrikte, Kreise und Provinzen hatten ihre Volkskonferenzen und Volksverwaltungen. Von jedem dieser Gremien wurden Delegierte in das nächsthöhere Verwaltungsorgan gewählt, und schließlich erfolgte die

Wahl der Delegierten für das oberste Organ der Staatsmacht, für den Nationalen Volkskongreß. Der Volkskongreß wählte dann seinen Ständigen Ausschuß und dessen Präsidenten und Vizepräsidenten, die gleichzeitig die Staatschefs der Volksrepublik waren. Der seinerzeitige Präsident Liu Schao-tschi ernannte den Premierminister, Tschou En-lai, und bestätigte gleichzeitig die Zusammensetzung der Regierung, die den entsprechenden Ministerien vorstand.

In den letzten Jahren ist eine Änderung in dieser Struktur eingetreten. Noch immer vollzieht sich eine revolutionäre Umwandlung der Staatsverwaltung. Nach der Sitzungsperiode des Kongresses im Jahre 1965 wurde der Präsident Liu Schao-tschi abgesetzt, und auch eine Anzahl seiner Anhänger – Minister und Abteilungsleiter – wurden aus ihren Stellungen entfernt. Bis heute hat man keine andere Persönlichkeit an die Stelle Lius oder der anderen abgesetzten Mitglieder des Ständigen Ausschusses gesetzt. Außerdem trat aber eine wesentliche Änderung in der Verwaltung ein: Von der Provinzialregierung angefangen bis hinab zu den untersten Verwaltungsstellen wurden anstelle der örtlichen Organe nunmehr revolutionäre Organisationen eingesetzt, die sich im Zuge der Kulturrevolution gebildet hatten, und die jetzt durch die Revolutionskomitees ersetzt worden sind. Bisher ist allerdings die Verfassung nicht in diesem Sinne abgeändert worden, um die Verwaltungsreform zu legalisieren. Die Komitees fühlen sich allein durch die Revolution legitimiert und durch den »Willen des Volkes«. Erst wenn ein neuer Nationaler Volkskongreß zusammengerufen wird, läßt sich eine konstitutionelle Absicherung der neuen Verwaltungsstruktur erwarten.

Die Revolutionskomitees gelten als vom Volke eingesetzt, wie dies Mao Tse-tung während der Kulturrevolution zur Vollendung geführt hatte. Als die alte und in Verruf gekommene Stadtverwaltung und das Parteikomitee von Schanghai von einer Einheitsfront aus Arbeitern, Bauern, Studenten, revolutionären Intellektuellen und Vertretern der Massenorganisationen, unterstützt von der Volksbefreiungsarmee, im Januar

1967 abgesetzt wurden, planten die siegreichen Massen die Einsetzung einer Schanghaier Kommune nach dem Vorbild der Pariser Kommune von 1870. Dieser Vorschlag wurde nach Peking von den Parteimitgliedern Chang Chun-chiao und Yao Wen-yüan übermittelt, die bei den revolutionären Ereignissen in Schanghai eine führende Rolle gespielt hatten. Sie wurden zum Vorsitzenden Mao vorgelassen und änderten anschließend ihren Vorschlag so ab, daß sie in Zusammenarbeit mit den Volksmassen von Schanghai die Grundlagen für ein neues Revolutionskomitee schufen.

Jetzt unterstehen alle Ortsverwaltungen den Revolutionskomitees, angefangen von den Kommunen bis hinauf zu den Provinzialregierungen. Auf der Verwaltungsebene der Provinzen befinden sich auch die beiden größten Stadtregierungen, die von Peking und Schanghai, die direkt der Zentralregierung unterstehen, sowie die drei autonomen Regionen des uigurischen Sinkiang, von Tibet und der Inneren Mongolei. Auch alle großen und kleinen staatlichen Organisationen werden von Revolutionskomitees geleitet. Hierzu gehören die Handels- und Transportorganisationen, industrielle und handwerkliche Betriebe; außerdem alle kulturellen Institutionen. Schulen, Universtitäten und Forschungsanstalten sowie Werkstätten, Theater, Filmstudios, Ballett- und Konzertgruppen, Büchereien, Parks und Zoos unterstehen der Verwaltung durch Revolutionskomitees.

Das Revolutionskomitee ist ein Gremium, das auf drei Säulen ruht. Die erste Säule besteht aus Vertretern der Massenorganisationen, die nach dem Aufruf der Partei während der Kulturrevolution die Macht übernommen hatten; die zweite aus den besten der alten Kader und aus Verwaltungsfachleuten alten Schlags, während die dritte aus Vertretern der Verteidigungsstreitkräfte gebildet wird. Die letztgenannten Vertreter können einer örtlichen Einheit der Volksbefreiungsarmee angehören, die der »Linken« zu Hilfe gekommen war, also der kulturrevolutionären Bewegung; sie können aber auch aus den Reihen der Volksmiliz stammen. In ländlichen Gebieten gibt es erst auf Bezirksebene Vertreter der Volksbefreiungsarmee in den Ausschüssen. Bei den Kommunen und den ihnen unterstehenden Organen stimmen Vertreter der Volksmiliz mit ab. Die Miliz ist eine Verteidigungstruppe aus Freiwilligen, die für den Partisanenkrieg ausgebildet wird und im Falle eines feindlichen Angriffs den regulären Streitkräften zur Seite stehen soll. Auf dem Lande eignen sich die Revolutionskomitees ganz besonders für die Regelung von Verwaltungsangelegenheiten der Kommunen und Brigaden. Es ist aber mitunter schwierig, geeignete Repräsentanten zu finden, wenn ein solches Komitee neugebildet werden soll. Wie im Dorf Glückseligkeit wird dabei darauf geachtet, daß Aktivisten zu den Mitgliedern zählen, die sich durch ihre Arbeitsleistung und ihren Einsatz für die Gemeinschaft ausgezeichnet haben. Es müssen auch alte Kader dabei sein, die sich mit der Bodennutzung auskennen. Außerdem müssen zu den Komitees auch Frauen und junge Bauern gehören, ferner Techniker und Intellektuelle. Beispielsweise gehören dem Revolutionskomitee der Kommune »Große Glückseligkeit« auch Lehrer und Mechaniker an. Die Lehrer unterrichten in der Kommuneschule und die Mechaniker sind in der Traktorenreparaturwerkstatt beschäftigt. Es wird bei der Zusammenstellung der Komitees auch auf den gleichmäßigen Anteil von Mitgliedern aus jungen Leuten, Personen mittlerer Jahrgänge und Altgedienten geachtet. Man will dabei erreichen, daß alle Personengruppen zur Landarbeit herangezogen werden, ohne Unterschied des Alters oder der Stellung.

Das Revolutionskomitee der Kommune hat auch normale Verwaltungsaufgaben durchzuführen wie die Registrierung von Geburten und Sterbefällen, die Einziehung der Landwirtschaftsabgaben, die Organisation der Erziehung, Sozial- und Gesundheitsfürsorgemaßnahmen und vieles andere mehr.

Es wird also sehr darauf geachtet, daß die Revolutionskomitees repräsentativ zusammengesetzt sind und demokratisch fungieren, daß sie demnach »revolutionäre Autorität« besitzen. So wie in allen anderen Kommunen besteht auch in der Kommune »Große Glückseligkeit« die Vorschrift, daß die Mitglieder des

Revolutionskomitees an der praktischen Arbeit auf den Feldern und in den Werkstätten teilnehmen und wenigstens fünfzig Tage im Jahr Außenarbeit leisten, damit sie den engen Kontakt mit den Massen aufrechterhalten.

Die Kulturrevolution äußerte sich in einer Serie von Massenbewegungen, die von der Kommunistischen Partei gefördert wurden, um China aus seinem bisherigen Zustand eines rückständigen, halbfeudalistischen und halbkolonialistischen Landes zu befreien und einen modernen sozialistischen Staat zu schaffen, dessen Industrie, Landwirtschaft, Wissenschaft und Kultur den neuzeitlichen Erfordernissen angepaßt werden sollten. Wie die anderen Bewegungen sollte auch die Kulturrevolution dazu dienen, der »permanenten Revolution« als Glied in einer Kette von Umwandlungsmaßnahmen nützlich zu sein.

Das erste Stadium der Revolution war am 1. Oktober 1949 erreicht, als die Gründung der Volksrepublik China in Peking proklamiert wurde. Es dauerte einige Jahre an. Der Staat übernahm die Kontrolle über die Schlüsselunternehmungen der Wirtschaft und Industrie, Großbanken, Stahlwerke, Bergwerke, Transportgesellschaften sowie die Tee- und Salzmonopole. Die Wirtschaft des vom Krieg verwüsteten Landes wurde verhältnismäßig rasch wieder in Gang gesetzt, die Preise stabilisierten sich, der Lebensstandard wuchs allgemein, und Industrie und Handel florierten. Im Jahr 1952 wurde durch die Landreform dem Feudalismus der Boden entzogen. Der Landbesitz, nunmehr den hunderten Millionen Bauern zugeschlagen, die zuvor kein eigenes Land hatten, stärkte das Selbstbewußtsein und die Arbeitsfreude beträchtlich.

Nach dem Programm der Kommunistischen Partei und im Zuge der Politik des neuen Volksstaates sollte die gesamte chinesische Wirtschaft jedoch in sozialistisches Gemeineigentum überführt werden. Industrie, Handel und Landwirtschaft sollten kollektiv und kooperativ bewirtschaftet werden. Dies bedeutete, daß das Mitte der fünfziger Jahre beginnende neue Stadium der Revolution den Sozialismus vollenden sollte. Jeg-

licher Kapitalismus sollte ausgerottet und die ganze Volkswirtschaft nach sozialistischen Prinzipien geprägt werden.
Die Bildung einer sozialistischen Gesellschaftsordnung erforderte jedoch mehr als die Beseitigung des Feudalismus und die Abschaffung kapitalistischer Machtverhältnisse. Es galt auch, feudalistische und kapitalistische Vorstellungen zu überwinden und sie durch kollektivistische und sozialistische Denkformen zu ersetzen. Die Idee des »freien Unternehmertums« und übertriebene Ellenbogenfreiheit mußten weichen und an ihre Stelle der Geist der gegenseitigen Hilfe treten. Aus der politischen sollte eine permanente ökonomische und Kulturrevolution erwachsen.
Der wirtschaftliche Aufschwung kann aber nicht nur sozialistische, sondern auch kapitalistische und sogar faschistische Tendenzen fördern, je nachdem, welche Politik dahintersteckt. Deshalb mußten sich die Arbeiter und die Bauern als Hauptbestandteil der Volksmassen unter der Führung der Partei der Arbeiterklasse organisieren und ihr Schicksal und das des Landes in die Hand nehmen, wenn sie die Durchsetzung des Sozialismus wollten. Sie mußten lernen, selbst die Herrschaft zu ihrem eigenen Vorteil auszuüben. In den fünfziger Jahren und danach startete die Partei und die Regierung mehrere Kampagnen zur Durchsetzung dieses sozialistischen Gesinnungswandels. Das ganze öffentliche Leben wurde von diesen Bewegungen erfaßt: die Bauern und die Arbeiter, die Kader, die Intellektuellen, die kleinbürgerlichen Unternehmer; auch Frauen, Jugendliche und Kinder wurden mit einbezogen.
Das Programm der Kommunistischen Partei war aber noch weitreichender. Der Sozialismus wird nur als Übergangsstadium zu einer kommunistischen Gesellschaftsordnung angesehen. Im sozialistischen System wird das Sozialprodukt so verteilt, daß jedem das zukommt, was er sich erarbeitet hat. Wenn aber der Kommunismus sich durchsetzt, dann wird dieser Grundsatz dahingehend erweitert, daß »jeder das leisten soll, wozu er imstande ist, und jedem das zukommt, was er benötigt«. Hierzu ist ein großes Ausmaß an Produktivität und eine reiche

Gütermenge erforderlich, damit jedes Mitglied der Gesellschaft angemessen versorgt werden kann. Auch das soziale Bewußtsein und der Gemeinschaftsgeist muß sich durchgesetzt haben. Wenn sich jeder von diesem Gemeinschaftsgeist selbstlos leiten läßt, wenn er für die Gemeinschaft seine ganze Schaffenskraft einsetzt, dann ist er auch mit dem ihm aus dem Gemeinschaftsprodukt Zugeteiltem zufrieden. In einer solchen Welt gibt es dann keine Unterschiede mehr zwischen Stadt und Land: In den Dörfern entstehen Kulturzentren und Verarbeitungsbetriebe, und die Städte sind dann nicht mehr Asphaltdschungel, sondern von Gärten durchzogene Lebenszentren.

Selbstverständlich gehört zur Schaffung einer solchen neuen Gesellschaftsordnung ein viel höheres Maß an Moral und sozialem Bewußtsein und eine solche Steigerung der Produktivität und Eigenleistung, für die es bisher auf der Welt noch kein Beispiel gibt. Nach Maos Vorstellungen muß im Übergangsstadium des Sozialismus nicht nur der Aufbau des Landes, sondern auch die Gesinnung konsolidiert werden. In dieser Phase der kommunistischen Revolution müssen die Menschen die Umwandlung vom privaten zum kollektiven Eigentum vollziehen, insbesondere in den ländlichen Gebieten Chinas. In der städtischen Industrie und im Handel muß das Privateigentum in gemischt staatlichen und privaten Besitz und späterhin gänzlich in Staatsbesitz übergehen. Auch im Handwerk muß sich eine Wandlung von der Einzelanfertigung zu maschineller Produktion vollziehen.

Es liegt auf der Hand, daß eine solche langfristige Planung auch eine in sich gefestigte Führerschaft erfordert. Daher rührt auch die Forderung, daß nach Beschlußfassung über die langfristigen Pläne der Partei Abweichungen und Sektierertum nicht geduldet werden. Jedes Parteimitglied wird aufgerufen, bei der Planerfüllung aktiv und engagiert mitzuwirken. Dieses Ideal wird jedoch nicht immer erreicht und es kommt vor, daß aktive Planerfüller späterhin Abweichler werden. Während des Kampfes um Demokratie und nationale Unabhängigkeit gegen Tschiang Kai-schek und die imperialistischen Mächte gab es viele Anhänger der Revolution, und auch nach der Befreiung haben sie sich für den Wiederaufbau des Landes eingesetzt. Als jedoch das erste Stadium der Revolution vollendet war, ließ die Begeisterungsfähigkeit vieler dieser Männer nach. Die Umformung der Gesellschafts- und Wirtschaftsordnung in eine sozialistische Planwirtschaft mit dem Kollektiveigentum aller Produktionsgüter wollten sie nicht mitvollziehen. Besonders auf kulturellem Gebiet entwickelten die Revisionisten Aktivität und nahmen sich der Erziehungspolitik, des Theaters, der Literatur und der Künste an, um die chinesische Revolution in andere Bahnen zu lenken. Es war daher auch eines der Ziele der Kulturrevolution von 1966, das gesamte Gebiet der Kultur den sozialistischen Zielen nutzbar zu machen.

Da solche, dem Sozialismus entgegenwirkenden Kräfte eine Gefahr darstellen, hat es Mao Tse-tung durchgesetzt, daß bei der gegenwärtigen politischen Weltlage die sozialistische Revolution unter der Führung der Partei der Arbeiterklasse, der Chinesischen Kommunistischen Partei, bleibt. Nur diese Klasse hat ein eigenständiges Interesse daran, die Revolution zum Wohle der Allgemeinheit zu Ende zu führen.

Das chinesische Industrieproletariat findet seinen natürlichen Verbündeten in der anderen Klasse der Ausgebeuteten – in der Landarbeiterschaft. Diese beiden Klassen, Arbeiter und Bauern, machen neunzig Prozent der Bevölkerung aus. Die Bauern sind jedoch keine homogene Masse. Da gibt es zunächst einmal die landlosen Feldarbeiter und die armen Bauern. Diese Menschen wünschen die Revolution herbei, und in der Bodenreform wird ihnen Land zugewiesen. Sie lernen auch bald die Kooperation, und es geht ihnen dadurch besser. Außer den armen gibt es aber noch die Mittelbauern, denen es wirtschaftlich erträglich geht, während die reichen Bauern Gewinne erwirtschaften und Land verpachten und Arbeitskräfte beschäftigen. Somit sind nicht alle Landleute gleichermaßen revolutionär eingestellt. Die zuverlässigsten Verbündeten des Proletariats sind offensichtlich die Landarbeiter, die armen Bauern und auch die verarmten Schichten der Mittelbauern. Landleute haben aber nicht den revolutionären Schwung und sind nicht ideologisch aufgeklärt wie das Proletariat. Sie müssen durch das Proletariat im sozialistischen Geist geschult und organisiert werden. Die zahlreichen Bauernaufstände im alten feudalistischen China schlugen wegen fehlender Organisation und Führung fehl, und danach wurde der Druck der Ausbeuter nur noch stärker. Nur der unter der Führung der Kommunisten stehende Kampf von 1946–1949 endete mit dem Sieg der Arbeiterklasse und der Volksmassen.

Die Schicht der Mittelbauern zeigt bei diesen Auseinandersetzungen eine schwankende Haltung. Sie verliert nichts bei der Revolution; sie weiß aber auch nicht, ob sie dabei etwas profitieren kann. Das gilt auch für das Kleinbürgertum in den Städten, die kleinen Geschäftsleute und selbständigen Handwerker. Wenn diese Menschen jedoch erkennen, daß der Siegeszug der Revolution und des Sozialismus nicht aufzuhalten ist, dann schließen sie sich der neuen Richtung an, wenn sie unter fähiger politischer Führung steht.

Die reichen Bauern sind entsprechend ihrem wirtschaftlichen Status geneigt, dem freien Unternehmertum und damit dem Kapitalismus den Vorzug zu geben. Sie glauben, daß ihren Interessen dann am besten gedient ist, wenn ein sogenanntes freies Wirtschaftssystem herrscht und die Preise sich nach Angebot und Nachfrage einpendeln, wenn »freie« Arbeitskräfte angeworben und ausgebeutet werden können.

Die richtige Behandlung der komplizierten Frage der Landwirtschaft ist im Hinblick auf die Schaffung einer sozialistischen Gesamtwirtschaft von ausschlaggebender Bedeutung. Nach und nach mußte die gesamte Landbevölkerung einen Anschauungswandel im Sinne des Sozialismus durchmachen. Schon 1943, als die Kommunistische Partei in den befreiten Gebieten gegen die Japaner kämpfte, hob Mao hervor, daß sich die Bauern zu Kooperativen zusammenschließen müssen. In seinem Artikel »Organisieren!« schrieb er:

»Die Bauernmassen führen seit Jahrtausenden eine individuelle Wirtschaft; jede Familie, jeder Hof stellt eine Produktionseinheit dar. Diese aufgesplitterte individuelle Produktion ist die ökonomische Grundlage des Feudalregimes, sie verurteilt die Bauern zu ewiger Armut. Es gibt nur ein einziges Mittel, diesen Zustand zu beseitigen, nämlich die allmähliche Kollektivierung; und der einzige Weg zur Kollektivierung führt, Lenin zufolge, über die Genossenschaft.« (a. a. O., S. 178/179). Diese Vorstellung verlor Mao nie aus dem Auge. Da er selbst vom Lande stammte, hatte er auch stets ein offenes Ohr für die Probleme der Bauern. Im März 1949, kurz vor der Gründung der Volksrepublik, schrieb er: »Landwirtschaft und Handwerk, die zersplittert und individuell sind und 90 Prozent der Bruttoproduktion unserer Volkswirtschaft ausmachen, können und müssen umsichtig, schrittweise und tatkräftig auf den Weg der Modernisierung und Kollektivierung geführt werden; die Auffassung, daß sie dem Selbstlauf überlassen werden könnten, ist falsch.« (Bericht auf der zweiten Plenartagung des 7. ZK der KPCH. 5. 3. 1949, Ausgewählte Werke Bd. IV, Seite 391/392)

Damit bringt er zum Ausdruck, daß die Bauernwirtschaften dem Kapitalismus anheimfallen, wenn sie nicht im sozialistischen Sinne entwickelt werden.

Um die Bauern zum Sozialismus hinzuführen, hielt Mao daran fest, daß im politischen Bereich das Bündnis zwischen Arbeitern und Bauern die Grundlage für den Erfolg der Revolution ist. Mit Hilfe dieses Bündnisses konnte das chinesische Volk das Regime Tschiang Kai-scheks vertreiben, die hinter ihm stehenden Großmächte ausschalten und die neue, demokratische Volksrepublik gründen. Das vom Kriege zerrissene Land konnte wiederaufgebaut werden, und man konnte die Bodenreform zur Ausschaltung des Feudalismus in China durchführen. Auf diesem Bündnis beruhen aber auch alle Folgemaßnahmen, nämlich der Übergang von der neuen Demokratie zum Sozialismus und damit die Übernahme der Produktionsmittel durch den Staat und die Ausschaltung des Privatkapitals und kapitalistischer Tendenzen.

Auf dieser Basis des Bündnisses zwischen Arbeitern und Bauern beruht die Herrschaft der Volksdemokratie des heutigen China. Die marxistische Diktatur des Proletariats wirkt sich auf diese Weise aus, nämlich auf der zahlenmäßigen Überlegenheit der bäuerlichen Bevölkerung – es sind 80 Prozent der Einwohner – gegenüber dem Industrieproletariat, das relativ klein ist. Daher kann die Arbeiterklasse ihre führende Rolle in der Gesellschaft nur dann spielen, wenn sie sich mit allen revolutionären Elementen im Volk verbündet, die die Rückkehr der Gutsherren, das Aufkommen der reichen Bauern oder die Herrschaft von Konterrevolutionären verhindern wollen. Die Hauptstärke der Revolution liegt demnach bei der Unterstützung durch die armen und die unteren Mittelbauern.

Da das Staatssystem unter Führung der Arbeiter und Bauern als revolutionären Kräften steht, ist es möglich, die bürgerliche demokratische Revolution ohne Pause in eine sozialistische Revolution hinüberzuleiten, wobei das Eigentum an den Produktionsmitteln in das Kollektiv übergeht und die Volkswirtschaft einen schnellen Auftrieb erfährt.

Die volksdemokratische Herrschaft ist ihrem Wesen nach eine Regierung des Volkes, da sie so zugeschnitten ist, daß sie das Volk – die Arbeiter, Bauern und das Kleinbürgertum – verteidigt und demokratische Methoden in Form von Debatten und Lerndiskussionen anwendet, um Differenzen (»Widersprüche«) beizulegen. Sie ist aber auch eine Diktatur, da sie mit Mitteln der Gewalt innere und äußere Gefahren vom Volk abzuwehren bereit ist. Diktatorische Methoden dürfen jedoch nicht zur Beilegung von Widersprüchen im Volk angewendet werden, was sich von selbst versteht. In diesem späteren Stadium der permanenten Revolution muß daher die Arbeiterklasse und die Partei alles tun, um die bäuerliche Bevölkerung auf den richtigen Weg zu führen. Mao schreibt dazu: »Ein ernstes Problem ist die Erziehung der Bauern ... Ohne die Vergesellschaftung der Landwirtschaft kann es keinen vollständigen, gefestigten Sozialismus geben.« (Über die demokratische Diktatur des Volkes. 30. 6. 1949, Ausgewählte Werke Bd. IV, Seite 447)

Mit anderen Worten: Dem Sozialismus kann erst dann auf dem Lande zum Sieg verholfen werden, wenn die Bauern freiwillig den Weg zum Sozialismus beschritten und die Gründung sozialistischer Kollektivbetriebe vollendet haben.

Im Zuge dieser Politik der Kollektivierung traf die Partei dann auch unmittelbar nach der Bodenreform die ersten Unterstützungsmaßnahmen: Die Bauern wurden zur Bildung von Brigaden mit wechselnden Arbeitskräften angehalten, dann zur Nachbarschaftshilfe und schließlich zur Gründung der Einkaufs- und Verkaufs-Genossenschaften.

Die Bauern brachten ihr Land als Anteil in die Genossenschaften ein und erhielten ihren anteilmäßigen Ertrag der Ernten. Hier lag aber auch ein Nachteil. Wenn ein Bauer härter als die anderen arbeitete, dann bekam er keinen höheren Genossenschaftsanteil als andere, die sich weniger anstrengten. Möglich war auch der Fall, daß ein Bauer nur wegen seines größeren Landanteils mehr erhielt als seine Genossen. Mitte der fünfziger Jahre stellte man diese Mißstände ab, indem man die Genossenschaftslandwirtschaften in Kollektivbetriebe umwandelte. In einem solchen Kollektivbetrieb wurden Regelungen getroffen, um Gemeinschaftsaufgaben aus einem Reservefonds zu bestreiten. Hierzu gehörten die Abführung der landwirtschaftlichen Abgaben an den Staat, weiterhin Rücklagen für Investitionen und schließlich ein Sozialfond für die Versorgung von Witwen und Waisen, von Kranken und Schwangeren. Der Resterlös – der sogenannte Arbeitspunkte-Fond – wurde an die Mitglieder entsprechend ihrem Arbeitsanteil verteilt. Jede Arbeit wurde nach Punkten bewertet. Aus dem Arbeitspunkte-Fond wurde dann am Jahresschluß der tatsächliche Wert eines Punktes ermittelt, der sich nach der Anzahl der Arbeiter und ihrer Leistung richtete. Auf diese Weise wurden die Interessen des Kollektivs und des einzelnen gleichermaßen berücksichtigt, und es bestand ein Anreiz zur Leistung. Die Verteilungsmethode, wie sie jetzt von den Brigaden und Produktionsgruppen der Kommunen angewendet wurde, ließ Möglichkeiten für die Mitglieder offen, ihr soziales Bewußtsein in größerem oder auch in geringerem Maße einzusetzen. Die Gründung der Kommunen im Jahre 1958 stellte einen weiteren Schritt nach vorn dar. Bis 1957 hatten sich schon nahezu alle bäuerlichen Wirtschaften zu Kooperativen oder Kollektivbetrieben zusammengeschlossen. Die Erträge und der Lebensstandard hatten sich durch verschiedene Maßnahmen verbessert, besonders durch Straffung des Arbeitseinsatzes und durch bessere Bodennutzung, durch die Schaffung von Anreizen zur Leistungssteigerung, vor allem aber durch die Erweckung eines sozialistischen Bewußtseins. Doch die Bauern stellten jetzt fest, daß die Kollektivbetriebe nicht groß genug waren, um allen Anforderungen gerecht zu werden, und daß es noch viele ungelöste Probleme gab.

Ein landwirtschaftlicher Kollektivbetrieb, dem ein paar hundert Einzelhöfe zugehören, kann zwar den Arbeitskräfteeinsatz und die Bodenbenutzung gut organisieren, doch fehlen ihm die Voraussetzungen, um Großprojekte in Angriff nehmen zu können. Hierzu gehören Bewässerungsanlagen und Wasserabzugskanäle, aber auch großräumige Strukturverbesserung der Landschaft, wie die Kanalisierung von Flüssen. Zu diesem Zweck schlossen sich mehrere Kollektivbetriebe zusammen, um Gemeinschaftsaufgaben wie Terrassenbauten, Aufforstung, Landgewinnung sowie die Mechanisierung und Elektrifizierung in Angriff zu nehmen. Diese Zusammenschlüsse entwickelten sich weiter, und die Zusammenarbeit mehrerer benachbarter Kollektivlandwirtschaften bewährte sich. Im Jahre 1958 wurde so die erste Volkskommune in China gegründet, in Chayashan im Bezirk Suiping in der Provinz Honan. Bis Ende des Jahres hatten sich praktisch sämtliche landwirtschaftlichen Kooperativen und Kollektivbetriebe zu etwa fünfundzwanzigtausend Kommunen zusammengeschlossen. So wurde auch aus dem Kollektiv des Dorfes Glückseligkeit eine Produktionsbrigade, nämlich die Dritte Brigade der Kommune »Große Glückseligkeit« in der Provinz Honan. Das Verteilungssystem der Erträge blieb gegenüber früher unverändert. Die jeweiligen Anteile erhöhten sich jedoch fortlaufend im Zuge der Ertragssteigerung.

Die Kommunen entwickelten großangelegte kollektive Wirtschaftsformen ganz neuer Art. Hierzu gehören nicht nur die eigentlichen landwirtschaftlichen Aufgaben wie Bodennutzung, Forstwirtschaft, Viehhaltung, Fischerei und die Organisation von Nebenerwerbsquellen, sondern auch Gemeinschaftsprojekte wie Werkstätten, Tagebau und der Produktenhandel. Außerdem sind die Kommunen die untersten Organe der Staatsverwaltung.

Die Politik zur Förderung der Kooperation auf dem landwirtschaftlichen Sektor entfachte jedoch viele Widerstände innerhalb und außerhalb der Partei. Obwohl die Parteianwärter vor ihrer Aufnahme gründlich durchleuchtet werden, ließ es sich nicht vermeiden, daß auch unzuverlässige Leute Mitglieder wurden. Die Partei mußte auch mit Nichtmitgliedern zurechtkommen, die auf die Organisation Druck ausüben konnten. Als die Partei seinerzeit die Bodenreform ausrief, stemmten sich Grundbesitzer und reiche Bauern entgegen. Manche übten ihren Einfluß auf einzelne Parteimitglieder aus, wodurch es ihnen gelang, die neuen gesetzlichen Regelungen zu umgehen. Auch später, als die Genossenschaftsbetriebe gegründet wurden, machten manche Großbauern alle Anstrengungen, die zum Teil mit ihnen verwandten Landleute am Beitritt zu hindern. In gewissen Parteikreisen wirkten feudalistische Auffassungen nach, und sie sabotierten ganz bewußt die Parteibeschlüsse über die landwirtschaftliche Kooperation. So auch der Expräsident Liu Schao-tschi, der designierte Nachfolger des Vorsitzenden Mao. Als im Jahre 1950 die Partei die Bodenreform vorbereitete und sich für die Förderung von Nachbarschaftshilfen und Kooperativen einsetzte, machte Liu Schao-tschi die Äußerung: »Es sollen mehr Bauernwirtschaften in der Art entstehen, daß auf dem Hof drei Pferde, ein Pflug und ein Wagen vorhanden sind.« Nach den chinesischen Verhältnissen ist so etwas schon die Wirtschaft eines reichen Bauern. Liu setzte sich also für die Stärkung der Großbauernschaft ein, um damit die Schaffung von Kooperativen zu verhindern. Seine Denkweise war aber nicht gradlinig, denn er erklärte auch: »Wenn sich der Anteil der Bauernwirtschaften, die drei Pferde halten, auf 70 Prozent aller Höfe erhöht, dann können sich künftig Kollektivbetriebe bilden.« Jeder Wirtschaftsfachmann weiß, daß es unmöglich ist, daß 70 Prozent der allein wirtschaftenden Landwirte reiche Bauern werden können. Im Grunde genommen meinte Liu dabei, daß China eine freie Landwirtschaft im unternehmerischen Sinne entwickeln sollte, um damit das ganze Programm der ländlichen Kollektivierung zurückzustellen.

Mao Tse-tung übte im Jahre 1953 an dieser Haltung Kritik: »Nach dem Erfolg der demokratischen Revolution trat bei manchen Leuten ein Stillstand ein. Sie erkannten nicht den Wandel im Wesen der Revolution und hielten an ihrer »neuen Demokratie« fest, anstatt eine sozialistische Umwandlung in Angriff zu nehmen. Daher rühren auch die Irrtümer solcher rechtsgerichteter Leute. Für die Landwirtschaft ist in unserem Land nur der Weg des Sozialismus begehbar. Die Arbeit der Partei auf dem Lande muß sich auf die Unterstützung der Nachbarschaftshilfen und der kooperativen Bewegung konzentrieren.«

Maos Ideen behielten glücklicherweise die Oberhand in diesem langen Kampf zwischen den beiden Methoden der Gesellschaftsentwicklung des Landes. Mitte der fünfziger Jahre machten sich die Bauern mit Begeisterung daran, ihre Kollektivbetriebe zu entwickeln. Anfangsschwierigkeiten ließen sich um so leichter überwinden, als intelligente, fähige und junge Nachwuchsleute sich mit Schwung für die gemeinsame Sache einsetzten.

Die Bauern warteten nun nicht auf die Lieferung von landwirtschaftlichen Maschinen und Traktoren, die Liu als unerläßlich für die Kollektivierung angesehen hatte. Sie wirtschafteten mit dem vorhandenen Gerät weiter und vollbrachten wahre Wunder der Technik. So wurden mit primitiven Gerätschaften wie Hacken und Schaufeln, unter Zuhilfenahme von Tragestangen und Körben allein durch Willensanstrengung und Erfindungsreichtum die großen Staudämme, Kanäle und Flußdeiche gebaut. Die Ernteerträge wurden gesteigert; es wurde sogar schon exportiert, und Kapitalien und Rohmaterialien für die Industrialisierung standen bereit.

Dies alles vollzog sich gegen Ende des Jahres 1955. Die Bewegung zur Kooperation hatte sich innerhalb eines Jahres so durchgesetzt, daß praktisch alle Bauern den Genossenschaften beigetreten waren.

Gleichzeitig wandelte sich auch die Wirtschaftsform in den Städten. Die Wirtschaft, die sich auf der Grundlage der steigenden Ernteerträge entwickelte, erfaßte in dieser Auftriebstendenz auch die staatlichen Unternehmungen. Private Firmen in Industrie und Handel wurden in gemischt staatliche und private Firmen umgewandelt und erhielten Kapitalzuschüsse von staatlicher Seite. Die Eigner erhielten auf ihre Einlage 7 3/4 Prozent Zinsen. Wer sich damit einverstanden erklärte, konnte als Geschäftsführer oder Techniker in seiner bisherigen Firma weiter tätig sein. Die Handwerker wurden aufgerufen, sich ebenfalls zu Kooperativen zusammenzuschließen. Danach bildeten sich unabhängige Handwerkergenossenschaften in den Städten und Dörfern, oder Handwerkergruppen, die sich den Kollektivbetrieben anschlossen. Auf diese Weise verringerte sich der privatkapitalistische Sektor in der Wirtschaft immer mehr, bis er schließlich verschwand. Alle wirtschaftlichen Funktionen waren nun in der Hand der staatlichen und kooperativen Organisationen. Die gemischt staatlichen und privaten Firmen werden ebenfalls bald verschwinden, da die jetzt noch privaten Eigner allmählich in Pension gehen oder zunehmend als Angestellte ihrer bisherigen Firmen weiterarbeiten. In den übrigen Fällen hat es sich so ergeben: Die Verträge liefen 1972/73 aus, und die Privateigner erhielten ihre Firmenanteile ausgezahlt. Die meisten von ihnen brachten ihr Geld auf die »Volksbank«, wo es mit 2 1/2 Prozent verzinst wird.

In Chinas Wirtschaft haben sich also folgende Wandlungen vollzogen:

AUFBAU DER CHINESISCHEN WIRTSCHAFT

Unternehmensformen

Ära der Kuomintang 1948	Seit Bestehen der Volksrepublik 1949	1953	1956
Staatskapitalistische Unternehmen	Staatssozialistische Unternehmen	Staatssozialistische Unternehmen	Staatssozialistische Unternehmen
Unternehmen der kapitalistischen Beamtenschaft	Privatkapitalistische Unternehmen	Landwirtschaftliche Kooperativen und Handwerksgenossenschaften	Kooperativen in Landwirtschaft und Handwerk
Unternehmen im Besitz ausländischen Kapitals	Großgrundbesitz	Privatkapitalistische Unternehmen	Gemischt staatliche und private Unternehmen
Privatkapitalistische Unternehmen	Kleiner Landbesitz	Kleiner Landbesitz	
Großgrundbesitz	Selbständige Handwerksbetriebe	Selbständige Handwerksbetriebe	
Kleiner Landbesitz			
Selbständige Handwerksbetriebe			

Trotz allem waren die Auseinandersetzungen zwischen der sozialistischen Richtung zur Kooperation und den kapitalistischen Tendenzen noch nicht abgeschlossen. Im Jahre 1958 war es den Genossenschaftsbauern gelungen, den Ertrag um ein Drittel zu steigern. Sie bildeten nun Kollektivbetriebe, Vereinigungen von Kollektiven und schließlich Kommunen. Die Kommunen gingen daran, einzeln oder in Zusammenarbeit mit anderen, das ganze Land durch Erdarbeiten zu erschließen, wofür der Einsatz von vielen Millionen Menschen erforderlich war. Allein in der Provinz Honan wurde in diesem Jahr die künstlich bewässerte Ackerfläche von 32 auf 70 Prozent erweitert.

Doch kurze Zeit nach der Gründung der Kommunen und kurz nach dem Einsetzen des »Großen Sprunges« brachen Naturkatastrophen über das Land herein. Das bebaute Land wurde überall verwüstet, sei es, daß es überflutet wurde oder austrocknete, sei es daß es von Orkanen oder Insektenplagen heimgesucht wurde. Die Ernteerträge fielen fast ganz aus. Mit staatlicher Hilfe konnte das Schlimmste abgewendet werden.

Durch das Einsetzen dieser Katastrophen fühlte sich Liu Schaotschi in seiner Politik bestätigt. Parteiaktivisten schätzten, daß die Wirtschaftskrise zu 40 Prozent selbstverschuldet war; Liu dagegen meinte, daß sie sogar zu 60 Prozent auf die Fehler in den Kommunen zurückzuführen war. Als die Krise im Jahre 1962 überwunden war, erklärte er: »Die Bauern haben in den letzten Jahren durch die Kollektivwirtschaft nichts gewonnen.« Hiermit rechtfertigte er auch die neuen Maßnahmen zur Stützung der Landwirtschaft. Die »San Tze I Pao« (etwa »drei Maßnahmen zur Selbsthilfe und eine Garantie«). Gefördert werden sollten die Nutzung des bäuerlichen Eigenlandes, die freien Märkte, Kleinunternehmen, die in Eigenverantwortung mit Gewinn oder Verlust arbeiten sollten. Den Vorwurf, daß solche Maßnahmen zum Kapitalismus hinführen würden, tat er mit den Worten ab: »Ihr braucht nicht Angst zu haben, daß der Kapitalismus Amok laufen wird.«

Während der »drei schwierigen Jahre« zeigten sich auch tatsächlich positive Entwicklungstendenzen, da sich ein freier Handel auf den Märkten entwickelte und sich höhere Erträge auf den privaten Anbauflächen erzielen ließen. Dennoch war dies eine Abkehr von den Prinzipien des Sozialismus. Solche Maßnahmen mochten gerechtfertigt sein, wenn man zeitlich begrenzte Verordnungen erläßt, wie dies zu Lenins Zeiten in der Sowjetunion der Fall war, als er anfangs der zwanziger Jahre die Menschen vor einer Hungersnot durch seine »Neue Wirtschaftspolitik« bewahren wollte. Liu wollte jedoch seine Wirtschaftsverordnungen auf ganz China ausdehnen und ihnen Gesetzeskraft verleihen. Sein »San Tze I Pao«-Plan hätte letztlich die kapitalistische freie Marktwirtschaft gestärkt, die bäuerlichen Einzelwirtschaften gefördert und die sozialistische Planung sabotiert. Die Bauern hätten aufgehört, kooperativ zu denken; jeder hätte wieder für sich allein gewirtschaftet. Liu und sein Gefolgsmann Teng Hsiao-ping glaubten aber, im Recht zu sein. Teng meinte sogar: »Solange der Ertrag gesteigert wird, ist nichts gegen Alleinwirtschaft einzuwenden. Ob die Katzen nun weiß oder schwarz sind – solange sie Mäuse fangen, sind sie gute Katzen.« Die »Plakate in großen Lettern«, die das Volk während der Kulturrevolution zeigte, geißelten diesen Ausspruch von Teng als groben Opportunismus. Es gelang Liu und Teng zwar nie, die Politik der landwirtschaftlichen Kooperation wesentlich zu beeinflussen; ihr »San Tze I Pao«-Plan wurde jedoch an einigen Orten durchgesetzt. Als Ergebnis zeigte sich dann, daß die Landwirtschaft von ihrem sozialistischen Wege abwich und sich die kapitalistischen Tendenzen verstärkten. Diese versteckte oder offene Abweichung vom marxistischen Programm der Kooperation auf dem Lande wurde während der Kulturrevolution als »revisionistisch« bezeichnet. Sie war auch im doppelten Sinne revisionistisch: Sie wollte die revolutionären, leninistischen Prinzipien aufweichen oder revidieren, und sie beabsichtigte außerdem, das Programm der Kommunistischen Partei für den Aufbau einer sozialistischen Landwirtschaft einer Revision zu unterziehen.

In der Auseinandersetzung zwischen den Flügelkräften, die unter der Führung von Liu Schao-tschi standen, und den Parteianhängern unter Mao spitzten sich allmählich die Ereignisse zu. Dabei stellte sich heraus, daß Liu nicht die Parteilinie verfolgte, sondern daß er immer mehr seinen eigenen politischen

Ansichten nachhing, die nicht zu Sozialismus, sondern zum Kapitalismus oder zu einer Mischform des Staatskapitalismus hinführte. Um dieser Entwicklung Einhalt zu gebieten, berief der Vorsitzende Mao die Zehnte Plenartagung des Achten Zentralkomitees der Kommunistischen Partei im Herbst 1962 ein. Auf dieser Tagung machte er die Partei und das Volk darauf aufmerksam, daß die Feinde des Sozialismus – die unverbesserlichen Feudalherren, die reichen Bauern, kapitalistische Elemente und andere Reaktionäre – noch immer ihren Klassenkampf fortsetzten, daß diese jetzt ihre Helfershelfer in den Reihen der Partei hätten. Er rief zu einer Erziehungsbewegung auf, die das ganze Land erfassen sollte.

Die Anleitungen und Direktiven wurden in der sogenannten Zehn-Punkte-Entschließung niedergelegt, der »Entschließung des Zentralkomitees der Kommunistischen Partei Chinas zu einigen Fragen der Arbeit auf dem Lande« vom Mai 1963 sowie in dem »23 Artikel-Dokument« des Jahres 1965, »Einige aktuelle Fragen der sozialistischen Erziehungsbewegung in den ländlichen Gebieten«. Diese Vorlagen entstanden unter Maos persönlicher Mitwirkung. In ihnen wird betont, daß die Kräfte des Sozialismus und des Kapitalismus in China noch immer im Widerstreit liegen. Die sozialistischen Kräfte werden als die Elemente der Arbeiterklasse, der armen und der unteren Mittelbauern und der Arbeiter bezeichnet, die von progressiven Intellektuellen, vom linken Flügel der mittleren Schichten, den Mittelbauern und der städtischen Kleinbourgeoisie unterstützt werden und unter der Führung des Proletariats stehen. Die dem Kapitalismus zuneigenden Kräfte sind die Klassenangehörigen der Kleinkapitalisten, unterstützt von den übriggebliebenen Vertretern der Grundbesitzerklasse, den reichen Bauern und alten Anhängern der Kuomintang.

Mao brachte in der Zehn-Punkte-Entschließung zum Ausdruck, daß es zur »Lösung des Widerspruchs zwischen Sozialismus und Kapitalismus« erforderlich sei, »den Klassenkampf als Schlüssel zu begreifen, den Kampf zwischen dem Weg zum Sozialismus und dem Weg zum Kapitalismus.« Zuvor hatte er sich schon warnend ausgedrückt: »Wenn der Sozialismus nicht an die ländliche Front vorrückt, dann tritt der Kapitalismus an seine Stelle« (Sechste Plenarsitzung des 7. ZK der KPCH 11. 10. 1955)

In seiner Analyse der aktuellen Situation Chinas im Hinblick auf den Klassenkampf auf dem Lande hob er dann hervor, es sei unerläßlich gewesen, die Angriffe der feudalistischen Kräfte gegen die sozialistischen Kommunen abzuschlagen. Hierzu sei notwendig gewesen, »sich auf die Arbeiterklasse zu stützen, die armen und unteren Mittelbauern, die revolutionären Kader und die Intellektuellen und andere revolutionäre Gruppen – und dabei den Zusammenschluß von 95 Prozent der Massen und über 95 Prozent der Kader zu erreichen.«

Diese Dokumente stellen ein bemerkenswertes Zeugnis von Maos Vertrauen in die Massen dar und von seinem Glauben an die Wirksamkeit von Massenaktionen unter Führung der Partei. Zu einer Zeit, als die meisten die Auseinandersetzungen nur als Streitigkeiten zwischen einzelnen Personen, zwischen Bürokraten und kleinen Schreibtischtyrannen angesehen hatten, ahnte Mao schon, daß ein großer Konflikt ausbrechen würde, der sich dann in der Mitte der sechziger Jahre in Gestalt der Kulturrevolution vor aller Augen auftat.

Man ist sich jetzt darüber im klaren, daß die sozialistische Erziehungsbewegung von Anfang an eine zweifelhafte Maßnahme war. Wenn man sie nach den klassischen Grundsätzen der Partei in Angriff genommen hätte, dann wäre sie zunächst versuchsweise in einigen Gebieten eingeführt worden. Man hätte die gewonnenen Erfahrungen in den Parteileitstellen ausgewertet und die gesamte Bewegung dann erst im Lande gefördert. Nun wäre es an der Zeit gewesen, Leitartikel in die Zeitungen zu bringen, um die Politik der Partei zu erläutern. Bei Massenversammlungen und Aufmärschen hätte man zum Gegenangriff übergehen und die Handlungsweise der »einflußreichen Parteimitglieder, die den Weg des Kapitalismus eingeschlagen haben«, bloßstellen können. Dann wäre auch bewirkt worden, daß die Partei wie ein Mann in Aktion getreten wäre.

Die Ereignisse verliefen jedoch anders. Ein Teil der Partei befand sich in Übereinstimmung mit den Vorstellungen des Vorsitzenden Mao und ging zum Angriff auf die kapitalistischen Kräfte auf dem Lande über. Er stoppte das Ausmaß an privater Bodennutzung und übermäßiger Nebenerwerbstätigkeit und förderte wieder die kollektive landwirtschaftliche Nutzung; auch setzte er der Ausweitung der freien Märkte ein Ende. Um den Bauern bei der Durchsetzung der sozialistischen Erziehungsbewegung behilflich zu sein, wurden Arbeitsgruppen aus städtischen Kadern gebildet und in großer Zahl aufs Land geschickt. Die klassenbewußten Kader schlossen sich den Bauern an und erneuerten das Bündnis mit den armen und unteren Mittelbauern, die die Bodenreform durchgeführt hatten. Sie taten ihr möglichstes, um die Ausbreitung korrupter Methoden auf dem Lande zu verhindern und zeigten sich ideologisch und politisch von ihrer besten Seite. Wo solche Kadergruppen in Erscheinung traten, wirkte sich die sozialistische Erziehungsbewegung erfolgreich aus.

Kader dagegen, die den Vorstellungen Liu Schao-tschis und Teng Hsiao-pings anhingen, wagten zwar nicht, sich der Zehn-Punkte-Entschließung direkt entgegenzustellen; sie fanden aber immer wieder Möglichkeiten, sie zu umgehen und der Bewegung eine andere Zielsetzung zu geben. Sie wollten verhindern, daß die Bewegung ihr eigentliches Ziel erreichte, denn sie waren es ja, gegen die Front gemacht werden sollte, die »einflußreichen Personen, die den Weg des Kapitalismus gehen.«

Liu Schao-tschi hatte sich schon seit Jahren mit Funktionären umgeben, die ihm treu anhingen. Seine Anhänger auf dem Lande wären aus ihren Positionen entfernt worden, wenn die Zehn-Punkte-Entschließung voll zum Zuge gekommen wäre. Aus diesem Grunde veranlaßte er Teng Hsiao-ping, einen eigenen Zehn-Punkte-Entschließungsentwurf auszuarbeiten. Dies geschah nur vier Monate nach dem Erlaß der ersten Zehn Punkte, und Tengs Entwurf stand in direktem Gegensatz zu diesen. Der wörtliche Inhalt dieser neuen »Zehn Punkte« ist

zwar nie vollständig publiziert worden; sie sollten jedoch dazu dienen, die Verantwortung von der Regierungsspitze ab- und sie den armen und unteren Mittelbauern aufzuladen.
Ein revidierter Entwurf von Tengs neuen »Zehn Pukten« wurde von Liu selbst herausgegeben. Die Grundlage zu diesem Entwurf waren die Erfahrungen seiner Frau Wang Kuang-mei. Sie leitete eine Arbeitsgruppe in einem landwirtschaftlichen Versuchsgebiet, innerhalb der Produktionsbrigade von Taoyüan bei Peitaiho in Nordchina. Das Ergebnis ihrer Untersuchungen gipfelte darin, daß ein loyaler Parteisekretär, der sich den Vorstellungen Liu Schao-tschis nicht unterwerfen wollte, öffentlich kritisiert wurde. Ihr lag nichts daran, die sozialistische Führung innerhalb der Brigade zu stärken, und so brachte sie die politischen Zielsetzungen durch ihre Tätigkeit durcheinander. Mit ihrer Hilfe kamen antisozialistische Elemente in der Brigade an die Macht. Liu ließ die von seiner Frau gesammelten Erfahrungen drucken und sie in Parteikreisen unter dem Titel »Erfahrungen in Taoyüan« zirkulieren.
Oberflächlich betrachtet erscheint dieses Programm Lius sehr »links«, da die einfachen Landleute aufgefordert werden, ihre eigenen Funktionäre scharf und unnachsichtig zu kritisieren. Nach der Terminologie der chinesischen Kommunisten ist eine solche Haltung jedoch »rechtsgerichtet«, da die Kritik die Falschen trifft und sich nicht gegen die in Wirklichkeit Schuldigen richtet, nämlich gegen diejenigen, die sich der sozialistischen Kooperationsbewegung in den Weg stellen, gegen die kleine Zahl einflußreicher Parteimitglieder, die die Bauern auf den Weg des Kapitalismus hinlenken. Eine gewisse Zeit gelang es den Parteigängern Liu Schao-tschis, ihr Zehn-Punkte-Programm an einigen Orten durchzusetzen. Auch im Dorf Glückseligkeit trat diese Phase in der Entwicklung der Erziehungsbewegung in Erscheinung: Die Bauern wurden durch eine Arbeitsgruppe aus der Kreisstadt aufgewiegelt, die Kritik an ihrem Parteisekretär bis zum Exzeß zu führen, so daß er von seinem Posten in der Brigade zurücktreten mußte.
Als die Anhänger Liu Schao-tschis auch in den Städten die so-

zialistische Erziehungsbewegung auf einen falschen Weg zu führen versuchten, brach dort die Kulturrevolution aus. Mao machte diese Entwicklung im Februar 1967 mit folgenden Worten deutlich: »In früheren Zeiten hatten wir Auseinandersetzungen in ländlichen Gebieten, in Fabriken und auf dem kulturellen Sektor durchzustehen, und wir brachten die sozialistische Erziehungsbewegung in Gang. Aber all dies führte nicht zur Lösung des Problems, da es uns nicht gelungen ist, eine Form und eine Methode zu finden, um die breiten Massen von unten her aufzurütteln. Jetzt haben wir diese Form gefunden – die Kulturrevolution.« (Zitiert aus dem Politischen Bericht an den Neunten Parteikongreß, 1969).

Mao wandte sich an die »proletarischen Revolutionäre«, an alle, die der sozialistischen Revolution treu geblieben waren, damit sie sich »vereinigten und die Macht den Händen der Parteimachthaber entreißen« sollten, die »den Weg des Kapitalismus eingeschlagen« hätten.

Es handelte sich hier nicht nur um Liu und Teng oder deren Anhänger, sondern um einen machtvollen Flügel, der eine politische Einstellung repräsentierte, die seinerzeit in China weit verbreitet war. Parteigänger Lius fanden sich überall: in der Wirtschaft, der Politik, der Kultur ebenso wie in der Wissenschaftsverwaltung und im öffentlichen Gesundheitswesen. Es bestand die Möglichkeit, diese Leute aus ihren Stellungen zu entfernen, aber Verwaltungsmaßnahmen allein genügten nicht, um einen Gedankenumschwung herbeizuführen. Hier war das Volk selbst aufgerufen, ein Urteil über richtige oder falsche Vorstellungen abzugeben; jeder sollte selbst entscheiden, was dem Volke diente oder nicht, damit schließlich die »richtige« Ideologie den Sieg davontragen konnte. Aus diesem Grunde entwickelte sich die Kulturrevolution zu einem gigantischen Vorgang, und Massendiskussionen waren gang und gäbe.

Sie gestaltete sich zu der wohl außergewöhnlichsten Revolution in der Geschichte. Sie war eine Bewegung, die die Kommunistische Partei gegen sich selbst anstrengte, um sich zu säubern oder, wie sie sich ausdrückte, um »die Denkweise« ihrer Mitglieder »neu auszurichten.« In dieser Revolution wurde mit Worten und Schriften gefochten, und die Waffen waren Plakate in großen Lettern, die an jeder Hauswand klebten. In zahllosen Radiosendungen und Zeitungsbeiträgen setzte man sich mit den Problemen auseinander. Die in Widerstreit liegenden Parteiflügel riefen ihre Anhänger immer wieder zu Versammlungen, Demonstrationen und Gegendemonstrationen auf. In einem Zeitraum von dreieinhalb Monaten nahmen der Vorsitzende Mao und seine Anhänger die Vorbeimärsche von dreizehn Millionen Roter Garden, Studenten und anderer Jugendverbände auf dem Tien An Men-Platz in Peking ab.

Erwartungsgemäß kam es an einigen Orten nicht nur zu Tumulten, sondern auch zu Handgreiflichkeiten; nach hitzigen Debatten entwickelten sich Schlägereien und sogar bewaffnete Auseinandersetzungen.

Auf dem Lande ergaben sich diese Tumulte und Gewalttätigkeiten nur selten. Viele schwierige Probleme waren schon in der ersten Phase der Kulturrevolution, nämlich im Zuge der sozialistischen Erziehungsbewegung, gelöst worden. Das Zentralkomitee der Partei hatte auch am 10. Dezember 1966 die Direktive ausgegeben, daß die Bauern zwar weiterhin revisionistische und bürgerliche Verhältnisse bloßstellen sollten, aber dennoch ihr Hauptaugenmerk auf die Steigerung der Produktion legen müßten. Der landwirtschaftliche Ertrag erhöhte sich dementsprechend in den Revolutionsjahren erheblich.

Im Verlauf einer Serie von beispiellosen Auseinandersetzungen, die im Jahre 1966 einsetzten, gelang es den revolutionären Massen unter der Führung der Parteileitung und des Vorsitzenden Mao, die dem Kapitalismus zugeneigten Anhänger Liu Schao-tschis aus ihren Machtstellungen zu verdrängen. Hierzu gehörten Männer wie Teng Hsiao-ping, der Parteisekretär Peng Chen, der Bürgermeister von Peking; Wu Han, dessen Stellvertreter; Lu Ting-i, der Erziehungsminister und Chou Yang, der Mann, der das Kulturministerium leitete, und der, wie auf den großen Plakaten stand, eine »Horde von Geistern und Scheusalen« auf Bühne und Film losgelassen hatte.

Im Januar 1967 übernahmen die Arbeiter von Schanghai mit Unterstützung der Bauern, der revolutionären Kader, Intellektuellen, Studenten und anderer Stadtbewohner die Macht in der Stadt, indem sie mit Hilfe der Volksbefreiungsarmee das städtische Parteikomitee und den Stadtrat ihrer Ämter enthoben. Die revolutionären Massenorganisationen, die den Vorsitzenden Mao unterstützten, folgten überall im Lande diesem Beispiel. An Stelle der bisherigen Verwaltungsleute und Geschäftsleitungen traten die Dreier-Revolutionskomitees, die die Politik der Partei und ihres Vorsitzenden Mao durchsetzten.

Der Sieg der Kulturrevolution zeitigte mehrere bedeutsame Ergebnisse. Der Teil der Staatsmacht, der von den Revisionisten gelenkt wurde, besonders auf den Gebieten der Kultur und der Propaganda, der Erziehung und der Künste, gelangte wieder in die Hände der revolutionären Kräfte unter Mao. Hierdurch wurde sichergestellt, daß die junge Generation nicht vom Pfade der revolutionären Ideale ihrer Eltern abweichen würde. Die Kulturrevolution war aber auch ein gigantisches Vorbild einer Umwälzung für die Jugend und auch für unzählige Millionen erwachsener Menschen. Durch sie wurde die Partei erzogen, erprobt und gereinigt. Zu den bedeutsamsten Errungenschaften der Revolution zählten die Verbreitung der Ideen und Lehren des Vorsitzenden Mao und die praktische Anwendung seiner Methodologie sowie das Überbordwerfen veralteter Vorstellungen, Haltungen und Gebräuche. Durch die Revolution konnten sich neue Kräfte entfalten; es konnten sich Führungseigenschaften, Begeisterungsfähigkeit und Initiative öffentlich zeigen, überall in den Städten und auf dem Lande. Schließlich wurde aber auch die Produktion durch diese Bewegung angeregt und gesteigert, und Chinas Wirtschaft erfuhr einen ungeahnten Aufschwung.

Infolge der Strukturverbesserungen konnte China 1970 zum neunten Mal eine Rekordernte von 240 Millionen Tonnen Getreide erzielen. 1971 war eine neue Rekordernte zu erwarten. Auch industriell konnte China auf eigenen Füßen stehen. Die Textilproduktion von achteinhalb Milliarden Metern stellte die

Bekleidung seiner 750 Millionen Menschen sicher. China schuf sich gewaltige Energiekraftwerke und baute 25 000-Tonnenschiffe. In jeder Provinz wurden Kraftfahrzeuge, besonders Traktoren, hergestellt, und dies in einem Lande, wo es vor zwanzig Jahren noch nicht einmal eine Fahrradindustrie gegeben hatte. Achtzehn Millionen Tonnen Stahl wurden produziert. Die Brennstoffversorgung war durch eine Ölproduktion von 20 Millionen Tonnen sichergestellt; sogar Kernreaktoren wurden schon entwickelt. Für die Landwirtschaft hatte man 14 Millionen Tonnen künstlicher Düngemittel hergestellt, mehr als die Hälfte davon in kleinen Produktionsstätten auf dem Lande. Der Gesamtwert der landwirtschaftlichen Produktion wurde auf dreißig Milliarden und der der Industrieproduktion auf neunzehn Milliarden Dollar geschätzt.

Auf dieser materiellen Basis – einer erstaunlichen Errungenschaft in einem Land, das noch vor zwei Jahrzehnten unter Hungersnöten gelitten hatte – bauten sich weitere Erfolge auf. In China gab es jetzt keine Arbeitslosigkeit und kein Bettlertum mehr, Prostitution und Geschlechtskrankheiten waren von der Bildfläche verschwunden, und es gab auch weder Drogenabhängigkeit noch Alkoholismus. Die Gesundheitsvorsorge hatte den Seuchen wie Pocken, Cholera und Typhus Einhalt geboten. Das Land war nicht mehr verschuldet, und die Handelsbilanz gegenüber dem Ausland war positiv. Die Währung und die Preise blieben stabil. Obwohl China kein reiches Land ist, war es doch in der Lage, anderen Ländern Zuschüsse in Höhe von 709 Millionen Dollar zu gewähren. Hiervon gingen hundert Millionen Dollar an Pakistan und das meiste andere Geld an Tansania und Sambia für den Bau einer neuen Eisenbahnstrecke.

Wir alle, die wir die Kulturrevolution erlebt hatten, wir als »Hsia Fang«-Kader und die Bauern des Dorfes Glückseligkeit, konnten in dieser Zeit ähnliche Erfahrungen machen. Wir in den Städten hatten in größerem Maße als die Landleute mit politischen und kulturellen Auseinandersetzungen zu tun, deren Ziel es war, die Leitung der Dinge wieder in die Hände der revolutionären Kräfte zurückzuführen. Die Bauern befaßten sich natürlich hauptsächlich mit den widerstreitenden Richtungen zwischen dem Revisionismus Liu Schao-tschis und dem revolutionären Sozialismus des Vorsitzenden Mao, soweit dieser Gegensatz landwirtschaftliche Angelegenheiten betraf. Manchmal steckten wir selbst so tief in den Diskussionen, daß wir den Wald vor Bäumen nicht sahen. In den späteren Stadien der Revolution um 1970 waren wir aber dann doch in der Lage, in Studiengruppen den Verlauf der Ereignisse zu analysieren und darüber zu beratschlagen, was noch zur Vollendung des Kampfes zu tun war. In dem was ich hier niederschrieb, wollte ich darlegen, was mir diese Auseinandersetzungen gezeigt haben.

Wenn ich über die Errungenschaften in China nachdenke, dann erblicke ich in ihnen auch die bescheidene, aber hingebungsvolle Leistung der einfachen Menschen wie Lao Man und Ta Sao. Mao Tse-tung preist das einfache Volk in vielen seiner berühmten Aussprüche: »Das Volk, und das Volk allein ist die Antriebskraft, die die Weltgeschichte erfüllt.« (Vgl. Über die Koalitionsregierung. 24. 4. 1945, Ausgewählte Werke Bd. III, Seite 239 ff.)

Bei der Diskussion über landwirtschaftliche Kooperation sagt er: »Die Woge, die das Land gesellschaftlich umformt, die Woge der Kooperation ... ist von gewaltiger, weltweiter Bedeutung« (31. 7. 1955).

Im Herbst 1966 erreichte die Kulturrevolution auch die Kommune Große Glückseligkeit. Die Nachrichten von den erregenden Ereignissen in Peking, Schanghai und anderen Städten verbreiteten sich wie ein Lauffeuer, und auch der Aufruf des Vorsitzenden Mao wurde bekannt, die »Festungen der Revisionisten zu bombardieren«. Wie in anderen Kommunen meldeten sich auch hier die einfachen Bauern, die Intellektuellen und Kader zu Wort und fertigten Plakate an, um die Machenschaften Liu Schao-tschis und der bisherigen Leitung der Kommune bloßzustellen. Unter besonders scharfe Kritik wurden die »Vier Freiheiten« genommen, die Liu Anfang der fünfziger Jahre propagiert hatte, nämlich die Freiheit, Land zu kaufen und zu verkaufen, sich an privaten Unternehmungen zu beteiligen, Arbeitskräfte zu beschäftigen und Geld gegen Zinsen auszuleihen. Auch sein »San Tze I Pao«-Programm wurde verworfen. Die öffentliche Meinung distanzierte sich scharf von denen, die »Arbeitspunkte sammeln« wollten, und die sich nur auf materielle Anreize für die Steigerung der Produktivität verließen. Auch die Arbeitsweise gewisser Kader wurde unter die Lupe genommen, die den Kontakt zur Bauernschaft verloren hatten, zu dogmatischen Bürokraten geworden waren und diktatorisch regierten.

Sehr viele junge Leute fuhren nach Peking, um an den großen Aufmärschen der Roten Garden vor dem Vorsitzenden Mao auf dem Tien An Men-Platz teilzunehmen. Als sie zurückkamen, waren sie entschlossen, sich »gegen die Reaktionäre aufzulehnen«. Der Vorsitzende der Kommune war in dieser Zeit nicht im Ort, so daß Hsü, der stellvertretende Vorsitzende und jetzige Stellvertreter des Leiters des Revolutionskomitees, die Attacken über sich ergehen lassen mußte. Er wurde auf den »Plakaten in großen Lettern«, die an den Hauswänden der Kommune »Große Glückseligkeit« hingen, unter Kritik genommen und mußte sich auch auf einer Vollversammlung der Kommunemitglieder rechtfertigen. So spielte sich das erste Stadium der Kulturrevolution ab.

Im Verlauf des zweiten Stadiums, gegen Ende 1967, kam man allgemein zu der Auffassung, daß die leitenden Kader die an ihnen geübte Kritik verarbeitet hätten und daß sie »im Innersten gerührt« worden seien. Das neue Revolutionskomitee der Kommune wurde gegründet. Aktivisten der Bewegung wurden in das Komitee gewählt, und hinzu kamen die Besten der alten Kader und Vertreter der Volksmiliz. Im Anschluß daran bildeten alle vierzig Produktionsbrigaden der Kommune im Januar 1968 Revolutionskomitees, und man ging auch daran, die Produktionsgruppen neu zu gliedern. Daran schloß sich an die Phase der Auseinandersetzungen, der Kritik und der Umgestaltung, des fortdauernden Kampfes gegen den Revisionismus aller Schattierungen, der Kritik an allen reaktionären Vorstellungen und der Umformung all dessen, was im Gegensatz zum Sozialismus steht.

Zu dieser Entwicklungsphase gehörte, daß die leitenden Kader der Kommune regelmäßig körperliche Arbeit in den Reihen der gewöhnlichen Kommunemitglieder verrichteten, und diese Einsätze sollten mindestens fünfzig Tage im Jahr dauern. Im Zuge der Umformung sollten gleichzeitig falsche oder unzweckmäßige Vorschriften und Gebräuche abgeschafft werden. Die Kommune stellte sich dann die Aufgabe, die »Klasse zu reinigen«, wozu allgemeine Kritik und Selbstkritik gehörte und die Diskussion und Analyse der Ereignisse der Kulturrevolution. Das war die Vorbereitung zur »Säuberung der Partei«. Jedes Parteimitglied wurde von den Genossen und Kommunemitgliedern durchleuchtet, dann wurde beschlossen, ob es würdig sei, weiterhin der Partei zuzugehören. Gleichzeitig füllte die Partei ihre Reihen mit solchen Landleuten auf, die sich während der Kulturrevolution als Revolutionäre bewährt hatten. Als ich im Jahre 1972 ins Dorf zurückkehrte, hatten alle vierzig Brigaden der Kommune diese Überprüfung der Parteimitgliedschaft beendet und neue Parteigruppen gegründet.

Da sich die Dorfleute untereinander kannten, verlief die Kulturrevolution viel glatter und weniger kompliziert als in städtischen Institutionen, wie beispielsweise im Übersetzerbüro. Der Sinn der Kulturrevolution war jedoch die Entfachung einer umfassenden politischen und moralischen Erziehungsbewegung im Geiste des Sozialismus. Diesen Sinn zu begreifen, fiel vielen nicht leicht. Deshalb hätten sich auch die Debatten auf sozialistische Zielsetzung, proletarische Politik und Dienst am Volke konzentrieren müssen, was sich aber im Dorf Glückseligkeit deswegen nicht immer durchsetzen ließ, weil hier familiäre Bindungen vorherrschten, die eine Kritik an Kadern aus der Verwandtschaft nicht zuließen. Daher rührte auch die Forderung, Sippenbindungen bei der Ausübung der Kritik außer acht zu lassen.

Bei diesem Kampf gab es außer den Anhängern Liu Schao-tschis noch andere gegnerische Elemente, die die Bewegung auseinanderbrechen wollten. Dabei ging es nicht mehr um politische Diskussionen, sondern um die Kernfragen der Struktur der Kommunen, und es wurde der Versuch gemacht, die Arbeitsgruppen innerhalb der Brigaden umzugestalten.
In der Brigade Hsi Yen zettelten zwei ehemalige Grundbesitzer, Ko Wen-tso und Hai Lien-ying zusammen mit acht Gleichgesinnten einen Aufstand an, in dessen Verlauf die Menge einige Kaderleute mit Hacken und Stöcken angriff und sie bewußtlos prügelte. Der Vorfall wurde untersucht, und den Gutsbesitzern ihre aufrührerische Tätigkeit nachgewiesen. Das Volksgericht verurteilte sie zu fünf Jahren Haft; ich war dabei, als die acht Helfershelfer sich auf einer großen Massenversammlung rechtfertigen mußten. Sie wurden ermahnt, strenge Selbstkritik zu üben, damit sie sich später wieder in die Gemeinschaft eingliedern könnten.
Dies war eine Lektion für die ganze Kommune. Später gab es keine ähnlichen Vorfälle mehr. Nachdem die Revolutionskomitees der Kommune und der Brigaden gegründet, die Parteikomitees wieder funktionsfähig waren, ging der Umformungsprozeß mit großen Schritten vorwärts.

Abschied und Wiederkehr

Wir hätten noch bleiben können. Ta Sao hatte schon alle Vorbereitungen getroffen. Ching Chun wollte zwar in einem Jahr heiraten, aber viel hätte sich auch dann nicht im Hause geändert. Wir hätten unser recht großes Bauernhaus aufteilen können, indem wir eine Trennwand zogen. Dann hätten wir den größeren Raum, in dem auch der Ofen stand, bewohnt, und Ching Chun hätte mit seiner jungen Frau vorläufig mit dem kleineren Zimmer vorlieb genommen. Natürlich hätten die jungen Leute nicht selbst kochen können und sich mit der Schwiegermutter arrangieren müssen. Aber das war kein Problem.

Wir standen mit Lao Man und Ta Sao neben dem Komposthaufen. Er war gerade von der Arbeit nach Haus gekommen und hatte seinen Spaten noch in der Hand. Er war in Gedanken versunken, was ihn aber nicht daran hinderte, einem Schwein, das im Kompost herumstöberte, einen kräftigen Tritt zu versetzen. Dann sagte er: »Wir werden noch ein paar Räume anbauen, wenn es erforderlich ist. Die Brigade wird uns schon helfen!« Dann versank er wieder in Gedanken. »Lao Chen«, brachte er schließlich heraus, »wir haben ein harmonisches Jahr miteinander verbracht. Wir haben wie eine Familie gelebt. Wir haben nicht genug für euch getan, aber ihr habt vieles für uns geleistet. (Hier ging seine Phantasie mit ihm durch). Ihr habt den Hof gefegt. Ihr habt mir geholfen, den Dung umzustechen. Niemand im Dorf hat euch je zu tadeln brauchen. (Hier hätte er hinzufügen können: »Die Leute sind viel zu höflich dazu.«) Deshalb müßt ihr immer daran denken, daß dies auch euer Heim ist. Ihr könnt hier bleiben oder jederzeit hierher zurückkommen!«

Aber die Jahreszeit war schon fortgeschritten. Bald kam der neue Winter, denn der 8. November, der Tag des Winteranfangs, »Li Tung«, war nicht mehr fern. Die Blätter hatten sich rot und braun verfärbt und begannen zu fallen. Jeden Tag mußten sie mit dem Bambusbesen auf den Komposthaufen gefegt werden. Kein Blatt ging so verloren.

Unsere Abreise gestaltete sich zu einem Erlebnis. Erst ein paar Tage zuvor erfuhren wir, daß uns ein Lastwagen für unsere Sachen gestellt werden sollte. Wir packten dann ununterbrochen und legten nur abends eine Pause ein, um uns von unseren Freunden zu verabschieden. Am Morgen des Abreisetages standen wir um vier Uhr früh auf. Wir mußten noch unser Bett auseinandernehmen und verstauen, und auch die Decken und Kissen waren noch in Plastiksäcken zu verpacken. Nach dem Frühstück gingen wir daran, unseren Ofen auseinanderzunehmen und zu verschnüren. Die letzten Schüsseln und Teller wurden säuberlich in die bereitstehende Kiste gepackt, und dann wurde der Deckel zugenagelt.

Alle wollten uns beim Packen helfen, nicht nur Ta Sao und Ching Chun, sondern auch unsere alten Gefährten der »lahmen Veteranentruppe« und junge Leute von der Kaderschule »7. Mai«, die auch den Lastwagen zur Verfügung gestellt hatte. Bei so vielen Helfern gelang es uns, unser Häuschen in weniger als einer halben Stunde auszuräumen. Als ich feststellte, daß alles startklar war, sah ich mich um. Fast alle Brigademitglieder hatten sich eingefunden, um uns zu verabschieden. Ta Sao und Yüan-tsung umarmten sich wie Schwestern, die sie auch wirklich geworden waren. Beide bekamen feuchte Augen. Nur die Kinder standen nicht wehmütig da, sondern spielten herum und kletterten auf den Wagen, um »nach dem Rechten« zu sehen. Ta Hsiang war noch immer ein schüchternes kleines Mädchen und versteckte sich hinter ihrer Mutter, als sie uns die Hand schütteln sollte.

»Es geht los!« rief uns der Fahrer zu.

Wir kletterten auf den Lastwagen und drückten uns zwischen die Betten und Stühle, umgeben von Kisten und meiner Staffelei. Alle riefen uns Abschiedsworte zu und winkten. Der Motor brummte, und mit einem Ruck fuhren wir an. Hinter uns hörten wir die Menge »Auf Wiedersehen!« rufen. »Kommt bald wieder!«

»Ja, wir kommen!« riefen wir zurück.

Wir winkten und winkten, bis wir am Dorfausgang um die Ecke bogen. Die letzten Abschiedsworte riefen wir ein paar Nachbarsleuten zu, die die Straße entlang zur Arbeit gingen.

Es ist ein tröstlicher Gedanke, daß wir im Dorf Glückseligkeit immer ein Heim finden werden und freundliche Menschen, die uns gern bei sich sehen.

Nach dem Abschied vom Dorf kamen mir zwei Fragen in den Sinn: War ich wirklich zum Umdenken gebracht worden, und hatte ich, so wie es sein soll, von den armen und den Mittelbauern gelernt?

Ein Urteil über mich selbst kann ich mir nicht erlauben; ich weiß nicht, ob ich hier ein besserer Mensch geworden bin. Ich muß es der Zukunft überlassen, ob die Erlebnisse im Dorf mich so bescheiden wie die Landleute gemacht haben. Bestimmt habe ich aber viel von ihnen gelernt. Wenn ich an China denke, dann kommen mir sofort Männer und Frauen wie Lao Man und Ta Sao in den Sinn, die Millionen arbeitsamer Menschen, die die Felder für die Ernährung der Nation unermüdlich bestellen. Diese Menschen haben auch die Geduld und die Ausdauer, um ein neues Blatt der Weltgeschichte aufzuschlagen.

Alle Kader, die »Hsia Fang« gewesen sind – die von der Stadt aufs Land gingen, um bei den Bauern zu leben und zu arbeiten –, müssen sich diesen Menschen verpflichtet fühlen, und sie müssen sich wie ich geloben: »Lao Man und Ta Sao, ich werde euch nicht im Stich lassen!«

Im Herbst 1970 verließ ich das Dorf Glückseligkeit und kehrte nach Peking zurück. Als ich damit begonnen hatte, meine Aufzeichnungen zusammenzustellen, wurde mir klar, daß ich meine Vorstellungen von der Kulturrevolution erweitern mußte. Manche Aspekte waren schwer zu analysieren – dies war noch vor den Enthüllungen über Chen Po-ta und vor dem Verrat Lin Piaos –, und so rieten mir meine Freunde, daß ich noch andere Ortschaften besuchen sollte, um mir einen klareren Überblick zu verschaffen.

Einige Wochen lang besuchte ich Fabriken, Schulen, Universitäten und andere Institutionen in Peking, Schanghai, Sutschou und Kanton. Später machte ich eine Vortragsreise zu achtzehn Universitäten in den Vereinigten Staaten und Kanada. Nachdem ich mich kurze Zeit in Hongkong aufgehalten hatte, fuhr ich nach Kalifornien, nach Stanford, Berkelcy und Santa Cruz. Ich hielt Vorträge in den Universitäten von Columbia, Princeton, Yale und Cornell, in Chicago und in Kanada in den Universitäten von York und Toronto. Als Präsident Nixon im Februar 1972 China besuchte, hatte ich gerade in der Universität von Kalifornien in Los Angeles zu tun. Meine Rundreise beendete ich im sonnigen Hawaii, wo ich auch mein Manuskript über das Dorf Glückseligkeit abschloß. Ich hatte 30 000 Meilen zurückgelegt, und überall wollte man meinen Bericht über Lao Man und das Dorf Glückseligkeit hören. Nach einem vornehmen Dinner im Fakultätsklub der Harvard-Universität wollten die Professoren von mir wissen, wie Menschen wie Lao Man in China leben. Sie hatten recht mit ihrer Frage. Wenn man weiß, wie Lao Man lebt, dann wird man sich auch darüber klar, wie alle Chinesen und damit ein Fünftel der Menschheit existieren.

Im August 1972 kehrte ich schließlich ins Dorf Glückseligkeit zurück. Das Land erstrahlte im sommerlichen Grün. Die jungen Bäume im Hof des Kommunezentrums waren schon bis in Dachhöhe gewachsen; unter ihrem Blätterdach konnte man bereits Schatten finden. Der Parteisekretär Kuo begrüßte mich. Er erzählte mir vieles, was ich bisher noch nicht gewußt hatte. Wie alle tüchtigen Kommuneleiter hatte er einen Haufen Zahlen im Kopf, und was er nicht auswendig wußte, entnahm er seinem Notizbuch.

»Hier, sehen Sie bitte«, sagte er, indem er mir seine Produktionsaufstellung zeigte, »im Jahre 1965 hatten wir noch einen Durchschnitt von 90 Chin. Im darauffolgenden Jahr hatten wir aber schon Elektrizitätsversorgung und Tiefbrunnen, und der Ertrag wurde auf 160 Chin je Mu gesteigert und bezifferte sich auf 12, 6 Millionen Chin. In diesem Jahr werden wir 29 Millionen Chin erzeugen.

Kuo zeigte mir auch den Kornspeicher. Wir mußten etwas auf die Schlüssel warten, denn die Tür war doppelt gesichert. Der Speicher war bis zur Decke mit Weizen und Mais gefüllt, als Reserve bei Naturkatastrophen und kriegerischen Ereignissen. Die Kommune hatte den Kampf gegen die Not gewonnen. Die Getreideabgabe an den Staat war unverändert geblieben; sie machte nur drei Prozent der Ernte aus. Jeder Haushalt hatte einen Eigenvorrat, und viele Leute hatten sich inzwischen Sparguthaben zugelegt. Im laufenden Jahr 1973 wird der Durchschnittsertrag sich auf 450 Chin je Mu belaufen. Somit hat sich der Ertrag seit der Zeit vor der Kulturrevolution verdreifacht, und er liegt auch höher als das Plansoll von 300 bis 400 Chin, wie es von der Landwirtschaftsbehörde für die Gebiete nördlich des Jangtse festgesetzt wurde.

Die Verhältnisse in der Kommune Glückseligkeit lassen sich auf die ganze Provinz Honan übertragen. Die Not, die von den Überschwemmungen und den Dürreperioden herrührte, ist gebannt. Staudämme und Flußkanalisierungen, Tiefbrunnen und Abzugskanäle, Bewässerungsanlagen und Gräben haben zu dieser Sicherung beigetragen. In der Provinz gibt es jetzt 100 000 Kilometer elektrische Leitungen, 97 Düngemittelfabriken und 800 000 Landarbeiter, die in Forschungsbetrieben tätig sind. Eine Fläche von 40 Millionen Mu, zehnmal soviel wie vor der Befreiung, wird künstlich bewässert. 40 Prozent der landwirtschaftlichen Nutzfläche wird maschinell bestellt. Es gibt hier auch schon Musterbetriebe, und das Dorf Glückseligkeit hat noch einen langen Weg vor sich, wenn es diesen Standard erreichen will. In der Brigade von Yuchtan im Bezirk Yenshih ist der Ertrag auf durchschnittlich 720 Yin Weizen je Mu gesteigert; auf manchen Äckern werden sogar 1000 Chin erzielt. Die Landwirtschaft ist das Rückgrat des Wohlstands der Kommune »Glückseligkeit«; das Revolutionskomitee hat jedoch nach den Direktiven der Partei dafür gesorgt, daß auch andere Erwerbsarten ihren Einzug hielten.

Ich sah mir die Traktoren-Reparaturwerkstatt an. Der Werkhof war vergrößert worden und sah etwas unaufgeräumt aus, aber die Leute waren tüchtig an der Arbeit. Da standen ein Lastwagen und eine Erntemaschine, aber auch siebzehn Loyang-Raupenschlepper, die 30 Prozent der Nutzfläche der Kommune landwirtschaftlich bestellen. In der Werkstatt wurden viele nützliche Dinge angefertigt, nicht nur für den Bedarf der eigenen Kommune, sondern auch für andere Organisationen. Hier wurden Pumpen, Anhänger und Gummireifen montiert, 350 verschiedene Arten Schneid- und Dreschgeräte angefertigt und 75 000 Stück Hacken und Sicheln produziert. Im Jahre 1972 betrug der Produktionswert der großen Werkstatt 800 000 Yüan. Ich freute mich, daß zu der Arbeiterschaft auch einige der Mädchen aus dem Dorf Glückseligkeit gehörten, die mir seinerzeit so schüchtern vorgekommen waren. Sie hatten Overalls an und arbeiteten wie alte Fachleute.

Es ist erstaunlich, wie vieles man auch mit bescheidenen mechanischen Mitteln erreichen kann. In der Gießerei der Werkstatt konnte ich feststellen, daß es zwar Drehbänke aus dem Bezirk Chihsien gab; andere waren aber offensichtlich aus alten Teilen selbst angefertigt worden. In dem Werkraum, in dem Pumpen zusammengesetzt wurden, sah ich, wie Teile aus Metallschrott gegossen wurden, wofür ein selbst angefertigter Schmelzofen diente. Die Werkstatt besaß nur zwei Maschinen: eine große, etwas altersschwache Bohrmaschine und eine kleinere, die die Arbeiter selbst zusammengebastelt hatten.

Der Stolz der Kommune war die neue Mühlenanlage. Das Gebäude hat drei Stockwerke und überragt alle anderen Häuser in der Kommune. Es steht hinter der Schule, wo sich früher Teiche und Hügel erstreckten. Die Geschichte dieses Bauwerks ist typisch für den Gang der Dinge in einer Kommune. Der Vorschlag zum Bau der Mühle erging zunächst in einer Versammlung der Kommunemitglieder. Der Lebensstandard der Bauern hatte sich verbessert, und sie wollten jetzt besseres Mehl haben als das grobe Korn, das sie mit ihren Mühlsteinen mahlen konnten oder das die elektrischen Mühlen der Brigaden erzeugten. So sehr sie sich auch abgemüht hatten, die bisherigen Mühlen wurden so heiß, daß das Mehl »halb gebacken« herauskam. So lag es nahe, eine wirklich moderne Mühlenanlage zu schaffen. Die Zeit hierfür war günstig, denn die mechanischen Werkstätten warfen so viel Gewinn ab, daß man an das Unternehmen herangehen konnte. Die Mühle wurde im Jahre 1971 in acht Monaten fertiggestellt und kostete 120 000 Yüan. Wenn ihre Kapazität voll ausgenutzt wird, kann sie 80 000 Chin Korn am Tage mahlen, und sie dient nicht nur der Kommune »Große Glückseligkeit«, sondern auch den umliegenden Orten. Sie ist die erste Mühle im Bezirk, die unter der Leitung einer Kommune steht und arbeitet sogar besser als die Mühle der Bezirksorganisation. Die Mühle ist so mechanisiert, daß nur sieben Mann je Schicht für den Betrieb benötigt werden. Als Kollektiveigentum gehen die Überschüsse des Mühlenbetriebs an die Kommune, wodurch sich das Kapital der Kommune erheblich gesteigert hat. Es stieg von 800 000 Yüan (bei 42 Yüan je Kopf) im Jahre 1958 auf über 4 Millionen Yüan (bei 117 Yüan je Kopf) im Jahre 1965 und sogar auf 17 Millionen Yüan (bei 633 Yüan je Kopf) im Jahre 1971. Das bedeutet gegenüber 1958 eine sechzehnfache Steigerung und eine Steigerung um das 4,6-fache gegenüber dem Jahr vor der Kulturrevolution.

Dank dieses Zusammenwirkens von Landwirtschaft und Kleinindustrie ist die Kommune Glückseligkeit inzwischen wohlhabend geworden. Der Umsatz in den dreizehn Co-op-Läden beläuft sich auf mehr als eine Million Yüan im Jahr, ohne Hinzurechnung der landwirtschaftlichen Produkte. Die gewerbliche Produktion hatte im Jahre 1965 einen Wert von einer Million Yüan, die sich 1971 bis auf nahezu drei Millionen Yüan steigerte. Der zur Auszahlung in bar gelangende Arbeitslohn kann jährlich bei einem tüchtigen Landarbeiter 500 Yüan betragen.

Alle schulpflichtigen Kleinkinder gehen in die Schule der Kommune, und die älteren Kinder haben die Möglichkeit, die Mittelschule zu besuchen. Die Kommunemitglieder sind ärztlich versorgt für einen Jahresbeitrag von 1,50 Yüan. Pocken, Cholera und Malaria sind ausgerottet. Den Kleinkindern wird im Alter von zwei Jahren jeden Monat eine Medizin gegen Malaria eingegeben.

»1958 waren wir noch so rückständig, daß wir nicht genügend Getreide für unsere eigene Ernährung anbauten«, sagte der Parteisekretär Kuo. »Das hat sich geändert. Wir ernten jetzt mehr als wir brauchen. Der Viehbestand hat sich verdoppelt. Jede Brigade hat ihre eigene Pferdezucht, und manche Brigaden können sich sogar Traktoren kaufen. Wir stellen Mauersteine her. Wir haben einunddreißig Verarbeitungsbetriebe für Nahrungsmittel. Wir pressen Öl und machen Nudeln, und die Teiche sind voller Fische – eineinhalb Millionen Jungfische wurden nachgezogen.«

»Wir nahmen uns Tachai zum Vorbild und verließen uns nicht auf andere; wir machten alles selbst. Wir zogen 200 Kilometer

Hoch- und Niederspannungsleitungen und stellten einen sozialistischen Plan zur Mechanisierung auf. 50 000 Mu unserer Nutzfläche von 72 000 Mu haben wir eingeebnet, so daß wir Traktoren für das Pflügen einsetzen konnten; wir pflügten den Boden bis zu einer Tiefe von über 30 Zentimetern. Wir haben mehr als 400 Brunnen ausgeschachtet und zwei Abzugskanäle in einer Länge von 16 Kilometern und zusätzlich 17 Kilometer Anschlußgräben gezogen. Durch unsere Bewässerungspumpen und Berieselungsanlagen können wir auch langanhaltende Trockenzeiten überwinden. Dann pumpen wir Wasser aus unseren Tiefbrunnen oder aus dem Wei.

Wir haben 27 000 Mu Land erschlossen. Auf dem Sumpfgelände bei Lao Yu Wu wird jetzt Mais angebaut, und Melonen werden gezogen. Am südlichen Rand der Salzebene konnte bisher kein einziger Baum gedeihen. Jetzt stehen dort 12 000 Mu unter dem Pflug. Unsere Leute sieben das Salz in Handarbeit aus. Sie können dort selbst die Salzabraumhalden sehen, wenn Sie vorbeifahren. Wir können dort leidlich gute Erträge erzielen, indem wir das Salz ausscheiden, das Land bewässern und entwässern, den Boden düngen, die Frucht wechseln und den Boden jedes zweite Jahr unbebaut lassen. Bei unserer Arbeit lernen wir immer dazu. Mit Hilfe von 830 Landwirtschaftsfachleuten, die wir selbst angelernt haben, erzielten wir auf sechs Versuchsfeldern gute Maisernten und auf vier Feldern annehmbare Weizenerträge. Diese Erfahrungen werden auch anderen Kommunen nützlich sein. Jetzt konzentrieren wir uns auf die Mechanisierung der Landwirtschaft«, fügte er hinzu.

Der Sekretär Kuo ist ein untersetzter Mann mit einer bärenartigen Gangart. Er hat eine Art Bürstenhaarschnitt. Er ruhte und rastete nicht, bis er mir alle neuen Errungenschaften der Kommune gezeigt hatte. Nach dem Rundgang gab er ein Essen, dessen Üppigkeit mich und die anderen Gäste außer Fassung brachte: Es gab »Chiaotze«, Schweinefleisch mit »Baba Fan«, Huhn, Fisch aus dem Staubecken und schließlich als Nachtisch Mais und Äpfel – alles im Ort erzeugt.

Wie ging es nun Lao Man und meiner alten »lahmen Truppe«?

Ich wollte von der Kommunezentrale zu meinem Dörfchen hinüberwandern, aber Sekretär Kuo bestand darauf, mich in seinem Auto zu fahren, denn ich war der erste Auslandsjournalist, den er zu sehen bekam. Wir fuhren vor Lao Mans Haus vor, und eine Staubwolke wirbelte hinter uns her.

Wir wurden schon erwartet, und die ganze Familie war zu Hause: Lao Man, Ta Sao und die Kinder. In den ersten Minuten redeten alle durcheinander. Auch Nachbarn kamen hinzu; alle wollten mir die Hand schütteln, wie das auch in China modern geworden ist. Die junge Nachbarin – sie hatte damals mit meiner Frau über ihre Familienplanung und ihre widerspenstige Schwiegermutter gesprochen – lehnte verlegen an der Zimmerwand. Ich begrüßte sie und gratulierte ihr zu ihrem Jüngsten, den sie im Arm wiegte.

In den zurückliegenden zwei Jahren hatte sich Lao Man sehr herausgemacht. Der Familie ging es wirtschaftlich gut, denn vier Erwachsene konnten mitverdienen, und die junge Ta Hsiang nahm schon Hausfrauenpflichten wahr. Jährlich bekam die Familie 500 Chin in Korn zugeteilt, da die Arbeitsgruppe die Ernteerträge stark gesteigert hatte. Das war mehr als genug. Die großen Tonkrüge waren voller Korn; es waren Überschüsse an den Staat verkauft worden, und der Erlös kam auf die Bank. Lao Man meinte, daß der hohe Ernteertrag auf bessere Bodennutzung und Bewässerung zurückzuführen sei, daß aber auch das tiefe Umpflügen und die Verwendung von Kunstdung dazu beigetragen habe. Die Brigade verfügte jetzt über fünfzehn Tiefbrunnen und vier Wagen mit Gummireifen. Es wurde jetzt eine bessere Weizensorte angebaut. Es gab auch mehr natürlichen Dung. Da mehr Futtermittel vorhanden waren, wurden auf jedem Hof zwei Schweine gehalten, während früher nur eins ausreichend Futter hatte. Die Zweite Produktionsgruppe, die tüchtigste der drei Arbeisgruppen der Brigade, hielt sogar fünf Säue in einem Stall des Kollektivs; dies war der Anfang der beabsichtigten Schweinezucht. Die Ernteerträge beliefen sich auf 400 Chin je Mu.

Jetzt wußte schon jeder, daß ich dabei war, ein Buch über das

Dorf zu schreiben. Lao Man überließ es daher Kao von der Zweiten Arbeitsgruppe, mir einen Bericht über die Erfolge seiner Gruppe zu erteilen. Er zog sein Abrechnungsbuch hervor und sagte mir die folgenden Produktionsziffern an:

Erträge und Zuteilungen in der Zweiten Arbeitsgruppe
(in Mengen von Chin Getreide)

	1970	1971	1972
Ertrag	150 000	170 000	78 000 Sommerernte 220 000 Schätzung der Gesamternte
Abgabe	17 000	17 000	17 000
Zuteilung an die Mitglieder	70 000	85 000	
Reserve	40 000	40 000	

Der Rest des Erlöses wurde für laufende Kosten, Futter, Saatgut und Fürsorgezwecke verwendet. Er sagte mir auch, daß 1971 der Wert eines Arbeitspunktes 9 Mao, 1 Fen gewesen sei. Beim Vorbeifahren hatte ich gesehen, wie seine Arbeitsgruppe dabei war, den Mais zu ernten, die Stengel zu sammeln und Komposthaufen aufzuschichten. Er war sicher, daß sie 1973 einen Ertrag von 250 000 Chin und 1974 sogar von 280 000 Chin haben würden.

Er und Lao Man stimmten darin überein, daß die gesamte Brigade 1973 den Plan erfüllen würde, 720 000 Chin Getreide zu ernten. Die Nutzfläche war jetzt durchweg künstlich bewässert. Die acht Monate anhaltende Dürre des Jahres 1972 war überwunden, und man glaubte nicht, daß es noch schlimmer kommen würde. Eine solche Trockenperiode hätte in früheren Zeiten das ganze Dorf an den Bettelstab gebracht. Jetzt waren die Leute soweit, daß ihnen auch dies Klima nicht viel anhaben konnte, wenn es auch Rückschläge gegeben hatte, denn es verschlang viel Geld und Arbeitskraft, die Saaten durchzubringen. Jedem Brigadier ging es besser. Seit meiner Abreise hatten sie 150 neue Räume gebaut, was eine bedeutsame Steigerung ihres Lebensstandards zur Folge hatte.

Jetzt stellte ich eine Frage, die ich bisher übergangen hatte: Wie hatten sich die Bauern über die Aufteilung ihres Ertrages verständigt?

Mir wurde gesagt, daß der Aufteilungsschlüssel im ganzen Land mehr oder weniger einheitlich ist. Dabei kann es gewisse Unterschiede geben, entsprechend der jeweiligen Lage und den Beschlüssen der Mitglieder, wenn beispielsweise erhöhte Kosten durch die Bekämpfung von Dürreschäden entstehen oder wenn hohe Investitionen erforderlich sind. Die Partei und die Volksregierung schätzt den bäuerlichen Einzelbedarf und gibt dann an die unteren Organe Empfehlungen aus, welchen Wert die Arbeitspunkte haben sollen, welche Lebensmittelzuteilungen pro Kopf vorgesehen sind, welche Renten und Fürsorgezahlungen erfolgen sollen. Diese Ausschüttungen sollen den Gegenwert von 50 bis 55 Prozent des Erlöses haben, während 30 bis 35 Prozent dem Kollektivfonds für Investitionen und Rücklagen zugeschlagen werden sollen. Im allgemeinen hielt man sich überall an diese Direktiven, wenn es nicht besondere Gründe gab, von ihnen abzuweichen. Die restlichen 10 Prozent waren für Abgaben an den Staat in Naturalien sowie für Zwecke der Allgemeinheit vorgesehen, wobei die Kosten für soziale Zwecke wie Gesundheitsfürsorge, Erziehung, Sport und Kultur die Hälfte dieser 10 Prozent ausmachten.

Meine Gesprächspartner waren der Meinung, daß dieser Verteilungsschlüssel die Bedürfnisse aller Beteiligten berücksichtigte und daß sowohl der Staat als auch das Kollektiv und der einzelne das ihm Zukommende erhielt. Auch über den Verteilungsfond waren die Leute zufrieden. Partei und Regierung hatten die Empfehlung ausgegeben, daß 60 Prozent des Wertes dieses Fond als Nahrungsmittelrationen verteilt, die restlichen 40 Prozent dem Arbeitspunktefond zugeschlagen werden sollten. Die 60 Prozent sollten unterschiedslos an alle zur Verteilung kommen, während die 40 Prozent entsprechend der Arbeitsleistung jedes einzelnen individuell zu berechnen waren. Eine solche Verteilungsweise entspricht der Entwicklung der sozialistischen Bewußtseinsbildung in der Landbevölkerung, denn die Konzeption der Arbeitspunkte bedeutet auch einen materiellen Anreiz zur Leistungssteigerung, und hier zeigen sich auch Verschiebungen des Verhältnisses 60:40 entsprechend dem jeweiligen Leistungsstand der Brigaden und Arbeitsgruppen.

Ich fragte dann, was aus meinen anderen Freunden geworden war.

Unsere lahme Veteranentruppe hatte sich aufgelöst. Alle waren sie wieder nach Peking zurückgekehrt und hatten dort ihre Arbeit wiederaufgenommen. Auch die übrigen Kader aus den Dörfern der Kommune »Große Glückseligkeit« waren mit ihren Familien wieder in die Stadt gezogen. Ebenso war die erste Kadergruppe aus der Schule »7. Mai« abgereist. Die meisten waren an ihre Arbeitsplätze im Übersetzungsbüro zurückgekehrt und hatten in der Stadt die Aufgaben einer zweiten Gruppe mit übernommen, die jetzt aufs Land geschickt worden war. Zu einem späteren Zeitpunkt sollte noch eine dritte und letzte Gruppe aufs Land kommen. Damit sollte dann jeder, der eine Stellung innerhalb dieser Institution hatte, Erfahrungen auf dem Lande gesammelt haben. Noch wußte niemand, ob die Kaderschule weiterbestehen würde. Ich hörte, daß eine ganze Anzahl Kader in Industriebetriebe geschickt werden sollte, um sich dort zu integrieren und von den Fabrikarbeitern zu lernen. Mir schien dies eine gute Idee.

Nach all diesen Erzählungen hatten wir uns eine erholsame Pause verdient, und ich zog mich mit den Mans in unser altes Häuschen zurück, wo wir endlich ein paar persönliche Worte wechseln konnten. In dem Zimmer standen nur ein Tisch und ein paar Stühle, und einige landwirtschaftliche Geräte lehnten an der Wand. Der Zugang zu unserem kleinen Schlafzimmer war jetzt mit einem Hochzeitsvorhang in glänzend grünen und roten Farben bedeckt. Ching Chun hatte geheiratet. Mir fiel plötzlich ein, daß die stämmige junge Frau, die mir bei der Begrüßung die Hand geschüttelt hatte, seine Braut gewesen sein mußte. Mir wurde auch nicht vorenthalten, daß das inzwischen fett gewordene Schwein vor den Hochzeitsfeierlichkeiten verkauft worden war. Der Erlös hatte die Ausgaben für die Hochzeit weit überschritten.

Au Chiu war nun ein munterer Neunjähriger. Hsiao Ching war noch immer ein schüchternes kleines Ding, aber sie machte nach wie vor einen frischen und gesunden Eindruck. Ta Hsiang lächelte mir zu, hielt sich aber bescheiden im Hintergrund. Ta Sao sah unverändert gut aus. Lao Man war kräftig und tüchtig wie immer.

Allzu schnell rückte die Abschiedsstunde heran. Ich hatte eine Reise von 15 000 Meilen zu meinem neuen Heim in Albany, New York, vor mir. Ich übergab Lao Man den Hammer, den ich ihm als Gastgeschenk mitgebracht hatte, und überreichte Ta Sao einen Schal und Bücher für die Kinder. Als wir uns verabschiedeten, lief Ta Sao in ihr Haus und kam mit einem Geschenk für mich zurück – eine große Plastiktüte mit einem Dutzend Eiern und Datteln von dem Baum, der auf dem Hof stand.

Ob ich sie wiedersehen würde? Ich kann mir denken, daß dies bald der Fall sein könnte. Seit meinem letzten Besuch im Dorf war ich schon wieder 30 000 Meilen gereist. Gern würde ich die Mans mit meinen neuen Freunden in Amerika bekannt machen. Entfernungen können die Menschen auf die Dauer nicht mehr trennen. Es sind andere, unwägbare Dinge, die Trennung bewirken. Als ich das Dorf Glückseligkeit verließ, stieg in mir Hoffnung auf, daß die Menschheit auch diese Schwierigkeiten bald überwinden wird.

Als ich meine Blicke über die grünen Felder und in Bäumen eingefaßten Dörfer schweifen ließ, trug ich in das rote Notizbuch, das die Kommune mir zum Abschied überreicht hatte, die Worte ein: »Glückseligkeit ist nicht mehr ein unterdurchschnittliches Dorf. Es ist jetzt ein gutes Bauerndorf und wird bald eine Mustersiedlung werden.«

INHALT